법은 어떻게 생각하는가

THE LEGAL ANALYST

우리가 익혀야 할 거의 모든 법적 사고

워드 판즈워스 지음
노보경 옮김

법은
어떻게
생각하는가

글항아리

워드 판즈위스 시니어에게 바칩니다.

머리말

　　이 책은 법적 사고에 필요한 도구들을 모아놓은 것이다. 로스쿨에서 배우는 혹은 배워야만 하거나 배워두면 좋을 굉장히 흥미로운 생각들을 풍부한 사례와 함께 쉽게 설명하려 했고, 그 결과 법학도, 법률가, 학자뿐만 아니라 법 체제에 관심 있는 각계각층 사람들이 유익하게 활용할 수 있는 일종의 안내서가 되었다. 또 다른 제목으로 고려되었던 '법학 교수처럼 사고하기Thinking Like a Law Professor'가 이 책의 성격을 더 잘 말해주는 것 같지만, 포커스 그룹이 조사한 결과 약속보다는 위협으로 해석될 여지가 있어 탈락했다.

　　이것이 이 책의 목적에 대한 간략한 설명이다. 본론으로 들어가기에 앞서 현재의 법학 교육 방식부터 언급하는 게 좋겠다. 내가 보기에는 종종 앞뒤가 바뀐 것 같다는 생각이 든다. 좀더 자세히 말하자면 법은 일반적인 것부터 가르쳐야 하는데 종종 거꾸로 된 것처럼 보인다. 일반적으로 우리는 로스쿨에서 다음 두 가지를 배운다. 첫째, 수많은 법 규칙을 배운다. 예를 들어 계약이 유효한지 그렇지 않은지, 자신이 일으킨 사고라면 어떤 경우에 책임을 지는지, 혹은 살인과 과실치사의 차이는 무엇인지 등을 결정하는 원칙들이다. 둘째, 법적 사고에 필요한 도구들을 배운다. 죄수의 딜레마, 규칙과 기준의 차이, 준거점 문제의 개념, 사후확증 편향 문제 등이 있다. 대부분 오래전부터 법학에서 다루고 있는 주제로, 비교적 최근에 경제학이나 심리학 등에서 로스쿨로 유입된 것도 적지 않다. 어느 쪽이든 법학 교육에서 훨씬 더 흥미롭고 유용하며 재미있는 부분은 이러한 사고의 도구들이다. 이 도구들의 도움으로 우리는 새로운 것이든 오래된 것이든 모든 의문을 더 깊게 파고들며 더 훌륭하고 명쾌한 답을 내놓을 수 있다.

문제는 로스쿨에서 대개 이런 도구들을 신경 써서 체계적으로 가르치고 있지 않다는 것이다. 반대로 상상해보자. 즉 로스쿨 과정이 법 과목보다 도구 중심으로 구성되어 있다고 말이다. 그러면 누구나 1학년 때 죄수의 딜레마라든가 게임이론, 규칙과 기준, 인지심리학 등에 관한 강좌를 수강할 것이고, 그러는 동안 강의실에서 계약법과 불법행위법, 기타 주요 법 과목 전반에 대해서도 조금씩 학습하게 될 것이다. 그러나 로스쿨 강좌는 이와 반대로 도구가 아닌 법 과목으로 나뉘어 있다. 계약법, 불법행위법, 그 외 우리에게 익숙한 여러 법 과목의 강좌가 있다. 그리고 이 과목들을 공부하는 동안 여기저기서 사고를 위한 도구들이 언급된다. 다시 말해 마치 법학 공부에서 법 규칙이 가장 중요한 것인 양, 그리고 법적 사고에 필요한 도구들은 부차적인 것인 양(누군가 그것들을 설명해준다면 알게 되어서 좋으나 당장 필요한 것은 아닌 양) 교육이 이루어지고 있다.

물론 법 교육이 이런 식으로 진행되는 데는 타당한 이유가 있을 것이다. 그러나 그 부작용으로 대다수의 학생이 사실상 로스쿨에서 배워야 할 가장 값진 수확인 도구에 관한 지식을 전혀 얻지 못하고 만다. 도구들을 토대로 다양한 법 영역을 더 쉽게 이해할 수 있는 수많은 사례를 접하지 않고서는 도구들의 가치를 알기 어려우며, 그것들을 완벽히 자신의 것으로 익히기는 더 어렵다. 그러나 사례를 접할 기회는 각 법 과목 교수들의 재량에 달려 있다. 예컨대 죄수의 딜레마는 불법행위법 교수의 강의실에서, 계약법은 계약법 교수의 강의실에서, 또 재산법은 재산법 교수의 강의실에서 그것이 각 법 분야에 어떻게 작용하는지 설명해줄 때에만 학생들이 그 기회를 접할 수 있다. 하지만 교수들은 보통 그런 식으로 강의하지 않는다. 법학 교수들은 강의 방식을 바꾸는 데 큰 관심을 두지 않을뿐더러 강의실에서 무엇을 가르치는 게 더 가치 있는지에 대해 다른 인식을 갖고 있다. 따라서 로스쿨 교육 기간 내내 법적 사고를 위한 최고의 도구들은 강의실에서 한두 번 언급되거나, 혹은 전혀 언급되지 않는다. 그러니 학생들은 도구를 자신의 것으로 만들지 못한다.

사실상 도구들은 부주의하게 지식인의 전유물로 남는다. 아무도 일부러 비밀로 하지는 않지만 굳이 모두에게 알려주려 애쓰는 사람도 없다. 유익한 그것은 우연히 또는 무작위로 숨겨진다. 어떤 것은 강의실에, 또 어떤 것은 도서관에 있다. 어쩌면 1000명의 로스쿨 학생 중 단 한 명도 (그리고 100명의 교수 중 단 한 명도) 읽지 않는 논문에 숨어 있을지 모른다. 그리고 법적 사고가 필요한 이들에게는 로스쿨 밖에 있는 경제학자, 정치학자, 인지심리학자의 작업들로부터 배울 만한 내용이 많다. 학생 혹은 변호사나 법학 교수가 가장 흥미로워할 세밀한 어떤 것, 즉 유용한 분석적 도구 또는 도구 사용에 관한 상세하면서도 매력적인 설명 같은 부분은 쉽게 찾을 수 있는 게 아니다.

이 책을 쓴 목적은 이런 문제점들을 바로잡기 위해서다. 물론 이 책이 법대생을 대상으로 집필된 것처럼 생각될 수 있다. 그리고 실제로 그들에게 도움이 되기 위해 쓴 것도 맞다. 로스쿨 예비 신입생들이 입학 전 읽을거리를 추천해달라고 할 때마다 늘 명쾌한 목록을 못 줘 곤란했기 때문이다.[1] 다른 한편 이 책은 전문가든 아마추어든 법에 관심 있는 모든 이를 위해 쓰인 것이기도 하다. 내가 로스쿨에 들어가기 전, 즉 이 책의 내용을 거의 알지 못했던 때에 읽었더라면 좋았을 만한 내용이다. 그러나 로스쿨을 졸업하고 절반쯤 이해하고 있는 상태에서 읽어도 좋은 책이다. 심지어 사슴 사냥 게임이나 연언連言 역설의 의미를 확실히 알지 못한 채 학생들을 가르치기 시작할 무렵의 내가 이 책을 읽었더라면 큰 도움이 되었을 것이다.

이제 양해를 구할 게 몇 가지 있다. 첫째, 공부해야 할 내용은 무궁무진하지만 지면이 한정된 터라 사고에 필요한 도구에 대해서만 설명하겠다. 여기 소개된 각각의 주제에 정통한 사람이라면 부정확하거나 누락된 부분을 손쉽게 찾아낼 수 있을 것이다. 그러나 이 책의 목적은 독자에게 도구가 갖고 있는 힘을 이해시키고 나아가 스스로 그것을 활용하도록 하는 데 있다. 장마다 더 읽을거리를 추천해놓았으므로 각 장의 설명이 여러분의 호기심을 불러일으켰다면 참고문헌이 풍부한 내용을 제공할 것이다.

둘째, 앞서 언급했듯이 나는 법적 사고를 위해 가장 가치 있게 여겨지는 도구들을 이 한 권에 소개하려고 했지만, 그 노력은 부분적 성공임을 인정할 수밖에 없다. 왜냐하면 이 책이 미처 다루지 못한 중요한 법적 아이디어가 여전히 많기 때문이다. 여기서 다루는 사고를 위한 도구들은 기획 의도에 딱 들어맞는 것들(지면이 한정된 각 장에서 다수의 좋은 사례와 함께 효과적으로 소개할 수 있는 것들)로만 한정되어 있다. 그래서 도덕 이론이나 그 외 중요한 법적 분석들, (특히 내가 논하고 싶은 분야여서 더 애석한) 법현실주의 같은 것은 누락되고 말았다. 헌법 해석에 관한 이론들 역시 다루지 않았다. 다른 도구들과 같은 범용성을 갖고 있지 않기 때문이다. 헌법 해석 이론은 법의 다양한 영역에서 활용되지 않으며, 그 이론이 성립된 해당 영역에서만 가치 있을 뿐이다. 다행히 그 이론들은 로스쿨에서 잘 다루어지므로 굳이 여기서까지 거론할 필요는 없다고 생각한다.

책에서 어떤 주제들을 생략했을 때는 암묵적으로 그 주제들을 경시하는 것처럼 보일 위험이 있다. 이 책에 소개된 아이디어 중 다수는 경제학에 그 기원을 두고 있으나, 그렇다고 해서 경제학적 공리적 접근법만 가치 있는 것으로 오해해서는 안 된다(나는 그러한 해석에 반대하는 입장임을 뚜렷이 밝혀왔다).[2] 내게는 그것들이 매우 유용하기 때문에 이런 방식으로 소개하고자 한 것이다. 이 책은 법적 사고에 유용한 모든 도구를 모아놓은 완결판이 아니며, 그저 유익한 입문서일 뿐이다.

마지막으로, 이 책의 의도에 맞는 아이디어임에도 포함하지 못한 것이 많다. 텍스트주의와 그 대안에 관한 이야기 및 사회 규범에 관한 이야기는 편집 과정에서 빠졌다. 또한 출판사에 원고를 보낼 때까지도 빠뜨린 내용이 자꾸 떠올랐으나, 이미 계획한 분량을 초과한 데다 이 첫 책이 독자들에게 좋은 호응을 얻는다면 누락된 내용들이 다음 책의 밑거름이 될 수도 있겠다는 생각으로 스스로를 달래본다.

이 책은 5부 31장으로 구성되어 있다. 1부는 유인에 관한 이야기로, 법적 판결이 나중에 사람들의 선택에 어떤 영향을 끼치는지 살펴본다. 2부에서는 신뢰, 협력 등 공동생활에서 발생하는 여러 문제를 다룬다. 3부에서는 법학의 여러 주제를 살피며 법원이 어떻게 판결을 내릴지 사고하기 위한 몇 가지 고전적 도구들(규칙 및 기준, 미끄러운 경사길 이론 등)을 소개한다. 4부는 인지심리학에 관한 내용으로 인간이 비합리적(혹은 리처드 세일러에 의하면 '준합리적')으로 행동할 수 있는 방식 및 법에 대한 영향에 대해 논의한다.[3] 마지막 5부는 다수의 법적 주제에 공통된 증명의 문제를 살펴보는 방식들에 대해 다루었다. 주제를 이런 식으로 나눈 특별한 의도가 있었던 것은 아니며, 얼마든지 다른 방식으로 분류될 수 있다. 다만 때로 연결되는 부분이 있으면 뒤 장에서 앞 장에 언급된 이야기가 다시 소환되기도 하므로 순서대로 읽어나가는 편이 가장 좋을 것이다.

　마지막으로, 편집자의 요청에 따라 당부드리고자 한다. 나는 이 책을 집필하면서 가능한 한 명확한 표현을 하려고 노력했다. 그러다보니 남성 혹은 여성일 수도 있는 사람을 지칭하기 위해 대명사를 쓸 때마다 곤혹스러웠다. 결국 나는 남성 대명사를 사용함으로써 이 문제를 해결했는데, 새로 논의되고 있는 다른 방식을 사용하기에는 남의 시선을 지나치게 의식하는 것 같아 불편했기 때문이다. 이견이 있을 수 있다는 것을 충분히 인지하고 있으며, 포괄적으로 '그'를 사용하는 데 언짢아할 모든 이에게 미리 사과드린다.

3부 | 법학

4부 | 심리학

5부 | 증명 문제

1부

유인誘因

1장
사전적 관점과 사후적 관점

은행에 강도가 들어와 한 고객의 머리에 총을 겨눈 채 창구 직원을 향해 금고 안에 있는 돈을 꺼내라고 위협한다. 창구 직원이 움직이지 않고 버티자 강도는 고객에게 총을 쏜 뒤 달아났고, 총상을 입은 고객은 사망한다. 그러자 사망한 고객의 유족은 창구 직원이 돈(5000달러에 불과했다고 가정해보자)을 내주지 않은 것을 원망하면서 은행을 상대로 소송을 제기한다. 법원은 어떤 판단을 내려야 할까?

이 질문에 대해 완전히 다른 두 가지 사고방식이 가능하다. 첫째, 이 사건을 은행과 고객의 유족 간 분쟁으로 바라본다. 두 당사자는 비공식적으로 서로의 견해차를 좁힐 수 없어 법정까지 오게 된 것이다. 최후의 조정자 역할을 하는 판사의 판결은 법적 효력을 지니므로 양측은 판결을 받아들이기로 한다. 둘 중 한쪽이 승자가 되는 것이다. 문제는 승자가 누구냐는 것이다. 우리는 일어난 일을 되짚어보고 은행이 원고에게 손해를 배상하는 게 정의에 합당한가를 따져 해답을 찾는다. 은행의 잘못으로 볼 만한 점이 있는가? 창구 직원이 돈을 내주지 않음으로써 은행이 손실을 입지 않았는데 그로 인한 피해자(정확히는 그 유족)에게 아무런 대가도 지불하지 않는 게 공정할까? 은행이 고객의 사망으로 인한 경제적 부담을 그 친족보다 더 쉽게 감당할 수 있을까? 우리가 가진 공정의 개념에 자문해볼 수 있을 것이다. 그리고 은행 청소부가 바닥의 물기를 미처 닦아내지 못해 고객이 미끄러졌다거나 혹은 고객이 곧 큰돈을 인출할 예정이라고 창구 직원이 도둑에게 귀띔한 탓에 은행이 법적 책임을 졌던 다른 유사한 사례들을 참고해 유추해볼 수도 있을 것이다.

이 사건을 바라보는 두 번째 방식은 다음과 같다. 그날 은행에서 발생한 사건은 불행한 일이지만 현시점에서는 부차적 관심사다. 이미 벌어진 일이며, 법원이 어떤 판단을 내린들 과거를 바꿀 수는 없기 때문이다. 유족에게 돈을 지불하게 하거나 은행 직원에게 처벌을 내릴 순 있다 해도 그러한 결정은 재조정일 뿐 어떤 의미 있는 결과를 가져오기에는 늦었다. 그날 은행에서 (어떤 범죄나 사건으로 인한) 끔찍한 일은 바로 '손실'이다. 잃어버린 생명, 부서진 자동차, 깨진 창문 등 뭐가 됐든 일단 손해가 발생하면 세상은 더 빈곤해지며 돌이킬 수 없다. 살해당한 사람의 가족에게 이것은 직관적이고 명백한 사실이다. 법이 어떠한 판결을 내려도 고인을 살려낼 수 없음을 그들은 뼈아프게 인식하고 있다. 이보다는 덜 명확하겠지만, 차가 파손된 사건이 일어났을 때도 마찬가지다. 차는 수리 가능하고, 사고의 책임이 있는 자에게 그 비용을 지불하도록 명령할 수 있다. 이제 차 소유주는 법이 자신의 차를 기적처럼 (마치 아무 사건도 발생하지 않았던 것처럼) 되살려냈다고 느낄지도 모르겠다. 그러나 그것은 기적이 아니다. 손실이다. 차 소유주가 아무리 만족한다 해도 그 사건이 일어나지 않았던 세상이 더 나았다. 그 사건 때문에 다른 일에 쓰일 수 있었던 금전의 손실이 생겼기 때문이다. 수리비를 지불한 사람에게 물어보면 명확해진다. 핵심은 이미 일어난 나쁜 결과를 법이 '고치지' 못한다는 것이다. 엎질러진 물이니, 그에 따른 고통을 재분담하는 정도가 법이 할 수 있는 전부다. 물론 그게 아무것도 아니라는 말은 아니다. 책임을 묻고 책임 있는 자에게 대가를 치르도록 하면 감정적으로나마 피해자를 위로해 줄 수 있을 것이다. 또는 우리 모두의 기분이 나아질 수도 있다. 그러나 법이 꿈꾸는 것(그리고 모두가 바라는 것)은 시간을 돌려 애초에 불행한 일이 일어나지 않게 하는 것이다. 뒤늦게 누가 고통을 감당하는 게 정당한지 다투는 것보다 훨씬 더 나은 방법이긴 하지만 안타깝게도 불가능한 일이다.

그러나 법원은 이와 거의 유사한 효과를 만들어낼 수 있으므로 어떤 의미에서는 가능하다고 하겠다. 법원은 앞으로 은행 강도 같은 끔찍한 사건이 덜 일어나게 해줄 만한 규정을 만들어낼 수 있다. 즉 이미 벌어진 살인 행위를 없던 일로 할 수는 없으나 미래에 벌어질 살인 행위는 방지할 수 있다는 말이다. 그러니 공평한 효과라고 할 수 있지 않을까? 아니, 한 건의 살인을 방지하는 데 그치지 않고 수많은 사건을 예방할 수 있으니 공평함 이상이라 해야 할 것이다. (나쁜 일들이 예방되지 않는다면 우리는 이후 벌어지는 살인 사건에 대해 지금처럼 안타까워하면서 시간을 되돌리고 싶은 감정에 시달릴 것이다.) 여기서 우리는 법이 사건에 대해 무엇을 할 수 있는지 새로운 시선을 얻는다. 사건 조사를 통해 누가 고통을 감당해야 하는지 판결하는 대신 향후 그러한 고통을 겪지 않게 할 수 있을지 미래 지향적으로 판결하는 것이다.

이러한 사고는 어떤 형태로 이어질까? 예컨대 은행 강도 사건은, 사람들이 이런 사건에 대해 어떤 유인誘因을 갖게 되는가 하는 것으로, 다음과 같이 흥미로운 가설을 떠올릴 수 있다. 법원이 원고의 손을 들어준다면, 향후 강도가 인질을 잡았을 때 은행은 법정에서 손해배상 책임을 지지 않기 위해 돈을 내줘야 할 유인을 갖게 된다. 다른 한편 도둑은 인질을 잡아야 할 유인을 얻는다. 사실 강도는 법률에 대해선 잘 모르며, 꼭 알아야 할 필요도 없다. 창구 직원은 항상 돈을 내줄 테고, 그로 인해 '인질을 잡는 게 매우 효과적'이라는 사실을 발견할 테니까. 문제가 명확해진다. 이 사례에서 유족의 손을 들어주면 미래에 '더 많은' 인질이 생겨날 수 있다. 반면 강도는 돈을 손에 넣게 될 테니 인질이 총상당하는 사고는 줄어들 것이다. 물론 강도가 총을 꺼내 인질을 잡았을 때 무슨 일이 벌어질지 장담할 순 없다.

이러한 관점에서 은행은 고객의 유족이 제기한 소송에서 '반드시' 승리해야 한다. 중요한 점은 그날의 끔찍한 사건 과정을 되짚어보며 무엇이 공정한가를 따지는 게 아니라 미래를 위해 올바른 규칙을 만들어내는 것이기 때문이다. 은행은 승소해야 한다. 그 이유는 정부가 돈(또는 다른 어떤 조건이든)을 요구하는 항공기 납치범에게 굴복하지 않는 기본적인 이유와 같다. 이때 돈을 내준 뒤 승객의 생명을 구하고 싶은 강렬한 유혹이 생기기 마련이다. 이런 일이 더 이상 일어나지 않는다는 보장이 있다면 돈을 내줄 수도 있다. 그러나 그런 일은 다시 발생할 수 있을 뿐만 아니라, 돈을 내주면 발생 가능성은 더 높아진다.

지금 우리는 하나의 문제를 대하는 서로 다른 사고방식을 살펴봤다. 전자는 '사후적ex post' 관점으로, 이미 일어난 불행이나 사건을 되짚어보고 무엇을 해야 하며 어떻게 해결할지를 판단하는 것이다. 후자는 '사전적ex ante' 관점이다. 미래를 내다보고 사건에 대한 판단이 앞으로 유사한 상황에 처할 당사자들, 그러니까 아직 어떻게 행동할지 결정하지 못했으며 법이 선언하는 내용에 따라 자신의 선택에 영향을 받을 수 있는 사람들에게 어떠한 파급력을 지닐지를 살펴보는 것이다. (전자의 관점은 당사자들의 입장을 정해져 있는 고정된 것으로 받아들이므로 정태적이라 할 수 있으며, 후자의 관점은 그들의 행위가 판사 등 타인의 행위에 반응하여 바뀔 수 있다고 가정하므로 동태적이라 할 수 있다.) 사법적 판결을 흥미롭게 만드는 여러 요인 가운데 하나는, 법원이 사건을 판단할 때는 서로 다른 결론에 이를 수 있는 이 두 가지 관점을 함께 고려한다는 점이다. 법원의 판결은 당사자 간의 분쟁을 해결하는 것인가, 아니면 미래의 다른 이들을 위해 규칙을 만드는 것인가? 대부분 두 가지 역할을 모두 수행한다.

이 장에서는 (그리고 대체로 이 책의 나머지 부분에서도) 사전적 관점을 강조한다. 사전적 사고는 수많은 흥미로운 생각과 논쟁을 가능하게 하고 일반적으로 사후적 사고보다 더디게 다가오기 때문이다. 소송이 제기되었을 때 사후적 관점에 따라 사고하는 것은 당연하다. 여기 불행한 사건을 두고 격렬히 책임 공방을 벌이는 두 당사자가 있다. 이들의 관심은 과거에 벌어진 사건에 대한 판결에 집중되어 있다. 이 판결이 앞으로 다른 사람들에게 어떤 영향을 끼칠까 하는 것보다 누가 승소하는가에 온 신경이 쏠려 있다. (특히 우발적 사고와 관련된 사건에서 그러하다. 여기서 제시한 은행 사건은 반복해서 발생 가능한 사례를 다루는 것으로, 이기는 것과 규칙을 만드는 것 모두가 고려 사항이 된다.) 그러나 법원은 당면 사건의 승자를 선언함과 '동시에' 장차 많은 사람에게 영향력을 부여하는 규칙을 만드는 주체이므로 두 관점 모두를 신경 써야 한다.

실제로 대부분의 법원은 은행 창구 직원과 관련된 문제를 판단할 때 앞서 살펴본 사전적 관점에 근거해 은행에 유리한 판결을 내렸다. 일리노이주 대법원은 판결문에서 다음과 같이 밝혔다. "이 사건의 판결이 가혹하고 부당하게 여겨질 수도 있다. 그러나 앞으로 유사한 사건에 연루될 당사자들을 보호하기 위해서라도 우리는 범죄자에게 또 다른 무기를 쥐여줄 수 없다."[1] 다시 말해서 사전적 관점에 따른 주장은 사후적 관점에 따른 주장에 앞선다. 가능할 때마다 사전적 관점에 따른 주장을 펼 수 있도록 배우는 것, 다시 말해 과거만 들여다보게 하는 단서로 가득한 사건에서도 사전적 방식으로 사고하는 법을 배우는 것이 우리의 실질적 과제다. 사전적 시각을 갖기 위한 가장 간단한 방법은 어느 한쪽이 승소한다는 전제 아래 일주일 뒤 당사자들이 어떻게 생각할지를 그려보는 것이다. 법원이 어떻게 대응할지 알았으니 양쪽 다 다르게 행동할 수 있다. 우선 법원의 판결을 학습한 은행이 창구 직원에게 돈을 내어주도록 규칙을 변경할 거라 상상해볼 수 있다. 그랬을 때 은행 강도를 비롯한 다른 누군가의 유인이 어떻게 달라질지 자문해볼 수 있다. 물론 현실에서 우리가 신경 쓰는 대상은 이 법정에 선 당사자들(이 사건 속의 특정 은행과 특정 강도)이 아니라 일반적인 은행과 도둑이다. 하지만 때로는 눈에 보이는 대상에 대해 구체적으로 사고하고 나서 보이지 않는 대상에게 일반화를 시도하는 방식이 유용하다.

사전적 주장을 펼치기 위한 또 다른 방법은 법원이 직면한 문제를 입법부 입장에서 생각해보는 것이다. 입법부는 미래를 위한 일반 규칙을 제정할 뿐 이미 일어난 개별 분쟁을 해결하진 않는다. 따라서 입법위원회나 정부 기관이 은행의 인질범 대처 방식에 관한 규칙을 고려할 때는 특정 사건의 형평성에 휘말릴 가능성이 적다. 장래에 영향을 끼치는 사전적 결정을 내리는 것이 입법부의 역할이기 때문이다. 물론 법원의 역할은 다르다. 법원은 법규, 판례법 등 적합한 권원權原[어떤 법률행위 또는 사실행위를 법률적으로 정당하게 하는 근거]에 따라 사건에 대한 판단을 내리도록 되어 있다. 은행 창구 직원의 사건에서도 현실의 법원은 바로 그러한 권원에서 답을 찾게 마련이지만, 종종 적합한 권원이 존재하지 않기도 한다. 그러면 사법적 판단이 갈등의 해결인 동시에 어느 정도 입법의 기능을 수행한다. 이 두 기능 사이에서 균형을 찾는 기준은 법원마다 차이가 있으며, 이 문제를 탐구하는 학생들 사이에서도 균형적 기준에 관해 다양한 견해가 생겨난다.[2] 그러나 사법 체계에 속해 있는 대부분의 판사는 그들의 법정에서 변론하는 변호사와 마찬가지로 사법 판단의 사전적 효과에 대해 숙고해야 한다고 인식하고 있다. 어떤 변호사가 '정책적' 주장을 펼친다고 할 때 그 말이 의미하는 바는 사전적 관점, 즉 사법 판단이 누군가의 유인에 영향을 끼칠 수 있다는 관점에서 제기하는 주장이다.

다른 예로 내가 집을 지었다고 가정해보자. 안타깝게도 측량 실수 탓에 내 집이 이웃인 당신의 땅을 18인치쯤 침범했다면 이 문제는 생각보다 해결하기가 쉽지 않다. 집을 그대로 유지하지 못한다면 상당 부분을 허물어야 한다. 어떻게 해야 할까? 사후적 사고방식은 상황을 있는 그대로 받아들이고 최선의 해결책이 무엇인지를 찾는다. 법원이 어떤 명령을 내린다 해도 내 집이 이웃의 땅을 침범했다는 사실을 바꿀 순 없다. 우리가 할 수 있는 일은 그저 실수로 인한 피해를 최소화하기 위해 노력하는 것뿐이다. 따라서 공정한 해결책으로서 침범한 토지에 대한 대가를 지불하라는 명령이 내게 내려질 수 있으며, 당신에게 이 토지 거래는 자발적인 것이 아니므로 나는 시세보다 높게 지불해야 할 수도 있다. 잘 지어진 집을 굳이 허무는 수고를 할 필요는 없지 않겠는가. 그러나 사전적 관점은 완전히 다르다. 이 견해에 따르면 당신과 나 사이의 갈등이 어떻게 해결되는가는 별로 중요하지 않다. 중요한 건 이 사건의 해결이 장차 우리 행동에 (그리고 우리와 유사한 사람들의 행동에) 끼치는 영향이다. 이러한 관점에 따르면 손해배상(강제 매매)이라는 결론은 끔찍한 해결책이 될 것이다. 손해배상이 우리에게 이미 발생한 문제를 처리하는 합리적인 방법이긴 하나, 이 방법은 나뿐만 아니라 다른 누구에게도 더 신중히 행동하게 만드는 유인을 제공하지 못한다. 오히려 정반대 유인을 만들어낼 수도 있다. 내가 당신의 사유지를 침범해 집을 짓고 싶은데 당신이 토지 매매에 기꺼이 응해줄지 확실치 않다면, 내가 할 수 있는 최선의 방법은 일단 집을 짓고 나서 내가 침범한 토지의 가치에 대해 당신이 소송을 제기하도록 만드는 것이다. 비록 시세보다 높은 대가를 지불하더라도 당신과 협상하는 것보다는 더 유리할 수 있기 때문이다.

따라서 권리 침해 사건의 판결은 일반적으로 원고(항의하는 이웃)에게 집의 철거를 주장할 권리를 허용한다. 이 사례에 대해서는 좀더 논의할 부분이 있으므로 다른 장에서 다루기로 하고, 지금 여기서 중요한 건 사전적 관점이 우위를 점하는 것이다. 사후에 피해 이웃에게 금전적 대가를 지불하는 것은 매력적인 해결책일 수 있으나, 사전에 유인을 고려하는 관점에서 보면 금전 배상은 결정적으로 나쁜 일이 더 쉽게 발생토록 한다는 점에서 전혀 매력적인 해결책이 아니다.[3] 마찬가지로, 은행이 사망자의 유족에게 손해배상을 하게 된다면 앞으로 인질 사건이 증가하는 결과를 초래할 수 있다.

또한 사전적 관점은 법원이 사건을 판단하는 데 유용한 도구 이상이라는 데 주목할 필요가 있다. 좀더 넓은 시각에서 판결이 얼마나 잘 작동하는지를 판단할 때도 이 관점을 고려해야 한다. 영역을 침범한 건물을 철거하라는 판결이 실제 적용된 사례만 보더라도 그 판결은 아름다울 수 없다. 건물이 철거되거나 철거하지 않는 조건으로 이웃에게 터무니없이 높은 금액을 요구하는 경우만 보이기 때문이다. 그러한 판결이 초래한 사례는 다른 곳에서도 찾아볼 수 있다. 즉 다른 사람들로 하여금 (나중에 건물이 강제 철거될 수 있다는 우려를 가지고) 더 철저히 측량하고 더 신중히 행동하게 함으로써 건물이 타인의 영토를 침해하지 않은 수많은 사례 또한 그러한 판결에서 비롯된다. 따라서 철거되지 '않는' 신축 건물들 역시 판결의 효과를 보여주는 증거인 셈이다. 사실상 무자비하고 낭비로 보이는 판결은 향후 그런 판결이 내려질 수 있는 경우를 줄임으로써 눈에 띄지 않는 곳에서 아름다운 작용을 하는 것이다.

이와 같은 균형 찾기는 법원이 소송에서 증거를 받아들일지 결정할 때도 자주 나타난다. 한 경찰관과 그의 동료는 어떤 남자가 누군가를 쫓아 부엌칼을 들고 건물 밖으로 나오는 장면을 목격한다. 경찰관은 남자에게 총을 쏘았고 그는 그 자리에서 죽었다. 적어도 그 여성 경찰관의 해명은 그러하다. 문제는 죽은 남자에게서 칼이 발견되지 않았다는 것이다. 경찰관은 그 사건에 대해 심리치료사와 상담을 진행했다. 한편 그녀의 총에 맞아 죽은 남자의 유족이 그녀를 상대로 소를 제기한 후 경찰관의 심리상담 기록을 공개할 것을 요청한다. 이 요청은 받아들여져야 할까? (자료가 존재하며, 쌍방이 그것을 놓고 다투고 있으므로) 사후적 관점에서 이에 대한 답은 명백해 보인다. 그 자료는 뭔가 중요한 사실을 보여줄 수 있으므로 원고에게 해당 자료는 제공되어야 할 것이다. 경찰관이 칼에 대한 설명을 조작했음을 인정했다면? 그녀가 죽은 남성에게 원한을 품고 총을 쏘았다고 인정했다면? 물론 배심원단은 그러한 사실들을 알아야 한다. 또한 경찰관이 유죄를 인정하는 말을 전혀 하지 않았다면, 자료가 공개된다 한들 어떤 손해가 있겠는가? 상담할 때 자신의 비밀이 보장되리라 믿고 말했다면 불공평하게 여겨질 수 있지만, 살인 뒤에 숨겨진 진실을 알아내는 데 비할 순 없을 것이다. 그렇지 않겠는가?

　그러나 다시 말하건대, 이 일련의 추론은 자료의 존재를 당연시하는 데서 시작된다. 사전적 관점은 그것을 당연시하지 않으며, 원고가 이 판결에 승리한다면 이후의 다른 사람들의 유인에 어떤 변화를 부여할지를 묻는다. 이제 경찰관들은 심리치료사를 찾아가지 않거나 혹은 전부 털어놓지 않을 것이다. 양심적인 심리치료사라면 자신과 나누는 대화가 법정에서 이용될 수 있음을 경고한 뒤 상담을 시작할 테니 말이다. 따라서 심리치료사의 기록을 압수하는 것은 단 한 번만 효과를 발휘하는 속임수라 할 수 있다. 유용한 모든 정보를 획득할 수 있는 것과 심리치료사와의 솔직한 대화를 저해하는 것 사이에서는 절충점을 찾을 수 없다. 유용한 정보가 법정에 제출될 수 있다면 다음부터는 그러한 정보가 '존재할' 가능성이 적어질 것이다. 물론 반드시 그 대화의 내밀함이나 '기밀유지 특권'이 보장되어야 한다는 뜻은 아니다. 최종 판단은 구체적 내용(특히 당사자에게 심리치료사와의 대화가 얼마나 중요한지, 또 대화 과정에서 기밀유지가 얼마나 중요한지)에 달려 있다. 이 사건에서 대법원은 그 두 가지 의문에서 경찰관에게 유리한 의견을 밝히고 심리상담 기록 공개를 기각했다.[4]

모든 유형의 정보가 생성되는 과정에는 이러한 추론 방식이 개입되기도 한다.[5] 일단 정보가 존재한다면, 그것을 배포하는 데 적합한 규칙(사후적)과 애초에 정보를 생성케 하는 데 적합한 규칙(사전적) 사이에는 종종 갈등이 있다. 심리치료사의 치료실에서 생성된 정보가 그러한 예다. 또 다른 예로 변호사로부터 생성된 정보를 보자. 변호사와 의뢰인 간의 비밀유지 특권은 방금 논의된 사례와 같은 맥락에서 고려되어야 한다. 법원은 변호사가 사건에 대해 알게 된 중요한 정보를 듣고 싶어할 수 있지만, 이번에 변호사를 강제하여 정보를 공개하게 한다면 다음번에는 의뢰인이 변호사에게 솔직히 말하지 않을 것이다. 사건 해결을 위한 교섭 중에 이루어진 진술들을 법정으로 가져갈 수 없다는 규칙 또한 마찬가지다. 우리는 어떤 정보를('모든' 정보를) 열렬히 원하지만, 정보 공개를 허용하면 다음번에 우리가 진솔한 화해 교섭을 원할 때 방해 요소가 될 것이다.

증거에 관한 문제는 제쳐두고, 이제 지식재산권에 관하여 생각해보자. 내가 어떤 유익한 약을 발견했다면, 당신이 그 약을 복제하도록 허용하는 게 합리적인 것처럼 보인다. 약이 복제된다고 해서 나나 다른 누군가가 그것을 소유하지 못하게 되진 않기 때문이다. 하지만 특정한 방법으로 화학 약품을 처음 만들어낸 사람은 타인이 똑같은 일을 하지 못하도록 막을 수 있을까? 그렇다. 그것이 사후적 분석이다. 즉 어떤 약이 존재하고 두 당사자가 소유권을 다툴 때, 이를 당연한 것으로 받아들인다는 분석이다. 반면 사전적 관점에서는 아무나 약을 자유롭게 복제할 수 있다면 약을 개발해야 할 이유나 명분이 없기 때문에 다른 약들이 세상에 나오지 못할 수 있다고 본다. 현재 법체계에서는 그에 대한 섬세한 절충안으로 특허법이 존재한다. 약을 발명한 자는 특허법에 따라 해당 약을 독점적으로 제조 및 판매할 수 있는 제한적 권리를 부여받는다. 책이나 음악의 저작권도 마찬가지다. 어떤 책과 음악이 존재할 때(사후적 관점) 그것을 자유롭게 배포하는 사례가 확산될 수 있다. 그러나 그렇게 되면 이후에는 책과 음악이 세상에 나올 확률은 낮아진다.(사전적 관점)

증거나 약물, 음악 말고 이번엔 고래를 소재로 삼아보자. 현재가 포경 산업의 황금기라는 가정 아래 고래의 소유권 분쟁이 발생했다고 치자. 한쪽은 먼저 고래에게 작살을 꽂아넣은 사람이고 다른 한쪽은 작살을 맞은 뒤 안간힘을 다해 달아난 고래를 잡은 사람이다. 누가 더 유리할까? 우선 고래에게 먼저 작살을 꽂았다고 해서 고래의 소유권자라고 할 수는 없다. 고래가 헤엄칠 수 있는 한 몇 년이든 더 살아갈 수도 있을 테니까. 이런 주장은 이미 벌어진 사건, 즉 고래가 작살을 맞은 뒤 달아났다가 이후 누군가에게 포획되었다는 사실을 전제하고 있기 때문에 사후적 주장이라 할 수 있다. 법정이 풀어야 할 문제는 단순히 고래를 소유할 사람이 누구인가로, 이에 대한 사전적 시각은 다르다. 법원은 고래에 대한 '이번' 결정이 나중에 다른 고래잡이들에게 어떤 영향을 끼칠지, 그 결과가 포경 산업에 어떤 방향을 제시할지를 고려한다. 19세기의 법원들이 이러한 질문에 직면했을 때 늘 같은 답을 내놓은 것은 아니나, 대체로 자신의 결정이 (당장의 사건을 멋지게 해결하는 것일지라도) 장차 다른 모든 사람을 곤란하게 만드는 것은 아닐까 우려하곤 했다. 문제는 언제나 그렇듯 '본인이 작살을 꽂아넣었지만 고래를 차지하지 못하는 상황 때문에 고래잡이를 그만두는 사람이 늘어날 수 있는가와 같은 세부적인 사항에 달려 있다.

그 전형적인 사례로 긴수염고래와 관련된 사건이 있다. 긴수염고래를 사냥할 때는 보통 포탄창 또는 포탄작살을 고래 등에 발사하는데, 창에 맞은 고래는 그 자리에서 사라졌다가 며칠 뒤 죽은 채로 해안가에 떠밀려온다. 고래 등에 창이 꽂혀 있기 때문에 그 창의 주인이 죽은 고래에 대한 소유권을 주장할 수 있을 듯싶다. 그런데 어느 행인이 해변에 떠밀려온 죽은 고래를 발견해 자기 것으로 취했다. 그 고래의 사망에 직접적 영향을 끼친 고래잡이는 소송을 걸었고, 법원은 그의 주장을 받아들였다. 만약 행인에게 고래 소유권을 인정해준다면 "긴수염고래를 사냥하는 산업은 필연적으로 종말을 맞게 된다. 자신의 노동의 결실을 우연한 발견자가 가로챌 수 있다면 아무도 그 노동을 하려 하지 않을 것이기 때문"이다.[6] 포경 행위에 반대하는 사람이라면 행인이 승소하는 편이 바람직하다고 생각할 수 있겠지만, 법원은 당연히 나라 안 여러 공동체의 운명이 달려 있는 산업을 보호하는 편에 섰다.

이쯤 되면 수많은 법적 문제와 관련하여 사전적 주장이 제기될 수 있다고 여겨질 것이다. 사실 이는 과소평가일 수 있다. '모든' 법적 문제에 대해 어떤 결정의 사전적 영향이 어떠한지 묻는 것은 가능하다. 우리는 그 물음이 중대하고 명확한 중요성을 지니는(당사자들에 관한 법원의 결정이 명백히 다른 이들의 유인에 영향을 끼치는) 사례들만 살펴봤을 뿐이다. 유인에 대한 효과가 가장 의심스러운 것은 아마 은행 강도와 인질에 관한 첫 번째 사례일 것이다. 누군가는 법원의 결정이 과연 다른 은행이나 강도의 행동에 큰 영향을 줄지 의문을 품을 수 있다. 우리가 살펴봤듯 법원은 이에 대해 사전적 주장을 결정적인 것으로 고려했지만, 법원이 틀렸을 가능성도 있다. 게다가 누군가의 유인에 영향을 끼칠 수 있는가에 대한 법원의 판단이 논란을 낳은 사건도 적지 않다. 교통사고에 관한 어떤 사건에서 운전자에게 유리한 판결이 다른 운전자들에게 안 좋은 유인을 제공할 거라는 주장에 대해 생각해보자. 법적 지식이 다른 운전자들에게 어떻게 전달될지(여기서 보험회사도 어떤 역할을 할 수 있지 않을까), 혹은 법이 보내는 여러 신호를 완전히 차단해버릴지 모를 유인으로 어떠한 것들이 있는지 등을 검토해볼 수 있다. 모두 좋은 질문이지만, 애초에 사전적 주장을 이해하지 못하면 떠올릴 수 없는 것들이다.

모든 법적 문제는 전적으로 사전적 근거에 의해 해결되어야 한다고 생각하는 사람들이 있다. 즉 당사자 간의 어떤 결정이 향후 다른 이들에게 최선의 유인을 제공할지를 근거로 판단해야 한다는 입장이다.[7] 이러한 접근 방식을 지지하는 이들은 책을 쓰고 모임에 참여한다. 심지어 경제학자들도 여기에 포함되곤 하는데, 그들이 사전적 관점을 선호하는 이유는 경제학적 관심사와 관련 있기 때문이다. 사후적 근거에 따라 누가 이겨야 할지 결정하는 것, 즉 단지 과거를 돌이켜보고 책임을 따지는 것은 기본적으로 분배 행위다. 지분을 어떻게 나눠야 할지, 누가 누구에게 대가를 지불해야 할지 결정하는 것이다. 경제학자들은 대체로 그러한 결정에는 관심이 없다. 일반적으로 그들의 목표는 이미 존재하는 것을 나누는 방법이 아니라 (분배 행위가 초기에 창출되는 가치의 양에 영향을 끼치는 것이 아닌 한) 세상에 있는 가치의 양을 증가시키는 방법을 알아내는 것이다. 그러한 견지에서는 오직 사전적 관점만 중요한 것으로 인식된다. 왜냐하면 사전적 관점이야말로 법원이 뭔가 유익한 행위, 즉 불행한 일에 대한 책임을 뒤늦게 분배하는 데 그치지 않고 향후 일어날 일들에 기여하면서 얼마간 낭비를 방지할 수 있기 때문이다.

한편 사건의 당사자들은 당연히 누가 누구에게 대가를 지불하느냐에 지대한 관심을 갖는다. 이는 법 체제 또한 마찬가지다. 그런 까닭에 사후적 주장이 사전적 주장과 똑같이 중요하며, 둘 사이의 갈등이 흥미로운 것이다. 그럼에도 불구하고 이 책 내용의 대부분은 경제학자의 방식으로 다양한 법적 문제를 생각하는 방법에 대해 다루고 있다. 사전적 추론 방식은 대다수 사람에게 사후적 방식보다 덜 직관적이기 때문에 좀더 지면을 할애하고자 한다. 사전적 추론 방식은 법 규칙이 어떻게 지금의 모습을 갖추게 되었는지 흥미로운 통찰의 기회를 열어준다. 그러한 통찰은 종종 모호해서 미묘한 부분을 이해하는 데는 도움이 필요하다. 앞으로 그에 대해 소개하고 설명하겠다.

✦ 추가 독서를 위한 제안

사전적 관점에서(즉 법적 문제에 대한 다양한 해답이 만들어낼 유인들을 고려함으로써) 법적 문제를 분석하는 학문은 끝이 없지만, 이 관점에 관한 고전적 입문서로 Frank H. Easterbrook, *The Court and the Economic System*, 98 Harv. L. Rev. 4(1984)가 있다.

사전적 관점의 특별한 영향에 초점을 맞춘 최근의 정교한 논의로는 Bruce L. Hay, *Procedural Justice—Ex Ante vs. Ex Post*, 44 UCLA L. Rev. 1803(1997), Lucian A. Bebchuk, *Property Rights and Liability Rules: The Ex Ante View of the Cathedral*, 100 Mich. L. Rev. 601(2001), Mark A. Lemley, *Ex Ante and Ex Post Justifications for Intellectual Property*, 71 U. Chi. L. Rev. 129(2004)가 있다.

법적 논쟁 시 유인에 호소하는 것에 대한 회의적 설명으로는 Paul H. Robinson and John M. Darley, *The Role of Deterrence in the Formulation of Criminal Law Rules: At Its Worst When Doing Its Best*, 91 Geo. L.J. 949(2003), Dan M. Kahan, *The Secret Ambition of Deterrence*, 113 Harv. L. Rev. 413(1999), Gary T. Schwartz, *Reality in the Economic Analysis of Tort Law: Does Tort Law Really Deter?* 42 UCLA L. Rev. 377(1994)가 있다.

2장
효율성의 개념

지금까지 우리는 법원의 결정이 향후 사람들의 유인에 어떤 영향을 끼칠 수 있는지에 대해 살펴봤다. 이제는 법원이 사람들에게 어떠한 유인을 제공하려 하는지에 대해 이야기해볼 필요가 있다. 사전적 관점은 때로 매우 명백하다. 강도가 인질을 잡지 않게 하는 유인은 바람직한 것이며, 긴수염고래 사건에서 (고래 애호가들에게는 난처한 문제겠지만) 판사가 주요 산업이 파괴되는 부분을 염려한 것은 이해할 만하다. 그러는 한편 심오한 분석이 요구되는 사례도 많다.

법은 개가 공격하는 사례와 사자가 공격하는 사례에 대해 다른 법 규칙을 적용한다. 개의 주인은 오직 자신의 개가 누군가를 물었을 때에만 책임지는 반면, 사자의 주인은 자기 사자가 아무리 좋은 평판을 지녔어도 사람을 물면 무조건 책임을 져야 한다. (현재 일부 주에서는 개에게 물린 사례에 대해 좀더 엄격한 법규를 적용하고 있으나, 이 규칙은 오랫동안 모든 곳에서 통용되어왔으므로 설명하기에 적합한 근거로 볼 수 있다.) 당신이 키우는 개에게 물린 이웃이 당신에게 소송을 제기했는데, 1심 판사가 잘못된 설시[판사가 배심원들에게 사실 판단에 필요한 최소한의 법적 지식을 전달하는 과정]를 했다고 가정해보자. 배심원단은 개의 전과 여부와 상관없이 당신이 개의 소유주이므로 무조건 책임을 져야 하는 것으로 알고 원고의 치료비로 1만 달러를 배상하라는 평결을 내린다. 당신은 잘못된 배심원 설시를 이유로 항소한다. 불행히도 여기에는 문제가 있다. 오류가 발생한 즉시 당신이 그 문제를 지적하지 않은 것이다. 사실 당신은 해당 규칙이 명백하기에 판사가 실수를 저지를 거라 생각하지 못했고, 따라서 그 부분에 관심을 기울이지 않은 것이다. 상대방은 당신이 항소법원에 이르러서야 문제를 제기했다는 사실을 지적하며 이미 늦었다고 주장한다. 이 사례에 대해 어떻게 생각하는 것이 최선일까?

당신은 공정성 개념을 바탕으로 강력히 반박할 수 있다. 법대로 하면 당신에게 책임이 없는데 원고에게 큰 배상을 하라는 판결이 내려졌다고 가정해보자. 배심원들이 제대로 설시를 받았더라면 그런 결정은 내려지지 않았을 것이다. 그러나 사전적 관점에서는 유인에 관한 다른 주장이 제기될 수 있다. 즉각 이의를 제기하지 않고 나중에 배심원 설시를 문제 삼는 게 허용된다면, 앞으로는 때맞춰 이의를 제기하도록 하는 유인이 효력을 잃을 것이다. 즉각적인 이의 제기가 모두에게 최선임은 자명하기 때문에 법원이 만들어내는 유인이 별로 중요하지 않다고 생각할 수 있겠지만, 그렇지 않을 수도 있다. 이 점을 전략적으로 이용하기로 작정한 어떤 변호사들은 배심원 설시에 결함이 있음을 알고도 내버려두는 편이 낫다고 판단할 수 있다. 즉 우리 쪽이 승소하면 그대로 좋겠지만, 소송에 지더라도 항소를 통해 다시 재판을 진행할 수 있다고 주장할 명분이 있기 때문이다(재판이 불리하게 진행되고 있는 상황이라면 유혹이 한층 더 강해진다). 일찍 이의를 제기하면 판사의 실수가 정정되므로 나중에 다시 재판을 진행하려는 변호사의 희망도 사라진다. 물론 우리가 지금 살펴보는 사례에서 '당신'은 잘못된 배심원 설시를 의도적으로 내버려둔 게 아니라 부주의했을 뿐이다. 그렇다 해도 유인에 관한 논의는 피할 수 없다. 뒤늦은 이의 제기가 받아들여지지 않는 건 당신에게 가혹한 결정이겠지만, 그로 인해 앞으로 재판에 임하는 변호사들은 더 신중해질 것이다.

방금 설명한 이유로 개 물림 사건에 대한 당신의 항소는 파기될 것이다. 이에 관해 연방법원에서는 "배심원 설시문에 대한 이의는 그것이 전달됐을 때 제기해야 한다. 그러지 아니하면 허용되지 않는다"라고 규정하고 있다. 그리고 각 주법원에도 사법기관에 의한 것이든 입법기관에 의한 것이든 유사한 규칙이 존재한다.[8] 이 사건에 대한 설명을 살펴볼 때, 1장의 내용과 똑같은 것이 아닌가 하는 생각이 들 것이다. 사후적 관점에서는 가혹해 보이지만 사전적 관점에서는 좋은 효과를 내는 결정의 다른 사례이기 때문이다. 그러나 이제부터는 논의를 좀더 발전시켜, 사전적 효과가 이토록 매력적인 이유에 대해 생각해보도록 하자. (앞선 사례와 같이 다른 이들에게 올바른 유인을 제공하기 위해 가혹한 결과를 감수해야 할 만큼) 이의 제기의 시기를 놓쳐선 안 되는 중요한 이유는 무엇일까? 바로 실수를 정정하는 비용 때문이다. 배심원에 대한 설시에 결함이 있다는 사실을 인식했을 때 즉시 이의를 제기한다면, 문제가 아주 수월하고 빠르게 해결될 수 있다. 반면 고의든 부주의든 나중에 이의 제기를 한다면 문제 해결에 훨씬 큰 비용이 들 수밖에 없다. 법원은 똑같은 배심원단을 재소집할 수 없으므로 새로운 배심원단을 꾸려 재판을 다시 진행해야 한다. 그건 당사자들뿐만 아니라 국민에게도 손해다. 그러한 비용은 낭비이므로 불필요하거나 비효율적이라 여기는 것이다. 실수가 일어났을 때 바로 지적한다면 그러한 낭비는 막을 수 있다. 배심원 설시에 관한 것이든, 잘못된 최종 변론에 관한 것이든, 혹은 증거 인정 과정에서 벌어진 실수에 관한 것이든 항소법원이 사실심에서 제기되지 않은 이의 제기에 대해 매우 엄격한 태도를 유지하려는 경향은 바로 그러한 이유에서다.

이번에 소개할 절차적 문제 역시 넓게 보면 유사한 분석을 나타낸다. 당신의 상대방(앞서 언급했던 이웃)이 재차 소송을 걸어왔다. 그는 여전히 개 물림 사고를 문제 삼고 있지만, 이번에는 정신적 고통에 대한 보상을 원한다. 이전 소송에서는 치료비 배상만 요구했고 정신적 피해는 문제 삼지 않았다. 이때 당신은 유인에 관한 문제를 바탕으로 강력한 반대 주장을 펼칠 수 있다. 원고는 첫 재판에서 그러한 피해를 주장할 수 있었고, 또 그랬어야만 했다. 이제 와서 두 번째 재판이 진행된다면, 첫 재판의 배심원단이 그랬듯이 새로운 배심원단이 사건의 진상을 전부 알아야 하고, 당신은 변호를 위해 재차 변호사를 고용해야 할 것이다. 또한 동일한 다수의 목격자를 소환해 똑같은 진술 및 주장을 반복하게 될 것이다. 이 모든 게 낭비다. 원고의 해당 주장이 첫 소송에 포함되어 있었더라면 같은 노력을 반복하지 않고도 해결될 수 있는 문제였다. 지금에 와서 이 주장을 다투기에는 너무 늦었지만, 앞으로 이와 유사한 소송을 하려는 사람들은 모든 주장(치료비 '및' 위자료에 대한 주장)을 한 번에 제기함으로써 관련된 모든 비용과 수고를 절약할 수 있을 것이다. 따라서 이번에도 효율성을 고려하는 주장이 승리할 것이다. 이웃 사람이 제기한 두 번째 소송은 일반적으로 동일한 거래transaction에 대해 일방이 타방을 두 번 고소하는 것을 금하는 기판력旣判力, res judicata("사건이 결정되었다")의 원칙에 따라 기각될 것이다. '거래'라는 용어가 모호하긴 하지만, 대다수의 법정은 두 번째 사건을 첫 번째 사건과 결합하는 편이 낭비를 피할 수 있었다(더 효율적이다)는 의미에서 이 단어를 사용한다.

주목할 점은 우리가 여기에서 논의한 두 사례(사실심에서 반박하지 않은 문제를 항소에서 거론하는 사례와 개 물림 사건으로 이웃이 당신에게 두 번의 소송을 제기하는 사례)에서 승소한 주장들이 근본적으로 동일하다는 사실이다. 두 대응이 위반한 규칙은 서로 다르지만 유사한 이론적 근거를 가지고 있는 것이다. 사건을 처리하는 데는 비용이 덜 드는 방식과 더 드는 방식이 있는데, 법은 일부 정당한 요청을 기각하더라도 유인을 강력하게 유지하기 위해 비용이 덜 드는 방식을 요구한다. 1장에서 언급한 몇몇 사례를 유사한 방식으로 다시 살펴볼 수 있다. 타인의 토지를 침범했다고 해서 집을 허물도록 요구하는 것은 이유 있는 항소를 기각하는 것만큼이나 가혹하다. 그러나 두 사례에서 가혹한 답변은 앞으로 '더 주의를 기울여야 한다'라는 강력한 유인을 만들어내 문제 해결에 비용이 덜 들도록 유도한다. 이를테면 건물을 지을 토지에 대해 사전 조사를 면밀히 하도록 하고, 배심원 설시가 잘못되었을 때는 즉각 이의를 제기하도록 만드는 것이다.

일이 잘못되면 더 큰 비용이 든다는 게 일반적인 인식이다(대체로 일이 잘못된다는 게 그런 '의미'일 것이다). 법이 하려고 하는 한 가지(어떤 이들은 법의 주요 목적으로 보기도 한다)는 그런 상황에 드는 비용을 최소한으로 유지하는 것이다. 이는 문제를 해결하는 데 필요 이상의 비용이 들게 만든 사람들에게 불이익을 주는 것이다. 예를 들어 그들에게 (영역 침범 사례에서와 같이) 결과에 대해 책임지게 한다거나 (뒤늦은 이의 제기자의 항소가 기각된 사례나 동일한 사실에 대한 두 번째 소송을 허용하지 않는 사례와 같이) 본래 얻을 수 있었던 회복을 거부하는 방식이다. 효율성을 법적 목표로 삼는다는 것은 이러한 의미다. 이 요점을 1장의 내용에 연결시키자면, 어떤 법적 판단이 바람직한 유인을 만들어내는지 여부를 알고자 할 때 그것이 당사자나 그와 유사한 처지에 있는 이들이 문제 해결에 드는 비용을 최소한으로 유도하는 것인지 살펴보면 된다.

÷

이제 여러 우연한 사고에 대해 이야기를 나눠보자. 모든 사건 사고에는 비용이 든다. 살다보면 수리비, 치료비, 임금 삭감 등 갑작스레 비용 손실이 발생하는 일이 생긴다. 정신적 고통 역시 비용으로 계산할 수 있다. 직접적인 지출은 아니라도 고통스러운 상황을 피하기 위해 비용을 들여야 하는 사안이기 때문이다. 소송 당사자들에게는 누가 모든 비용을 지불할 것인가를 결정하는 게 사건의 핵심이다. 반면 법원 입장에서는 더 넓은 의미를 지닌다. 소송의 결과가 향후 다른 이들이 부담하게 될 비용과 관련해 사전적 영향을 끼칠 수 있기 때문이다. 또다시 동물과 관련된 재난 사례를 제시하겠다. 소 한 마리가 길을 잃고 도로를 헤매다가 차에 치이는 일이 벌어졌다고 하자. 차는 물론 파손되었고, 운전자는 소를 키우는 목장주에게 수리비를 배상받기 위해 소송을 제기한다. 자신의 소가 사유지를 벗어나지 못하도록 지키지 못한 주인이 당연히 책임져야 한다고 생각했기 때문이겠지만, 그게 그렇지가 않다. 이 사건에서 핵심은 목장주가 이와 같은 사고를 방지하기 위해 합당한 주의를 기울였는지 여부다.[9] 여기서의 합당한 주의는 완벽한 주의를 뜻하지 않는다. 전형적으로 법원은 목장주가 마땅히 기울여야 할 주의를 다했더라도 소는 목장을 탈출해 충돌 사고를 일으킬 수 있다고 본다. 그러면 목장주는 차량 수리비를 지불할 필요가 없다. 어떻게 이럴 수 있을까? 소가 도로까지 나왔다면 목장주는 주의를 기울이는 데 최선을 다하지 않은 것 아닐까?

이 질문에 답하려면 낭비 문제를 되짚어볼 필요가 있다. 어떤 소도 탈출하지 못하게 하는 유일한 방법은 목장 주변에 벽돌로 담장을 쌓고 무장 경비원들을 배치하는 것으로, 이는 매우 효과적이긴 하겠지만 무시무시한 비용이 들 수밖에 없다. 사고는 예방할 수 있어도 그 결과를 위해 이 방법을 지지하기는 어려울 것이다. 사고로 인한 비용 손실이 사고를 회피하기 위해 조치하는 비용보다 더 저렴할 테니 말이다. 담장과 경비원은 지나친 것(돈의 낭비)으로 보이며, 그보다 훨씬 적은 비용이 드는 철조망을 설치함으로써 아주 드물게 사고가 일어날 가능성은 있지만 비슷한 효과를 볼 수 있을 것이다. 이러한 사고방식에서 중요한 단계는 전체적인 맥락에서 요구되는 '모든' 비용을 고려하는 것이다. 즉 사고로 인한 비용뿐만 아니라 사고를 예방하기 위한 비용도 고려해야 한다. 이처럼 목장이 도로 근처에 위치하고 있는 환경에서 전체 비용을 최소화하는 것이 목표라면, 대부분의 사고를 예방하되 (완전히 예방하기에는 너무 큰 비용이 드는) 드물게 발생할 사고에 대해서는 내버려두는 게 최선의 해결책(가장 효율적인 해결책)일 수 있다. 사고가 발생할 가능성이 남아 있는 점은 안타깝지만, 사고가 일어났을 때보다 그 가능성을 완벽히 제거하는 비용이 더 크기 때문이다. 따라서 목장주가 소의 탈출을 막기 위해 (비록 완벽히 막지는 못했으나) 철조망을 설치하는 등 비용이 드는 모든 정당한 조치를 취했다면 승소할 수 있다는 게 올바른 법적 결론일 것이다. 결국 운전자는 스스로 손해를 부담할 수밖에 없다. 목장 주인에게 기대하는 다른 행위가 없기 때문에 그에게 비용 부담을 지우지 않는 것이다.

　법 체제가 일부 사고 가능성을 방관한다고 생각하는 어떤 사람들은 이런 식의 사고방식을 못마땅하게 여기기도 한다. 그러나 곰곰이 생각해보면, 대부분의 사람이 가지고 있는 사고체계와 다를 바 없지 않은가? 예컨대 모든 도로의 제한 속도를 시속 5마일로 낮출 수 있다면 현재 미국에서 해마다 약 4만 명이 사망하는 교통사고를 거의 예방할 수 있을 것이다. 하지만 우리는 그러한 사실을 안다 해도 빠른 속도로 달릴 것이다.[10] 그 같은 초저속 운전을 시간 낭비로 느끼기 때문이다. 이와 똑같은 논리를 각각의 사례에 적용해볼 수 있으며, 목장주를 상대로 제기된 소송이 바로 그러한 것이다. 그리고 앞서 살펴봤던 다른 사례들과 유사한 점을 확인할 필요가 있다. 철조망 설치라는 최소한의 조치(적은 비용이 드는 해결책)도 하지 않은 목장주는 사실심에서 잘못된 배심원 설시에 이의를 제기하지 않은 변호사와 같다. 그는 문제 해결의 비용을 낮추기 위해 자신이 할 수 있는 무언가를 하지 않은 사람이다. 따라서 정당한 비용이 드는 울타리를 설치하지 않은 목장주는 소송을 당했을 때 부주의했다는 이유로 패소하게 마련이다. 반대로 목장주가 철조망을 설치했고 그 밖에 합리적으로 보이는 모든 조치를 취한 것으로 확인되면, 변호사가 사실심에서 스무 번 이의 제기를 반복하지 않았다고 해서 불리해지는 것이 아니듯 목장주 역시 담장을 쌓지 않았다는 이유로 불리한 입장에 처하지 않을 것이다. 우리는 어쩌다 한 번 도움이 되는 일을 하라고 타인에게 요구하지 않는다. 모든 것을 감안했을 때 그것은 낭비이기 때문이다.

불법행위법을 연구하는 어떤 이들은 이에 대해 판사가 사고 사건을 어떻게 판결하는지 설명해준다고 말한다. 즉 판사들은 피고가 정당한 비용이 드는 일련의 조치(예방할 수 있을 것으로 기대된 사고의 비용과 견줘 돈을 절약할 수 있었을 어떤 행위)를 취했는지 따져본 뒤, 조치를 취하지 않았다면 피고에게 책임이 있고 조치를 취했다면 책임이 없는 것으로 판단한다는 것이다. 판사들이 의견을 표명하거나 생각을 드러낼 때 이러한 표현을 사용하지 않을 수도 있다. 특히 신체 일부 혹은 생명 손실과 관련된 사건에서는 분명 그 어떤 가치에도 한정적 수치를 매길 수 없을 것이다. 또한 판사들은 피고가 비난받을 만한 어떤 행위를 했는지 판단할 때 오직 상식과 직관에만 의거한다. 그러나 (이론상으로) 상식을 구성하는 것은 바로 낭비에 대한 우려 혹은 (이와 동등하게) 비용 및 이익에 대한 감각이다. 즉 우리는 그들이 쉽게 예방할 수 있는 사고를 예방하지 않은 데 분노를 느끼는 것이지, 사고를 처리하는 것보다 더 큰 노력이 필요한 예방 조치를 포기한 것에 분노하지는 않는다.[11] (그렇지만 우리는 예방을 위해 지나치게 '많은' 돈을 쓰는 사람에게 어째서 분노하지 않을까? 지나치게 돈을 안 쓰는 것만큼이나 그것 역시 낭비가 아닐까?) 따라서 불법행위 사건에 관한 대부분의 판결은 (비록 무의식적으로 혹은 간접적으로 표명되곤 하지만) 판사들이 효율성을 염두에 두고 있다는 생각과 일치하는 것으로 확인된다.

반대 의견을 가진 사람들도 있다. 그들은 불법행위 사건의 결론이 효율성을 고려한 것이라거나 그러한 양상을 가장 잘 설명해주는 가치가 효율성이라는 데 동의하지 않는다. 하지만 이 책은 논쟁을 해결하는 데는 관심이 없다. 효율성에 입각한 주장이 어떤 것인지, 그리고 판사가 자신의 임무로 여기지 않을 때조차 판결에서 효율성을 추구한다고 보는 이유가 무엇인지 설명하는 게 이 책의 목표다. 법의 가치 중 하나는, 그것이 선도적인 것이든 아니든 문제 해결을 위해 가장 효율적인 방법을 찾아낸 다음 사람들이 그것을 사용하도록 유인을 제공하는 것이다.

÷

이 장의 주제는 낭비다. 즉 낭비가 의미하는 바가 무엇인지, 법 체제가 낭비를 막기 위해 어떤 방법을 사용하고 있는지 살펴보는 것이다. 법이 고민하는 또 다른 낭비는 가치 있는 것이 사용되지 않거나 혹은 충분히 활용되지 않고 있을 때 생겨날 수 있다. 내 사유지에 어떤 동굴로 통하는 입구가 있다고 치자. 땅 밑으로 길게 뻗은 이 동굴은 내 땅을 넘어 도로까지 이어져 있다. 누가 동굴의 주인이며, 우리는 왜 이 문제에 관심을 가져야 할까? 먼저 '아무도' 동굴을 소유하지 않을 가능성부터 살펴보자. 다른 사람이 어떻게 내 땅에 있는 동굴 입구로 들어갈 수 있는지는 제쳐두고(공공 통행권이 존재한다고 가정하자), 동굴이 누구의 소유도 아니라는 전제는 많은 사람이 동굴을 즐길 수 있도록 보장하는 것처럼 보인다. 아무도 동굴을 소유하지 못하기 때문에 아무도 배제될 수 없는 것이다. 모든 사람은 자유롭게 이 동굴을 탐험할 수 있다. 하지만 그로 인한 결과는 그리 좋지 않을 것이다. 처음 발견되었을 당시 동굴은 어둡고 위험해서 탐험할 만한 가치가 없었을 수도 있다. 결국 누군가가 내부 지도를 작성하고 안전한 지점을 파악하는 등 다른 사람들(관광객이나 동굴 애호가)이 구경할 수 있도록 사전 준비가 이뤄질 때 동굴의 잠재력이 개발된다. 문제는 조사와 지도 제작에는 투자가 필요하다는 것이다. 그리고 입장료를 부과함으로써(오직 소유자만 그럴 권한이 있다) 투자한 돈을 회수할 수 없다면 아무도 시간과 돈을 들이려 하지 않을 것이다.

그렇다면 아무도 동굴을 소유하지 않았다(아무도 타인을 배제할 권리가 없다)는 것은 동굴의 완전한 가치가 개발되지 않을 거라는 뜻과 다르지 않다. 그리하여 어느 한 사람이 동굴을 소유할 필요가 있다는 주장이 제기될 것이다. (또 다른 가능성은 정부가 동굴을 소유하는 것이다. 이 두 가능성을 비교하면 어떨 것 같은가?) 만약 동굴의 소유권자가 나 외에 12명이나 있다면, 그래서 일일이 그들의 허가를 구해야 한다면 나는 개발에 적극 나서고 싶지 않을 것이다. 하지만 내 협상력에 따라 세부 내용이 달라질 수는 있을 것이다. 이 동굴의 입구가 내 땅에 있으니 동굴의 전체 소유권도 나에게 있다고 상상해보자. 그러나 동굴 탐험에 관한 지식을 내가 갖고 있지 않다면, 동굴의 잠재력이 개발되지 못할 두 번째 난관에 맞닥뜨린다. 이에 대한 해결책은 동굴을 개발할 능력이 있는 사람 또는 나보다 동굴에 대한 가치를 귀하게 여겨 이를 매력적인 장소로 변모시킬 가능성이 높은 사람에게 토지를 매각하는 것이다. 그런 후 동굴을 훨씬 잘 활용할 누군가가 나타난다면 그가 '다음' 매수인이 될 수 있다.

동굴의 비유는 재산 및 계약에 관한 법 제도가 추구하는 주요 목적을 설명하기 위한 것이다. 동굴 대신 광산, 대지, 백신 같은 화학적 조합물이나 약물 등 법이 소유권(즉 재산권)을 부여하는 다른 모든 것이 예가 될 수 있다. 법이 사람들에게 소유권을 인정해주고 법원, 경찰 등을 통해 그 실행을 돕게 하는 주된 이유는 소유권이 그들의 소유물을 최대로 활용하고 관리하도록 유인을 제공하기 위함이다. 동굴(혹은 토지나 대역폭)이 누구의 소유도 아니라면 충분히 개발되지 않을 것이고, 이는 또 다른 낭비라 할 수 있다. 물론 자원이 착취되지 않는 편이 '더 나은' 상황도 있을 것이다. 그런 상황을 처리하는 최선의 방법은 동굴의 경우와는 다르겠지만, 대부분의 농장과 주거용 부동산 등에는 앞선 설명이 딱 들어맞는다. 그 밖에 좀 색다른 대상들(방송 전파, 지식재산권, 동굴)에 대해 법은 다양한 조치를 취하고 있다. 동굴에 관한 유명한 사건 중에는 동굴 입구의 소유자가 소유권을 인정받지 못한 사례도 있다.[12] 방송권은 정부에 의해 배분되며 때로는 경매를 통해 정해지기도 한다. 그리고 지식재산권은 한정된 기간에만 강력한 보호를 받는다. 이들 사례는 모두 완전한 개발(또한 낭비의 최소화 혹은 잠재력 개발)을 장려하기 위해 어떤 종류의 소유권이 존재해야 하는지에 관한 결정으로 볼 수 있다.

토지나 기타 자원을 개발 및 관리하는 사람의 수고를 헛되지 않게 한다는 점에서 재산권이 유익한 것이라면, 계약은 그 권리를 가장 잘 활용하거나 어떤 식으로든 최고의 이익으로 이어지게 해주는 누군가에게 이전시킨다는 점에서 유익하다. 어떤 대상에 대한 재산권의 부재와 마찬가지로 어떤 대상에 관한 계약의 불능도 낭비로 귀결될 수 있다. 내가 어떤 것을 가지고 있는데 나보다 당신이 그것을 더 가치 있게 여긴다. 나는 그것을 당신에게 매도하고 싶고, 우리 모두 그러는 편이 서로에게 이로울 것이라 생각한다. 그러나 법적 혹은 실재하는 어떤 이유로 매매가 이루어질 수 없다면 그 결과는 낭비로 간주될 수 있다(자중 손실deadweight loss

이라고도 한다). 낭비의 척도는 무엇이 됐든 그것의 매매로 인해 우리가 얻는 '더 이로움' 혹은 행복의 크기와 같다. 그 차이는 금전적으로 측정할 수 있을 것이다. 다시 말하지만, 계약이 이루어지지 않는 것이 더 나을 때도 있고, 그것이 법의 입장일 때도 있다. 그러나 우리는 법이 계약의 실행에 호의적이라는 것을 추정할 수 있으며, 어렵지 않게 그 이유를 이해할 수 있다. 우리는 두 당사자가 각자의 의사에 따라 스스로를 더 이롭게 함으로써 자원이 더 가치 있게 사용될 기회가 낭비되는 걸 원하지 않는다. 우리는 누구든 동굴을 가장 잘 활용할 수 있는 사람에게 소유권이 주어지길 바란다. 계약은 동굴이 그러한 소유주를 만날 수 있게 해주는 주요 수단이다.

이러한 설명에 따르면, 두 당사자 간에 계약이 이루어질 수 '없는' 유일한 원인은 법이 계약을 강제하지 않을 때인 것처럼 보인다. 그러나 사실은 실천의 문제로 인한 것이 더 흔하다. 즉 사람들이 종종 계약을 체결하지 못하는 이유는 실행 과정에 어떤 장애가 있기 때문이다. 앞서 언급했듯이 여러 명의 소유지 밑으로 동굴 통로가 이어져 있어 동굴 소유권이 나뉘어 있다면, 그중 한 명이 나머지 사람들을 각각 접촉해 계약 조건을 협의하려 하지만 진행이 잘 되지 않을 수 있다. 소유자가 많다면 협상하는 데 시간이 오래 걸리거나 어떤 전략적 행위로 인해 협상이 틀어질 수 있기 때문이다. 어쩌면 그들은 각자 자기를 제외한 나머지 사람들이 먼저 동의해주길 기다리며 내 제안을 거부할지도 모른다. 전체 계약이 파기되지 않으려면 더 큰 보상을 요구할 수 있는 마지막 한 사람이 유리한 입장에 놓이기 때문이다. 이러한 버티기 문제holdout problem는 관계 당사자들을 더 행복하게 해줄 훌륭한 합의를 망치는 여러 어려움 중 하나일 뿐이다. (경제학에서는 그러한 어려움을 '거래 비용'이라 부른다. 이것은 8장에서 다시 논의하자.)

다음으로, 예상치 못한 교통사고처럼 어떤 것들은 '사실상' 협상이 불가능하다. 만약 오후에 충돌 위험에 처할 것을 운전자들이 미리 알았다면 오전에 적정한 속도로 운전하기로 합의하는 계약을 체결했을 것이다. 그렇다면 이때는 과속한 사람이 계약을 어긴 것으로 간주된다. 이러한 가정이 다소 억지스럽게 느껴지겠지만, 우리가 논의 중인 일부 주제의 관계를 파악하는 데 유용하다. 낭비를 옹호하는 사람은 아무도 없다. 낭비가 발생했을 때 우리는 일반적으로 (당사자들이 할 수만 있다면 미리 합의했을) 계약에서 벗어난 것으로 간주할 수 있다. 따라서 다수의 법 규칙은 계약에 영향을 받는 이들이 어떤 상황에 처하기 전에 모든 문제를 논의하고자 할 때 의미가 있다. 그런 관점에서 볼 때, 대체로 규칙은 사람들이 어떤 입장에 처하기 전에 그들의 비용을 낮추는 기능을 한다. 더 자세한 내용은 나중에 코스 정리Coase theorem를 다룰 때 살펴보자.

÷

이 장의 주요 사례(개 물림 사건의 뒤늦은 이의 제기, 길 잃은 소에 대한 목장주의 책임 소재, 동굴 등의 소유권에 관한 규칙)에 있는 공통된 맥락에 주목해보자. 이들 사례는 돈이든 시간이든 자원이든 모두 낭비의 위험과 관계있다. 그리고 이와 관련된 법 규칙들은 모든 사람에게 낭비를 회피하도록 하는 유인을 제공함으로써 낭비의 발생을 예방하는 수단이라 할 수 있다. 그러한 유인은 비용이 적게 드는 해결책을 사용하지 않은 것에 대한 법적 불이익일 수도 있고, 저렴한 해결책을 '이미' 시행한 데 따른 책임 면제일 수도 있다. 또한 목적물의 최대 활용에 기인한 보상을 인정하는 소유권 및 계약에 관한 규칙일 수도 있다. 앞으로 낭비의 또 다른 문제들(및 해결)에 관하여 더 많은 사례를 살펴보겠지만, 여기서 기본적인 부분을 짚고 넘어가는 게 유익할 것이다. 법적 문제에 대한 이런 탐구 과정은 드물지 않게 필요하다. 해결책으로는 여러 가지가 있겠지만 어떤 것은 안 좋은 유인을 유발하기도 하며, 그에 따라 시간과 노력 혹은 자원이 낭비될 수 있다. 그러한 낭비를 억제하는 것이 더 나은 해결책이다.

　지금까지 우리가 논의한 것은 다양한 방식으로 표현된다. 여기서는 '낭비의 최소화'라는 표현을 썼지만 '부의 극대화'라고 표현할 수도 있다. 거래는 참여 당사자들을 더 이롭게 만듦으로써 부를 증대시킨다(여기에 양 당사자가 거래에 동의하는 유일한 이유가 있다). 이것은 바로 앞서 논의된 요점, 즉 계약의 가치를 고려하는 또 다른 방식이다. 사람들의 부는 (이 장의 첫 사례에서와 같이) 중복 소송이나 불필요한 사고 후의 수리, 또는 (불법행위법과 관련된 사례에서 봤듯이) 사고 예방을 위한 과다 지출에 따르는 부의 낭비를 억제하는 규칙들에 의해 증대된다. 이러한 목표들은 '효율성' 추구와 동일시할 수 있을 것이다. 효율성은 정확하게는 낭비의 제거라 할 수 있다. 그러나 무엇이 낭비이고 무엇이 효율인가에 대해서는 여러 사고방식이 존재한다. 이 책에서 우리가 다룰 효율성은 '칼도-힉스 Kaldor-Hicks' 유형으로, 전체적으로 비용보다 많은 이익을 발생시키는 의사결정을 의미한다. 다시 말해서 어떤 결정으로 인해 이익을 얻는 사람들은 그로 인해 손해를 입는 사람들에게 완전한 보상을 해주고도 더 나은 삶을 누린다. 실제로 그런 보상이 이루어질 필요는 없으므로, 비록 어떤 결정으로 인해 일부 사람이 손해를 본다 해도 나머지 사람들이 이익을 얻는다면 그 결정은 칼도-힉스 기준에서 효율적이라 할 수 있다. 이 책에서 말하는 효율성은 결정의 총비용을 총이익과 비교했을 때의 효율성을 의미한다. (좀더 약한 개념인 '파레토' 효율성과 구별할 필요가 있다. 다른 누군가에게 손해를 입히지 않고서는 아무도 이득을 얻을 수 없는 것이 바로 파레토 효율이다.)

우리는 효율성을 가치 있는 것으로 취급할 것이다(효율성은 훌륭한 법적 결정이 갖춰야 할 요소지만, 훌륭한 법적 결정의 유일한 요소는 아니다). 그렇지만 효율성을 법적 목표로 삼는 것에 대해서는 논쟁의 여지가 있다는 것도 알아둬야 한다. 효율성을 추구한다는 것은 효용보다는 모두의 부를 극대화하는 것을 목표로 하는 수정된 공리주의라 할 수 있다. 그러나 공리주의는 논란의 여지가 있다. 어떤 면에서는 부의 극대화를 추구하는 것이 더 매력적일 수 있겠지만,[13] 다른 면에서는 덜 매력적일 수도 있다. 통상 집단 전체의 부가 증대되는 것은 개별 존재의 복지가 증대되는 것을 의미하지만, 언제나 반드시 그런 것은 아니다.[14] 그리고 전체 부의 증대는 일반적으로 법 체제의 궁극적 목표로 간주되지 않는다. 왜냐하면 모든 사람이 처음부터 가진 부의 양으로부터 출발해야 하는데, 그것 자체가 법의 산물로 간주될 수 있기 때문이다. 그러한 부의 최초 분배는 불공평할 수 있어 어떤 경우든 자체적으로 별도의 방어책을 필요로 한다.[15]

법을 이용해 사람들의 선호를 만족시키려 하는 부분에 대한 반대 의견도 있지만, 이 또한 효율성 추구가 무엇을 목적으로 하는지 이해하기 위한 사고방식의 하나다. 모든 사람에 대한 부의 최초 배분과 마찬가지로 선호 자체도 어느 정도 법 체제의 산물(전문 용어로는 법 체제의 내생적 속성)일 수 있다.[16] 사람들은 법이 추구해야 하는 어떤 가치에 따라 진정으로 원하는 것이 아니라 주어진 상황에서 얻을 수 있다고 생각하는 최선의 것을 반영한 '적응적 선호'를 가질 수 있다.[17] 혹은 그들의 즉각적 선호는 스스로의 관심사를 잘 이해하지 못하거나 모든 종류의 인지적 편견 및 환상에 사로잡혀 있는 까닭에 결과적으로 자기 고유의 관심사가 아닐 수도 있다. 혹은 그들의 선호에는 비도덕적이고 공개 토론의 가치가 없는 기대치가 포함되어 있을 수도 있다.[18] 그런 경우 일부 사람은 가부장주의가(혹은 사람들에게 그들이 원한다고 생각하는 것을 주기만 하는 것이 아니라 더 나은 토대에 입각한 기타 정책들이) 요구되고 있다는 결론을 내릴 것이다.[19]

이러한 고려 사항 중 일부는 다른 장에서 논의할 것이다. 그 밖의 쟁점들에 관심이 있는 독자는 주석과 '추가 독서를 위한 제안'에 소개된 자료들을 찾아보면 된다. 지금 당장 이해할 점은 다음의 두 가지다. 첫째, 법적 가치로서 효율성의 궁극적 중요성은 논쟁의 여지가 있다. 둘째, 이 책에 제안된 도구들을 효율성에 대한 고찰에 사용하기 위해 그러한 논쟁을 해결할 필요는 없다. 이 책의 도구들은 효율성이 법 체제의 주목표라거나 심지어 효율성이 언제나 중요하다는 신념을 전제로 하고 있지 않다. 효율성에 대한 호소 대부분은 모두가 동의하거나 적어도 가치 있다고 생각하기 쉬운 국소적 '조건'의 성격이다. 어떤 결정이 다른 결정보다 더 많은 비용을 발생시킨다거나 이익보다 손해가 더 크다고 지적하는 것은 거의 항상 흥미로운 일이며, 다른 것들도 중요하다는 데 모두가 동의하더라도 때로는 그런 지적이 결정적인 것으로 판명되기도 한다.

✦ 추가 독서를 위한 제안

리처드 A. 포즈너는 『법의 경제학적 분석Economic Analysis of Law』(제6판, 2002)에서 법 규칙 대부분은 사람들이 낭비를 회피하도록 혹은 효율적으로 행동하도록 하는 수단으로 볼 수 있다고 주장한다. 이 책은 아마 당대 미국 법에 관한 가장 영향력 있는 도서일 것이며, 이 장에 소개된 것과 같은 일반적인 사례들을 (아주 많이) 살펴보기 위해 가장 먼저 읽어야 할 책이다. 본문에서 언급했듯이 효율성 추구는 연구하기에 좋은 여러 철학적 쟁점(법 체제에서 부의 극대화가 정확히 '왜' 가치 있는 것으로 고려될 수 있는지, 그리고 그 자체로 적절한 도덕적 목표로 간주되는 것이 최선인지, 아니면 번영이나 자유 같은 다른 목적을 위한 가능한 수단일 뿐인지)을 야기한다. 한때 포즈너는 전자의 견해를 유지했으나 지금은 후자의 견해로 바뀌었다. 이러한 논쟁에 관하여 중요한 것으로 가장 먼저 읽어야 할 참고문헌은 다음과 같다. Richard A. Posner, The Economics of Justice chs. 3~4(1981); Ronald M. Dworkin, *Is Wealth a Value?* 9 J. Legal Stud. 191(1980); Anthony T. Kronman, *Wealth Maximization as a Normative Principle*, 9 J. Legal Stud. 227(1980); Richard A. Posner, *The Value of Wealth: A Comment on Dworkin and Kronman*, 9 J. Legal Stud. 243(1980); *Symposium on Efficiency as a Legal Concern*, 8 Hofstra L. Rev. 485(1980); Richard A. Posner, *A Reply to Some Recent Criticisms of the Efficiency Theory of the Common Law*, 9 Hofstra L. Rev. 775(1981); Richard A. Posner, The Problematics of Moral and Legal Theory 46~47(1999).

3장
한계적 사고

흡연자라는 표현은 단순명료하게 들리지만 그렇지 않다. 하루에 얼마나 피우는지, 어떤 종류의 담배인지, 어디서 피우는지 등에 따라 여러 유형이 있다. 자가용으로 출근하는 것 역시 마찬가지로 어떤 종류의 차를 운전하는지, 차를 얼마나 자주 바꾸는지, 몇 시에 출근하는지, 어떤 경로를 이용하는지 등 여러 선택이 존재한다. 각각의 차원은 '한계 margin'라 부를 수 있다. 즉 각 행위(흡연, 운전 등)에 대해 형태가 있는 것으로 생각할 때 우리가 열거한 선택들은 각 형태의 가장자리[한계]에 해당된다. 먼저 알아야 할 점은 1장과 2장에서 살펴본 방식으로 법이 유인에 관여할 때, 다른 것보다 일부 한계에 더 쉽게 압력을 가할 수 있다는 것이다. 예를 들어 흡연량에 압력을 가하진 못해도 (식당에서 흡연을 금함으로써) 흡연 장소에는 압력을 가할 수 있다. 또는 담배의 종류에 압력을 가하진 못해도 (모든 담배 판매에 세금을 부과함으로써) 흡연량에 영향을 줄 수 있다. 한계에 관하여 다음으로 살펴볼 점은, 그들 간에 대체 관계가 존재한다는 것이다. 즉 어떤 한계에 압력이 가해지면 다른 한계가 확장될 수 있다는 것으로, 직장에서 담배를 피울 수 없으면 집에서 담배를 더 많이 피우거나 집에서 더 오래 일하는 방식으로 바꿀 수 있다. 또한 담배 가격이 인상되어 담배를 충분히 구입할 수 없다면 더 독한 담배를 피우기로 결심할 것이다. 주목할 점은, 지금까지 언급한 일반 행위들이 각각 더 큰 준거틀의 한계 가운데 하나로 간주될 수 있다는 점이다. 아예 흡연할 수 없는 상황이라면 당신은 껌을 더 많이 씹을 것이다.

한계적 사고는 많은 것을 의미한다. 무엇보다 중요한 것은 문제를 모 아니면 도(흡연 대 비흡연)라는 식의 총체적 사고가 아니라 점진적 방식 으로 바라본다는 점이다. 즉 한 차원에서는 행위를 조금 줄이고 또 다른 차원에서는 늘릴 수 있는 선택의 묶음으로 본다. 이 같은 사고방식이 인 구집단에도 적용될 수 있다. 한 집단의 평균적 구성원이 법적 압력에 어 떤 식으로 반응하는지, 또는 가장 예민한 구성원들이 어떻게 반응하는 지와 같은 한계에 집중해볼 수도 있다. 어쩌면 담배 세금이 더 올라도 개 별적으로는 행위에 변화가 나타나지 않을 수도 있다. 그러나 그 집단의 소수 구성원들(가장 덜 확고하거나 가장 덜 헌신적인 사람들)이 담배 대신 껌을 선택하도록 만듦으로써 '집단'의 행위에 약간의 변화를 일으킬 수 있을 것이다. 다시 말해 개별 인간의 행위에는 여러 한계가 있으며, 인구 집단에는 한계적 구성원이 존재한다. 그리고 이러한 사고방식은 법 규칙 자체에도 적용될 수 있다. 법 규칙은 무엇을 '하지 마라thou shalt not'라는 단순한 방식도 있고, 점진적 불이익을 설정하거나 행위의 점진적 변화를 요구하는 방식도 있다.

이러한 사고가 어째서 유용한지 좀더 자세히 살펴보자. 규칙이 만들어 내는 유인을 이해하고 싶다면 한계의 의미를 이해하는 게 중요하다. 유인 이 영향을 끼치는 지점이 바로 한계이기 때문이다. 법 규칙은 누군가의 행동을 완전히 변화시키지 못할 수도 있고, 모든 사람의 행동을 거의 변 화시키지 못할 수도 있다. 그러나 법 규칙이 한계에 어떤 변화를 부여한다면 제대로 효과를 발휘하고 있는 것이다. 또한 법적 유인이 어떠한 대안을 발굴할 수 있는지 알아보기 위해서도 한계를 이해할 필요가 있다. 유인에 대해 생각해보자. 유인의 목적은 하나의 한계에서 다른 한계로 바람직한 대체를 촉진하는 것이지만, 실제로 어떤 대안은 정도에서 벗어나 역효과를 낳을 위험이 항상 있다. 한계에 대한 이해가 중요한 마지막 이유는, 어떤 문제에 대한 최선의 해결책은 무언가를 하거나 하지 말라는 결정보다는 약간의 조정(아마 다른 사람들이 포함된 몇몇 한계의 조정)을 필요로 하는 경우가 많기 때문이다. 이런 점들에 대해 차례로 살펴보자.

설명을 위해 1장에서 논의한 유인 중 하나를 되불러오려 한다. 앞선 사례 중 법원은 인질을 잡은 강도에게 돈을 내주지 않은 은행에 책임을 묻지 않았다. 은행에 책임을 지운다면 향후 인질 사건이 늘어날 가능성을 우려한 것이다. 그러나 일반 강도가 실제로 은행의 정책 변화에 반응해 자신의 행동을 변화시키는 게 가능할까? 그리고 일반 은행이 법적 판결에 부응해 실제로 '취해야 할' 행동을 하게 만들 수 있을까? 둘 다 대답은 부정적일 것이다. 하지만 질문이 잘못됐다. 쟁점은 일반 은행이나 강도가 어떻게 할 것이냐가 아니다. '한계적' 은행이나 '한계적' 강도(아마 어떤 방침에 따라야 할지 주저하는 은행이나 인질을 잡을지 말지 고민 중인 강도)가 어떻게 할 것인지가 문제다. 어느 쪽이든 결과적 행동에 대해 극단을 상정하지 않는다. 다시 말해서 법 규칙은 모두가 인질을 잡게 하지도, 또 그 누구도 인질을 잡지 못하게 하지도 않는다. 현실적이든 그렇지 않든 법 규칙의 목적은 단지 한계에서 행위의 실행을 감소시키는 것이다.

법에 의해 생겨난 유인에 대해 제기되는 대부분의 주장에도 똑같은 추론이 적용된다. 자동차세를 인상하면 왜 자동차가 덜 팔릴까? 이 사안은 자동차가 필요한가 그렇지 않은가의 문제이므로 세금은 자동차 구매를 막는 요인이 아니라고 생각할 수 있겠지만, 그것은 한계적 사고가 아닌 총체적 사고다. 한계적 사고의 핵심은 모든 사람이 아니라 현재 새 차 구입에 적극적이지 않은 어떤 사람들은 대안을 선택할 거라는 데 있다. 대안 선택은 그들 자신의 한계 사이에서 일어난다. 따라서 어떤 사람들은 큰 비용을 들여 새 차를 사는 대신 자신의 자동차를 수리해서 수명을 늘리려 할 것이다.[20] 교통사고의 불법행위 책임에 대해 이야기할 때 법적 문제가 더 분명히 드러난다. 평범한 사람은 책임 제도('무과실' 책임주의[손해 발생 시 고의 또는 과실이 없더라도 그 배상책임을 진다는 주의]라 하자) 아래에서 (그렇지 않을 때와 마찬가지로) 조심히 운전할 것이다. 그러나 한계적인 일부 사람은 어떤 규칙 아래 (다른 규칙 아래일 때보다) 덜 주의할 수도 있다. 그런 주의 태만은 교통사고 증가로 이어질 수 있다. 혹은 무과실 책임 규정으로 인해 계획적 사고 및 허위 청구를 노린 사기가 일어나기 좋은 환경이 조성될 수도 있다. 다시 말하건대, 대다수 운전자는 이와 무관하며 한계적인 소수가 그러할 것이다. 그렇다고 무과실 책임이 나쁘다는 말은 아니다. 위의 효과들의 크기를 확신할 수 있는 사람은 아무도 없다. 중요한 것은 올바른 한계적 질문을 할 줄 아는 것이다.

유인에 관한 이 모든 주장은 인간의 행동 방식에 대한 비현실적 상상에 근거하고 있다는 게 좀더 일반적인 견해일 수 있다. 사람들은 대체로 자신의 삶을 계획하는 데 법 규칙을 세심히 따져보지 않는다. 대개는 법을 잘 알지 못할뿐더러 그다지 합리적이지도 않다. 4부에서 논의할 텐데 대체로 사람들은 인지적 착각에 해당되는 수많은 신념과 편향에 사로잡혀 있다. 그러나 또다시 강조하자면, 우리가 찾고 있는 것은 평균 효과가 아닌 한계 효과다. 우리는 한계 효과와 그 중요성에 대해 의문을 제기할 수 있다. 또한 그렇게 하고 있는지 확인해볼 필요가 있다. 평범한 사람이 전형적으로 어떻게 하는지에 관한 주장은 한계적 부분을 들여다보는 이들에게 효과적인 답변이 될 수 없다.

그리고 문제는 얼마나 많은 사람이 어떤 행위를 할 것이냐가 아니라 그 행위를 얼마나 많이 할 것이냐라는 것이다. 종종 강간범이나 유괴범에게도 사형 제도를 적용해야 한다는 주장이 제기된다. 일단 도덕적·헌법적 고려는 제쳐두고, 유인 문제 때문에 여기에 반대하는 주장이 있다. 한 범죄자가 강간을 저질렀을 때, 그의 범죄 행위는 그것으로 끝난 게 아니다. 그에게는 앞으로 얼마나 더 범죄를 저지를 것인가에 관한 한계결정이 남아 있다. 이미 저지른 범죄 때문에 그가 사형을 선고받았다면, 또 다른 살인 행위에 대해서는 대가가 추가될 수 없다(오히려 걱정해야 할 증인이 한 명 더 줄어드니까 이익이다). 말하자면 '어린 양 한 마리 때문에 교수형을 당하느니 큰 양 한 마리를 훔치는 게 낫다'라는 격언과 같은 논리다.[21] 중범죄를 세 번 저지른 범죄자를 종신형에 처하는 '삼진아웃'법에 대한 반대 역시 동일한 논리에 따른다. 어차피 붙잡히면 '최고' 형벌을 받을 테니 범죄자 입장에서는 세 번째에 가장 극악한 범죄를 저지르는 게 낫다. 다수의 범죄자(아마 대부분)는 이런 식으로 고의로 행동하지 않는다. 그러나 큰 인구집단(그 구성원이 범죄자든 일반인이든)에는 언제나 결정의 중심에 더 가까운 사람들이 있는 반면 또 가장자리 혹은 한계에 더 가까운 사람들도 있는 법이다.[22] 우리가 걱정해야 하는 대상은 바로 후자다.

방금 설명한 걱정들을 일컫는 명칭이 따로 있다. 형사처벌 설계자는 좀더 나쁜 행위를 하면 더 두려워할 수 있도록 형벌을 조정함으로써 '한계적 억제marginal deterrence'가 유지되지 않도록 해야 한다. 우리는 전반적으로 범죄를 억제하는 것뿐만 아니라 한계에 압력을 가하는 것에 대해서도 생각한다. 얼마나 '많은' 범죄이고, 또 어떤 범죄인가? 우리는 그러한 논리가 어떻게 사형을 반대하는 주장으로 이어질 수 있는지 살펴봤다. 그런데 이미 종신형을 선고받아 복역 중인 죄수가 살인을 저지른 경우처럼, 때로는 그 논리가 사형을 '찬성'하는 주장으로 연결될 수도 있다. 죄수가 이미 12건의 살인을 저질렀다면 우리는 그가 열세 번째 살인을 저지르지 않게 해줄 한계적인 유인을 원한다. 전형적 살인죄를 저지른 재소자 본인이 형벌에 관심이 있든 없든, 우리의 관심은 전형적 살인죄의 재소자가 아니라 살인을 저지를 수 있는 한계적 재소자에게 있다. 실제로 일리노이주 매리언의 한 교도소에서는 살인죄로 종신형을 선고받은 재소자가 동료 수감자를 살해해 또다시 종신형에 처해졌다. 이후에도 그는 또 다른 수감자를 살해해 세 번째 종신형을 선고받기에 이르렀다. 놀랍게도 그는 또다시 살인의 기회를 포착했는데, 이번에는 교도관이었다. 그의 사건을 맡은 항소법원은 "여러 범죄 사실이 교도소 내 살인에 대한 연방정부 차원의 사형 집행을 요한다"라고 판단했다.[23] 그러나 그것은 가능하지 않았다.

÷

다양한 한계 사이에 대체가 일어날 수 있음을 이 장 첫머리에서 살펴봤다. 이는 어느 하나를 추가하여 다른 하나의 부족을 보충하는 것으로, 앞 장에서 다룬 사전적 관점에서 모든 유인에 대해 생각하는 방식이다. 법적 유인의 목적은 단지 사람들이 어떤 것을 하거나 하지 않도록 만드는 게 아니라, 사람들이 대안을 선택하도록 만드는 것이다. 우리는 은행 강도가 인질을 잡지 않고 다른 대안(다른 전략이나 적법한 점거)을 선택하길 바란다. 또한 우리는 합의 협상 중에 나눈 대화가 법정에서 증거로 사용되는 것을 허용하지 않는다. 이 장의 논리로써 그 이유를 말하자면, 협상 중의 발언으로 고통받게 하는 것은 협상에 더 큰 비용이 들게 하는 것이고, 이에 따라 일부 협상 당사자는 합의를 기피하고 소송을 선택하게 될 것이기 때문이다. 우리는 이와는 다른 방향으로 대체가 진행되기를 원한다.

법이 제공하는 거의 모든 유인은, 달리 말하자면 (사람들이 어떤 한계에서 후퇴하는 대신 다른 한계로 나아감으로써 활동 형태를 바꾸는) 대체 행위를 유도하는 노력이라 할 수 있다. 그리고 자신이 일으킨 사고에 대해 언제 책임을 져야 하는지를 결정하는 불법행위법 규칙의 선택이 이와 관계있다. (필요한 주의를 기울이지 않았다는 것이 입증됐을 때에만 책임을 묻는) 과실 책임과 (주의 여부와 관계없이 책임을 묻는) 엄격 책임 사이에서 중대한 결정이 이루어진다. 대체의 문제와 관련해 그 차이점에 대해 생각해 보자. 법 규정상 부주의했다는 사실이 확인됐을 때에만 책임을 지운다면, 사람들은 주의를 기울이기만 하면 자신의 행동으로 인한 손해에 대해 책임지지 않아도 된다는 것을 알게 된다. 반면 엄격 책임은 사람들에게 다른 메시지를 준다. 주의를 기울였는지 여부와 상관없이 자신의 행동으로 인한 손해에 대해 책임을 져야 한다는 것이다. 최선을 다해 주의를 기울였음에도 너무 큰 대가를 치러야 한다면 사람들은 비용이 덜 드는 어떤 행위로 대체하려 할 것이다. 이것이 바로 사람들이 계속해선 안되는 행위에 대해 엄격 책임을 적용하는 이유 중 하나다.

좀더 명확한 이해를 위해 다른 예를 들어보자. 앞 장에서 언급했던 개 물림 사고와 관련해 '자신의 개가 무는 개라는 것을 몰랐다면, 개의 주인은 배상 책임을 지지 않는다'라는 옛 관습법 규칙이 있다(비록 법정에서 명시적으로 사용된 것은 아니나 '모든 개는 한 번은 무는 것을 용서받는다'라는 격언이 있다). 그러나 사자나 호랑이, 곰과 같은 야생동물이라면 이야기가 달라진다. 짐승에 속하는 동물을 기르는 주인은 (처음 발생한 사고라 할지라도) 그 짐승이 야기한 모든 손해에 대해 엄격 책임을 져야 했고, 지금도 마찬가지다. 이런 차이는 무엇 때문일까? 우리는 사람들이 개를 키우는 행위가 금지되는 것을 바라지 않는다. 개는(적어도 길들여진 개는) 매우 유익한 동물이기 때문이다. 개는 인간에게 더할 나위 없이 좋은 친구이자 파수꾼이다. 따라서 사실상 개가 처음으로 누군가를 물었을 때 피해자는 아무런 배상도 받지 못하고 손해비용을 스스로 부담해야 한다. 그러나 사자의 주인에 대해서는 어떠한가? 우리는 그가 사자를 소유하는 행위를 다른 행위로 대체하기를 원한다. 사자의 역할이 아무리 중요하다 해도 더 안전한 방법으로 얼마든지 대체될 수 있다고 생각되기 때문이다. 우리는 어떠한 경우에도 사자가 저지른 손해에 대해 소유주가 배상하게 함으로써 사자를 기르는 이들로 하여금 달리 생각하도록 유도한다. 배상책임을 지고 싶지 않은 소유주는 사자를 개나 다른 자산으로 교체함으로써 사자의 기존 역할을 담당하도록 할 것이다. 일부 지역에는 사자 및 기타 야생동물에 관한 이러한 규칙에 예외가 존재한다. 야생동물의 소유주가 동물원을 운영하고 있는 자라면 엄격 책임이 적용되지 않는다.[24] 이번의 이유(적어도 지금 우리가 논의 중인 사례)는 해당 소유주가 다른 대체 행위(동물원 대신 박물관이나 기타 책임이 덜한 유원지 등의 운영)를 하게끔 압박하기를 원치 않는다는 것이다. 하지만 사자의 '사적' 소유자에게는 그가 행할 대체 행위(사자를 고양이로, 혹은 살아 있는 사자를 박제된 사자로 대체하는 등)에 어떠한 해악이 있다고 볼 수 없으므로 항상 엄격한 규정이 적용된다. 또한 이러한 추론은 건물 해체를 위한 다이너마이트 사용 행위에 엄격 책임이 적용되는 이유를 잘 설명해준다. 도급업자에게 그의 발파 행위로 인한 손해를 배상하도록 요구하는 목적은 그러한 행위에 압력을 행사해 다른 대체 행위(예컨대 피해가 덜한 철거용 쇳덩이)가 있는지 고민하도록 촉구하는 것이다.[25] 이 모든 사례에서 우리가 바라는 것은 행위(발파 혹은 사자 소유)의 '금지'가 아니다. 그것은 한계적 접근 방식이라 할 수 없다. 우리가 바라는 것은 행위자가 자신의 행위의 모든 비용을 인지한 다음 대체 행위의 실행 여부를 스스로 판단하게 하는 것이다. 5장에서 최소 비용 회피자에 대해 살펴보면서 이와 관련된 사고의 흐름을 이어나가도록 하자.

÷

대체 행위를 강요하고자 할 때, 원치 않는 대체가 만들어질 위험을 고려해야 한다. 이것은 형사 사건에서 피의자의 자유를 보호하는 시도에 대한 비판이기도 하다. 그 유명한 '미란다Miranda' 사건은 경찰이 체포한 피의자를 신문하기 전에 변호를 선임할 권리, 묵비권을 행사할 권리를 비롯해 피의자에게 유리한 여타 권리를 알려줘야 한다는 원칙을 확립했다.[26] 그것은 피의자에게 유리한 것처럼 들리지만, 과연 결과는 어떨까? 미란다 원칙에 반대하는 의견 중에는 그것이 검사의 대체 행위에 나쁜 유인을 제공한다는 것이 있다. 미란다 원칙은 일정 피의자들(묵비권을 행사하는 이들)을 상대로 유죄 판결을 얻어내는 데 비용을 증가시킨다. 따라서 한정된 예산으로 가능한 한 모든 유죄 판결을 얻어내기를 원하는 검사로서는 묵비권을 행사하는 이들을 멀리하고 충분히 진술하는 이들을 원할 수밖에 없다. 물론 입을 다물고 있는 이들이 유죄일 확률은 더 크다(그것이 많은 이가 침묵하는 '이유'다).[27] 어느 한계에 대한 압력은 다른 한계의 확장을 야기하지만 그것은 우리가 원하는 확장이 아니다. 대체에 관한 이러한 이야기의 사실 여부는 알기 어렵다. 다른 곳에서와 마찬가지로 여기서도 우리는 지금 논의 중인 결정들의 실제 결과에 대해 원하는 만큼 알지 못한다. 그러나 이런 유형의 원치 않는 대체 행위들은 우리가 법 규칙의 가치에 대해 사고할 때 충분히 고려해봐야 한다.

의도치 않은 결과의 또 다른 예로 정치 활동에 대한 지출 억제 시도를 들 수 있다. 어느 정치 후보자가 홍보 활동에 지출할 수 있는 비용이 제한되어 있다면, 이는 하나의 한계를 억압하는 경우에 해당된다. 후보자와 그의 후원자들은 또 다른 한계를 확장하기를 원하게 되고, 홍보를 대신 집행하는 정당 또는 정치활동위원회로 막대한 후원금이 몰릴 것이다. 그러면 홍보의 책임 주체가 불명확해지므로 책임감이 떨어진다.[28] 정부 역시 그 한계에 대해 움직임을 억제하려 할 수 있지만 자유가 급격히 훼손되기 시작한다. 원치 않는 대체의 큰 문제는 그것을 막기 위해 종종 '모든' 관련된 한계를 규제해야 한다는 것이다. 카펫이 여기저기 들뜨는 것처럼 문제가 확산되는 걸 막기 위해서 말이다. 그러나 모든 한계를 규제하려면 전통적 비용뿐만 아니라 자유의 상실에도 엄청난 비용이 들어갈 수 있다.

이유 없이 해고되지 않을 권리와 같은 고용 보호의 가치를 논의할 때에도 유사한 논쟁 구조가 발견된다. 어떤 장점을 지닌 아이디어든, 그것은 고용주의 한계 행동을 억압하고 비용을 상승시키는 효과를 가진다. 예를 들어 신규 직원을 채용하는 행위는 그들을 해고하기가 더 어려울 것이라는 점에서 더 큰 비용이 든다. 따라서 어떤 제안이 발생할지 모를 대체 행위에 대해 물을 때는 일반적인 측면을 고려해야 한다. 즉 고용주가 신규 직원을 채용하는 대신 기존 직원들이 더 오래 일하도록 유도하거나, 임시 직원이나 독립계약자처럼 완전한 보호를 받을 수 없는 이들을 고용하도록 유도할 수 있다. 고용주가 정규직 직원들에게 의료 서비스나 기타 여러 혜택을 제공해야 할 때에도 이러한 대체 행위들이 매력적으로 느껴질 수 있다. 또다시 얘기하지만, 우리 목적은 이러한 논쟁을 해결하는 것이 아니다. 모든 사례에서 대체 효과가 어떠한 모습으로 나타나는가는 경험적 문제로서 논란의 여지가 많다. 핵심은 그러한 부분에 경각심을 갖는 것이다.

지금 우리가 살펴보고 있는 위험에 대한 관점은 '차선의 이론theory of second best'으로 알려져 있다.[29] 이 이론을 제대로 설명하자면 복잡한데 핵심은 다음과 같다. 당신이 조성하고자 하는 일련의 조건이 존재한다고 가정하자. 그것들은 '최적' 혹은 최선이다. 안타깝게도 당신이 모든 조건을 성취할 수는 없지만 네 가지 중 셋은 성취할 수 있을 것이다. 그럼에도 반드시 성취해야 한다고 말할 수 있을까? 꼭 그렇지는 않다. (전부가 아닌) 일부 조건을 충족시키는 것이 아무것도 하지 않는 것보다 더 나쁜 결과를 낳을 수도 있다. 이 장과 관련된 약간 덜 추상적인 용어로 말하자면, 이상적으로 (또는 적어도 경제적인 관점에서) 우리는 세상이 효율적으로 돌아가는 것을 보고 싶어한다. 하지만 그럴 수 없다면 가능한 한 효율적으로 돌아가도록 해야 한다. 그렇지 않은가? 다시 말하지만, 반드시 그런 것은 아니다. '차선'의 변화에 만족하는 것은 실제 득보다 실이 클 수 있다. 다른 곳에서 비효율적인 대체 효과(낭비를 초래)를 야기할 수 있고, 첫 번째 변화가 만들어놓은 이로움이 무엇이든 그것을 상쇄해버릴 수도 있기 때문이다. 최선의 세계에서는 모든 한계에 효율성이 있기 때문에 그게 문제가 되지 않을 것이다. 그러나 우리가 일부 한계만 통제할 수 있는 세상에서는 우리가 통제할 수 있는 한계를 개선시키는 변화가 우리가 통제할 수 없는 다른 한계를 더 나쁘게 만들어버릴 수도 있다. 그리고 때로는 나쁜 결과가 좋은 결과보다 더 중대한 것일 수 있다.

이러한 사고의 흐름이 어떤 식으로 작용하는지 알아보기 위해 토머스 율렌이 소개한 사례를 살펴보도록 하자.[30] 툰클이란 한 남성이 캘리포니아의 어느 공공 병원에서 치료를 받고자 한다. 병원은 치료에 문제가 발생했을 때 소송을 제기할 권리를 포기한다는 서류에 서명하지 않으면 그를 치료해줄 수 없다고 했다. 툰클은 포기 각서에 서명했고 이후 병원에서 사망했다. 이후 툰클의 아내가 소송을 제기했다. 캘리포니아 대법원은 툰클이 서명한 포기 각서가 효력을 지니지 않는 것으로 판단했다. 무엇보다 당사자 간 협상력의 불균형이 너무 커서 유효한 계약으로 취급할 수 없다는 것이다. 툰클의 각서는 조건을 받아들이지 않으면 계약을 포기해야 하는 것을 의미하는 부합 계약附合契約, contract of adhesion[계약의 형식은 취하고 있으나, 내용은 미리 당사자의 일방이 결정하고 상대방은 이에 따를 수밖에 없는 계약]이었다. 즉 계약 조건을 협의할 수 없는 상황에서 그는 각서의 내용이 무엇이든 간에 서명할 수밖에 없었다는 것이다.

　툰클의 사건에 대한 결정은 효율적인가? 통상 두 당사자가 자유로이 적합한 계약을 맺는 일을 막는 것, 즉 상대방을 고소할 권리를 포기해야 하는 것은 비효율적으로 여겨진다. 추정컨대 두 당사자가 서로에게 득이 되지 않는다고 생각했다면 계약에 서명하지 않았을 테고, 그들이 더 나은 삶을 살 수 있는 비용의 손실은 낭비처럼 여겨진다. 구체적으로 말하자면, 어떤 병원은 소송에 휘말리기 싫어서 툰클 같은 사람을 치료하려 하지 않을 것이다.(그리고 툰클과 같은 처지의 환자들이 치료받기 위해 스스로 소송의 권리를 포기하는 것을 수치스럽게 여길 것이다.) 이런 경우에 양쪽 다 좋아할 조건(포기 각서가 딸려 있는 치료)이 만들어질 수 있겠지만 환자는 어떠한 도움도 받지 못한다. 이 모든 게 잘못된 것일 수 있다. 어쩌면 이 특정 계약은 협상 기회가 없었기 때문에 효율적이지 못했을 것이다. 협상할 시간적 여유가 있었다면(환자가 그토록 서둘러서 병원을 선택하지 않아도 되었다면) 그는 포기 각서에 서명하지 않을 것이다. 이러한 경우 포기 각서를 허용하지 '않는' 편이 더 효율적이다. 왜냐하면 응급실 입구가 아니라 잘 작동하는 시장에서라면 당사자들이 스스로 그 결정에 도달할 것이기 때문이다.

　이 마지막 생각이 옳다면, 그것은 권리 포기 각서의 이행을 강력히 반대하는 주장처럼 보일 수 있다. 그리고 아마 그러할 것이다. 그러나 차선의 이론은 이러한 분석에 문제가 있다고 지적한다. 우리는 이러한 상황에서 하나의 한계를 통제할 수 있을지언정 모든 한계를 통제할 수는 없다. 만약 연구 중심 병원이 환자들에게 법정에 설 권리의 포기 각서를 받을 수 없다면, 그 병원은 다른 변화를 꾀함으로써 그로 인한 금전적 결과에 대처할 것이다. 즉 병원은 소속 의사들의 보수를 줄일 테고, 의사들은 다른 분야를 우선시하는 병원을 찾아 떠난다. 그러면 연구가 제대로 이루어지지 않아 새로운 의학적 발견의 기회도 줄어들 것이다. 이렇듯 전체적으로 결과는 비효율적일 수 있다. 잃어버린 발견의 가치는 협상력의 불균형에도 불구하고 그 고약한 권리 포기 각서의 효력을 인정했을 때의 손실보다 더 중대할 수도 있다. 낭비의 작은 원천은 제거했지만 더 큰 낭비를 초래하는 셈이다. 아마 '진정한' 효율성을 확보하기 위해 법원은 권리 포기 각서를 금지시키고, '더불어' 입법기관은 연구 중심 병원에 더 많은 보조금을 제공해야 할 것이다. 그러나 전자는 가능해도 후자가 가능하지 않다면 전자를 실행할 가치는 불확실해지고 만다. 바로 이것이 차선 이론의 핵심이다. 권리 포기 각서를 금지시키는 것은 차선책(하나의 시장 실패를 제거하는 것은 아무것도 하지 않는 것보다 낫다)으로 여겨질 수 있다. 그러나 실제로 차선책은 종종 그 부작용(혹은 '외부 비용', 나중에 더 자세히 살펴볼 것이다)으로 인해 더 나쁜 결과를 낳기도 한다. 하나의 시장 실패를 바로잡을 때, 불가피하게 바로잡지 못한 또 다른 시장 실패에 더 많은 압력이 가해질 수 있기 때문이다.

이번에는 하나의 사례를 좀더 간략히 살펴보자.[31] 강에 폐기물을 버리는 한 회사가 있다고 하자. 강에 끼치는 피해는 이 회사에 시장 실패의 경우, 즉 외부 비용[한 경제 주체의 행위가 시장을 통하지도 않고 값을 지급하지 않고도 다른 경제 주체의 경제적 성과에 불이익을 주는 현상]이다. 회사는 이 행위에 대해 무감각하며 무엇을 결정하기 위한 고려 사항이 전혀 아니기 때문이다. 법원이 이 회사에 책임을 묻는다면 문제를 바로잡을 수 있고 효율성이 개선될 것이라 여겨지겠지만, 그렇게 되지 않을 수도 있다. 이 회사는 여전히 아무 처벌 없이 '공기'를 오염시킬 수 있고, 그런 행위를 멈추려 하지 않을 것이다. 이것은 강을 오염시키는 행위보다 더 해로울 수 있다. 어떤 시장 실패의 교정은 더 안 좋은 다른 시장 실패에 큰 압력을 가한다. 상황을 약간 더 효율적으로 바꾸려는 (그러나 그렇게 완벽하지는 않은) 시도가 실제로는 상황을 '덜' 효율적으로 만들어버린 것이다.

차선책의 부작용은 그 자체가 논쟁과 추측의 문제인 까닭에 법 규칙의 효율성을 연구하는 사람들이 이를 분석 대상으로 삼는 일은 많지 않다.[32] 분석이 매우 어렵다는 것도 이유 중 하나일 것이다. 차선책이 적용된 병원 사례나 강 오염 사례는 단지 추측일 뿐으로, 차선책이 또 다른 한계에 끼치는 부작용을 해결하기 어려울 수 있다. 법원은 더 그러하다. 좋지 않은 대체 행위가 일어난다는 사실을 입증하기도 어렵지만, 일어나지 '않는다'는 것을 입증하기도 어렵다. 그러한 불확실성 탓에 효율적으로 보이는 법적 결정이 실제로 전체적인 효율성에 도움이 되는지 여부를 밝혀내기란 쉽지 않은 것이다. 이러한 어려움은 법원 혹은 입법기관 중 어떤 곳이 다양한 종류의 문제를 다루기에 더 적합한가를 선택하는 게 중요하다는 점을 강조한다. 법원은 차선책의 부작용이 무엇인지 파악하는 데 불리한 입장일 수 있기 때문에 해결책의 부작용이 좀더 작거나 '국소적인' 낭비의 문제를 다루는 정도로 역할을 제한해야 한다는 의견이 있다. 모든 부작용을 통제하기 위한 노력을 비롯해 비교적 큰 규모의 한계 조정은 입법부나 정부 기관이 해결하는 편이 더 낫다. 그들은 일반적으로 판사가 소송 당사자로부터 얻는 것보다 더 많은 정보를 수집할 수 있다.[33]

이제 한계적 추론의 마지막 측면을 살펴보자. 법원이나 입법부가 법 규칙을 만들 때는 이분법적 접근법과 한계적 접근법 사이에서 일반적 선택이 이루어진다. 어떤 공항과 인근 지역 주민들 간에 분쟁이 일어났다고 해보자. 주민들은 공항에서 들려오는 큰 소음에 대해 항의를 하고 있는 상황이다. 이 문제를 비용으로 따져보는 건 다소 인위적이지만 효과적인 설명을 위해 액수로 환산해보겠다. 이 공항이 일정 기간에 1000만 달러의 이익을 창출한다고 가정할 때, 지역 주민들은 공항이 1500만 달러의 비용(주민들을 소음에 무감각하게 만들기 위해 지불해야 할 금액으로 추정할 수 있다)을 발생시킨다고 주장한다. 이익보다 더 많은 피해를 발생시키므로 공항 폐쇄가 당연한 결론으로 보인다. 이제 한계적 관점에서 이 문제를 살펴보자. 아마 공항의 야간 항공편을 줄임으로써 10퍼센트 감축한다면 공항의 이익은 100만 달러 정도 감소되겠지만 지역 주민들에 대한 피해를 800만 달러만큼 감소시키는 효과를 거둘 수 있을 것이다. 그러면 비율 균형이 달라져서 700만 달러의 비용 대비 900만 달러의 이익을 내게 된다. 여기서 최적의 해결책은 공항을 폐쇄시키는 것이 아니라 한계를 조정하는 것이다(아마 지역 주민들에게 보상도 이루어져야겠지만, 이는 별개의 쟁점이다). 액수로 환산하지 않아도 기본적으로 같은 교훈을 줄 수 있는 사례는 많다.

소음보다는 사고와 관련된 소송으로 다시 설명해보자. 크리켓 시합이 벌어지는 경기장에서 공이 펜스를 넘어가 한 주민의 머리에 떨어진 사건으로, 법학도라면 누구나 접할 수밖에 없는 영국의 유명한 '볼턴 대 스톤 Bolton v. Stone' 사건이다. 이 사건의 한 가지 쟁점은 크리켓 경기장 소유주에게 잘못이 있는지 여부로, 더 높은 펜스를 설치하지 않았거나 다른 예방 조치를 취하지 않았는지를 검토했다. 여기서 우리는 한계적 분석이 어떤 것인지에 대한 작은 예를 들 수 있다. 크리켓 경기장에 10피트 높이의 담장이 쳐져 있었다고 가정하자. 펜스를 넘어간 공에 이웃 주민이 상해를 입었다면 해당 펜스의 높이가 문제 될 수 있다. 이를테면 15피트였다면 넘어가는 공을 막을 수 있었다는 견해가 제기될 것이다. 펜스를 더 높이는 비용이 (가령) 1만 달러라면 다친 주민은 1만5000달러에 해당되는 사고를 예방할 수 있었다는 주장을 펼칠 테고, 언뜻 이 주장은 타당하게 들린다. 그러나 이 사건을 한계적 시각으로 바라볼 때 그것은 옳은 사고방식이 아니다. 15피트 펜스가 가지고 있는 이득의 대부분은 10피트 펜스를 설치함으로써 이미 확보된 것으로 볼 수 있다. 즉 10피트보다 더 높은 펜스를 사용함으로써 막을 수 있는 공은 100만 개 중 하나 정도인 반면 10피트짜리 펜스는 설치 및 관리에 상대적으로 더 저렴한 비용이 든다. 이러한 부분에 입각해 한계적 분석을 해보면 경기장 소유주는 제대로 된 행동(효율적인 선택)을 했다는 답이 도출된다. 물론 더 높은 펜스가 더 큰 보호 기능을 수행했을 테고, 그것이 제공하는 보호 가치가 펜스를 설치하는 전체 비용보다 더 클 수도 있다. 그러나 추가된 5피트의 '한계' 비용은 그 5피트가 누군가에게 제공하는 '한계'(추가적) 보호보다 더 크다. 적어도 관련된 비용 및 이익을 고려할 때는 5피트 더 높은 펜스를 설치하지 않는 편이 더 낫다.

위 사례는 단지 총합이 아닌 한계 비용 및 이익에 대해 생각해보는 것의 의미를 설명하기 위한 것이다. 볼턴 대 스톤 사건을 맡은 법원은 위와 같은 방식으로 말하지 않았다. 사실 어떠한 법원도 그렇게 하지 않는다. 앞 장에서 언급했듯이, 사고 사건을 맡은 판사가 명확히 경제 용어로써 사고하는지 혹은 그것이 가능한지에 관해서는 논란이 있다.[34] 어떻든 간에 법원이 어떤 경우에 무슨 이유로 한계적 시각을 고려하는지, 또 어떤 경우에 그렇게 하지 않는지를 생각해볼 가치는 충분하다. 한계적 사고를 회피하는 이유 중 하나는 제대로 적용할 수 없기 때문이다. 공항 및 크리켓 경기장에 관한 사례에서 우리는 해당 가치를 가상의 수치로 표현했지만, 실제로는 구체적 수치를 측정하기 어려우며 억지스러울 때가 많다. 다시 강조하건대, 수치를 사용하지 않고도 얼마든지 한계적 사고는 가능하다. 일반적으로 유인에 대해 고려할 때 법원은 그렇게 하고 있다. 그러나 수치가 뒷받침되지 않고서는 설득력 있게 한계를 설명하기 힘든 경우도 있다. 크리켓 경기장 사례를 들자면 펜스 높이에 대한 세부 사항이나 높이의 증가에 따른 이익을 특정하기 어렵다. 막대한 비용이 들 것이라는 짐작 외에는 거의 다 신뢰하기 어려운 추측에 속한다. 그러므로 결국 법원은 제안된 높이의 펜스가 비용상 합당한지 여부를 판단하는 수준에서 정리하거나, 아니면 비용 및 이익에 대한 고려는 완전히 포기하고 다른 유형의 분석으로 관심을 돌릴 수 있다.

당사자들이 수치를 제공하고 싶어하지 않는 경우도 마찬가지다. 이는 법정에서의 한계적 사고를 어렵게 만드는 또 다른 배경으로, 적대적인 과정은 한계적 사고에 그다지 호의적이지 않게 마련이다. 공항과 지역 주민 간의 소송 사건에서 주민은 (공항에서 근무하는 입장이 아니라면) 공항이 완전히 폐쇄되는 편을 선호할 수 있고, 그렇다면 한계적 해결을 '바라지 않을' 가능성이 크다. 다시 말해서 자신들이 겪는 피해에 비해 공항이 창출하는 이익이 더 크더라도 피해가 해소되기를 바랄 것이다. 마찬가지로 공항도 야간 비행을 줄이고 싶지 않을 수 있다. 이럴 때 한계적 조정에 따른 해결책은 어느 쪽에게도 최우선의 선택지가 아니다. 따라서 이분법적 결정에 따르면 자신이 패배하리라 확신하는 경우가 아닌 한, 양쪽 다 그런 아이디어를 법정에 제출하지 않거나 혹은 법원이 직접 해결책을 마련하기 위해 필요한 정보를 제시하지 않을 가능성이 높다. 물론 자신의 패배 가능성이 크다면 갑작스러운 타협 및 협상의 여지가 생길 수 있는데, 이것이 곧 한계적 조정이다. 모름지기 변호사라면 너무 늦기 전에 사태를 파악할 줄 알아야 한다. 핵심은 간단하다. 전면적 공격이 실패할 가능성이 클 때 변호사가 해야 할 일은 자신이 주장할 수 있는 한계(조정이 가장 적절하다고 여겨지는 일부 상황의 측면)를 발견하는 것이다. 당사자들이 보지 못하거나 인정하려 하지 않는 한계적 해결의 가능성을 알아차리는 것은 의사결정자(판사, 입법자 혹은 정책조정자)에게 요구되는 여러 과제 중 하나다.

때로 법원은 총체적 사고보다 한계적 사고를 '선호'한다. 법의 출처가 총체적 사고를 제안하는 것처럼 보일 때조차 말이다. 헌법은 전혀 한계적으로 들리지 않는 언어로 가득하다. 미국의 수정헌법 제1조는 "의회는 (…) 발언의 자유, 출판의 자유를 저해하는 (…) 어떠한 법률도 만들 수 없다"라고 명시한다. 이 조항은 이분법적 언어이지 한계적 분석의 언어가 아니다. 그러나 법원은 종종 수정헌법 제1조 관련 분쟁을 한계적 조사로 전환시키곤 한다. 법원은 우리가 앞선 사례에서 그랬던 것처럼 관련 가치를 수치로 표현하지 않는다. 또한 해당 사건들을 비용과 이익 비교의 문제로 접근하지 않는다. 적어도 명시적으로는 그렇다. 다만 법원은 법률과 사건을 점진적 방식으로 살피고 판단한다. 법률은 발언의 내용과 상관없이 발언의 '때와 장소, 방식'을 제한하는 경우 심사를 거친다. 즉 해당 법률이 중요한 목적 달성에 필요한 것인지, 오직 그 목적 달성을 위해서만 발언의 자유를 제한하고 있는지, 또 발언의 자유가 제한되더라도 다른 방식으로 발언의 기회가 충분히 열려 있는지 등의 요건을 충족해야 그 유효성을 인정받는다.[35] 결과적으로 그 내용은 한계적 분석이다. 이 장의 표현으로 다시 설명하자면, 정부가 선택한 방법을 다른 어떤 방법으로 대체할 수 있었는지(발언의 자유에 더 호의적인 다른 한계적 조정이 가능했는지 여부), 그리고 화자에게 어떠한 대안적 가능성이 존재하는지를 물어보는 것이다. 이분법적 언어로 표현되어 있음에도 법원에 의해 모든 관계자의 한계를 고려하는 심사 과정을 거치도록 하는(여러 단계의 '심사scrutiny'

라 불린다) 여타 다수의 헌법 조항에 대해서도 동일한 설명이 가능하다. 절대적 언어로 표현된 헌법 규정들을 법원이 그토록 빈번하게 한계적 사고를 요하는 심사 대상으로 전환시키는 이유는 무엇일까? 아마 헌법은 장기간 매우 광범위한 상황을 다뤄야 하는 법률이기 때문일 것이다. 한계적 접근 방식은 세상의 변화에 따른 헌법 해석에 조정이 필요할 때 좀 더 유동적인 공간을 제공한다.

✦ 추가 독서를 위한 제안

Frank H. Easterbrook, *The Court and the Economic System*, 98 Harv. L. Rev. 4(1984); David Friedman and William Sjostrom, *Hanged for a Sheep—The Economics of Marginal Deterrence*, 22 J. Legal Stud. 345(1993); Herbert Hovenkamp, *The Marginalist Revolution in Legal Thought*, 46 Vand. L. Rev. 305(1993). 차선책의 이론 및 이 장의 여러 쟁점의 적용에 관한 더 자세한 논의를 위해 Thomas S. Ulen의 *Courts, Legislatures, and the General Theory of Second Best in Law and Economics*, 73 Chi.-Kent L. Rev. 189(1998)를 추천한다.

4장
단독 소유자

우리는 많은 법적 규정이 낭비를 막는 기제로서 합당하다는 사실을 확인했다. 처음에는 법 규칙이 왜 필요하고, 누가 낭비를 '원하며', 또 누가 낭비의 발생을 막기 위해 법 규칙을 필요로 하는지에 대한 질문을 던지는 것처럼 보였을 수도 있다. 그에 대한 대답은 (낭비되는 것이 무엇이든 자신의 소유인 한) '낭비를 원하는 사람은 아무도 없다'라는 것이다. 그러나 사람들은 자신의 이익을 창출하는 과정에서 종종 타인에게 낭비가 생기게 한다. 피고가 몇몇 예방 조치를 생략한 탓에 사고가 발생하는 경우를 가정해보자. 피고가 자신이 소유한 야구장에 울타리를 치지 않아 주변 주택의 창문이 야구공에 의해 파손되는 사고가 자주 발생했다. 야구장 주인은 울타리를 설치하지 않음으로써 돈을 절약하는 이득을 얻지만 주민들은 창문이 깨지는 손해를 보는, 서로 상반된 결과에 직면한 것이다. 외부에서 이 상황을 바라볼 때, 울타리를 생략함으로써 얻는 이득이 깨진 창문으로 인한 손실보다 더 작다면 그것은 낭비라 할 수 있다. 우리는 이 문제를 총체적으로 바라봄으로써 모두에 대한 이득과 손실을 비교해 낭비의 존재 여부를 판단할 수 있다. 관건은 야구장 주인도 그런 식으로 생각하게 만드는 것이다. 그러려면 법이 야구장 주인에게 깨진 창문에 대한 책임을 물으면 된다. 이웃 주민들이 떠안은 비용을 '야구장 주인'에게 지불하도록 하는 것이다. 좀더 기술적으로 말하자면, 울타리 미설치의 비용을 강제로 야구장 주인에게 내면화시킨다고 할 수 있다. 만약 야구장 주인이 깨진 창문에 대해 책임질 필요가 없다면 그는 계속 창문 파손을 전혀 걱정하지 않을 테고, 그러면 우리는 외부 비용 혹은 외부 효과(어떤 행위의 비용이 그 행위의 당사자에게 끼치지 않는 경우)가 발생한다고 말할 수 있다. 수많은 법 규칙의 핵심은 비용을 발생시킨 당사자에게 책임을 지우는 것이다. 즉 법은 비용 유발자가 전혀 신경 쓰지 않은 비용 책임을 타인에게 전가시키는 행위를 허용하지 않으며, 스스로의 선택으로 인한 모든 비용을 그 자신이 부담하도록 해야 한다.

이런 유의 상황에 대해 생각할 수 있는 유용한 도구가 있다. 이것을 보통 '단독 소유자'라고 하는데, '단독single'이란 단어는 미혼을 뜻하는 것이 아니라 '유일하다'는 의미다. 이 개념은 소유자가 단 한 명인 사건과 관련된 모든 이해관계를 그려보고 그 단독 소유자가 어떻게 해야 하는지를 묻는 것이다. 다시 야구장과 관련된 문제를 떠올려보자. 이 사건은 야구장 주인이 자신의 이익만큼 이웃들의 손해를 심각하게 받아들이지 않기 때문에 발생한 문제다. 우리는 당연히 그가 울타리를 설치했어야 한다고 생각하지만, 그렇지 않을 수도 있다. 창문이 깨지는 일은 어쩌다 한번 일어나는 문제지만 울타리 설치는 더 큰 비용이 드는 행위일 수도 있기 때문이다. 이때 다음과 같은 사고 실험이 유용하다. 바로 야구장과 주변 주택들의 소유자가 단 한 명이라고 상상했을 때 '그'가 울타리를 설치할지를 그려보는 것이다. 모든 부동산의 단독 소유자는 울타리 비용과 마찬가지로 깨진 창문에 대한 비용을 진지하게 따져볼 것이다. 창문을 교체하는 비용보다 저렴하다면 울타리를 설치할 것이고, 그렇지 않다면 설치하지 않을 것이다. 달리 말해서 단독 소유자는 관련된 모든 이해관계에 대해 낭비를 최소화하거나 (그와 똑같이) 효율적인 행동을 하려 주의를 기울일 것이다. 이러한 관점에서 볼 때, 법의 목표는 야구장 주인이 어떤 예방 조치를 취할지 결정할 때 단독 소유자처럼 생각하게 하는 규칙을 만드는 것이다. 야구장 주인에게 (울타리를 설치하든 하지 않든) 그의 야구장에서 날아온 공이 깬 모든 창문에 대해 책임을 지게 하면 효과적일 것이다. 이를 엄격 책임이라 한다. 그가 단독 소유자처럼 생각하지 못했을 때에만, 즉 만약 울타리가 설치되었다면 창문이 깨지는 것을 방지해 그 설치 비용이 상쇄될 수 있음이 확인된 경우에만 책임지게 하는 것 역시 효과적일 수 있다. 이것을 과실 책임이라 한다.

단독 소유자라면 어떻게 했을지를 생각해보자는 이 아이디어는 19세기 영국의 뱀퍼드 대 턴리Bamford v. Turnley 사건에서 제안된 것으로 알려져 있다.[36] 열차에서 발생한 불꽃이 주변 토지에 옮겨 붙어 화재가 일어나자 농장주들이 철도청을 상대로 소송을 제기한 사건이다. 이 사건의 판사들 중 한 명인 조지 브램웰은 "열차가 운행되는 것은 공공의 이익을 위한 것이지만, 그로 인한 손해를 보상하지 않는 한 그렇다고 볼 수 없다. 열차 소유주가 숲의 주인이라면 숲을 태우지 않으려고 열차 운행을 포기했을 것이다. 만약 열차로 인한 손해 중 하나가 그만한 가치의 숲을 태워버리는 것이라면, 해당 숲이 열차 소유주의 것이 아닌 경우 열차가 운행되는 것이 공공의 이익을 위한 것이라 할 수 없다. 만약 열차 소유주가 숲의 주인임에도 여전히 열차 운행으로 인한 숲의 피해를 보상받아야 한다고 생각한다면, 열차 소유주가 자신의 이익을 얻는 과정에서 숲을 태워버린 경우 마땅히 그 숲의 진정한 주인에게 피해를 보상해야 한다(?)"라는 의견을 제출했다. 철도청이 어떻게 행동하는 게 공정한지, 아니면 무엇이 효율적인지에 대한 브램웰의 주장은 분명치 않다. 하지만 그 두

가지를 모두 고려하는 경우에 사용할 수 있다는 게 단독 소유자 가설의 매력이다.

단독 소유자 가설은 이웃이 서로를 위해 어떻게 행동해야 할지, 그리고 철도청이 농장주들에게 부담시키는 위험에 대해 어떻게 생각해야 할지(철도청이 농장을 '소유하고 있다면' 어떻게 할 것인지)를 명확히 정리하고자 할 때 유용하다. 이 가설이 적용될 수 있는 사례는 그뿐만이 아니다. 타인의 과실로 상해를 입었음을 주장하는 사례에도 유용할 수 있다. 법을 공부하는 학생들은 일찍이 '핸드 공식'이란 것을 배우는데, 그것은 러니드 핸드 판사가 고안한 과실에 관한 사고법이다.[37] 사고 예방을 위해 피고가 일정한 조치를 취하지 않았다고 원고가 주장한다면, 우리는 예방 조치에 드는 비용과 그로 인해 막을 수 있었던 사고의 비용(즉 발생할 확률을 곱한 실제 사고의 비용. 대부분의 사고는 확실한 것이 아니라 저위험 사고에 해당되기 때문이다)을 비교해볼 수 있다. 만약 사고를 예방하는 비용이 그러지 않는 것보다 적게 든다면, 사고에 대한 책임은 피고에게 있다. 이것은 2장에서 길 잃은 소의 사례에 숨겨져 있던 생각을 좀 더 공식적으로 표현한 방법일 뿐이다.

핸드 공식의 문제는 판사와 배심원들이 엄격한 방법으로 계산을 수행하는 데 필요한 수치를 가지고 있지 않다는 것이다. 따라서 배심원들이 사고 사건의 피고가 합리적인 사람으로서 적절한 주의를 기울였는지(현재 그들이 일반적으로 묻곤 하는 질문) 혹은 핸드 공식을 위반했는지를 묻는 대신, "안전 및 예방 조치의 비용에 관하여 평균적 가치관을 지닌(자기 이익과 동등하게 타인의 이익을 평가하는) 합리적인 사람이라면 쟁점이 되는 예방 조치를 취했을까를 고려해야" 한다고 주장하는 저자도 있다.[38] 그러나 이는 단독 소유자가 어떻게 할지 묻는 것과 다르지 않고, 또 결과적으로 핸드 공식을 되풀이하는 것이다. 한 사건에서 모든 이해관계가 얽혀 있는(예방 비용과 사고 비용을 같이 생각할 수 있는) 사람은 무엇을 해야 할지 결정할 때 비용의 균형을 신중히 고려할 것이다. 이것이 바로 항상 사람들이 어떻게 하기를 바라는지(사고의 비용을 자신이 책임지든 타인이 책임지든 관계없이)에 대한 꽤 훌륭한 설명일 것이다.

또한 이러한 사고방식은 핸드 공식을 불편해하는, 즉 예방 조치의 비용과 사고로 인한 인간의 고통을 비교하기 힘들다는 반대 의견에 대해 유용한 도구가 될 수 있다. 그 둘을 비교하는 것은 당연히 불편할 수 있다. 그러나 그것은 '자기 자신'과 관련해, 얼마나 주의해서 운전해야 할지, 자동차나 집 등의 안전 조치를 위해 돈을 얼마나 써야 할지 결정해야 할 때 사람들이 늘 하는 행동이다. 이 사고방식 덕분에 사람들은 어떤 결정이 타인을 위험에 빠뜨릴 때 동일한 수준의 주의를 기울여 동일한 방식으로 생각하게 된다. 따라서 단독 소유자에 관한 사고 실험은 한편으로는 황금률을 제공하고, 다른 한편으로는 비용 및 이익의 균형에 관한 경제적 대화에 매력적인 연결 고리를 제공한다. 또한 법이 절대적인 것을 다루기보다는 상반된 다양한 이해관계 사이의 균형을 찾는 데 더 중점을 두는 이유를 설명해주기도 한다. 자기 삶에서 절대주의를 고집하는 이는 거의 없다. 모든 사람은 안전성과 경제성 사이에서 합리적인 균형을 찾으려고 노력한다. 법은 그 이상을 요구하지 않는다. 단지 그 균형에 자기 자신뿐만 아니라 타인의 이익도 포함할 것을 요구할 뿐이다.

일반적으로 법원은 과실 사건의 배심원들에게 지금 우리가 논의하고 있는 방식대로 생각게끔 지시하지 않는다. 그러나 판사와 배심원들이 상식을 적용할 때 이 방식은 이미 '실행'되고 있을 것이다(2장에서 다룬 법의 목표로서의 효율성에 관한 논의를 참조하라). 한편으로 다수의 법 규칙은 사람들이 자신의 결정으로 영향받는 모든 것에 대해 단독 소유자 입장에서 행동하게 하려는 노력이라 할 수 있다. 이웃집 소 한 마리가 당신의 토지로 넘어와 당신이 기르는 염소 한 마리를 막 들이받으려 한다고 가정해보자. 그 황소는 덩치도 크고 포악하기 때문에 총으로 황소를 쏴 죽이든 염소가 죽게 내버려두든 선택해야 했고, 그래서 당신은 황소를 총으로 쐈다. 당신이 이웃에게 새 황소를 사줘야 할까? 그럴 수도 있지만, 정확히는 황소와 염소의 가치에 따라 달라진다. 이웃 사람은 소유물이 도난당하거나 파손되었을 때 그 회복을 위해 사용되는 행위를 일컫는 '전환conversion'이라는 불법행위의 책임이 당신에게 있다고 주장할 것이다(이 사례에서 당신은 이웃의 살아 있는 황소를 죽은 황소로 전환시켰다). 당신은 그처럼 명백한 전환 행위에 대해 자신의 소유물인 염소를 지키기 위한 고유의 권리이므로 면책될 수 있다고 주장할 것이다. 그러나 대부분의 사법권에서 배심원 질문의 핵심은 결국 두 동물의 상대적 가치가 될 것이다. 황소가 염소보다 훨씬 더 큰 가치를 지녔다면 당신은 황소 값을 지불해야 할 테고, 염소가 황소보다 더 가치 있었다면 아무것도 배상할 필요가 없다.[39]

이 이야기가 어째서 단독 소유자 원칙에 해당되는지 알겠는가? 이 원칙은 우리로 하여금 '두' 동물, 즉 염소와 황소의 소유자일 때 어떻게 해야 할지 대략적인 상황을 그려보게 한다. 그러면 당신은 어떤 동물이 살아남아야 할지 선택할 수밖에 없다. 어느 쪽이 죽든 당신의 손해가 되므로 당신은 아마 가치가 더 큰 동물을 구하기로 결정할 것이다. 두 동물이 모두 당신의 소유가 '아닌' 경우에도 법 규칙은 같은 결과를 시뮬레이션하도록 압력을 가한다. 만약 염소의 가치가 더 크다면 당신은 황소를 총으로 쏠 수 있으며, 그로 인한 책임을 지지 않을 것이다. 그러나 황소의 가치가 더 크다면 황소를 총으로 쏴선 안 되며, 황소가 염소를 해쳤으니 이웃에게 새 염소를 사달라고 주장해야 한다. 이렇듯 법은 본질적으로 더 가치 있는 짐승을 죽인 경우에 책임을 묻는다. 즉 당신이 가치가 덜

한 것을 구하기 위해 더 가치 있는 것을 파괴한 행위는 낭비이며, 따라서 당신은 두 동물의 단독 소유자로서 행동하지 못한 것이다. (동물의 가치를 결정하는 방법에 관한 문제는 다른 장에서 다룰 것이다.)

규칙은 약간 다르지만, 당신의 배가 폭풍의 위협을 받는 상황에서 허락 없이 내 부두에 배를 정박했을 때도 기본적으로 같은 결과를 얻는다. 법원은 당신의 재산이 위험에 처해 있기 때문에 당신에게는 내 부동산을 침범함으로써 재산을 구할 권리가 있다고 판단한다. 이를 필요성의 원칙doctrine of necessity이라 한다. 그러나 만약 그로 인해 부두가 파손된다면 어떻게 될까? 유명한 빈센트 대 이리호 증기선회사Vincent v. Lake Erie Steamship Co. 사건이 그러한 사례로, 법원은 매우 위험한 상황에 처한 선주에게 부두를 사용할 권리가 있음에도 불구하고 부두에 피해를 입힌 대가를 치러야 한다고 판결했다.[40] 이러한 판결은 선주인 당신이 배와 부두를 모두 소유하고 있는 입장에서 생각하게 하는 것이다. 이때 당신은 황소가 당신의 염소를 공격했을 때와 마찬가지로 손실을 비교해볼 것이다. 즉 배가 부두보다 더 큰 가치를 지니고 있다면, 배를 구하기 위해 부두가 파손될 위험을 무릅쓰고 비용을 감수하는 차악을 선택할 것이다. 하지만 (배가 노후해서) 부두의 가치가 더 크다면, 부두가 파손될 위험을 감수하기보다는 배가 파손되는 쪽을 택할 것이다. 법 규칙은 단순히 당신이 부두를 빌릴 수는 있지만 그에 입힌 손해는 배상해야 한다고 선언함으로써 당신이 자신의 결정으로 인한 비용을 내면화시킬 수 있도록, 즉 자신이 모든 것을 초래한 것처럼 경험할 수 있도록 유도한다. 배를 부두에 정박하는 행위가 아무리 합리적인 결정이라 해도 부두에 입힌 손해에 대해 당신이 배상해야 한다면, 이는 엄격 책임과 같다. 당신이 황소로부터 염소를 구조한 경우는 엄격 책임이 아니라 낭비를 최소화하는 결정(혹은 부를 극대화하는 결정)에 따른 것이므로 과실 책임에 속한다. 어느 규칙이든 당신이 단독 소유자처럼 사고하게 한다. 다만 당신이 옳은 결정을 내렸을 때 배상 책임을 져야 하느냐 마느냐의 차이만 있다. 황소가 염소를 공격한 사건에서는 '아니오'가 정답이다. 아마 애초에 당신의 토지에 들어올 권리가 없는 침입자로부터 자신의 동물을 지키기 위해 합리적 조치를 취한 당신에게 배상 책임을 지우는 것이 부당하게 여겨질 것이기 때문이다.

마찬가지로, 이번에는 곤경에 처해 있는 배가 부두에서 멀리 떨어져 있는 경우를 상상해보자. 바다 한가운데서 무거운 화물의 무게 때문에 배가 서서히 가라앉는 중이라면 무언가 배 밖으로 던져야겠다고 생각할 것이다. 하지만 어떤 것을 던진단 말인가? 각 화물의 주인은 서로 다를 테고, 그들은 당신이 다른 사람의 화물을 택하기를 바랄 것이다. 배가 항구에 들어왔을 때 당신이 배를 구하기 위해 배에 타고 있던 서커스 코끼리를 내던지지 않고 피아노와 몇몇 귀중한 화물을 바다에 버렸다고 고백한다면 그 화물의 소유자들은 화를 낼 것이다. 그들은 당신이 코끼리 주인의 요청을 받고 코끼리를 보호한 것이라 추정할 것이다. 그리고 차후에 있을 유사한 결정으로부터 자기 화물을 보호하기 위해 자신들의 대리인을 보내야겠다고 생각할 수 있다. 어쩌면 그 코끼리가 굉장한 가치를 지니고 있지 않은 한, 그 상황에서 무엇을 버리기로 했든 당신의 결정은 낭비였을 것이다.

이러한 불유쾌한 소동을 막기 위해 아주 오래전부터 이런 문제에 대해서는 해사법海事法(해양법의 법적 명칭)은 공동 해손general average이라는 원칙으로 해결해왔다.[41] 선박을 구조하기 위해 화물이 버려져 있다면 살아남은 화물(선박 자체도 포함)의 소유자는 희생된 화물의 소유자에 대한 보상에 참여해야 한다는 내용이다. (가치 측정에 따라) 살아남은 모든 화물의 3분의 1을 소유하고 있는 사람은 그 화물을 살리기 위해 바다에 버려진 것이 무엇이든 그 3분의 1에 대해 보상해야 한다. (운항을 완료하기 위해 선박을 수리해야 하는 흔한 현대적 사례에서도 동일한 설명이 가능하지만, 좀더 흥미로운 사례인 무엇을 버릴지에 대해 집중하기로 하자.) 이 규칙의 목적은 선장인 당신이 배에 실린 모든 물건의 소유주라는 가정 아래 결정한 바를 현실에서 이행하도록 하는 것이다. 그러면 누가 어떤 물건의 소유주인지 신경 쓰지 않고 배 밖으로 무엇을 던질지 결정할 수 있을 것이다. 당신은 배에 실린 물품의 무게와 가치를 생각해서 최대한 효율적으로 배가 가라앉지 않도록 노력하기만 하면 된다. 게다가 공동 해손의 분담 규칙은 전체 손실을 모든 사람이 보상하므로 누가 무엇을 소유하고 있는지 선장은 신경 쓸 필요가 없다. 선장은 배의 침몰 위험에 맞서 가장 효율적인 대응책을 찾아내는 것 외에는 아무것도 걱정하지 않아도 된다.

공동 해손의 규칙을 더 자세히 들여다보면, 선장이 단독 소유자처럼 생각하도록 유도하려는 경향이 강하다. 법원은 바다에 버려지지 않고 지켜진 물건들을 집계할 때 현금이나 값비싼 액세서리 등 사람들이 휴대하고 있던 물품은 계산에 넣지 않는다. 이유가 뭘까? 다른 화물들만큼 무게를 덜어줄 수 없었기 때문일까? 그것도 맞는 말이긴 하지만, 선장에게 올바른 유인을 제공하기 위해 그런 물건들까지 포함시킬 '필요'는 없다고 보는 게 맞다. 액세서리는 선박이 위험에 처하는 데 영향을 끼쳤다고 보기 어렵기 때문에 그 어떤 선장도 승객의 물건 중 도움이 되지 않는 목걸이까지 바다로 던져버리려 하지 않을 것이다.[42] 또한 살아남은 승객들에게도 그 대가를 요구하지 않는다. 목숨을 구한 승객들은 바다에 버려진 화물의 소유주들에게 확실히 빚을 진 것처럼 보일 수도 있다. 그러나 다시 강조하건대 이 규칙의 목적은 혜택을 얻은 모든 사람에게 대가를 지불하게 하려는 게 아니라, 무엇을 버릴지에 대해 선장이 올바르게 생각하도록 유도하는 것이다. 마음이 약해서든 아니면 이득이 비용을 초과할 가능성이 희박해서든, 무게를 줄이기 위해 '승객을' 배 밖으로 던지는 것을 고려할 선장(단독 소유자이든 아니든)은 없을 테니 승객을 이 규칙에 포함시킬 필요는 없다.

÷

다음으로, 이 사고 실험의 복잡성 및 한계에 대해 살펴보자. 한 고층 건물의 소유주가 자신의 건물 엘리베이터에 불량 케이블을 설치한 탓에 엘리베이터 추락 사고가 발생했고, 그 안에 타고 있던 사람들이 다쳤다. 피해자의 가족들은 질 좋은 고급 케이블을 설치하지 않은 건물주의 과실을 이유로 소송을 제기했다. 증인석에 앉은 건물주는 배심원들을 향해 자신은 매달 첫 번째 월요일마다 그 건물을 방문했으며, 그때마다 엘리베이터를 이용했다고 해명한다. 자신한테는 엘리베이터가 충분히 안전했으니 타인의 이익을 위한 케이블 설치에 과실이 있었다고 할 수 없다는 논리다. 이것은 단독 소유자 원칙을 능숙하게 호소하고 있는 것처럼 들린다. 즉 피고 자신의 이해가 다른 모든 이와 얽혀 있어 자신의 결정에 따른 모든 비용이 내면화되어 있다는 것이다. 그가 정말 그러했을까? 건물주가 제시한 주장의 문제점은 그가 케이블 설치에 따르는 비용 절감 효과를 '전부' 향유한 반면 그로 인해 발생하는 위험에 대해서는 일부만 떠안고 있다는 것이다. 엘리베이터가 추락할 가능성은 아주 드물고, 그런 일이 일어났을 때 건물주가 엘리베이터에 타고 있을 가능성은 훨씬 더 희박하다. 그는 오직 한 달에 한 번만 엘리베이터를 이용하기 때문이다. 만약 그가 건물주일 뿐만 아니라 엘리베이터 운영자여서 항상 엘리베이터를 이용하는 입장이라면 이는 훨씬 더 유리한 주장이 될 것이다. 또는 그의 아내가 엘리베이터 운영자인 경우도 마찬가지다. 대부분의 사람(확실히 우리가 가정하는 대부분의 사람이 그러하다)이 가족 구성원의 안전을 자기 자신의 안전처럼 중요하게 여긴다는 것은 인지상정의 사실이므로 '한 가족' 가설은 종종 단독 소유자 가설과 동일한 효과를 일으킨다.

이번에는 어느 대기업 임원이 회사에 손해를 끼치는 사적 이용 혐의를 받고 있다고 해보자. 임원은 자신이 회사의 대주주이므로 '절대' 회사에 손해가 될 일을 꾀할 이유는 없다고 항의한다. 그의 주장이 받아들여질 수 있는지는 그가 어떤 행위로 의심받고 있는지, 또 얼마나 많은 주식을 보유하고 있는지에 달려 있다. 회사 주식의 3분의 1을 보유하고 있는 사람은 회사 자금에 손을 댔더라도 여전히 이로운 입장에 놓일 가능성이 크다. 그는 훔친 자금의 전부를 취하지만, 책임은 그 결과의 일부(아마 3분의 1만큼)만 지기 때문이다. 그러나 그가 진정한 단독 소유자라면(회사 전체가 자신의 소유라면) 그의 주장은 강력한 힘을 얻는다. 자기 자신의 돈을 훔친 행위로 고발되는 일은 있을 수 없기 때문이다.

단독 소유자의 행동을 유추하는 방법은 때로는 문제의 효율적 해결책을 발견하기에 좋은 사고 실험이 되며, 그렇게 하기를 법이 촉구하는 것처럼 보이기도 한다. 그러나 장기적인 안목으로 보면 그것이 역효과를 가져올 수도 있다. 해결책에 대한 이러한 전망은 일방이 타방의 권리를 침해하는 행위가 매력적으로 느껴지게 하며, 따라서 그런 해결책이 적용되어야 하는 경우가 늘어날 수도 있기 때문이다. 훌륭한 해결보다 더 좋은 방법은 애초에 문제가 발생하지 않는 것이다.

앞에서 살펴봤듯이, 내가 실수로 이웃의 토지를 침범해 집을 지었을 때 일반적으로 이웃은 나에게 집을 허물라는 법원의 명령을 요구할 수 있다. 이때 적용된 규칙을 다시 떠올려보자. 법은 내가 이웃에게 돈을 지불함으로써 문제를 해결하도록 허용하지 않는다. (내가 돈으로 해결할 수 있도록 이웃 사람이 결정할 수는 있지만, 그런 가능성에 대해서는 나중에 다시 살펴보자.) 주목할 점은 이 규칙이 종종 단독 소유자 원칙에 위배될 수 있다는 것이다. 즉 두 토지의 단독 소유자가 자신의 토지 한쪽에 집을 지으면서 나머지 다른 토지를 침범했다고 해서 새로 지은 집을 허물어버릴 가능성은 없기 때문이다. 이런 경우는 오히려 나쁜 유인을 만들어낼 수 있기 때문에 법은 단독 소유자 원칙을 사용하지 않는다. 사람들이 집을 지을 곳을 선택할 때 잘못된 결정을 내렸다 해도 법이 그들 자신이 원하는 해결안(실제는 그렇지 않지만 자신이 문제가 된 토지 전부를 소유하고 있을 때 원하게 될 해결안)을 명령함으로써 구제해줄 거라고 생각하기를 우리는 바라지 않는다. 이는 침해 사건(정확히 말하면 '개인적' 침해 사건)에서는 집을 허무는 것이 비효율적인 해결책이라는 말과 같다. 법을 위반한 주택을 철거하는 것은 일반적으로 침해 문제에 대한 효율적인 해결책일 수 있다. 즉 침해 문제가 아주 드물게 발생하게 함으로써 그러한 낭패에 따른 전체 비용을 최소한으로 유지시킬 수 있다. 이러한 추론에 따라 침해 정도가 미미하며 정직한 실수였다고 법원이 확신해 남용 가능성이 없다고 판단한다면 (침해자가 문제 해결 방법을 찾는) 단독 소유자 해결책이 적용되어야 하지 않을까 하는 의문이 들 수도 있다. 실제 대다수 법원은 그럴 때 예외를 허용하고 있다.[43]

단독 소유자 원칙에는 또 다른 한계가 있다. 예를 들어 앞으로 5년간 내가 필요로 하는 물량의 고무를 고정 가격으로 공급하기로 당신과 계약했다고 가정해보자. 1년 후 예상치 못하게 고무 가격이 치솟아 고무를 원료로 하는 거의 모든 제품의 가격도 상승했다. 나는 예외적으로 당신으로부터 동일한 가격에 고무를 공급받도록 예전 그대로 유지할 수 있다. 하지만 나는 충분한 고무를 얻을 수 없다. 당신은 내가 관련된 (나의 제조 공장 '그리고' 당신의 고무 공급과 관련된) 모든 자원의 단독 소유자라면 취해 마땅한 방식으로 행동하지 않는다며 불만을 제기한 것이다. 말하자면 내가 그 양쪽을 소유한 입장이라면 고무가 귀해졌으니 고무를 아끼려 할 텐데 그러지 않고 과도하게 사용하고 있다는 것이다. 나는 어깨를 으쓱할 뿐 단독 소유자처럼 행동하는 문제를 걱정하지 않으려 당신과 장기 계약을 체결한 것이라고 주장한다. 법은 내 주장에 동의하는 편이다. 계약을 맺는다는 것은 도박을 하는 것과 마찬가지이며, 때로는 서로를 상대로 도박한다. 계약은 내가 훨씬 더 많은 고무를 요구하는 등의 지나친 행동을 허용하고 있지 않으므로 결국 법원은 내게 계약 위반을 선언할 수는 있겠지만, 이때도 단독 소유자의 행위가 기준이 되지는 않는다.

그럼에도 불구하고 단독 소유자 가설은 계약법의 다른 구석까지 명확히 하는 데 도움이 된다. 이에 대한 좋은 경우가 손해 경감의 원칙이다. 상대가 계약을 지키지 않는다면 당신은 그에게 손해배상을 청구할 권리가 있지만, 법은 당신이 청구액을 줄이기 위해 합리적 노력을 기울일 것을 요구한다. 바로 앞서 논의한 고무 공급에 관한 계약에서 당신이 위반한 경우를 상상해보자. 당신은 더 이상 고무를 공급하지 않겠다고 선언했고, 고무가 부족한 상황을 지켜만 보고만 있을 수 없는 나는 다른 곳에서 고무를 구입하거나 고무를 대신해 플라스틱으로 상품을 제조하는 등 여러 방안을 모색할 것이다. 여기서 생각해볼 하나의 방법은 당신의 회사와 내 회사가 모두 나의 소유라는 가정 아래, 갑자기 당신의 회사가 정상 가동이 안 되고 있다면 나는 가능한 한 손실을 줄이려고 노력하리라는 것이다. 법 역시 내게 그러한 행동을 요구하는 것이다.

마지막으로, 다소 이상한 적용 사례를 소개하려 한다. 세율이 올라 당신의 임금이 점점 줄어든다고 상상해보라. 당신은 더 이상 현재의 직장을 유지할 가치가 없다고 판단한다. 그리하여 보수는 적지만 당신이 가장 좋아하는 유화 그리기를 즐길 수 있는 여가 시간이 보장되는 다른 일자리를 선택한다. 그 장점은 이전과 같이 행복하면서도 전보다 세금은 덜 낸다는 것이다. 이때 당신이 단독 소유자처럼 행동하지 않았다고 해서 당신은 부도덕한 것일까? 이 말은 무엇을 의미하는 것일까? 자, 다시 가족에 관한 이야기로 생각해보자. 그는 아버지이자 남편으로서 돈벌이를 하고 있지만 자녀가 늘자 자신을 위해 예전처럼 돈을 쓸 수 없다는 사실을 깨달았다. 과거에 그는 수입의 상당 부분을 고급 와인을 사는 데 지출할 수 있었지만 이제는 모두 양육비로 쓰고 있다. 지금의 직장이 자신의 희생을 보상해줄 만큼 충분치 않다고 판단한 그는 보수가 적지만 유화를 그릴 수 있는 시간을 제공해주는 직장으로 옮겼다. 그로 인해 아내와 자녀들의 사정은 전보다 많이 안 좋아진 반면 그는 더 행복한 시간을 보내고 있다. 그의 행동이 나쁘다고 말할 수 있지 않을까? 그는 자기 자신의 이익을 소중히 여기는 것만큼 나머지 가족의 이익을 소중히 여기지 않고 있다. 이는 당신이 직장을 그만두고 당신의 몫만큼 세수 부족을 발생시키는 것과 똑같지 않은가? 사회 전체로 볼 때 좋은 일들에 사용될 수 있는 세수가 당신의 몫만큼 줄어든 것이다. 아마 우리는 부족분을 보충하기 위해 (그리고 당신이 사회 전체를 자신의 가족처럼 생각하도록 만들기 위해) 유화 화가로서 당신에게 부과되는 세금을 인상해야 할 것이다.44

　이러한 사고방식은 법이 문제에 접근하는 사고방식과 다르다. 이유가 뭘까? 유화 그리기가 당신에게 얼마나 소중한 가치인지에 대해 신뢰할 만한 수단으로 파악할 수 없기 때문일 것이다(다만 확실히 전 직장의 급여보다는 더 가치 있게 여긴다고 볼 수 있다). 이것은 자유에 대한 고려와도 관계있을 수 있다. 만약 유화 화가에게 부과되는 세금이 너무 높게 책정된다면(화가로서의 여가 활동이 정신적 수입으로 인정되어 그가 전 직장에 근무할 때 정도의 세금을 내야 한다면) 유화 화가로 활동할 수 없을지도 모른다. 그러나 이와 관련하여 마지막으로 고려해야 할 점은, 우리는 사람들이 항상 단독 소유자처럼 행동하기를 기대하는 건 아니라는 것이다. 우리는 정원 장식품인 플라스틱 핑크 플라밍고의 소유자가 거리 전체의 단독 소유자처럼(그게 뭘 의미하든) 잔디밭을 꾸미지 않았다고 해서 그를 비난하지 않으며, 또 그러한 이유로 그가 다른 사람들을 비난하는 것도 인정하지 않는다. 단독 소유자가 무슨 행동을 할지 누가 알겠는가? 그건 단독 소유자가 '누구'인지에 달려 있다. 이러한 취향의 문제는 각 개인이 스스로 결정하도록 맡기는 것을 우리는 선호한다. 돈을 벌기 위한 활동과 '여가 활동(유화 그리기처럼 그 자체의 즐거움을 위해 하는 활동)' 사이의 적절한 균형 찾기가 이와 유사한 문제일 것이다. 우리는 사람들이 스스로를 위해 행동할 수 있고 자기 이익을 극대화하는 데 우려하지 않는 공간이 존재하기를 원하기 때문에 취미 행위를 비난하지 않으며 거기에 세금을 부과하지도 않는다. 그 공간 안팎에서 어떤 선택을 하느냐가 흥미로운 문제다. 예를 들어 자녀를 몇 명 낳을지 결정할 때는 자신의 이익에 대해 어느 정도를 고려해야 하며 또 세상 사람들의 이익에 대해서는 어느 정도 고려해야 할까? 이 질문에 대해 중국법은 미국법과 다소 다른 답변을 한다. 미국법은 어떤 선택들은 사람들이 스스로 알아서 결정하길 바라고 다른 선택들은 타인을 고려하며 행동하기를 바란다. 그러한 선택들을 어떻게 구별하는 것일까?

✦ 추가 독서를 위한 제안

Richard A. Epstein, Holdouts, *Externalities, and the Single Owner: One More Salute to Ronald Coase*, 36 J.L. & Econ. 553(1993); Stephen G. Gilles, *The Invisible Hand Formula*, 80 Va. L. Rev. 1015(1994); Harold Demsetz, *When Does the Rule of Liability Matter?* 1 J. Legal Stud. 13, 26~27(1972); William M. Landes and Richard A. Posner, The Economic Structure of Tort Law 32~35(1987). 일부 특별한 절차 문제에 적용되는 단독 소유자 추론에 관한 흥미로운 사례들은 Bruce L. Hay, *Some Settlement Effects of Preclusion*, 1993 U. Ill. L. Rev. 21.

5장
최소비용 회피자

4장에서는 단독 소유자처럼 행동하지 않은 사람에 대해, 즉 자신의 결정이 영향을 끼치는 모든 이해관계에 대해 주의를 기울였다면 취했을 조치를 이행하지 않은 경우에 법이 불리한 판결을 내려야 한다고 제안했다. 그러나 사안에 따라 다른 전략으로 더 간단하게 동일한 결과를 얻을 수 있다. 비용이 발생했을 때, 예방 조치를 취함으로써 혹은 비용이 덜 발생하는 일부 행동으로 전환함으로써 가장 저렴하게 비용을 회피할 수 있었던 사람에게 해당 비용을 청구하는 것이다. 그러한 비용은 사고 또는 오해나 계약 불이행 등에서 발생할 수 있다. 비용을 초래하는 이 모든 사건은 전부 같은 방식으로 해결될 수 있다. 먼저 가장 유리한 위치에서 사건 발생을 막을 수 있었던 사람(우리는 그를 '최소비용 회피자'[45]라 부를 것이다)이 누구인지 파악한 다음 그에게 결과에 대한 책임을 지우는 것이다. 우리는 그가 다음부터는 달리 행동하길 바랄 수 있지만, 그 점이 반드시 요구되는 것은 아니다. 핵심은 그가 자신이 지불해야 할 비용과 더 나은 예방 조치에 드는 비용을 비교해 더 저렴한 쪽을 선택하도록 하는 것이다. 이러한 접근 방식의 장점은 단독 소유자가 어떤 식으로 문제에 대처했는지를 법이 알아볼 필요가 없다는 것이다. 즉 최소비용 회피자가 그것을 확인하도록 한다. 그는 비용을 지불하기로 결정함으로써 나쁜 일이 발생하도록 내버려둘 수도 있고, 비용이 덜 드는 다른 방법을 찾아낼 수도 있다. 어느 쪽이든 그는 자신의 결정으로 인한 총비용을 인지할 테고 신중하게 결정을 내릴 것이다. 살펴보면 알겠지만, 이 방식이 모든 문제의 정답은 아니더라도 많은 문제를 해결할 수 있는 흥미로운 방법임에는 틀림없다.

사고 사건에서 이러한 접근 방식의 법적 명칭은 앞서 이미 언급한바, 행위의 주체가 자신의 행위로 야기된 손해의 전부를 책임지는 것을 의미하는 엄격 책임이다. 그의 행동이 합리적이었는가 또는 신중했는가를 따지지 않으며 단지 그에게 청구서를 건넬 뿐이다. 사실 법원은 피고에게 엄격 책임을 적용할지 판단할 때 그가 나쁜 결과의 최소비용 회피자였는지 아닌지를 직접적으로 묻지는 않는다. 그러나 엄격 책임이 적용되는 사례를 보면, 일반적으로 피고가 피해 위험을 감소시킬 수 있는 가장 유리한 위치에 있다는 사실을 확인할 수 있을 것이다. 엄격 책임이 적용되는 가장 적합한 사례는 다이너마이트 폭발 사건이다. 만약 당신이 다이너마이트를 사용한다면, 그 폭발로 인해 다른 이들이 입을 피해의 최소비용 회피자는 바로 당신이다. 다른 이들은 당신이 조심히 다루기를 바라는 것 말고는 폭발의 위험에 대응할 수 있는 게 거의 없기 때문이다. 영국의 옛 판례 중 라일랜드 대 플레처Rylands v. Fletcher[46] 사건처럼, 당신은 대규모 저수지 건설 공사를 벌이다가 인근에 홍수를 일으키는 폭발 사고를 일으킬 수 있다. 재앙을 회피할 수 있는 모든(혹은 대부분의) 권한은 당신에게 있으니, 당신이 공사를 시작하는 것을 바라보는 이웃들은 그저 낙관적인 희망을 품으며 기다리는 것 외에 아무것도 할 수 없다. 이웃들이 이사를 갈 수는 있겠지만, 현실적으로 당신이 좀더 주의를 기울이거나 저수지를 더 멀리 떨어진 곳에 건설하는 것보다 더 많은 비용이 든다고 가정해보자. 만약 댐이 터지거나 당신이 일으킨 폭발로 피해가 일어난다면 이웃들은 당신에게 피해보상을 청구할 것이다. 당신은 피해를 보상하며 계속 폭파 작업을 할 수도 있고, 더 안전하게 폭파나 건물 해체를 진행할 방법을 찾기 위해 노력할 수도 있다. 당신은 피해를 보상하고 저수지를 그대로 유지할 수도 있고, 저수지를 더 보강하거나 아예 다른 곳으로 이전시킬 수도 있다. 모든 게 당신에게 달려 있다. 여기서 핵심은 당신이 자신의 결정(예방 조치를 취하는 결정 혹은 예방 조치를 하지 않고 그로 인한 피해를 보상하는 결정)으로 발생할 모든 비용을 고려하고, 그에 따르는 비용을 억제하기 위해 노력해야 한다는 것이다. 달리 말해서 자신의 돈이 걸려 있기 때문에 당신은 일을 효율적으로 처리하려 노력할 것이다.

이러한 사례들은 가장 저렴한 비용으로 피해 발생을 막을 수 있었던 사람에게 피해에 대한 법적 책임을 묻는 것의 이점이 무엇인지 보여준다. 바로 쉽다는 것이다. 발파 작업에 당신이 충분히 주의를 기울였는지를 법원에서 파악하려면 시간이 걸릴 수밖에 없다. 증언도 들어야 하고, 전문가에게 의뢰하는 비용도 추가될 것이다. 반면 폭발을 일으킨 주체가 결과에 대해 책임져야 한다는 사실을 모든 사람이 알고 있다면 사건은 훨씬 간단해진다(모든 관련자에게 비용이 절약되고, 법정 밖에서 해결하기도 더 수월하다). 혹은 그 정도까지는 아니더라도 사건이 더 간단해질 '가능성'이 있다. 이는 누가 최소비용 회피자인지 명백히 드러나는 것처럼 들릴 수도 있지만, 그렇지 않을 수도 있다. 해당 사건 사고의 최소비용 회피자가 명백한지 그렇지 않은지를 결정하기 위해서는 각 당사자가 취할 수 있었던 예방 조치가 무엇이며 그러한 조치가 얼마나 어려운 것인지, 또 재난 발생을 얼마나 감소시킬 수 있는지를 알아봐야 한다. 법원은 최소비용 회피자가 누구인지를 '묻지 않는' 대신 각 당사자의 과실을 비교할 때도 똑같은 사항들을 고려한다. 따라서 우리가 최소비용 회피자에게 책임을 묻는 것이 더 간단하다고 판단하는 경우는 누가 최소비용 회피자인지가 명확하거나 법원이 일반적 경험칙(추정 및 예외)에 따라 의문을 해소할 수 있기 때문일 것이다. 엄격 책임의 법칙은 이런 식으로 정리될 수 있다. 하지만 발파에 대한 책임이 엄격하다는 게 절대적이라는 의미는 아니다. 특정 사례에서 발파자는 책임을 피할 수 있다. 예컨대 피해를 입은 원고가 피해 위험을 예상했을 때, 그는 위험을 알고 있었으나 억제할 수 없는 호기심으로 발파 현장에 접근했을 것이다. 그러한 사건에서는 피해자를 최소비용 회피자로 생각할 수 있다.[47] 피해자는 자신이 어떤 상황에 처할지 알고 있었으므로 멀리 떨어져 있었어야 했다. 이런 이유에서 법은 발파자에게 책임을 부담시킨다는 일반 규칙에 예외를 두고 있다.

사고에서 피해자 고유의 역할에 관한 문제는 중요하다. 엄격 책임과 최소비용 회피자 이론을 처음 배운 학생들은 종종 그 이론에 혹한 나머지 어째서 모든 사고를 그런 식으로(모든 사고에 엄격 책임을 적용해) 해결하지 않는지 궁금해하곤 한다. 그러나 발파 사례에서 이 규칙이 탁월해 보이는 이유는 발파자가 '신중할 수 있게끔' 유인이 필요한 (유일한) 사람이기 때문이다. 따라서 책임에 관한 모든 압력을 발파자에게 지우고 그가 스스로 가치 있는 결정을 내리게 하는 방식이 좋다는 결론에 이를 수 있는 것이다. 하지만 모든 사고가 그와 같지는 않다. 대체로 양쪽 모두 문제 발생을 막기 위해 어떤 예방 조치를 취할 수 있었고 또 그래야 하는 상황에서 사고가 발생한다. 자동차가 보행자를 치지 않게 막는 최선의 방책은 운전자나 보행자 어느 한쪽만 조심하는 게 아니라 양쪽 다 조심하는 것이다('공동의 주의'라고 한다). 그런데 법이 더 쉽게 사고를 회피할 수 있었던 쪽에 모든 책임을 지운다면 그러한 메시지가 전달될 수 없다. 어떤 의미에서 보면 유일한 최소비용 회피자란 있을 수 없으며, 비용을 가장 적게 들이려면 양쪽 다 일정 수준의 주의를 기울여야 한다.[48] 따라서 사고가 발생한 후 법은 양쪽이 내린 결정들을 검토할 필요가 있다. 그것이 과실 사건(이를테면 거의 모든 종류의 교통사고 관련 사건)에서 불법행위법이 하는 일이다. 그런 경우 적용되는 일반 규칙은 일종의 비교 과실이다. 즉 각 당사자에게 요구되는 주의를 다했는지 여부를 배심원이 묻고 그에 따라 책임을 분담시킨다. 이는 문제 발생을 좀더 쉽게 회피할 수 있었던 어느 쪽에 책임을 지우는 것이 아니다. 또한 그런 식으로 책임을 할당한 다음 피해자가 일정한 위험을 예상했던 경우 예외를 두는 것도 아니다. 그 대신 쌍방이 각자에게 요구되는 역할을 수행하도록 유인을 제공하기 위해 손해배상액을 분할한다. 나쁜 결과의 최소비용 회피자에게 모든 책임을 지우는 것은 오직 한쪽 당사자의 행위에만 법의 영향력이 필요하다고 판단될 때 합당한 것으로 평가되고 있다. 그런 경우는 대개 그 한쪽 당사자가 나쁜 결과의 발생 여부를 독점적으로 통제하고 있기 때문이다.[49]

또한 최소비용 회피자의 정의에 대해서는 논쟁의 여지가 있다. 최소비용 회피자는 예방 조치를 취하거나 자신의 행위를 다른 행위로 교체함으로써 좀더 쉽게 재난을 막을 권한을 가지고 있는 사람일 수도 있다. 아니면 (당사자가 같은 상황을 비교적 자주 접하는 경우) 문제를 회피하기 위한 비용을 가장 쉽게 파악할 수 있는 사람일지도 모른다.[50] 혹은 이 두 정의가 다양한 방식으로 합쳐지거나 확장될 수도 있다. 즉 최소비용 회피자는 재난을 가장 쉽게 막을 수 있는 사람으로, 이때 '쉽게'라는 표현에는 예방 조치를 취할 권한뿐만 아니라 예방 조치의 필요성을 예상할 수 있는 능력, 어떤 선택지가 있는지 알 수 있는 능력, 자신보다 더 유리한 위치에서 예방 조치를 취할 수 있는 사람을 알아내는 (그리고 나서 그를 고용해 조치를 취하는) 능력 등이 모두 포함된다.[51]

그러한 것들은 중요한 부분이긴 해도 어쨌거나 세부 사항일 뿐이다. 최소비용 회피자에게 책임을 묻는 '일반적'인 사고방식은 강력해서, 그로 인해 많은 법적 문제를 이해하기 쉽게 만든다. 물에 빠진 사람을 구조하지 못해 고소당한 사람의 사례를 통해 잠시 불법행위법에 관해 살펴보자. 곤경에 빠진 낯선 사람을 구조해야 할 의무는 없기 때문에 통상의 법 규칙으로는 피고인이 이긴다. 다시 말하지만, 이러한 법 규칙을 해석하기 위한 한 가지 사고방식은 보통 재난 상황에서는 피해자가 최소비용 회피자라는 것이다. 즉 구조자가 피해자를 구하는 것보다 피해자 스스로 곤경에 빠지지 않도록 회피하는 게 더 수월하다. 따라서 피해자는 자신의 곤경에 대해 스스로 책임을 지게 된다. 이는 곧 누군가 자신을 구해줄 수 있었음에도 그렇게 하지 않았다고 해서 피해자가 나중에 그를 고소할 수 없다는 말이다. 당신은 이 논리가 맞는지 현실적으로 검증을 하고 싶을 것이다. 지금까지 우리는 유인에 대해 살펴보고 있지만, 이런 유의 구조 사건에도 유인이 중요할까? 버몬트주에서 법령으로 구조 의무를 '규정'하고 있다고 해서 당신이(누구든) 버몬트주에 있을 때 덜 조심할 가능성이 있을까? 여기서 우리는 (매우) 미미한 효과들에 대한 일반적 호소에 기댈 수 있다. 또는 구조할 의무가 없는 것이 어떤 상황에서는 좋은 유인을 만들어낸다고 주장할 수도 있다. 그러나 그러한 상황이나 유인이 전혀 중요하지 않은 사례들을 분류하기란 굉장히 어려운 일이다. 혹은 규칙에 대한 명백한 경제학적 논의가 어떤 식으로든 공정에 관한 논의로 변형 가능한지도 궁금할 수 있다. 앞 장과 마찬가지로 여기서도 경제학적 사고가 옳고 그름에 대한 상식적 사고와 일치한다는 이유로 법 인식과 맥을 같이하는 것처럼 보인다. 유인에 대한 것은 잊어라. 구조 상황에서 보통 가장 책임이 큰 당사자는 구조를 필요로 하는 사람이다.

어쨌든 이러한 가정이 성립하지 않는 사례가 많다는 것은 분명하다.

예를 들어 사실상 구조자가 쉽게 개입할 수 있었고 너무 뜻밖에 벌어진 일이라면 (애초에 피해자가 문제를 회피하려고 더 힘들게 노력하기보다는) 구조가 더 바람직한 해결책이었을 것이다. 그러나 모든 사례에서 이러한 번거로운 가정을 시험하기는 어려우므로 우리는 그 대신 앞서 언급한 유의 경험칙을 사용한다. 일반적으로 타인으로부터 구조 요청을 받았을 때 그 요청에 응답해야 할 법적 책임은 없다. 그러나 여기에는 명백한 예외가 존재한다. 바로 구조자와 피해자가 '특별한 관계'일 때(여관 주인과 손님, 선장과 선원, 열차의 차장과 승객 등)로, 이런 경우에는 피고가 결과적으로 피해자를 돕기에 유리한 위치에 있었다는 점을 일반화하기에 용이하다. 여기서 '유리한 위치'란 피고가 최소비용 회피자가 된다는 의미일 것이다.[52] 선장은 해변에 있는 여느 구조자와는 다르다. 그는 구명 장비를 갖추고 있거나 갖춰야 하며, 배에서 추락한 사람은 수영장이나 바닷가에서 허우적거리는 사람보다는 주변 구조자의 도움에 더 많이 의지하게 된다고 보는 게 일반적이다. 물론 재난에 처한 승객을 구조하지 못한 선장과 열차의 차장에게 법이 책임을 지우는 데는 여러 이유가 있기 때문에 '단순히' 최소비용 회피자를 골라 그에 상응한 책임을 부담시키는 것으로 문제가 해결되는 것은 아니지만 그 일부인 것은 맞다.

이러한 논의로 인해 누가 사고의 최소비용 회피자인지, 그에게 책임을 부과하는 게 옳은지 결정하기 복잡하게 여겨질 것이다. 그러나 결정하기 어려운 경우는 많지 않으며, 계약법이 적용되는 사례에서는 쉬운 편이다. 대부분의 계약은 한 당사자가 일정한 행위를 하는 것에 대해 다른 당사자가 대가를 지불하는 식이므로 행위가 이행되지 않으면 법은 이를 계약 위반으로 보고 행위자 또는 '계약자'에게 손해를 배상하도록 한다. 이는 당연한 결과 같지만, 법이 전형적인 사고 사건을 다루는 방식, 즉 피고가 합리적으로 행동했는지 여부를 살필 때 결과는 달라질 수 있다. 물론 계약과 관련된 사례에서는 피고가 합리적이었는지 혹은 얼마나 열심히 노력했는지를 따지지 않으며 피고가 계약을 이행했는지가 중요하다. 앞에서도 설명했지만, 법은 계약 위반에 엄격 책임을 적용한다. 이 장에서 우리가 펼치고 있는 논리를 떠올린다면 그 이유를 쉽게 알 수 있을 것이다. 일반적으로 계약의 이행은 두 당사자 간의 공동 활동이 아니다. 한 사람은 돈을 지불하고 다른 사람은 계약을 이행한다. 따라서 계약 이행자는 다이너마이트를 사용하는 건물 철거자나 저수지 건설자와 같은 입장이다. 나쁜 결과(폭파 사건에서는 잔해가 흩날리는 경우, 여기서는 약속의 위반)의 발생 여부가 그에게 달려 있으며, 그의 행위와 비교될 다른 대상은 없다. 그리고 피해자는 피해를 막기 위해 수행해야 할 중요한 역할이 없다. 그렇다고 해서 법이 항상 계약 이행자에게 계약을 충실히 이행할 것을 요구한다는 의미는 아니며, 다만 이행자가 그렇게 하지 않았을 때 손해배상을 청구하는 게 합리적이라는 말이다. 계약 이행자는 계약을 이행하는 것이 옳을지 아니면 손해를 배상하는 것이 옳을지에 대해 스스로 결정할 수 있다.[53]

그다지 일반적이지 않은 사례는 어떠할까? 때로는 결과적으로 상대방(수약자)이 유리한 위치에 있다는 이유로 계약 이행이 어려워지거나 불가능해진다. 그러한 경우 계약자는 최소비용 회피자가 아닐 수 있다. 또한 법이 늘 계약자에게만 책임을 지우는 것도 아니다. 내가 가진 말들 중 한 마리를 당신에게 임대한다고 가정하자. 계약할 때 당신은 말을 온전한 상태로 돌려주기로 약속했지만 말이 척수막염에 걸렸다는 사실이 임대 기간에 발견되었다. 그리고 동물관리소에서는 당신의 반대에도 불구하고 말을 안락사 시키는 바람에 당신은 계약을 지킬 수 없게 되었다. 이때 당신이 계약을 위반했다고 할 수 있을까? 이 사건을 심리한 법원은 그렇지 않다고 판단했다.[54] 일반적으로는 계약자가 말을 사용하는 당사자이기 때문에 계약자(말을 빌린 사람)가 손해의 최소비용 회피자다. 그러나 '잠복 중인' 질병과 관련해서는 당신이 아닌 내가 최소비용 회피자가 된다. 일반적으로 말은 나의 보호 아래 있기 때문이다. 계약 당시 질병을 포함해 어떤 이유로든 말의 죽음에 대해 당신이 책임을 지겠다는 내용을 포함할 수도 있었다. 그러나 계약에 아무런 언급이 없다면 법원은 당사자들이 원했으리라 여겨지는 계약 조건을 유추해 그 간극을 메우려고 노력한다. 당사자들이 원했을 만한 계약 조건은 누구든 문제를 가장 쉽게 예방할 수 있었던 사람(최소비용 회피자)이 책임을 부담한다는 내용이다.

질병에 걸린 말의 사례에서 당신의 책임을 면해주는 원칙들은 계약 내용의 달성 불능frustration, 이행 곤란impracticability, 이행 불능impossibility으로 알려져 있다. 즉 동물이 죽었다면 당신은 더 이상 계약을 이행하는 게 불가능하다. 때로는 최소비용 회피자를 언급하는 것이 약간의 오해를 불러일으킬 수도 있다. 예컨대 새로운 법이 공포되어 계약의 이행이 불법이 되어버린다면 결과의 '회피'는 불가능하기 때문이다. 이때는 어느 쪽이 더 적은 비용으로 결과를 회피할 수 있었는지를 묻기보다는(양쪽 다 그럴 권한이 없으므로) 어느 쪽이 더 적은 비용으로 그런 결과의 위험을 감수할 수 있었는지를 묻는 게 타당하다. 보통은 일방 당사자가 불운한 전개를 예측하고 보험 가입 등의 조치를 취하기에 더 유리한 입장에 있다. 그러한 사례를 들여다보면 어느 쪽이 나쁜 결과를 대비하기에 더 유리했는가에 관한 두 가지 쟁점을 마주하게 된다. 그것은 바로 일방 당사자가 결과의 발생 가능성이나 심각성을 타방 당사자보다 더 잘 예측할 수 있었다는 것, 그리고 일방 당사자가 수고스럽게 보험에 가입하기보다는 비공식적으로 불운한 전개의 위험을 모든 거래 전반에 분산시킴으로써 더 잘 '대비'할 수 있었다는 것이다.[55]

사례를 통해 보험과 관련된 부분을 구체적으로 살펴보도록 하자. 미국이 이란으로 밀을 수송하기 위해 한 회사와 계약을 체결했다. 이때 이집트 정부가 전쟁에 휘말려 갑자기 수에즈 운하를 봉쇄하는 조치를 내렸다. 어쩔 수 없이 수송선은 아프리카 동북부 쪽을 우회해야 했고 이에 따라 밀 수송비가 대폭 올라갔다. 당사자들은 이러한 위험을 서로 분담하기로 계약에 약정할 수 있었지만 그렇게 하지 않았고, 이에 따라 계약을 무효('해제')로 해야 할지 아니면 그대로 이행해야 할지 문제가 되었다. 법원은 계약을 이행하라고 판결했다. 어느 쪽이 결과를 회피하기에 더 유리한 위치에 있었는지 묻는 것은 사실상 의미가 없었다. 양쪽 다 권한 밖의 일이었기 때문이다. 그러나 법원은 적어도 운하 봉쇄라는 나쁜 결과를 회피하는 데 어느 쪽이 더 유리한 위치에 있었는지에 대해 다음과 같이 관심을 보였다.

(해운사는) 미국과 마찬가지로 만일의 사태에 대비하여 보험에 가입할 수 있었다. 오히려 선박의 소유자 및 운영자가 전쟁의 위험에 대비해 보험에 가입할 것이라는 기대가 더 합리적이라 볼 수 있다. 그들은 대체 항로를 통해 계약을 이행하는 경우에 대한 비용을 계산하기에 가장 유리한 위치에 있으며, 또한 그들이 사업의 수요 및 비용에 지대한 영향을 끼치는 국제 문제에 민감하다는 사실에는 의문의 여지가 없다.[56]

법원은 운하가 봉쇄될 경우의 결과를 계산하는 데는 해상 운송을 담당하는 해운사가 더 유리한 위치에 있음을 지적했다. 더불어 해운사가 물품 수송을 위해 자사를 고용한 고객들을 상대로 갑작스러운 사태의 위험을 분산시키기에도 유리한 위치에 있었다고 지적했다. 수많은 해상 운송에 관여하고 있는 미국 정부가 자체적으로 보험을 들 수도 있지만 항상 그런 것은 아닐 테다. 해운사를 고용하는 업체들이 만일의 위험을 분담해야 한다면 정식으로 보험에 가입해야 할 테니 어쨌든 논쟁의 여지는 있을 수 있다. 다만 최소비용 회피자에 관한 사고가 어떻게 회피할 수 없는 위험의 최소비용 부담자에 관한 논쟁으로 전환될 수 있는지를 보여준다는 것이 이 사례의 핵심이다.

일단 최소비용 회피자를 찾으면 여러 난해한 법적 구별이 좀더 명확해진다. 다음 두 사례를 살펴보자. 첫 번째는 도난당한 유화가 여러 차례(온전한 가치로) 거래된 사례로, 이 유화의 구매자들은 그림이 도난품이라는 사실을 모르고 있었다. 그러던 중 마지막으로 유화를 구입한 사람의 집에서 우연히 자신의 그림을 발견한 본래 주인이 그림을 돌려줄 것을 요구하여 승소했다. 해당 유화는 도난품이기 때문에 마지막 구매자를 포함해 유화를 훔친 도둑이나 이후 구매자 모두 적법한 주인이 될 수 없다.[57] 이제 두 번째 사례를 보자. 유명한 미술상 행세를 하는 사기꾼이 유화 한 점을 소유한 사람에게 접근해 그림을 감정해주겠다면서 가져간 뒤 선의의 구매자에게 팔아버린다. 이때도 자신의 그림을 발견한 본래 주인이 반환을 요구했는데, 이번에는 법이 원래 주인이 아닌 나중 구매자의 손을 들어준다.[58] 두 사례의 차이점은 무엇인가? 첫 번째 사례는 그림이 도난당한 것이고, 두 번째 사례는 사기(부실 표시misrepresentation)로 취득된 것이었다. 법은 두 범죄의 피해자를 다르게 취급한다. 절도 사건의 피해자는 자신의 물건이 도난당한 이후 몇 번이 거래되었든 (소멸시효가 만료되지 않는 한) 되찾을 수 있다. 그러나 사기 사건의 피해자는 도난품이 사정을 알지 못하는 구매자(선의의 구매자)에게 온전한 가치로 재판매되기 전에 반환을 요구하지 않는 한 그런 행운을 얻지 못한다.

법이 그렇게 선을 긋는 이유는 무엇일까? 두 사례에는 불행한 사건의 발생을 예방하기 위해 '노력할 수 있었던' 두 당사자가 존재한다. 두 당사자 중 일방(범죄자로부터 자신의 재산을 지키기 위해 더 조심할 수 있었던 본래 주인 혹은 그림의 출처를 더 신중하게 조사해볼 수 있었던 나중 구매자)은 불행한 일을 당한다. 그러나 어느 쪽이 더 수월하게 예방 조치를 취할 수 있었는가에 대해서는 차이가 있다. 사기 사건에서 첫 번째 피해자는 사기꾼을 (대면한 상황이므로) 더 신중하게 조사함으로써 사고를 예방할 수 있는 유력한 위치에 있다. 명백한 절도 사건이라면 첫 번째 피해자가 더 조심할 수 있었는지 확실히 알 수 없으며, 오히려 절도 이후의 구매자가 해당 그림의 출처를 의심하는 편이 더 수월할 수도 있다.

주의할 점은 사기 및 절도 피해자의 범죄 발생 방지 능력에 대한 이러한 일반화가 절대적이지 않다는 것이다. 또한 구매자가 자신이 구입하는 물건의 내력을 의심해야 하는지, 언제 그래야 하는지에 대한 일반화 역시 마찬가지다. 물론 이런 일반화를 피해서 '이 사례'의 특정 소유자가 특정 구매자보다 나쁜 결과를 예방하기에 더 유리하거나 불리한 위치에 있었는가에 대해 일일이 검토할 수는 있으나, 이는 비용이 많이 드는 방식이다(이 문제는 다음 장에서 행정상 큰 비용이 드는 사례로 더 자세히 살펴볼 것이다). 사건을 다룰 때마다 매번 원점에서부터 최소비용 회피자를 파악하려면 비용이 낭비될뿐더러 당사자들에게 더 신중을 기하도록 촉구함으로써 비용을 절감하려는 노력마저 헛된 것이 될 수 있다. 따라서 우리는 절도 피해자에 비해 사기 피해자를 덜 관대하게 취급하는 일반적 규칙을 고수한다.

물론 규칙들이 잘못된 가정에 근거를 두고 있을 가능성도 있다. 이럴 때는 어느 쪽이 나쁜 결과를 회피하기에 더 유리한 위치에 있는지조차 말하기 어렵다. 어쩌면 도난당한 그림의 주인이 도난을 방지할 제대로 된 조치를 취하지 못했을 수도 있고, 어쩌면 선의의 구매자가 자기 물건의 출처를 알아낼 방법을 찾지 못했을 수도 있다(더욱이 물건의 출처를 의심할 만한 이유조차 없었을 수도 있다). 문제의 최소비용 회피자를 식별하기가 어럽다면, 다른 법 체제에 의해 다른 해결 방식을 도입할 수밖에 없다(예를 들어 어떤 국가에서는 도난품이 선의의 구매자에게 재판매되었다면 절도 피해자는 자신의 소유권을 회복할 수 없다).[59]

여기서 하나의 질문이 생길 수 있다. '양' 당사자(원소유자와 나중 구매자)는 어떤 예방 조치들을 취할 생각이 없었던 것일까? 그런 점에서 이들 사례는 앞서 불법행위법에서 살펴봤던 과실 문제와 유사하다. 그러나 그것이 사실이라면, 어째서 우리는 최소비용 회피자에게 모든 책임을 지우려 하는 것일까? 사실 우리는 최소비용 회피자에게 모든 책임을 지우지 않는다. 사기 사례에서 우리는 '만약' 나중 구매자가 선의로 그리고 (거의 같은 의미이긴 하나) 물건의 완전한 시장 가치대로 물건을 구매했다면 원래 소유자가 소유권을 잃는다고 했다. 구매자가 자기 역할을 다했다고 가정한다면 사실상 원래 소유자가 최소비용 회피자이기 때문이다. 그러나 가격이 의심스러울 정도로 낮다면, 원소유자는 구매자에게 무관심 혹은 다른 어떤 잘못을 이유로 책임을 묻고 소유권을 되찾는다. 이는 우리가 둘 이상의 당사자들이 주의하길 바라는 사례들에서도 최소비용 회피자 개념이 어떻게 해결의 실마리가 될 수 있는지 보여준다. 다이너마이트 폭파의 피해자가 위험 상황을 인지한 상태에서 너무 가까이 접근한 탓에 상해를 입었다면 발파자의 책임을 면제해주는 것과 같다. 이런 모든 상황에서 최소비용 회피자에 대한 우리의 견해는 추정 또는 임의 규정에 해당되며, 그것은 보통 구체적 사례에서 다른 누군가가 더 유리한 위치에서 피해를 방지할 수 있었다는 점이 입증되면 무너질 수 있다. 앞서 살펴본 엄격 책임의 사건에서 그러한 입증을 허용하는 규칙을 '위험 인수'라 한다. 사기 사례에서는 나중 구매자가 완전한 가치를 지불한 선의의 구매자여야 한다는 조건이 바로 그러한 입증을 허용하는 규칙이다. 규칙들의 명칭은 다양하지만 서로 간의 논리는 어느 정도 유사하다.

물론 가장 유리한 위치에서 혼란을 막을 수 있는 자(최초, 최선의 회피
자)는 도둑 또는 사기꾼이다. 따라서 우리는 그들에게 가장 최고의 압박,
즉 감옥이라는 위협을 가하고 있다. 그러나 흔히 도둑은 잡히지 않거나
재산이 거의 없기 때문에 물건 또는 금전을 되찾기 위한 소송에서 피고
로서는 나쁜 상대일 때가 많다. 그러므로 도둑에게서 물건을 구매한 사
람에 대한 피해자의 권리를 규율하는 규칙이 실제로 매우 중요하다. 그
러한 사례들에서 중요한 규칙은 아마 2순위 최선의 회피자, 3순위 최선
의 회피자를 결정하는 문제일 것이다.

✦ 추가 독서를 위한 제안

Guido Calabresi, The Costs of Accidents: A Legal and Economic
Analysis(1970); Guido Calabresi and Jon T. Hirschoff, *Toward a Test for
Strict Liability in Torts*, 81 Yale L.J. 1055(1972); Richard A. Posner, *Strict
Liability: A Comment*, 2 J. Legal Stud. 205(1973); Stephen G. Gilles,
Negligence, Strict Liability, and the Cheapest Cost-Avoider, 78 Va. L. Rev.
1291, 1331~1332(1992); Richard A. Posner and Andrew M. Rosenfield,
Impossibility and Related Doctrines in Contract Law: An Economic Analysis,
6 J. Legal Stud. 83, 106(1977); George M. Cohen, *The Negligence-
Opportunism Tradeoff in Contract Law*, 20 Hofstra L. Rev. 941(1992).

6장
행정 비용

　　1장에서 우리는 사람들에게 포경산업에 대한 유인을 제공하는 사법적 판단과 법 규칙을 살펴봤다. 하지만 고래 대신 여우나 물소 사냥이 사례가 될 수도 있다. 지금 여기서 살펴보기로 하자. 오후 내내 물소 한 마리를 추격한 당신은 마침내 물소에게 상처를 입히는 데 성공했다. 물소의 움직임이 둔해지자 당신이 사냥을 끝내려 물소에게 다가가고 있는데, 갑자기 덤불 속에서 내가 나타나 물소에게 최후의 일격을 가한다. 누가 물소를 가져야 할까? 당신은 사전적 관점에서 확고히 주장을 펼칠 수 있다. 즉 이 사건에서 내가 이긴다면 이후로 아무도 물소를 사냥하려 하지 않을 것이며, 물소가 지칠 때까지 온종일 쫓아다녀봤자 다 남 좋은 일인 셈이니 사냥꾼들은 내내 기다렸다가 최후에 일격을 가하는 방식을 선택할 것이다. 그러면 결국 물소 사냥은 줄어들 것이고, 그들 중 일부는 낚시처럼 덜 위험한 활동으로 옮겨갈 것이다. 물소 사냥을 원하는 이들에게 이는 매우 달갑지 않은 상황으로서 용납할 수 없다는 결론이다. 사실 물소에게 상처를 입혔다는 이유만으로 당신이 그 동물을 소유해야 한다는 결론도 석연치 않지만, 이는 모든 사람에게 잘못된 유인을 제공하지 않기 위해 법원이 '반드시' 그렇게 말해야 하는 전형적인 사례다. 앞서 다뤘던 긴수염고래를 둘러싼 분쟁 사례의 재탕일 뿐이다.

다만 전통적으로 법원은 그렇게 말하지 않는다. 법원은 누구든 물소를 포획하는 사람(물소를 자신의 것으로 만든 사람으로, 아마 물소를 상처 입히거나 지치게 만든 이가 아니라 최종적으로 죽인 자일 것이다)이 그것을 소유한다고 말한다.[60] 유인에 대한 모든 고려가 '쫓거나 상처를 입히는 것만으로는 소유자가 될 수 없다'라는 소유권의 철학적 개념에 굴복하는 것처럼 여겨질 수도 있다. 그럴 수도 있고 아닐 수도 있다. 이전 장들에서 발전시켰던 분석을 너무 빨리 포기해서는 안 된다. 우리가 사냥에 대한 유인을 훼손하는 것을 꺼리는 이유를 기억해야 한다. 그것은 바로 낭비이기 때문이다. 모두가 물소 고기를 먹고 싶어한다. 그리고 물소가 서식하는 들판의 단독 소유자는 이 같은 결과를 받아들이지 않을 것이다. 그는 자신이 직접 물소를 사냥하거나 서로를 방해하지 않도록 한 팀의 사냥꾼들을 고용할 것이다. 달리 말해 당사자들은 가장 많은 시간을 들여 동물을 쫓은 사람이 해당 동물을 갖기로 사전에 동의하는 것이다. 타당하지 않은가? 그런데 반드시 그렇지만은 않다. 그 규칙이 일부 상쇄에 관한 문제들을 유발하기 때문이다. 우리가 아직 자세히 고려하지 않은 또 다른 종류의 낭비가 존재한다. 바로 행정 비용에 관한 문제다.

앞으로 소개할 사례들에서는 사실이 명확하지 않을 수 있다는 게 문제가 된다. 당신이 물소를 5시간 동안 쫓았다는 주장에 대해 나는 5분 정도밖에 안 된다고 말할 것이다. 당신이 물소에게 치명상을 입힌 장본인이며 물소의 죽음은 시간문제였다는 주장에 대해 나는 당신이 고작 찰과상을 입혔을 뿐이라서 결코 물소를 죽게 하지 못했다고 할 것이다. 때로는 내 주장이 옳을 것이고, 때로는 당신의 주장이 옳을 것이다. 그렇다면 법원은 어느 쪽이 옳은지 어떻게 알 수 있는가? 우리의 상반된 주장을 통해서다. 법정 심리에서 우리가 고용한 전문가들은 물소의 체력에 대해 증언함으로써 가세할 수 있을 것이다. 이러한 법정 심리는 두 종류의 비용을 발생시킨다. 한 가지는 우리가 이 모든 언쟁을 벌이느라 사냥을 못 하고 낭비한 시간과 자원의 지출이다. 또 다른 하나는 때로 법원이 모든 증거를 다 듣고도 잘못된 결정을 내린다는 것이다. 우리는 이런 일에 대해 '오류 비용'이 발생했다고 표현할 수 있다. 이런 비용 발생은 그 자체로 유감스러운 일이며, 비용이 생길 수 있다는 위협은 애초에 사냥을 덜 매력적으로 만들어버릴 것이다. 당신은 소송 비용을 부담해야 할 뿐만 아니라 당신이 옳음에도 불구하고 진실 확인에 실패한 법원이 당신에게 불리한 결정을 내릴 가능성까지 걱정해야 할 것이다.

핵심은 동물을 쫓는 행위에 가장 많은 투자를 한 사람에게 소유권을 인정해주는 것이 낭비를 막기 위한 최선의 규칙이 아닐 수 있다는 것이다. 그러한 규칙의 예상이 자동적으로 시행될 수 있다면 좋겠지만 실상은 생각보다 훨씬 혼란스럽다. 너무 혼란스러워서 그 규칙보다 나빠 보이지만 시행하기에 더 수월한 다른 규칙(먼저 포획하는 사람에게 동물을 주는 것)을 선택하는 게 더 바람직할 것이다. 사실 이 규칙도 일부 분쟁을 유발할 수는 있다. 당신과 나는 물소를 처음 포획했다는 주장을 할 것이고, 우리 중 한 명이 거짓말을 할지도 모른다. 그렇다 해도 이 규칙은 당신이 얼마나 열심히 추격했는지, 동물이 입은 상처가 어느 정도였는지 등 해석의 문제를 일으키는 여러 요소에 의지하지 않으므로 분쟁의 여지를 덜 남긴다. 누가 먼저 동물을 손에 넣었는지 묻는 것만으로 '모든' 분쟁이 제거되는 것은 아니겠지만 분쟁을 줄이거나 남아 있는 분쟁을 수월하게 해결해주는 것은 분명하다.

이 모든 설명에 대해 당신은 다음과 같이 반박할 수 있을 것이다. '법원이 간단하게 결정을 내릴 수 있도록 하는 건 괜찮지만, 그 과정에서 사냥에 참여하려는 유인을 훼손함으로써 사냥의 관행이 끝난다면 무슨 효과가 있단 말인가?' 정답부터 말하면, 법원의 발언으로 인해 물소 사냥의 관행이 '끝장날' 가능성은 적다. 늘 그렇듯이 모든 효과는 한계적이다. 규칙이 동물을 죽인 사람에게 소유권을 부여한다고 했을 때, 어떤 이는 신경 쓰지 않고 활동하겠지만 또 다른 이는 동물을 추격하는 사람을 미행하는 방식으로 남의 노동에 무임승차하는 것을 용납할 수 없어 낚시나 다른 활동으로 대체할 것이다. 또한 추격자에게 동물 소유권을 부여한다고 했을 때도 어떤 이들은 얼마나 오랫동안 추격했는가 등의 성가신 분쟁에 얽힐 필요가 없는 낚시 등의 다른 활동으로 옮겨갈 것이다. 어느 쪽이든 누군가는 계속 물소 사냥을 할 것이고 누군가는 그만둘 것이다. 그러나 (1장의 긴수염고래에 관한 사례에서 그랬던 것처럼) 어느 쪽의 효과가 확실히 더 클 때는 사건 해결이 더 간단해질 수 있다. 법원은 법 규칙에 따라 고래에게 창을 꽂은 사람이 고래를 가질 수 없다면 긴수염고래 사냥은 종식될 것이라 확신했다. 더욱이 원고가 고래에게 창을 꽂았는지를 쉽게 판별할 수 있다면 창을 던진 이가 승소할 가능성이 높다. 이에 비해 물소 사냥은 좀더 까다롭다. 다른 규칙의 적용이 물소 사냥의 종식을 불러일으킨다는 것 또는 포획자에게 물소 소유권을 인정해주는 규칙이 사법 행정상 수월하다는 게 별로 명확하지 않다는 것이다.[61]

물소 사냥을 지배하는 규칙에 대해서는 구석구석 충분한 논의가 이루어졌다고 생각한다. 여기서 유의할 점은 낭비를 피하는 방식이나 단독 소유자 방식의 문제 해결이 우려스럽다면 규칙이 사람들로 하여금 어떤 행동을 유발하는가 외에 또 다른 차원의 고려가 필요하다는 것이다. 우리는 법원 및 소송 당사자들이 규칙을 적용하려 할 때 그 규칙이 비용을 얼마나 야기할지 생각해봐야 한다. 이것은 수많은 사례에서 중요한 고려 사항으로 드러나고 있다. 이때 우리가 택하는 규칙은 피하고 싶은 낭비적 행위와 낭비적 논쟁 등 다양한 낭비 간의 타협이다. 그러면 다시 우리 방식대로 다른 사례들을 더 살펴보도록 하자.

유감스럽게도 나의 운전 부주의로 인해 당신의 반려견을 치어 죽이고 말았다. 나는 당신에게 어떤 책임을 져야 할까? 분명한 것은 다음부터 운전에 더 주의를 기울여야 하는 이유가 담긴 규칙이 요구된다는 것이다. 하지만 얼마나 '더' 주의를 기울여야 할까? 우리가 단독 소유자 원칙을 활용한다면, 나는 당신과 동일한 정도로 (혹은 그 개가 내 반려견일 때 '내가' 주의하는 정도로) 신중하게 운전해야 한다. 사람들은 대부분 자신의 반려견을 사랑하므로 상당한 주의를 기울여야 할 것이다. 또한 단독 소유자의 원칙에 따른다면, 당신에게 그 반려견의 가치가 얼마든 간에 나는 요구하는 대로 보상해줘야 마땅하다. 하지만 나는 그러지 않아도 된다. 법원은 그 반려견의 시장 가치만큼만 보상하라고 내게 명령할 것이기 때문이다. 더군다나 그 개가 잡종견이라면 보상액이 아주 미미할 수 있다. 이는 아주 가혹한 결과다. 당신에게 그 반려견은 천금보다 귀중한 존재일 테고 나보다 훨씬 더 주의를 기울여 운전했을 것이기 때문이다. 한마디로 그 규칙은 자동차 및 개의 단독 소유자처럼 행동하게끔 나에게 큰 부담을 주지 않는다. 왜 그럴까?

그 답은 행정 비용에 있다. 반려견이 당신에게 어떤 가치를 지니는지 (당신이 생각하는 반려견의 '주관적 가치')를 알아보려 시도한다면 물소 사냥의 사례와 같은 일반적인 문제들에 부딪힌다. 첫째, 법원은 너무 많은 경우에 잘못된 판단을 한다. 판사나 배심원은 반려견이 당신에게 얼마나 소중한 존재였는지에 대한 당신의 (전략적으로 또는 진실하게, 어쩌면 좀 과장되게) 장황한 설명을 듣고 나서 합당할 만한 금전적 가치를 추정하는데, 그러한 판단은 적어도 부분적으로 오류가 있을 수밖에 없고 때로는 심각한 오류가 있을 수 있다. 둘째, 이 모든 과정은 시간이 걸리고 양 당사자에게 비용이 드는 일이다. 재판을 거쳐야 하며, 죽은 반려견에 대한 당신의 감정을 알아보기 위한 반대심문에서 당신은 불쾌한 감정을 느낄 것이다. 또한 규칙의 선택은 법정에 오기 전에 얼마나 쉽게 사건을 해결할 수 있는가에도 영향을 끼친다. 만약 당신이 오직 개의 시장 가치만을 보상받는다면, 우리는 견종별 광고 등 객관적 지표를 참조하여 시장 가치를 계산할 수 있다. 어차피 판사도 동일한 방법을 적용할 테니 굳이 법정에서 사건을 심의할 필요가 없으며, 서로가 고용한 변호사들도 일찍 집에 보낼 수 있다. 그러나 반려견이 당신 개인에게 지니는 가치를 보상해야 한다면 법원의 개입 없이는 문제를 해결하기 어려울 것이다. 변호사들은 배심원이 어떤 결정을 내릴지 추정해야 한다. 만약 양측 변호사의 추정이 일치한다면 사건이 원만히 해결될 수 있겠지만, 견종별 광고처럼 추정에 도움이 될 객관적 지표가 없기 때문에 변호사들은 유사한 다른 사건들을 탐색하여 그들의 보상 결과를 토대로 추정할 수밖에 없다. 그 추정의 편차가 크면 클수록 양측은 합의에 이르기 어려울 것이다. 이러한 문제를 지닌 사건은 대부분 재판으로 이어지며, 변호사 비용을 지불하는 당사자들은 더 큰 지출을 감수해야 한다. 재판은 세금으로 운영되므로 납세자에게, 또한 재판을 기다리고 있는 다른 당사자들에게 손해를 끼친다.

시장 가치로 보상하는 방식은 다소 가혹해 보이겠지만, 만약 두 당사자가 (누가 운전자가 되고 누가 슬픔에 사로잡힐 개 주인이 될지 모르는 상태에서) 미리 사고에 대해 대화를 했다면 결국 그러한 내용의 규칙에 동의했을 것이다. 두 사람은 주관적 가치를 보상하는 방식이 누군가를 더 신중하게 하는 유인에 별다른 변화를 일으키지 못할 것이며 양쪽 모두에게 많은 비용이 요구된다고 판단할 테고, 결국 더 큰 비용을 들이기보다 (정해진 조건에 따라) 정확하게 적용될 수 있는 단순한 규칙에 동의할 것이다. 이러한 일련의 사고는 객관적으로 측정될 수 있는 손해와 관련된 모든 사례에서 법이 피해보상 기준으로 시장 가치를 사용하는 이유를 일반적으로 설명해준다. 이 부분은 가치에 관한 여러 문제를 논의할 마지막 장에서 더 자세히 다룰 것이다.

　　주관적 검토와 객관적 검토 사이의 선택은 법에서 늘 생겨나는 주제다. 일반적으로 주관적 검토는 그가 어떤 일을 하기 위해 얼마나 열심히 노력하는지 혹은 그의 의도가 무엇인지를 측정한다. 객관적 검토는 단지 그가 '하는' 것(생각이 아닌 행위)만을 어떤 외적 기준에 견줘 측정한다. 행정 비용을 고려하기 전에는 주관적 검토가 선호될 때가 많다. 문제는 그가 어떤 일을 하려고 얼마나 열심히 노력했는지 혹은 그의 의도가 무엇이었는지를 알아내는 일이 일반적으로 어렵다는 것이다. 긴 시간 동안 법정에 서야 하고, 판사나 배심원이 어떤 판단을 내릴지 추측하기도 어렵다(따라서 해결이 더 어렵다). 그리고 판결을 내리는 법원이 잘못 해석할 수도 있다. 그런 이유로 법은 객관적 표준으로 기우는 추세다. 교통사고 사건에 대해 법은 피고가 합리적인 방식으로 운전했는지 여부를 따질 뿐 주의를 기울이려 최선의 노력을 다했는지를 살피지 않는다. 미국 연방민사소송규칙 제11조에 따라 변호인을 처벌할지를 판단할 때 법은 변호인이 제출한 서류가 법과 사실에 합리적으로 근거하고 있는지를 따질 뿐 변호인의 행위가 선의였는가는 묻지 않는다(혹은 묻더라도 부차적이다). 다시 말해 모든 사례에서 우리는 사람의 의도를 파악하기보다는 어떤 식으로든 전형적인 객관성 검토, 즉 당사자의 행위가 '합리적 인간'으로서 전형화된 공동체의 표준에 반하는지를 비교 측정한다. 법이 그렇게 하는 여러 이유 중 하나는, 사건 당시 당사자의 생각이나 노력의 정도를 측정하고자 하는 시도는 시간 소모적이고 오류가 잦을 수밖에 없을뿐더러 이를 통해 얻고자 하는 많은 이점이 훼손될 수 있기 때문이다.

이러한 예는 행정 비용이 법 규칙의 큰 구조, 즉 법이 보편적으로 주관적 검토가 아닌 객관적 검토를 선호하는 이유 등을 설명해준다. 그러나 행정 비용은 좀더 세세한 법적 결정들을 설명하기도 한다. 사고 사건에서 법원은 피고가 합리적 인간에게 기대되는 주의를 기울였는지 여부를 심사하지만, 피고가 시각장애인이거나 정신 건강이 온전치 못하다면 어떻게 해야 하는가? 피고의 행위를 동일한 장애를 지닌 합리적 인간의 행위와 비교해야 할까? 아니면 장애가 없는 합리적 인간의 행위와 비교해야 할까? 두 경우에 법은 서로 다른 해결을 모색한다. 피고가 시각장애인이라면 피고의 행위를 합리적인 시각장애인의 행위와 비교한다. 그러나 피고가 정신이상자라면 법원은 예외를 허용하지 않고 피고의 행위를 정상적인 합리적 인간의 행위와 비교한다. 법이 신체 장애와 정신 장애를 다르게 취급하는 이유는 무엇일까? 그에 대한 이유 중 하나가 바로 행정 비용일 것이다. 어떤 이에게 신체적 장애가 있다는 사실과 그로 인한 결과는 확인하기가 비교적 쉬운 반면 정신적으로 문제가 있는지를 판단하기는 쉽지 않은(더 어렵고, 잘못 판단할 가능성도 더 큰) 편이다.[62]

작은 사례 하나를 살펴보자. 앞서 언급한 연방민사소송규칙 제11조는 법적으로 합리적 근거가 약한 주장을 펼친 변호사를 연방 판사가 제재할 수 있도록 허용하고 있는데, 이 규정과 관련하여 다툼이 벌어진 사례가 있다. 한 변호인이 연방 판사에게 오해의 여지가 있는 소송 문서를 제출하면서 어떤 규칙에 대한 예외가 선례에 의해 확립되었다고 주장했는데, 사실 선례는 예외 가능성만을 열어두었을 뿐이었다.[63] 그로 인해 변호인의 주장이 제11조에 해당되는지가 쟁점이 되었다. 변호인의 주장은 틀림없이 허위 진술이었으며 재판을 잘못된 방향으로 이끌 수 있었지만, 항소법원은 그 변호인을 벌할 수 없다고 판단했다. 왜 그랬을까? 그 규정에 대해 이런 경우를 처벌할 수 있는 것으로 해석한다면 많은 논쟁을 피할 수 없게 된다는 게 판단의 근거였다. 변호사가 이전 판례의 의미를 확대 해석하는 일은 흔하며, 심지어 그런 행위로 '고발당하는' 이도 허다하다. 하지만 그런 일이 벌어질 때마다 제11조에 따라 제재를 가해야 한다면 판사들은 그런 유의 분쟁에 엄청난 (그들이 예상하는 것보다 더 많은) 시간을 소비하게 될 것이다. 핵심은 법 규칙을 어떻게 해석하느냐에 관한 것은 당사자들이 어떻게 행동하기를 바라는지에 관한 법원의 결정이기도 하지만, 간접적으로는 법원이 앞으로 해당 문제와 관련하여 발생할 이의 제기를 제어하는 결정이기도 하다는 것이다. 이 사례는 법원이 제11조의 집행에 자원을 얼마나 투입하길 원하는지, 즉 행정 비용에 관한 결정이었다.

이러한 주장은 매우 강력한 것이지만 간과되기 쉽다. 제11조에 관한 사건에서도 가장 먼저 생각하는 방법은 '이 사건'의 변호인이 법 규칙을 위반했는지를 묻고 해당 규칙의 본문 혹은 그 해석에 관한 판례법을 참조하는 것이다. 그런 시작은 옳다. 방금 전 우리가 논의한 강력한 주장은 그다음에 제기되는 것으로, 더 많은 상상력을 요한다. 즉 이 변호인이 무엇을 했느냐보다는 이에 대한 결정이 앞으로 다른 이들에게 하나의 규칙을 설정하게 된다는 사실에 유념해야 한다. 그런 다음 타인을 위한 올바른 규칙이 올바른 행동을 요구하는 데서 끝나는 게 아닐 수 있음을 알아차려야 한다. 법원은 실용적 문제(규칙 사용의 용이성 및 빈도)로 취급될 수 있는 해석을 위해 일부 희생도 감수할 수 있다. 그런 탓에 이 제11조 사건에 대한 판결이 옳았는지에 대해서는 항상 논란의 여지가 있다.[64] 이 논의의 목적은 단지 이러한 주장을 뒷받침하고 있는 사고의 흐름을 명백히 하고자 하는 것이다.

이제 관련은 없어 보이지만 유사한 논리를 따르는 쟁점 하나를 살펴보자. 미국의 법원은 크게 주법원과 연방법원으로 나뉜다. 주법원은 거의 모든 사건을 심리할 수 있는 반면 연방법원은 오직 특정 유형(의회가 구체적 법률을 통과시켜 연방법원의 심리를 허가한 유형)의 사건만을 심리할 수 있는 제한된 재판관할권을 갖는다. 그러한 법률 중 가장 유명하기도 하고 모든 변호사가 일찍이 배우는 것으로 미국법전 28편 제1331조가 있다. 이 조항은 헌법 혹은 의회가 통과시킨 법률에 "따라 발생하는" 모든 사건의 심리 권한을 연방법원에 부여한다. 문제는 언급된 법의 연원에 따라 발생하는 사건이 무엇을 '의미'하는가이다. 우선 법원이 판결을 위해 헌법 또는 연방 법률을 해석할 필요가 있는 경우 해당 사건은 자연스럽게 연방법원에서 심리될 수 있다. 위 조항의 핵심은 의회가 헌법 및 연방 법률의 시행에 대해 주법원보다 연방법원을 신뢰한다는 것이므로 그것이 이치에 맞는 것처럼 보인다. 그러나 그것은 원칙이 아니다. 루이빌 앤 내슈빌 철도회사 대 모틀리Louisville & Nashville Railroad v. Mottley[65] 사건에서 연방대법원은 연방 법률이 원고에게 피고를 고소할 권리를 부여한 경우에만 연방 법률에 "따라 (소송이) 발생한다"고 판결했다. 내가 주 법률에 따라 당신을 명예훼손으로 고소한다고 해보자. 당신은 나를 사기꾼, 도둑이라고 말한 사실은 인정하면서도 자신이 수정헌법(연방헌법의 일부)의 보호를 받는다고 주장한다. 소송 전체의 판단이 수정헌법을 어떻게 해석하느냐에 달려 있다고 가정해보자. 수정헌법의 해석은 (1331조의 논리에 따라) 연방법원이 하도록 되어 있다. 하지만 나는 이 소송을 연방법원에 제기할 수 없다. 이 소송은 연방법에 "따라 발생한" 사건이 아니기 때문이다. 당신의 '방어권'은 연방법에 근거를 두고 있지만, 애초에 내가 당신을 상대로 제기한 소송은 그렇지 않다. 따라서 이 사건에 대한 재판은 주법원에서 행해진다.

연방법원의 문을 언제 열어야 할지 결정하는 문제에 대해 방금 설명한 해석은 이상하게 들릴지 모르겠으나, 다른 선택지들에 비해 결정적이고 익숙하며 행정 비용과 관련해 매우 커다란 이점을 지니고 있다. 우리는 이미 합리적이라 여겨지는 대안적 시도, 즉 사건 해결이 헌법의 해석 여하에 달려 있을 때 연방법원이 그 사건을 심리하도록 한다는 사실을 검토해봤다. 그러나 많은 경우 피고가 펼치는 다양한 주장 가운데는 헌법적인 것과 그렇지 않은 것이 섞여 있기 때문에 헌법의 해석이 필요한지 결정하기가 쉽지 않다. 무엇이 중요한지 어떻게 결정할 수 있을까? 또 '언제' 그런 결정을 내려야 할까? 사건 심리가 어느 정도 진행되었는데 연방법과 관련된 중요한 쟁점이 없다고 판단된다면 당사자들은 주법원에서 처음부터 다시 시작해야 한다. 그것은 낭비다. 그리고 사건 안에 연방법과 관련된 큰 쟁점이 포함되어 '있을지' 여부를 처음부터 결정하려 할 때는 조사가 길어지곤 해 법원이 잘못 이해할 수 있다. '모틀리' 사건의 규칙은 그 자체로 문제점을 지니고 있는데, 연방법원에서 심리해야 마땅한 수많은 사건을 제외하게 만든다는 것이다.[66] 그러나 사용하기 쉽고, 일반적으로 실수가 거의 없다. 대체로 변호인은 30초 만에 관할권에 관한 검토를 끝낼 수 있다. 원고가 어디에서 소송할 수 있는지만 따지면 되는 문제이기 때문이다. 원고가 연방규제표준이 포함된 주 법률에 따라 소송을 제기할 때처럼 쉽게 답을 못 찾는 몇몇 상황이 있기는 하다.[67] 물소를 마지막에 죽인 자가 물소를 획득한다고 할 때 논란이 제기되었던 것과 마찬가지다. 이 사례에 우리가 사용한 규칙은 다른 대안들에 비해 논쟁의 여지가 적지만, 어떤 규칙을 사용하든 다툼의 여지는 항상 존재하기 마련이다.

변호사는 소송을 제기할 때마다 법원 관할권에 관한 규칙들을 상대해야 하므로 행정 비용의 문제가 특히 중요하다는 점에 유의해야 한다. 법원의 재판 관할권에 관한 거의 모든 규칙이 실질적 목적을 훼손하면서까지 단순성을 유지하는 이유가 바로 여기에 있기 때문이다. 표준 및 비교형량 검토에는 재량이 요구되며, 또 재량에는 비용이 들기에 관할 문제 판단을 위해 표준 및 비교형량 검토를 이용하는 사례는 점점 줄어드는 경향이 있다. 판사에게 답을 구하는 데는 시간이 걸리고 또 판사가 어떤 결론을 내릴지 추측해야 한다는 약간의 위험부담도 있다. 이런 식의 비용이 아무리 사소하다 해도 소송 개시를 위해 어디에 소장을 제출해야 할지 하는 관할 문제로 변호사에게 소모되는 모든 비용까지 더해지면 결코 무시할 수 없는 큰 비용이 될 수 있다.

소멸 시효에 관해서도 유사한 설명이 가능하다. 소멸 시효는 원고가 사고 및 계약 위반 등의 소송을 제기할 수 있는 기간(가령 2년이라 하자)을 확정하는 것으로, 그 기간이 경과하면 소를 제기할 수 없다. 이는 '소송은 증거가 오래되기 전에 제기되어야 한다'는 이론에 근거하는데, 시간이 지날수록 기억은 희미해지고 문서도 유실되거나 훼손되기 때문이다. 또한 잠재적 피고가 피소될 수 있다는 염려에서 벗어나 평온해질 수 있는 시기(이를테면 '안정'에 대한 관심)도 고려되어야 한다. 모두 맞는 이야기다. 그러나 2년이 지났을 때 반드시 기간 종료를 엄격히 적용해야 한다는 의미는 아니다. 시효의 목적은 재판 초기에 법원이 직접 조사할 때 좀 더 정확히 달성된다. 즉 법원은 2년이 경과했는지 물을 필요 없이 단지 사건의 증거가 훼손되었는지, 아니면 여전히 확고한지 여부를 물을 수 있다. 또한 피고의 심적 평온에 관해 법원은 소송의 본질이 피고의 심적 평온을 되찾는 것인지 여부를 물을 수 있다. 만약 소송이 심각한 불법행위에 관한 것이고 증거가 여전히 확고하다면, 심적 평온을 바라는 피고의 소망은 정의를 바라는 원고의 소망에 견줄 수 없는 것이다. 그러나 어떤 한계를 정해야 한다 해도 소멸 시효가 그 역할에 부합하는 것은 아니며, 개별 사건에 따라 판사가 한계를 설정할 수 있다. 실제로 형평법 사건에서는 이미 권리행사의 해태 원칙에 따라 재판이 진행되고 있다. 즉 판사는 소송 진행 여부를 결정하기 위해 원고의 지연 이유와 비용을 비교 형량한다. 형평법상의 구제(강제명령 등)가 아닌 보통의 금전적 손해배상을 구하는 소송에서도 그렇게 하는 것이 가능할 것이다.

문제는 (연방 관할권 사례에서와 같이) 법의 근원적 목적을 너무 직접적으로 추구하려 하면 행정적으로 끔찍한 결과를 초래할 수 있다는 것이다. 사례마다 여러 쟁점이 부각된다는 점에서 이는 관할권에 관한 논의와 매우 유사하다고 볼 수 있다. 예컨대 소송이 너무 늦은 것은 아닌지 여부가 (관할 인정 후) 법원의 첫 질문이 될 수 있다. 그것은 종종 증거의 질과 피고가 저질렀다고 주장되는 잘못의 유형에 주관적 판단이 개입되기 때문에 쉽게 결정할 수 없는 문제다. 판사마다 다른 결정을 내리게 될 테니 해결은 불투명해지고, 심의가 지연되는 만큼 비용도 늘어난다. 이럴 때 대략적인 기한을 사용하게 된다. 때로 이러한 절충이 '너무' 대략적인 것은 아닌지 의문이 들 수도 있다. 하지만 다른 사람이 기한을 놓치게 하려는 일종의 사기 행위가 '아닌 한' 기한을 2년으로 정한다고 해서 무엇이 문제 되겠는가? 이 점에서 법은 당신보다 앞서 있다. 법에는 정당한 사유가 있는 경우 시효 기간의 엄격성을 완화하기 위해 사용될 수 있는 금반언禁反言[행위자가 일단 특정한 표시를 한 이상 나중에 그 표시를 부정하는 주장을 해서는 안 된다는 원칙]이나 시효정지 같은 형평법상의 원칙을 두고 있다. 이들 원칙의 사용에도 비용이 들기는 하지만 어쩌다 한 번이므로 그리 신경 쓸 일은 아니다.

이들 사례 모두에 적용될 수 있는 사고방식은 각자가 보유한 자원이 무엇이든 낭비를 줄임으로써 모든 사람의 부를 극대화하는 것을 법의 주요 목표로 생각하는 것이다. 그것은 모든 비용의 '총합'을 줄임으로써 달성될 수 있다. 총합이란 사고 비용뿐만 아니라 사고 예방 비용, '그리고' 나중에 그 문제에 대해 다툼을 벌이는 비용, 즉 행정 비용까지 다 합친 것이다.[68]

✚ 추가 독서를 위한 제안

Guido Calabresi의 *The Costs of Accidents: A Legal and Economic Analysis* (1970)은 일찍이 법 규칙의 효율성 분석에 행정 비용이 고려되어야 한다는 개념을 다룬 영향력 있는 저서다. Steven Shavell과 Louis Kaplow의 *Fairness versus Welfare*(2002)는 행정 비용에 대한 진지한 고려를 포함해 경제학적 관점에서 광범위한 범위의 법적 문제들을 다루고 있다. Richard A. Epstein의 *Simple Rules for a Complex World*, 30~36쪽(1995)도 마찬가지다.

7장
지대地代

해저에서 거대한 난파선이 발견되었다고 가정해보자. 그 배에는 1000만 달러 가치의 유물이 담긴 보물 상자가 실려 있고, 먼저 그 보물을 손에 넣기 위해 네 개의 선체 인양팀이 경쟁에 나섰다. 일단 난파선에 도달하려면 각 팀은 약 300만 달러를 지출해야 하지만, 최종적으로는 한 팀만 성공할 수 있으며 나머지 팀은 행운을 잡을 수 없다. 총 1200만 달러가 소비되는데 획득 가치는 그보다 적다니, 참 아이러니하지 않은가? 인양팀이 모두 한 팀이라면 애초에 보물을 발굴하지 '않는' 편이 이익인 셈이다. 만약 경쟁에 뛰어든 팀이 네 팀이 아니라 두 팀이고 1200만 달러를 모으는 데 600만 달러씩 냈다면 약간 덜 억울할지는 몰라도 여전히 불행한 결과라는 사실에는 변함이 없다. 조금 더 나은 거래처럼 들리지만 마찬가지로 낭비다. 모든 비용은 다른 팀을 이기기 위한 노력에 소모되는 셈이고, 일단 어느 팀이든 보물을 확보하면 아무 성과가 없으니, 사실상 보물의 가치보다 더 많이 지출된 '비용'은 낭비다.[69] 말할 나위 없이 이런 문제는 단독 소유자의 해결 방식을 쓸 수 없다.

이것은 경제학자들에게 '지대地代 추구'로 알려진 문제의 간단한 예다.

'지대'라는 용어는 마치 건물주를 연상시키므로 부적당하게 느껴질 수 있지만, 여기서 논의하려는 문제는 건물주와는 거의 관련이 없다. 지대 추구란 목적물을 얻기 위해 낭비되는 노력을 의미하며, 어떤 가치 있는 물질의 분배 방식을 둘러싼 경쟁으로 묘사될 수도 있다. (좀 더 기술적인 정의도 가능하지만 우리의 목적상 이 정도로 충분하다.) 무엇이 문제인지 알기 위해서는 부를 축적하는 데 일반적으로 두 가지 방식이 존재한다는 사실을 떠올려야 한다. 하나는 다른 사람들이 가치 있다고 생각할 만한 상품 혹은 서비스를 생산함으로써 부를 축적하는 것이고, 다른 하나는 어떠한 목적물을 놓고 경쟁함으로써 부를 축적하는 방식이다. 예를 들어 더 좋은 식당을 운영하기 위해 경쟁하는 것과 먼저 보물을 차지하기 위해 경쟁하는 것을 비교해보자. 이 두 방식의 차이점은 무엇인가? 첫 번째 방식은 전체적으로 부 또는 더 나은 상태를 창출한다. 고객이 행복해지고 식당은 점차 개선된다. 반면 보물을 차지하기 위한 경쟁은 그렇지 않다. 결과적으로 보물의 가치는 더 커지지 않으며, 오히려 보물이 대표하는 부의 크기가 그것을 손에 넣기 위한 노력으로 상쇄되기 때문에 가치의 크기가 더 작아진다고 봐야 마땅하다. 그러한 지출은 아무것도 '산출' 하지 못한다는 의미에서 무익하다고 설명될 수 있다. 단 한 명이 보물을 독차지하게 만드는 게 유일한 효과다. 이 문제를 좀 더 광범위하게 생각해 보자. 지대 추구에 더 많은 비용을 쓸수록, 즉 어떤 것을 차지하기 위한 다툼으로 인해 사회는 점점 더 가난해진다는 것을 알 수 있다. 만약 모든 사람이 이 방식을 고집한다면 언젠가 모두가 굶어 죽을 것이다.

지대 추구와 관련된 낭비는 법의 고민거리로, 이 부분은 관련이 없는 듯한 몇몇 법 규칙을 설명하는 데 도움이 된다. 적당한 예로 독점이 있다. 해저 침몰선의 보물 사례에서 봤듯이 목적물이 승자독식의 특성을 지니고 있을 때 지대 추구의 유혹은 가장 강력하다. 또한 기업이 독점을 추구할 때도 마찬가지인데, 독점에 성공한 기업은 경쟁시장에 머물 때보다 더 높은 가격을 책정할 수 있기 때문이다. 가격 인상은 소비자로부터 판매자에게로 부를 이전시키는 것이므로 이 점 하나만으로도 독점을 기피해야 할 이유는 충분하다(자유시장은 그 반대로 작동한다. 사업 성공을 위해 서로를 이기려고 노력하게 되는 공급자 간의 경쟁으로 인해 공급자 잉여가 소비자 잉여로 전환된다). 그러나 독점에 반대해야 하는 또 다른 이유가 있다. 높은 가격에 대한 기대는 기업과 그 경쟁자들이 독점할 수 있는 위치를 확보하는 데 더 많은 비용을 기꺼이 지출하게 만든다. 그러한 지출의 총합은 해저 보물을 먼저 차지하기 위해 지출을 감수하는 경우와 마찬가지로 좋을 게 없다. 사회적 견지(지출의 총량과 그 대상을 주목하는 관점)에서 독점 상태를 만들기 위해 지출되는 돈은 낭비다. 이는 단지 더 높은 가격을 매길 기회를 사기 위해 지출되는 금액일 뿐이다.

　이런 점을 고려할 때, 기업들이 시장에서 유일한 정유회사 또는 소프트웨어 공급자가 되려고 노력하는 경우처럼 반독점법이 금지하는 전통적 독점에 국한하여 생각해선 안 된다. 정부가 공항에서 어느 도시를 오가는 노선의 셔틀버스 운행을 특정 업체에 허가한다고 가정해보자. 이때의 합의는 적법한 것이기는 하나 독점이다. 라이선스는 정치적 과정을 거쳐 승리한 자에게 돌아가게 돼 있으므로 정부는 여러 업체가 경합하여 승리한 업체에게 라이선스를 준다. 그 라이선스가 1000만 달러에 해당되는 가치를 지닌다고 할 때, 계약을 따내는 데 이 금액의 90퍼센트가 지출된다면 해저 보물의 사례와 마찬가지가 될 수 있다. 아마 경쟁에서 밀려난 다른 회사들도 2등, 3등으로 결정되기 전까지 많은 금액을 지출하게 될 것이다. 이때의 지출은 여러 형태로 나타날 수 있다. 적합한 예로, 실질적인 개선을 통해 더 매력적인 기업이 되려고 노력할 수도 있다. 반면 다른 수단으로 승리하기 위한 비용, 즉 지대 추구를 위한 비용이 있다. 예를 들면 정치인에 대한 선거운동 자금 기부, 호화로운 식사 대접, 기타 합법적 또는 불법적 뇌물 공여 등이다. 바깥세상에서 바라볼 때 그러한 것은 몹시 안 좋은 지출이다. 무엇보다 그러한 지출은 아무런 부를 창출하지 못하는, 단지 부의 이동일 뿐이다. 그러한 지출이 무언가를 생산한다고 한다면 그것은 부정부패 아니면 잘못된 결정일 가능성이 있다. 지금부터 우리는 지대 추구의 결과가 좋지 않게 드러나는 또 하나의 방식을 보려 한다. 일단 방금 설명한 역학관계를 정치인들이 이해하게 되면 지대를 '창출'하려는 유인을 갖게 될 것이고, 이어서 기업인들의 호감을 얻기 위해 많은 지출이 요구되는 감질 나는 상을 주려 할 것이다.[70]

이 점은 독점에만 국한되지 않는다. 정부로부터 얻어낼 수 있는 감질 나는 상들 또한 우려하지 않을 수 없다. 앞서 살짝 언급했듯이 부를 축적할 수 있는 두 가지 방식에는 무언가를 생산하거나 무언가를 놓고 경쟁하는 방식이 있다. 그와 관련하여 또 다른 큰 영역이 존재한다. 그것은 바로 시장을 통해 부를 얻으려는 노력, 그리고 지원금이나 특혜를 위한 로비처럼 정치 시스템을 통해 부를 얻으려는 노력이다. 통상 아무것도 생산해내지 못하는 후자의 방식은 해외 경쟁 상품에 대한 관세 부과나 법령 또는 규제로 나타날 수 있다. 이런 경우 공공 및 민간 이익단체가 결정권을 쥔 정치인이나 여타 공무원을 움직이기 위해 많은 자원을 지출하게 만든다. 때로는 낭비가 역으로 진행될 수도 있다. 부담스러운 법 규칙으로 위협받고 있는 산업이 그러한 법 규칙을 '없애기' 위해 다양한 방식으로 돈을 쓰는 사례로, 이때 정부는 지대를 창출하는 게 아니라 지대를 추출한다고 말할 수 있다. 어떤 경우가 됐든 소비되는 모든 자원은 사회적 관점에서 낭비일 가능성이 있다. ('가능성'이란 단어를 사용한 이유는 곧 설명할 것이다.)

하나의 예를 들자면, 미국 국세법의 정기적인 개정이다. 세율 변경, 공제의 추가 또는 제한, 감가상각의 일정 수정 등이 지속적으로 진행된 과정을 살펴보면 이 모두가 지대 추구의 기회를 창출한다는 것을 알 수 있다. 자신들이 향유하고 있는 세법상의 '거래'를 보호하고자 하는 이익단체나 더 나은 법규를 간절히 원하는 그 밖의 단체들은 위싱턴에 정치 자금을 대고, 로비스트를 고용하며, 적재적소에서 친분을 맺는다. 조세제도의 비용은 정부가 잘못 사용한 세입뿐만 아니라 세금이 적용된 활동에 끼치는 위축적이거나 왜곡적인 영향을 포함한다. 조세제도가 유발한 모든 지대 추구 비용도 이에 포함된다. 그리고 다시 말하지만 정치인들은 이익집단으로 알려진 지대 추구자들의 관심을 끌기 위해 법을 자주 변경하거나 별다른 장점이 없는 법률이나 규칙으로 바꾸기를 선호할 수도 있다. 이렇듯 지대 추구는 부를 창출하지 않고 부의 일부를 정치인들에게 이전시키며, 대다수 정치인에게 환영받고 있다.

　이러한 위험들은 우리가 로비와 뇌물에 대한 규제뿐만 아니라 헌법적 측면을 비롯한 법적 환경의 일반적인 특성에 대해 이해할 수 있게 해준다. 「연방주의자 논고Federalist papers」에서 논자인 매디슨은 '파벌'에 깊은 관심을 기울이고 있는데, 이는 이익단체들이 분배의 이익을 놓고 서로 다투는 과정에서 정치인들의 관심을 공공의 이익으로부터 멀어지게 만드는 지대 추구에 대한 우려로 바꿔 말할 수 있다.[71] 그러한 지대 추구의 결과는 모든 면에서의 낭비이며, 더 중요한 것은 주로 패자에게서 승자에게로 부를 이전시키는 악법이다. 따라서 헌법은 이익단체들이 지대 추구에 관한 법안(즉 재분배법. 그러나 재분배법이 항상 나쁘다거나 항상 지대 추구의 결과라고 말하는 것은 아니다)을 통과시키기 어렵게 만드는 구조적 장애물을 설정하고 있다. 간단한 예로 권력 분립을 들 수 있다. 한 단체가 자신에게 유리하게 보조금이 분배되길 바란다면, 이 법안이 의회를 통과하도록 압박할 수 있는 입법자들의 지지를 얻어내는 정도로는 충분치 않다. 행정부가 해당 법안을 거부할 수 있기 때문이다. 그러면 행정부 또한 '매수'(안타깝지만 이 불쾌한 용어의 사용을 고수하겠다)되어야 할 것이다. 이 것이 의미하는 바는 대통령을 끌어들이려는 노력에도 온갖 종류의 자원 이 소비되어야 한다는 것이다. 이후 다시 해당 조항은 법원의 판단에 맡 겨질 수 있다. 그렇게 되면 직접적으로 판사에게 로비 행위를 할 수는 없 어도 거액의 돈이 소송으로 낭비될 수밖에 없다.[72]

이러한 헌법적 메커니즘의 효과는 중요한 논쟁거리다. 지대 추구의 결 과로 나타나는 각종 법령(이권 법안)은 현대 입법의 공통된 특징으로, 그 효과는 아무리 좋게 봐도 매우 불완전한 것이 분명하다. 어떤 이들은 권 력 분립이 입법적 합의를 되돌리는 것을 꽤 번거롭게 만듦으로써 오히 려 지대 추구를 유도하는 역할을 한다고 주장하기도 한다.[73] 문제 자체 가 모호하기 때문에 당연히 마지막 결론도 모호할 수밖에 없다. 다른 집 단들의 희생을 바탕으로 한 집단에게 특혜를 부여하는 몇몇 법률은 우 리가 원치 않는 지대 추구의 산물이지만, 그것들 중 일부는 실제로 공공 이익에 부합하는 것으로 여겨지기도 한다. 입법자들을 설득하기 위한 어 떤 노력들은 무익하고 낭비적일 수 있지만, 어떤 경우에는 정보의 질적 향상에 보탬이 된 노력이 포함되어 있을 수도 있다. 이러한 게임의 안 좋 은 면을 억제하다보면 좋은 면의 비용도 함께 올라가기 마련으로, 우리 가 각각의 비용을 정확히 측정할 수 없는 시스템을 갖추게 된 이유가 여 기에 있다. 따라서 지대 추구를 알아차리는 것이 그리 쉬운 일은 아니다.

÷

지금까지 소개한 사례로부터 우리는 면허, 규제 혹은 법령 등의 정부 특혜를 원하는 사적 단체가 있으며, 같은 목적을 가진 이 단체들은 특혜를 확보하기 위한 경쟁 과정에서 낭비적 지출을 자행하고 있음을 확인했다. 이제 지대 추구가 어떻게 변호인 및 법원의 관심사가 될 수 있는지, 해저 보물의 사례로 돌아가서 살펴보자. 실제 소송에서 법원은 난파선의 발견 및 인양에 우선적으로 막대한 투자를 하고 성공 가능성을 입증하는 인양팀에게 보물에 대한 배타적 권리를 부여함으로써 낭비를 방지한다. 이 규칙은 국제해사법에 관한 것으로 금지 명령에 의해 집행이 가능하다.[74] 이는 나중에 뛰어든 다른 팀들이 보물을 가져가지 못하도록 보장해줌으로써 선체 인양팀이 발굴 작업에 집중할 수 있게 장려하는 것이다. 이와 동시에 두 번째, 세 번째, 심지어 네 번째 팀이 첫 번째 팀과 경쟁하지 못하게 함으로써 막대한 비용의 자리다툼이라는 광적인 지대 추구를 방지하는 것이기도 하다. 따라서 규칙은 난파선 인양에 지출되는 금액이 최소한에 가까워지도록 유도하고, 그럼으로써 프로젝트의 가치를 최대한으로 유지시킨다. 그것은 구체적 사건이 발생하기 전에 모든 선체 인양 업체에 의견을 물었을 때 다들 찬성할 만한 규칙일 것이다. 지대 추구를 방지하는 규칙들은 흔히 이와 같은 양상을 띠고 있다.

　이번에는 이와 유사한 또 다른 사례를 살펴보자. 한 업체가 다른 업체들과 경쟁하는 가운데 어떤 제품을 발명했다면 이에 대한 배타적 권리를 인정하는 특허를 갖게 된다. 이 특허의 목적은 앞선 사례에서 첫 번째 선체 인양팀에게 난파선에 대한 권리를 부여하는 목적과 일부 유사하다. 핵심은 기업들에게 발명품을 생산할 유인을 제공하는 것이고, 발명자는 독점자로서 특허 보유 기간에 높은 가격을 책정함으로써 연구에 투자한 비용을 회수할 수 있다. 그러나 이제 우리는 독점의 밝은 전망과 함께 뒤따르는 여러 위험에 대해 잘 알고 있다. 이 경우 발명품을 내놓기 위해 여러 회사가 경쟁할 때와 마찬가지로 지대 추구를 야기할 수 있다. 발명품의 탄생은 반가운 일이지만, 그 경쟁에서 패한 업체들에 의해 발생하는 중복과 낭비는 안타까운 일이다. 사실상 처음 예상보다 더 많은 지출을 발생시켰다면 그러한 낭비는 실제적인 발명품의 가치가 낮을 수 있다는 것을 의미한다. 우리는 독점을 추구하는 과정에서 발명 계획에 소비한 자원 전부를 고려해야 한다.

이번에는 선두에 있는 당사자(첫 번째 선체 인양팀과 유사)에게 작업을 완료할 수 있도록 배타적 권리를 부여하는 규칙이 없는 경우로, 아마 분야가 존재하지 않는 발명이라면 당사자 식별이 매우 곤란하기 때문일 것이다. 아니면 유망한 연구 분야를 선점하기 위해 비교적 낭비가 심한 경쟁의 발생 가능성 때문일 수도 있다. 그러나 특허법의 구체적 내용을 살펴보면 다른 유형의 지대 추구를 통제하는 데 도움이 되는 규칙들을 발견할 수 있다. 특허를 받았다고 해서 다 끝난 게 아니다. 경쟁자는 그 특허품을 (미미하게 혹은 엄청나게) 개선시켰다고 발표할 수 있으며, 이후 고유의 새로운 특허를 취득할 수도 있다. 첫 번째 특허를 보유한 회사는 (자신이 '직접' 개선하고 싶을 테니) 이러한 상황을 원치 않는다. 지금 우리는 지대 추구에 관한 새로운 공터를 발견한 것이다. 바로 특허 대상에 약간의 개선을 더해 그것을 신제품이라 발표하기 위한 경쟁이다. 실제로 기존 발명품에 약간의 수정이 이뤄진 수많은 제품이 존재할 경우 발생할 복제품 경쟁을 막기 위해서는 법원이 특허권을 좀더 광범위하게 해석해야 한다는 주장이 제기되었다. 그렇게 되면 높은 수준의 발명품들이 사실상 보호를 '덜' 받는 역설적인 결과로 이어질 수 있다. 그것들은 낮은 수준의 복잡한 발명품과 달리 미미한 개선을 위한 낭비적인 행위에 이용될 수 없기 때문이다.[75] 높은 수준의 발명품은 같은 형태의 지대 추구가 개입할 여지를 주지 않으므로 특별히 그 문제를 차단할 수 있는 보호를 크게 필요로 하지는 않는다.

개별적인 법에 대한 고려는 접어두고, 지대 추구에 대해 파악해야 할 더 중요한 사실은 많은 주목을 받는 사안에 대해 판사(혹은 누구라도)가 결정 재량권을 갖고 있는 경우 지대 추구가 발생하는 경향일 것이다. 당연히 사람들은 자신이 원하는 방식으로 판사의 재량권이 행사될 수 있도록 논쟁하거나 로비하는 등 모든 수단을 동원하려 할 것이다. 이러한 사실은 법적 문서를 명확하게 작성하는 것의 중요성을 설명하고자 할 때 유용하다. 내용이 모호한 유언장은 예비 상속인에게 해석을 둘러싼 길고 힘든 싸움을 안겨줄 수 있다. 이것은 누구나 예상할 수 있는 나쁜 일이며, 일종의 지대 추구라 생각할 수 있다. 왜냐하면 상속 문제로 다투는 과정에 드는 비용과 수고가 아무것도 창출해내지 못한 채 결과적으로 유언장에 의해 처분된 재산의 가치를 격감시키기 때문이다. (유명한 사례로 찰스 디킨스가 저서 『황폐한 집』에서 그려낸 끝없는 상속 분쟁 '잔다이스 대 잔다이스 사건'이 있다. 재산을 차지하려 다투느라 양측이 지출한 금액은 거의 소송비용으로 소모되고 말았다.)

제대로 작성되지 않은 계약, 지역권easement, 기타 각종 법적 문서에 대해서도 똑같은 설명이 가능하다. 법규, 규제, 혹은 법원이 표시하는 의견의 문구가 모호할 때도 마찬가지다. 규칙과 기준 간의 선택에 대해서도 논할 점이 많은데, 이는 17장에서 상세히 다루고자 한다. 여기서는 기준의 한 가지 단점을 쉽게 알아챌 수 있다. 그것은 부분적으로 재량 판단의 개입을 요하는 경향(기준이 '되는' 이유) 때문에 양 당사자가 원하는 판단을 얻어내기 위해 값비싼 수고를 들여야 할 수 있다는 점이다. 특히 자주 등장하는 특정 법적 문제에 관하여 대강일지라도 (이전 장에서 논의한 관할권 및 소멸시효에 관한 규칙처럼) 규칙을 주장하는 이유 중 하나가 이 때문이다. 만약 사건이 모든 것을 고려하는 종합적 판단을 요한다면 양 당사자는 논쟁에 엄청난 자원을 쏟아 부을 수밖에 없다. 정의 실현이라는 작은 이익을 얻는 대신 장기적으로 엄청난 비용과 낭비를 감수해야 한다.

잠시 법정에서 벗어나 로스쿨 안에서 이러한 개념이 어떻게 적용되는지 살펴보자. 로스쿨에서 기말 시험은 거의 항상 익명으로 채점된다. 그렇게 하는 여러 이유 중 가장 큰 부분은, 이름이 드러난 상태로 채점하면 학기 중에 학생들이 교수에게 다양한 방법으로 로비할 강력한 유인이 생겨나기 때문이다. 그것이 전적으로 나쁘다고 할 수만은 없다. 어떤 학생은 더 열심히 강의 준비를 하거나 더 열심히 출석할 것이고, 그렇게 해서 교수와 학생이 가까워지는 것은 서로에게 좋은 방식이다. (기업이 정부로부터 독점 사용권을 얻기 위해 더 좋은 제품을 만들어내려 노력하는 것과 마찬가지다.) 그러나 학생들의 로비 활동은 대부분 지대 추구에 해당된다. 누구도 계발할 수 없는 종류의 아부 활동을 말하는 것으로, 차라리 아무도 그런 활동을 하지 않을 때 모두가 행복하다. 문제는 시간만 낭비되는 게 아니라, 여기서도 (입법 영역에서와 마찬가지로) 지대 추구 '효과가 발생'해 실력과 상관없이 더 좋은 점수를 얻는 학생이 생겨날 수 있다는 것이다. 유사한 논리로, 학생들에게 인기 있는 강의에서 교수의 재량이 아닌 무작위 추첨에 따라 자리 배정이 이루어지는 이유를 설명할 수 있다. 교수의 재량으로 자리 배정이 이루어진다면 좋은 자리를 차지하기 위한 로비 활동이 학생들에게 장려될 것이다. 로비 활동으로 정말 자격이 있는 학생들(아무리 그들이 그렇게 정의될 수 있다 해도)이 좋은 자리를 배정받는 일이 조금은 증가하겠지만, 결국 많은 시간이 낭비되고 말 것이다.[76]

÷

우리는 사법적 결정들이 어떻게 지대 추구를 방지할 수 있는지 살펴봤다. 그러나 법원이 지대 추구의 무대가 된다면 어떨까? 언뜻 보기에 법원은 정치적 과정의 특징인 로비 및 뇌물에 영향받지 않는 것 같다. 따라서 비교적 덜 어지러운 환경에서 입법 행위가 이루어지는 피난처로 여겨질 수 있다. 판사가 로비 대상이 되거나 뇌물을 받는 사례는 드물지만, 앞서 잠깐 언급했듯이 지대 추구의 동력은 다양한 출구를 갖고 있다. 지대 추구자들은 그들이 선호하는 판사가 임명 또는 선출되도록 값비싼 노력을 기울일 수 있다. 지대 추구는 이익단체가 소송에 막대한 투자를 감행할 때 다시 시작된다. 여기서 말하는 이익단체에는 법정에 자주 출두하는 재력 있는 기업 및 변호사가 포함되는데, 그들은 법원이 그들에게 영향을 끼치는 문제를 어떻게 판결하는지에 대한 장기적 이해관계를 갖고 있다. 그들 때문에 상대방 역시 소송에 막대한 비용을 지출해야 할 수 있다. 또한 그들은 장차 발생할 소송을 저지하기 위해 사건 방어에 과도한 지출도 마다하지 않으며, 사건을 선택적으로 해결할 수도 있다. 이 모든 것은 정치 무대에서 펼쳐지는 상황과 마찬가지로 사법 체제에서도 이익의 마지막 한 방울까지 짜내고 손해의 모든 가능성은 피하기 위해서다. 그리고 어떤 면에서 보면 사법 체제에서의 승리가 정치체제에서의 승리보다 더 나을 수 있다. 법정에서의 승리는 선례를 만든다. 그리고 '선례 구속先例拘束[동일 또는 유사한 사건에 대한 재판은 선례에 따라서 이루어져야 한다는 원칙]'에 의해 입법부가 행한 유사한 결정을 무효화하는 것보다 그러한 선례를 뒤집는 걸 더 어렵게 할 수 있다.[77]

지대 추구의 문제는 생각보다 법과 밀접할지도 모르겠다. 흔히 지대 추구의 문제점에 대해 경제학자들이 가장 즐겨 사용하는 예는 보물 사냥꾼이나 특허 취득을 갈망하는 기업 혹은 공항버스 노선 계약을 따내려는 독점 추구 기업이 아니다. 경제학자들이 가장 좋아하는 지대 추구자의 사례는 바로 분배를 놓고 다투는 직업의 '변호사'다.[78] 소송이 지속될수록 당사자들의 자산은 줄어들 수밖에 없다는 점에서 소송은 침몰된 배의 보물을 찾는 경쟁과 다를 바 없으며, 오히려 더 신랄하다. 변호사에게 소송은 곧 생계이므로 그들 스스로 이러한 다툼을 부추긴다는 시각도 있다. 또한 한쪽이 변호사를 고용하면 다른 쪽도 동일한 투자를 하지 않을 수 없으니 변호사는 다툼 비용을 더 크게 만든다. 이러한 관점에서 변호사는 아무것도 '생산'하지 않는다. 그들은 누구에게 권리가 있는지를 다투는 과정에서 자산을 낭비시키고 부를 옮기는 일을 수행한다. (그리고 사람들이 잘못하면 고소당할지 모른다는 두려움 때문에 유익한 활동을 기피하면서 상황은 더 악화된다. 사람들은 지대 추구자의 맹공격을 두려워한다.)

이것은 일부 경제학자(또한 몇몇 다른 사람)의 아주 인색한 견해임을 밝힌다. 소송 제기나 진행에만 골몰하는 변호사는 거의 없으며, 대부분의 변호사는 앞서 언급했듯이 유언장 및 계약서를 작성한다. 앞으로 있을지 모를 지대 추구를 방지하기 위한 중요한 일들이다. 또한 변호사는 소송을 피할 수 있는 방법을 설명하거나 사업 문제에 조언을 해주기도 한다. 그리고 분쟁의 해결이나 협상도 변호사의 업무다. 전부 의뢰인을 비롯해 그 밖의 사람들에게 부를 창출하는 (혹은 같은 의미지만 낭비를 줄이는) 일들이다. 변호사가 소송에 매달리는 경우에도, 비록 그 사건들이 시장성 있는 뭔가를 생산하지는 않더라도 사람들이 매우 가치 있게 여기는 어떤 것을 생산하기 위한 노력이며 때로 성공적이기까지 하다. 다만 시장적 가치가 없을 뿐이다. 예를 들어 정의와 권리, 그리고 범법자들이 이후에는 (과실 방지, 계약의 이행 등에서) 더 신중하게 행동할 수 있게 하는 유인을 이끌어낸다. 물론 어떤 소송들은 아무런 가치도 창출하지 않고 자원만 소비하는 분쟁에 해당된다는 점을 부정할 수 없다. 당연히 로비스트나 정치인들처럼 변호사들도 자신의 활동 일부가 대체로 낭비적이라는 데 불편함을 갖고 있다. 변호사는 스스로를 공익(바로 앞에 서술한 일들)을 위해 봉사하는 존재라고 말하며, 부분적으로는 맞는 말이다. 정치, 로비 및 소송 활동은 어떤 면에서는 낭비적이며, 또 어떤 면에서는 유익하다. 이것은 비율의 문제이며 충분히 고민해볼 가치가 있다. 하지만 여기서 이 문제를 해결할 수는 없다. 지금 우리 목표는 좀더 소박한 것이다. 그저 지대 추구가 무엇이며 언제, 왜 문제가 되는지 설명할 수 있는 수준으로 충분하다. 그 정도만 이해하고 있다면 이 주제에 관한 질문에 대해 얼마든지 스스로 명석한 해결책을 찾아 나설 수 있을 것이다.

✦ 추가 독서를 위한 제안

'지대 추구'라는 용어의 유래는 Anne Krueger의 *The Political Economy of the Rent-Seeking Society*, 61 Am. Econ. Rev. 302(1974)에서 찾아볼 수 있다.

추가 논의와 흥미로운 실행에 관하여는 다음의 문헌들을 참조하라. Jonathan R. Macey, *Promoting Public-Regarding Legislation through Statutory Interpretation: An Interest Group Model*, 86 Colum. L. Rev. 223(1986); Fred S. McChesney, Money for Nothing: Politicians, Rent Extraction, and Political Extortion(1997); Stewart E. Sterk, *Information Production and Rent-Seeking in Law School Administration: Rules and Discretion*, 83 B.U. L. Rev. 1141(2003).

8장
코스 정리

지금까지 여러 장에 걸쳐 법이 고민하는 다양한 종류의 낭비에 대해 이야기했다. 가장 기본적이고도 중요한 사례는, 사고를 회피하기 위한 간단한 예방 조치를 하지 않은 것처럼 자신의 이익을 위해 타인에게 그보다 큰 비용을 부담시키는 행위다. 문제는 때로 당신이 스스로 인지하지 못하는 비용을 타인에게 발생시킴으로써 행동 방식을 결정할 때 전혀 고려하지 않게 된다는 것이다. 우리는 법 규칙이 그 문제를 바로잡는 수단으로 간주될 수 있음을 확인했다. 즉 법 규칙은 사람들로 하여금 자신이 창출하는 비용과 이익을 모두 고려하여 행동을 선택하도록 한다. 지금부터는 이 문제에 대한 또 다른 견해, 즉 당사자들이 쉽게 계약을 체결할 수 있다면 문제가 '되지 않을' 수 있는 부분을 살펴보고자 한다. 예를 들어 당신이 스스로를 위해 창출한 이익보다 그로 인해 내가 부담하는 비용이 더 크다면 나는 당신에게 비용을 지불하고 멈춰달라고 요구할 수 있다. 그러면 법의 도움을 받지 않고도 낭비를 끝낼 수 있다.

이 아이디어는 간단한 것 같지만 간과되기 쉽다. 이 아이디어를 처음 소개한 로널드 코스는 나중에 이 내용에 대한 업적을 일부 인정받아 노벨 경제학상을 수상했다.[79] 코스는 옛 관습법 판례들을 인용해 자신의 주장을 설명하는 방식을 선호했는데, 이는 우리에게도 편리한 방식이다. 어느 의원 바로 옆에 제과점이 있다고 상상해보자. 제과점에서는 냄비와 팬을 두드리는 등 많은 소음이 발생하는데, 그 소음 때문에 의료 행위에 불편을 느낀 의사는 영업방해를 이유로 제과점에 소송을 제기한다. 이 문제에 대해 생각해볼 수 있는 여러 방법 중 우리가 발전시켜온 분석 유형에 가장 적합한 것은, 의사와 제과점 주인이 공유하는 영역에서 발생하는 최대의 가치를 따져보는 것이다. 그 영역에서 이루어지는 여러 활동 가운데 어느 하나만 가치가 크고 나머지 활동은 그렇지 않다면, 더 가치 있는 활동이 방해받아선 안 된다. 의원과 제과점을 모두 경영하는 단독 소유자라면 더 가치 있는 것을 유지하고 다른 것을 옮길 것이다. 이는 4장의 단독 소유자에 관한 논의에서 우리가 접했던 황소와 염소 중 선택하는 사례와 같다.

그러나 이 경우 다음과 같은 문제에 부딪힐 수밖에 없다. 그들(의사 또는 제과점 주인)의 활동 중 더 가치 있는 것이 무엇인지를 법원은 어떻게 알아낼 수 있나? 코스는 법원이 당사자들을 위해 그것을 알아낼 필요가 없다고 생각했다. 소송에서 누가 이기든 '당사자들이' 스스로 알아낼 것이기 때문이다. 해당 장소가 의사에게는 엄청난 가치를 지니는 반면 제과점 주인에겐 그 정도까지는 아니라고 가정해보자. 그러면 소송에서 의사가 승리하고 제과점 주인이 떠나거나, 아니면 의사가 패소한 뒤 제과점 주인에게 '돈을 지불하고' 떠나달라고 할 것이다. 해당 장소는 제과점 주인보다 의사에게 더 가치 있는 곳이므로 당연히 둘 사이에 합의가 이루어진다. 구체적 예시를 위해 (여느 곳과는 달리) 해당 장소에서 의사는 매달 1만 달러를 버는 반면 제과점 주인은 2000달러를 벌고 있지만, 제과점 주인이 소송에서 이겼다고 가정해보자.[80] 의사는 다음과 같이 설득할 것이다. "전 떠나고 싶지 않아요. 제가 그냥 여기에 있고 당신이 다른 곳으로 이사 간다면 제가 그 피해를 보상하도록 할게요. 매달 3000달러 정도 아니면 그에 상당한 액수를 일시불로 지불해도 좋고요. 그편이 우리 모두한테 이익이에요." 이렇듯 당사자들은 협상을 통해 단독 소유자와 동일한 결론에 이를 것이다. 논점을 파악하기 위한 또 다른 방법은 다음과 같다. 처음에는 제과점 주인이 유발하는 소음이 그의 활동에 대한 외부 비용처럼 보인다. 제과점 주인은 그 비용을 인지하지 못한다(오직 의사만 그것을 인지하고 있다). 그러나 당사자들이 협상할 수 있다면, 비록 앞서 봤던 것과는 다른 의미이긴 하나, 결국 제과점 주인은 그 비용을 '인지'하게 된다. 즉 그는 자신이 떠나지 않는 대신 거절하게 될 3000달러로써 그것을 인지한다. 다시 말하건대 이러한 이유로 제과점 주인은 단독 소유자처럼 생각하게 된다.

위의 사례는 코스 정리가 어떻게 작용하는지를 보여준다. 일반적으로 코스 정리는 거래 비용이 없는 환경(당사자들이 아무 어려움 없이 협상과 계약을 체결할 수 있는 환경)에서 권리는 자연스레 가장 큰 대가를 지불하는 사람에게 주어진다고 설명한다. 가장 높은 액수를 제시하는 사람은 법에 의해 권리를 인정받고 단순히 그 권리를 향유하거나, 아니면 권리를 인정한 누군가에게 대가를 지불하고 해당 권리를 사려 할 것이다. 코스 정리를 더 자세하게 설명하기는 어렵다. 코스의 논문에는 어떠한 정리도 나오지 않기 때문이다. 사람들이 '코스 정리'라 말할 때는 그저 코스가 소개한 것을 요약할 뿐이며, 항상 같은 식으로 설명하지도 않는다. 어쨌든 방금 설명한 아이디어에는 다양한 해석이 존재한다. 그중 몇 가지를 살펴보자.

1. 사건 당사자들이 쉽게 협상할 수 있다면 법원은 판결로 인한 낭비를 걱정할 필요가 없다. 나중에 당사자들이 대화를 통해 낭비가 없도록

조율할 것이다. 이때 법은 크게 중요하지 않다고 말할 수 있을 것이다. 아니 그보다 낭비를 피하거나 효율적 결론에 이를 수 있다면 법이 중요하지 않다고 보는 편이 낫겠다. 법은 당사자 및 대다수 사람에게 여전히 매우 중요하다. 법은 누가 상대방에게 대가를 지불해야 하는지를 결정하기 때문이다. 하지만 이는 당사자 간 부의 분배 방식에 대한 고민으로, 지금 여기서는 그 문제에 집중하지 않을 것이다. 우리는 당사자들이 공유하는 파이의 전체 크기를 극대화하는 갈등의 '단독 소유자' 해법을 찾는 데 집중하고 있다.

또한 이 견해는 범위를 좀더 확장해볼 수도 있다. 비교적 큰 문제에 대해서는 소송보다 시장 메커니즘(즉 개인적 협상)에 의한 해결이 일반적으로 선호되며, 그 근거로 거론되는 것이 코스 정리다. 그러한 문제는 오염에 관한 것일 수도 있고, 위험한 제품으로 인해 소비자가 상해를 입은 것에 관한 것일 수도 있다. 어떤 사건이든 '코스주의'는 기본적으로 오염자와 협상하거나 소비자로서 안전한 제품을 요구함으로써 해결 가능한지를 묻는 것이다. 다만 여기서 정부의 개입은 없다. (코스 자신이 주장했던 것은 어느 쪽에 대한 선호를 결정하기에 앞서 문제에 대한 공적 및 사적 해결의 비용을 이해하고 비교해야 한다는 것이다.)

2. 방금 소개한 견해는 사람들이 낭비 없는 결론을 찾기 위해 쉽게 협상할 수 있다(거래 비용이 낮다)는 가정을 전제하고 있다. 그러나 현실에서 협상은 항상 쉽지만은 않으며, 불가능할 때도 있다. 코스 정리는 그러한 상황에도 영향을 끼치는 것으로 인식되어왔다. 법원(또는 입법부 등 권리 부여 주체)은 관련된 권리를 더 높게 평가하는 쪽(두 당사자가 쉽게 협상할 수 있다면 그 권리를 '갖게 될' 쪽)을 승자로 만들기 위해 노력해야 한다. 이는 가능한 한 당사자들 스스로 맺었을 계약을 법원이 그들을 위해 결정해야 한다는 것이다.

의원 옆에 제과점이 아니라 가치가 매우 큰 공장이 있다고 가정해보자. 이 공장이 오염물을 방출하고 있고, 그로 인해 인근 주민 1000명이 괴로움을 겪고 있다. 그들 중 일부가 불법행위를 이유로 공장 폐쇄를 요구하며 소송을 제기한다. 판사는 공장이 주민들에게 창출하는 비용보다 공장 소유주에게 창출하는 이익이 더 크다는 결론을 내린다. 판사는 주민 전부와 공장주가 협상할 경우 공장을 이전하거나 사업을 변경하는 대가로 보상하겠다는 주민들의 가장 포용적인 제안을 공장주가 거절할 수 있다고 해석한다. 모든 자산의 단독 소유자는 이처럼 공장을 그대로 두고 아무 변화도 시도하지 않을 것이다. 그러나 판사는 공장이 패소한다면 협상이 가능할지 의문을 갖고 있다. 우선 1000명이나 되는 주민이 한데 모이는 것은 매우 어렵다.[81] 이때 (낭비적 결과를 막는다는 관점에서) 중요한 것은 공장을 승자로 만들거나 공장이 주민들에게 분배될 손해배상금을 지불하도록 하는 것이다. 공장 폐쇄 명령은 바람직한 결과가 아니다. 공장은 그대로 유지할 권리에 대한 대가로 주민들에게 완전한 보상을 해줄 준비가 되어 있지만 현실적인 이유들(협상의 어려움이나 거래 비용)로 그렇게 할 수 없다면 그것은 낭비다. 법원이 공장에게 손해배상을 하도록 (혹은 단순히 원래 하던 일을 계속하도록) 유도할 수 있음에도 거래를 방해하는 장애를 내버려두는 것은 경제학적 관점에서 안타까운 일이다.

이 견해 또한 첫 번째 견해처럼 범위를 좀더 확장해볼 수 있다. 앞서 여러 장에 걸쳐 이야기했던 낭비의 문제는 높은 거래 비용의 문제로 볼 수도 있다. 관계 당사자들 간에 아무런 비용이나 저항 없이 협상이 가능해진다면 그러한 문제들은 바로 해소될 수 있다. 외부 비용 혹은 외부 효과의 측면, 즉 내가 스스로 인지하지 못하는 비용을 타인에게 발생시키는 경우라고 생각해보자. 만약 모든 사람이 손쉽게 협상할 수 있다면 어떠한 외부 효과도 '없을' 테지만, 결국 나는 내 행위의 모든 비용을 지각하게 된다. 내 행위가 지속됨으로써 고통을 겪는 사람들이 행위를 중단해달라고 제안하는 금액을 거절할 것이기 때문이다. (따라서 조지 스티글러는 "완전 경쟁 하에서는 사적 비용과 사회적 비용이 같다"라는 말로 코스 정리를 표현한다.)[82] 이 견해는 법의 일반적 목적에 대한 아이디어로 전환될 수 있다. 즉 법은 쉽게 합의를 이룰 수 있었다면 사람들이 서로 도달하려 했을 합의 대안들을 모아놓은 것이다.

효율성에 관한 개념을 소개한 장에서 살펴봤던 것처럼, 사고 사건에 관한 규칙들도 이러한 방식으로 생각해볼 수 있다. 피고에게 과실이 있는 사건은 가상의 계약(양 당사자가 미리 사고 가능성을 알았더라면 체결했을 계약) 위반으로 재해석될 수 있다. (이 장의 요지와 관련하여) 당사자들이 계약을 맺지 못한 이유는 거래 비용이 너무 높기 때문이었다. 시간이 한쪽 방향으로만 흐른다는 사실 또한 거래 비용으로 볼 수 있다. 즉 시간은 한 방향으로 흐르기 때문에 누구도 예측할 수 없는 문제에 대한 계약이 불가능하고, 그러므로 코스 정리는 매끄럽게 적용될 수 없다. 그 대신 우리는 사전에 당사자들이 합리적이라고 생각했을 것처럼 보이는 대안으로서 불법행위법 규칙에 의지한다.[83]

3. 권리가 가장 높게 평가되는 가상의 대상이 인과관계에 관한 상식적 개념에서 기대할 수 있는 당사자가 아닐 수도 있다는 점을 주목하라. 공항의 소음이 주변 지역 주민들에게 피해를 끼친다고 해서 반드시 사용료를 지불함으로써 공항이 주민들의 고통을 인지해야 하는 것은 아니다. 코스는 그러한 사고방식에 반대했다. 그런 사고방식에 따르면 공항은 이전하거나 운영 규모를 축소해야 할 것이다. 문제를 가장 저렴하게 해결할 수 있는 방법은 주민들 중 일부가 이사를 가는 것이다. 이때 문제를 일으킨 당사자는 공항이 아닌 '그들'이라고 말하고 싶은 유혹이 일어나겠지만, 누가 문제를 야기했느냐 하는 논쟁은 무의미하다. 단지 문제가 존재

하며, 쌍방이든 일방에 의해서든 서로 협의하기 어려운 상황 때문에 갈등이 빚어진 것이다. 누가 문제를 야기하는가를 따지기보다는 가장 저렴하게 해결할 방법이 무엇인지를 고민하는 편이 더 낫다.

　이러한 사고방식('상호 인과관계'라고도 한다)은 일반 사람들의 직관에 반하는 것처럼 보인다. 이 직관은 모든 사람에게 '권리'가 있으며 그 권리는 누가 누구에게 손해를 끼쳤는지를 결정하는 기준이 되는 개념이다. 앞의 사례에서 공항 주변의 주택 소유자들은 자신의 거주지를 안락하게 유지할 권리를 가지고 있다. 따라서 공항이 소음을 발생시켜 그들의 생활을 방해하고 있다면 문제를 야기한 당사자는 명백히 공항이다. 이 직관에 잘못된 점은 없다. 이 상황을 바라보는 외부자의 시선도 그러할뿐더러 권리를 인과관계 결정의 출발점으로 사용하는 법 제도에도 그러한 직관이 내재되어 있다. 다만 코스와 경제학자들은 그러한 직관이 권리와 무관하다고 보는 것이다. 그들이 보기에 갈등을 해결하는 가장 좋은 방법은 단독 소유자의 방식(이 사건에서는 공항과 인근 주택들을 모두 소유하고 있는 단독 소유자) 혹은 협상이 수월하다면 공항과 주민들이 해결책을 찾아내는 것이다. 단독 소유자가 공항에 대해 조치하지 않고 주택들을 옮기기로 선택한다면 바로 그것이 '전체적으로 최대 이익'을 창출하는 해결책이다. 또는 거래 비용이 존재하지 않는다면 쌍방이 합의에 이르는 게 최선의 해결책이다. 그리고 (같은 말이지만) 그것이 갈등을 해결하는 효율적인 해답이다. 아마 공항이나 정부가 주택 소유자들에게 보상해주어야 할 것이다. 다시 말하건대, 이것은 분배 문제에 해당된다. 경제학자 입장에서는 이에 대한 다양한 해법을 찾아보려 하겠지만 여기서는 핵심을 벗어나는 것이다. 정말 중요한 것은 주민들의 '비교적 적은' 비용을 아껴주기 위해 공항이 막대한 비용의 희생을 감수하며 운영을 축소하지 않게 하는 것이다('비용'은 항상 모든 가치의 원천을 포함하는 광범위한 의미로 정의

된다). 그것은 이익보다 손해가 클 것이다. 물론 변호사는 낭비나 효율성 뿐만 아니라 분배에도 관심을 갖겠지만, 두 쟁점 간의 차이를 이해할 필요가 있다.

4. 우리는 지금까지 마치 두 가지 유형의 일반적 상황(협상이 쉬운 경우와 어려운 경우)이 존재하는 것처럼 이야기해왔다. 그런 다음 법이 각각에 어떻게 대응할 수 있는지에 대해 논의했다. 그러나 실제에서는 이러한 내용이 독립적이지 않다는 데 주의해야 한다. 법은 협상이 용이한지 여부에 영향을 끼칠 수 있다. 그리고 코스 정리가 시사하는 것 중 하나는 법체제가 협상을 가능한 한 쉽게 만들어야 하며, 그렇지 않더라도 협상을 촉진시키기 위해 노력해야 한다는 것이다. 때로 그것은 사람들이 쉽게 이해하고 거래할 수 있는 명확한 재산권을 만드는 것처럼 간단한 일이기도 하다. 그러나 사람들 간의 정보 공개를 장려하는 것과 같이 법이 도움이 될 수 있는 다른 방식들을 제안하는 이론들이 있다.

우리가 계약을 체결하면서 일부 내용을 명시하지 않고 남겨두었다고 가정해보자. 법이 우리가 원했던 부분을 추측해 임의의 조건으로 그 공백을 메워야 할까? 그것은 당사자가 모든 조건을 협상해야 하는 수고와 비용을 아껴주므로 코스 정리에 부합한다. 그러나 달리 생각해볼 수도 있다. 법은 종종 계약에 대해 당사자가 원하지 '않을 만한' 채무 불이행 조건을 보충하기도 한다. 왜일까? 그렇게 하면 (자신들이 원치 않는 조건을 법이 설정하는 것을 바라지 않으므로) 해당 문제에 대한 당사자 간의 협상이 이루어질 가능성이 높아지기 때문이다. 아무래도 법이 보충할 수 있는 어떤 배경 규칙보다는 당사자 간의 대화가 더 나은 결과로 이어질 확률이 높다고 보는 것이다.

우리의 계약 이야기로 되돌아가자. 내가 당신에게 부품 100만 개를 판매하기로 계약을 맺었는데, 그 가격을 명시하지 않았다고 가정해보자. 법원은 부품이 배송되는 시점의 '합리적'인 가격을 제안할 것이다.[84] 반대로 계약서에 가격은 명시했으나 해당 부품의 수량을 구체적으로 정하지 않았다면, 법원의 해법은 달라질 것이다. 법원은 부품의 합리적 수량을 추정하려 하지 않을 것이며, 계약을 강제하지도 않을 것이다.[85] 사실상 법원은 그 공백을 0으로 채운다. 계약 당사자 중 누구도 0이라는 수량을 염두에 두고 있지 않으므로 이는 분명 당사자들이 원했던 것을 추측해 보려는 노력이 아니다. 그러나 합리적인 가격은 법원이 (부품의 시장 가격을 확인하기만 하면) 쉽게 알아볼 수 있는 사안인 반면 부품의 합리적인 '수량'을 알아내기는 매우 곤란한 사안으로, 법원은 각 당사자가 처한 상황을 전수 조사해야 할 것이다. 따라서 당사자들이 수량에 대해 사전에 협의하는 편이 훨씬 비용이 적게 든다(당사자들에게는 그렇지 않은 상황일지라도 '전체적으로' 보면 더 적은 비용이 든다). 그러므로 당사자 간 직접 협상을 강제하기 위해 임의규정[당사자들이 합의를 통해 자유롭게 변경하거나 배제할 수 있는 법률의 규정]은 의도적으로 불확실하게 제시된다(아마 '제재적' 임의규정일 것이다).[86] ('0 수량' 규칙이 임의규정인지, 아니면 단순히 유효한 계약의 체결을 위한 형식적 요건인지에 대해서는 논란이 있으며, 실제로 계약법에 진정한 제재적 임의규정이 있는지, 있다면 어느 정도인지도 논란이 있다.[87] 그러나 그러한 논란이 어떻게 해결되든 기본적으로 이 사례는 법이 사람들에게 협상을 강요하는 이유와 방법을 잘 설명해준다.)

또는 고용이 쟁점인 사례를 가정해보자. 미국에서는 임의고용이 원칙이다. 즉 계약에 따로 명시하지 않는 한 고용주는 직원을 어떠한 이유로든 혹은 아무 이유 없이도 해고할 수 있다. 그러나 대부분의 직원은 이러한 사실을 인지하지 못하는 것으로 드러났다.[88] 그러므로 (명시된 계약에 그들이 서명하지 않는 한) 이유가 있을 때만 직원을 해고할 수 있도록 임의규정을 변경하자는 주장이 제기되어왔다. 고용주와 직원은 그들이 원하는 계약을 체결할 수 있다. 그러나 이유가 있을 때만 직원을 해고할 수 있다면 협상을 강요하는 훌륭한 속성을 지니게 될 것이다. 임의규정을 더 잘 알고 있을 가능성이 높은 고용주는 규정을 바꾸고자 할 때 그 내용을 고지해야 할 의무가 생기고, 그러면 직원들은 현재 자신들이 알고 있는 것보다 더 명확한 정보를 얻는다. 임의규정에 당사자가 원하는 내용이 포함되어 있지 않을 수도 있다(우리는 그들이 무엇을 원하는지 잘 모를 수 있다. 그것이 핵심이다). 중요한 건 '정보의 강제'다. 즉 당사자들이 서로에게 정보를 공개하도록 촉진한다는 것이다.[89]

÷

이제 지금까지 설명한 코스 정리에 대한 몇몇 의문점을 생각해보자. 앞의 논의는 사람들이 법원의 결정을 단순히 출발점으로 받아들여, 그와는 다르거나 정반대 결론에 이르기 위한 협상에 임하도록 하는 비전을 제시한다. 그것은 원칙적으로 가능하다. 그러나 현실적으로 얼마나 가능한지는 분명치 않다. 법적 과정에서의 협상이라는 이 비전을 옹호하는 자들은 일반적으로 어떠한 관찰에 근거하는 것이라기보다는 상황 논리에 근거하고 있다. 즉 쟁점 권리가 승자보다 패자에게 더 가치를 지닌다면 판결 후에 당사자들이 당연히 협상을 하게 된다는 것이다. 때로는 그리고 어쩌면 자주 현실은 좀더 복잡하다.

먼저 의사와 제과점 주인의 사례부터 시작하자. 사건 구조가 이와 동일한 20건의 실제 불법 방해 사례에 대한 실증적 연구가 수행된 바 있다. 전부 이웃 주민이 소음, 냄새 혹은 그 밖의 방해를 이유로 또 다른 이웃에게 소송을 제기한 사건들이다.[90] 각 사건에 대해 법원이 판결한 이후 당사자 간에 협상이 이뤄진 건 전혀 없었다는 게 밝혀졌다. 얼핏 보면 법원이 문제의 권리를 가장 높이 평가하는 당사자에게 해당 권리를 부여하는 일을 아주 잘 처리한 것으로 (그렇기에 이후에 협상할 필요가 없는 것처럼) 생각될 수도 있다. 그러나 이들 사건의 변호사들은 행여 패자가 승소했더라도 협상은 일어나지 않았을 것이라 확신했다. 당사자들이 서로를 혐오해 협상을 원하지 않았다는 것이다. 또한 그들은 자신의 권리를 협상 카드로 쓸 생각이 없었으며 자신을 '돈에 좌우되는' 존재로 여기지 않았다. 아마 막대한 금액이 제안되었다면 입장을 바꿨을지 모르겠지만, 그러한 제안은 없었다. 협상에 대한 당사자들의 적대와 혐오는 대화를 통해 얻을 수 있는 그 어떤 거래 이익보다 강한 것이었다. (또 다른 해석은 당사자들이 소유 효과의 영향을 받는다는 것이다. 이러한 개념, 그리고 사람들이 물건을 샀을 때와 팔 때의 가격 차이로 인해 야기되는 코스 정리에 관한 그 밖의 문제에 대해서는 22장에서 논의할 예정이다.)

　방금 소개한 연구는 표본의 크기가 작기 때문에 그 결과가 전형적이라 할 수는 없겠으나, 그럼에도 의미가 있다. 사람들이 선호하는 바가 경제학자들이 설명하는 내용과 상당히 다를 수 있다는 것, 그리고 법원의 판결은 누가 권리를 갖게 되는지에 영향을 끼치지 않을 거라는 가정에 대한 경고다. 특히 다른 쪽에 관한 증거, 즉 판사의 결정을 둘러싼 당사자 간 협상에 대해 문서로 입증된 사례가 부족하다는 데 주의할 필요가 있다. 그러나 이 연구가 코스의 주장과 모순되는지 여부는 다른 문제다. 그가 말한 부분은 거래 비용이 존재하지 않는다면 법원의 결정이 권리의 최종 협상에 영향을 끼치지 않는다는 것이다. 따라서 문제는 당사자 간의 적대감, 협상에 대한 혐오를 거래 비용의 한 종류(법 체제가 무시해야 할 안 좋은 것)로 간주해야 하는가이다. 이러한 당사자 간 증오에 대해 법원은 만약 증오가 '없다면' 협상이 가능하다는 판단의 근거로 간주해야 할까? 이것은 어려운 문제이고 구체적 사정에 따라 최선의 해답이 달라

질 수밖에 없을 것이다(그러나 법원이 그러한 사정들을 다 알기는 어려울 수 있다).[91]

또한 불법 방해 사건에서 판결 이후 당사자 간 협상이 이뤄지지 않은 것에 대한 다른 반응도 있다. 그들은 우리가 신경 써야 할 당사자가 아니라는 관점이다. 최종 판결에 이르기까지 소송을 고집하는 소수의 사람들은 당연히 서로를 싫어할 것이다. 소송은 당사자 간에 상냥한 감정을 고무하는 과정이 아니다. 그러나 대체로 사람들은 자기에게 일어난 사건을 조속히 해결하려 하며, 소송까지 가기 전에 해결하는 경우가 훨씬 더 많다. 또한 법원이 만들어놓은 법 규칙을 접하게 되면 기꺼이 그것을 온건한 협상을 위한 출발점으로 삼으려 한다. 그러나 여기에도 코스의 견해와 온전히 부합하지 않는 증거가 있다. 코스가 제시한 다른 사례를 살펴보자. 목장에서 키우는 소들이 근처 농경지를 침범해 작물을 먹어치우기 시작했고, 이 때문에 농부들과 목장주 사이에 갈등이 빚어진다. 법은 두 가지 해결책을 제시한다. 첫째, 목장주는 소들을 가둬두어야 한다. 그러지 않는다면 소들로 인해 발생한 손해를 배상해야 한다. 둘째, 돌아다니는 소들로부터 자신의 농작물을 지키는 것은 농부들의 몫이다. 그렇게 하지 않으면 결과를 감수해야 한다. 코스는 법원이 어떤 것을 선택해도 문제 해결의 방식에는 영향을 끼치지 않을 거라고 했다. 즉 목장주가 울타리를 설치하는 게 가장 저렴한 해결책이라면, 그 방식으로 해결된다는 것이다. 이는 두 가지 방식으로 실현된다. 일단 법 규칙이 농부에게 유리하다면, 목장주는 손해배상을 피하기 위해 울타리를 설치해 자신의 소들을 가둬두려 할 것이다. 반대로 법 규칙이 목장주에게 유리하다면, 농부가 목장주에게 울타리를 설치해달라고 요청하면서 비용을 지불하려 할 것이다. 농작물이 소들의 먹이로 사라지도록 내버려두는 것보다는 저렴한 해결책이기 때문이다. (만약 울타리를 설치하는 것보다 농작물이 소의 먹이가 되도록 내버려두는 것이 더 저렴하다면, 바로 그것이 당사자들이 협상을 통해 도달할 해결책이다.) 중요한 것은 협상에 비용이 들지 않는다면 권리를 위해 가장 많은 돈을 지불하려는 당사자에게 해당 권리가 주어진다는 것이다.

이러한 주장에 대해서도 실제 농부와 목장주 간의 사례로써 검토한 실증적 연구가 있다.[92] 결과를 보면, 그들은 일반적으로 법 규칙에 대해 '모르고' 있었다. 그들은 이웃 간에 무엇을 요구할 권리가 있는지에 대해 비공식적 규범(법률보다 사회적으로 강요되는 규칙)을 통해 자신들의 의무를 이행하고 있었다. 이 연구를 진행한 로버트 엘릭슨은 비공식적 규범은 그 자체로 낭비를 최소화(혹은 부를 극대화. 엘릭슨은 두 개념을 혼용한다)한다고 주장했다. 그러나 지금 우리의 관심사는 법이 코스를 따르는 일부 경제학자가 상정한 기능에 맞지 않게 실행된다는 사실이다. 엘릭슨은 이러한 결과를 '법 중심주의(사람의 권리를 지배하는 규칙은 전부 정부로부터 유래한다는 견해)'의 유혹에 대한 경고로 받아들인다.

이전과 마찬가지로 이 실증적 연구에 포함된 사례들이 다양한 모든 상황을 대표하는 건 아니다. 걸려 있는 금액이 크고 당사자들의 수준이 높은 경우(예를 들어 당사자들이 비싼 변호사들을 보유한 기업들일 때) 우리는 다양한 법 규칙에서 고전적인 코스 방식의 협상을 기대할 수 있을 것이다. 특허 분쟁에서는 결과적으로 승자가 패자에게 라이선스를 팔아넘기는 사례가 많은데, 이는 누가 누구에게 대가를 지불하는지에 대해 법은 영향을 끼치지만 당사자들이 실제로 어떻게 '하는지'에는 영향을 끼치지 않는다는 사실을 말해준다. 불법 방해 사례에 관한 연구와 마찬가지로 목장주와 농부들에 관한 연구의 진정한 교훈은 겸허함이다. 실제로 협상이 일어날 가능성과 그에 대한 법 규칙의 역할은 당사자들의 처한 환경에 따라 달라진다. 법은 그러한 상황을 잘 알 수 없을 뿐만 아니라 그것을 통제할 수 있는 위치에 있지도 않다.

　이 모든 것에 대해 판단할 때 법원은 어디에 중점을 두고 있을까? 질문이 너무 포괄적이어서 하나로 답변하기는 어렵다. 그러나 법은 효율성(낭비를 최소화하거나 파이의 크기를 극대화하는 것)은 추구한다. 또한 당사자의 기대를 보호하는 것, 공정의 개념, 분배에 대한 생각 역시 법이 중시하는 가치다. 그러나 판사는 저마다 이들 가치의 경중을 다르게 평가하며, 법원이 코스 정리를 인용하는 일은 확실히 드물다. 판사가 그 이론을 고려하는 경우도 흔치는 않을 것이다. 그러나 여전히 코스 정리에는 변호사가 이해하고 있어야 할 가치가 있다. 코스 정리는 분쟁을 어떻게 해결하는 게 더 효율적이고 낭비적인가에 대한 가치 있는 논쟁을 불러일으킬 수 있다. 그러나 더 즉각적인 성공은 법원의 결정 또는 일반적인 법 규칙이 세상에 존재하는 최종적 해결 방안으로 간주될 필요가 없다는 사실을 이해하는 데서 비롯된다. 사람들은 법 규칙과 판결을 자기에게 더 적합한 협상의 출발점으로 삼을 수 있다. 법 규칙의 공표가 최종성을 지니는 것은 자연스러운 일이기 때문에 때로는 그러한 가능성을 판별하기 위한 상상력과 창의력이 요구되기도 한다.

✦ 추가 독서를 위한 제안

이 장의 핵심을 서술하고 있는 가장 영향력 있는 저술은 Ronald H. Coase의 「사회적 비용의 문제The Problem of Social Cost」, 3 J.L. & Econ. 1(1960)다. 처음에 시카고대학의 경제학자들은 코스의 논문에 냉담했던 것으로 유명하다. 그러한 반응 및 그것을 이겨낸 코스에 관한 이야기가 George Stigler의 *The Fire of Truth: A Remembrance of Law and Economics at Chicago*, 1932~1970, 26 J.L. & Econ. 163, 221(1983)에 담겨 있다. 코스가 주장한 내용의 의미를 다룬 문헌은 방대하다. 「사회적 비용의 문제」는 지금까지 법학 학술지에 게재된 수많은 저술 중 가장 많이 인용됐다. 최근의 저술 중 가장 흥미로운 것은 Robert C. Ellickson의 Order without Law: How Neighbors Settle Disputes(1991)이다. 초심자에게 추천할 만한 훌륭한 논의로는 Stewart Schwab, *Coase Defends Coase: Why Lawyers Listen and Economists Do Not*, 87 Mich. L. Rev. 1171(1989)과 Robert D. Cooter, *The Cost of Coase*, 11 J. Legal Stud. 1(1982)이 있다. Mark Kelman, *Consumption Theory, Production Theory, and Ideology in the Coase Theorem*, 52 S. Cal. L. Rev. 669(1979)는 회의적인 시각을 다루고 있다. 그리고 코스의 논문의 몇몇 특성에 대한 흥미로운 토론을 위해서는 A. W. Brian Simpson, *Coase v. Pigou Reexamined*, 25 J. Legal Stud. 53(1996); Ronald H. Coase, *Law and Economics and A. W. Brian Simpson*, 25 J. Legal Stud. 103(1996); A. W. Brian Simpson, Coase v. *Pigou Reexamined: An Addendum*, 25 J. Legal Stud. 99(1996)를 참조하라.

신뢰, 협력 그리고 복수의 행위자들을 위한 기타 문제들

9장

대리 에릭 포즈너 공저

한 사람이 타인의 이익을 위해 열심히 일해야 하는 상황에 대해 생각해보자. 예를 들어 어떤 일을 하도록 고용된 상황일 것이다. 변호사는 의뢰인을 위해 열심히 일해야 하고, 부동산 중개인은 주택 매도인을 위해 열심히 일해야 한다. 그러나 때로는 관계가 덜 직접적일 때도 같은 상황이 발생한다. 주주들은 회사를 운영하는 임원들이 열심히 일하기를 원하고, 유권자는 자신이 뽑은 정치인이 열심히 일하기를 바란다. 결국 모든 상황은 일반적으로 유사한 구조를 이루고 있다. 우선 '본인'이라 불리는 사람(의뢰인, 사장 또는 시민)이 존재하고, 본인의 이익을 증진시키기 위해 일하는 '대리인'(변호사, 직원 또는 정치인)이 있다. 그들 사이에는 자연스레 이해 충돌이 생긴다. 대리인은 자신이 열심히 일함으로써 창출된 모든 혜택을 느끼지 못한다. 그의 노동에 따른 이익은 즉시 의뢰인이나 사장 혹은 그가 서비스를 제공하는 사람에게 돌아가기 때문이다. 따라서 자신을 위해 열심히 일해야 할 동기가 없는 대리인은 갈수록 열심히 일하고 싶지 않을 것이다. 한마디로 몸을 사리는 쪽을 선호할 것이다.

본인이 대리인의 노력에 부응한다면, 즉 대리인이 열심히 일할수록 그에게 돈이나 기타 혜택을 늘려준다면 몸을 사리는 행위는 일어나지 않을 것이다. 문제는 대리인이 얼마나 열심히 일하고 있는지 본인이 정확히 알 수 없을 때 생긴다. 본인이 분명히 확인할 수 있는 것은 대리인의 노동으로 인한 결과일 뿐이므로 가늠하기 어려울 수 있다. 즉 나쁜 결과가 대리인의 노력 부족 탓인지 아니면 그 밖의 다른 원인 때문인지 확신할 수 없는 것이다. 해산물 식당의 주인은 장사가 잘되지 않은 원인이 종업원 때문인지 음식 맛 때문인지 궁금할 테고, 주주들은 회사의 주가가 떨어진 원인이 대표가 무능한 탓인지 해외 경쟁력이 약한 탓인지 궁금할 테지만, 확실한 이유를 찾아내기는 어렵다.

　본인이 대리인을 감시하는 일은 현실적 문제로 불가능하거나 들이는 수고에 비해 너무 많은 비용이 들기 때문에 자신이 감시하지 않아도 대리인이 열심히 일한다는 사실을 보증해줄 방법이 필요하다. 대리인 입장에서도 그와 같은 메커니즘을 원할 것이다. 본인을 안심시킬 수단이 없다면 대리인은 일자리를 얻거나 원하는 만큼 보수를 받기 어려울 것이다. (또한 대리인은 자신이 잘못을 저지르지 않았는데 나쁜 결과가 일어나는 경우에 대비할 보험을 원할 것이다. 그에 관해서는 나중에 다시 이야기하자.) 경제학 용어를 즐겨 사용하는 이들은 대리인을 감시하는 데 드는 본인의 비용과 본인을 안심시키는 데 드는 대리인의 비용을 '대리 비용'이라 한다. 노력의 실패로 야기된 손실 또한 대리 비용으로 간주된다. 즉 대리인과 본인의 이해관계가 완전히 일치하지 않기 때문에 발생하는 불성실 및 부정으로 인한 손실, 그리고 본인과 대리인 간에 충분한 신뢰관계가 형성되지 못해 사업 목표를 달성하지 못한 손실 또한 이에 해당된다. 그러나 본인과 대리인에 관한 문제를 해결하는 흥미로운 방법들이 있다. 일반적으로 법적 메커니즘의 도움으로 그러한 문제를 해결하거나 혹은 적어도 통제할 수 있으며, 그러한 해결책들을 살펴보는 것이 이 장의 주제다.

(비록 가장 흥미롭지 않고 법의 도움이 거의 필요치 않은 일이기는 하나) 우리는 이미 대리인 문제를 해결하기 위한 방법 하나를 언급했다. 그것은 바로 감시다. 대리인을 직접 감시하거나 대리인의 결과를 검토하는 방식이다. 대리인의 노력을 완벽하게 감시할 수 있다면 본인은 자신이 목격한 대로 보수를 지불하면 되기 때문에 문제가 일어나지 않는다. 그러나 감시가 완벽할 수 없을 때 본인은 다양한 노력을 기울인다. 동료를 가장한 스파이를 고용하거나, 비서가 키보드를 두드린 시간을 조사하거나, "트럭의 운전이 이상하면 전화로 신고해주세요"라고 적힌 스티커를 트럭 뒤에 붙여 트럭 운행을 감시하기도 한다. 좀더 높은 수준으로는 대리인과의 만남이나 회의를 더 가시적이고 '투명하게' 하려 노력할 수도 있다. 학생들에게 교수 평가서를 작성해 학장에게 제출토록 하는 것도 그러한 감시에 해당된다.

계약과 관련된 문제에서 좀더 흥미로운 해결책을 찾아볼 수 있다. 대리인이 본인의 이익을 진지하게 여겨야 하는 유인을 제공하는 것으로, 계약을 설정하는 과정에서 갈등이 빚어지곤 한다. 본인은 대리인이 창출하는 결과에 따라 보수를 지불하는 방식으로 열심히 일할 유인을 부여하려 하는 반면, 대리인은 결과에 관계없이 보수를 지급받고 싶어하기 때문이다. 물론 어떤 대리인은 자신이 더 많은 수익을 창출하는 경우 더 많은 보수를 받는 방식을 좋아할 수도 있지만, 대개는 결과에 따라 자신의 보수가 정해지는 계약을 불안하게 여길 것이다. 열심히 일한다고 해서 항상 좋은 결과가 나오는 게 아님을 알고 있기 때문이다. (만약 그들의 생각이 완벽히 일치한다면, 즉 대리인이 결과에 따라 보수를 지급받기로 한다면 문제는 해결된다.) 대리인은 다른 이들의 노력이나 불운으로 인해 실망스러운 결과를 만들어낼 수도 있다. 그는 그럴 때를 대비해 보험(일정 수준의 보장된 보수)을 원할 테지만 본인은 계약에서 그 부분을 최소화하고 싶을 것이다. 사실 보험 부분이 커지면 커질수록 좋은 결과가 창출되었을 때 본인이 지불할 용의가 있는 보너스는 줄어든다. 대체로 이러한 사항은 대리 문제를 해결하기 위한 전형적인 계약에서 유동적인 부분에 속한다. 이제 몇몇 사례를 통해 이러한 문제가 어떻게 합의되는지를 살펴보자.

먼저 음식점 종업원의 사례를 개연성 있게 가정해보자. 음식점의 성공에는 종업원들이 얼마나 열심히 일하는지를 비롯해 다른 여러 요인이 작용한다. 종업원들이 게으르면 음식점은 망할 테지만 종업원들이 열심히 일하고 그 밖에 다른 문제가 없다면 음식점은 성공할 것이다. 여기서 명백한 계약상의 해결책 중 일부가 왜 효과를 못 내는지 생각해보자. 음식점 주인은 장사가 잘되면 종업원 각자에게 많은 보수를 지급해줄 수 있지만 그 반대일 때는 보수를 지급할 수 없다. 따라서 종업원들은 열심히 일할 때만 돈을 더 벌 수 있음을 인지하고 열심히 일할 것이다(아무래도 죄수의 딜레마가 될 위험성이 있지만, 그 점은 다음 장에서 다루겠다). 가끔은 보수가 없기도 하지만 열심히 일하는 편이 게으름을 피우는 것보다 낫다. 게으름을 피우면 장사가 잘 안 될 것이고, 그러면 보수를 받을 수 없기 때문이다. 그러나 대부분의 사람은 아무 보수도 없이 퇴근해야 하는 위험을 감수하려 하지 않을 것이다. 특히 그날의 불행이 자기 책임이 아니라면 더 그러할 것이다. 대개는 무슨 일이 생기든 매일 똑같은 급료를 받고 퇴근하는 정액제를 선호하게 마련이지만, 음식점 주인은 종업원들을 열심히 일하게 할 강력한 유인을 제공하지 못한다는 점에서 정액제를 원치 않을 것이다.

이 난제는 '팁'이라는 탁월한 경제적 혁신의 도움으로 대부분 해결된다. 팁을 손님이 종업원에게 베푸는 호의 또는 음식점 주인이 종업원에게 지급할 급료를 손님에게 떠넘기는 (결국에는 항상 그렇게 되긴 하지만) 수단

2부 신뢰, 협력 그리고 복수의 행위자들을 위한 기타 문제들

으로 생각하지 말고, 대리 문제의 해결책으로 생각하자. 주인은 종업원이 열심히 일하기를 바라지만, 종업원이 손님을 잘 접대하고 있는지 일일이 관찰할 수 없다. 따라서 주인은 그 부분을 가장 잘 알 수 있는 손님들이 종업원의 보수에 기여하도록 한다. 물론 종업원은 자신의 보수가 '전적으로' 팁에 의존하게 되기를 원치 않는다. 자기 잘못이 아님에도 음식점에 손님이 별로 없을 수 있기 때문이다. 그러므로 종업원은 보험 차원에서 적지만 어느 정도 보장된 액수의 보수도 지급받는다. 실제로 이러한 계약으로 종업원은 음식점이 잘되면 더 많은 보수를 받고, 반대로 잘되지 않으면 더 적은 보수를 받는다. 이 계약은 종업원에게 열심히 일할 유인을 제공할 뿐만 아니라 날씨가 안 좋거나 솜씨 없는 요리사 때문에 장사가 안 되는 등의 불운으로부터 보호해주기도 한다.

이 계약은 음식점 주인과 종업원 간의 타협의 결과로, 그럭저럭 (대부분) 양자의 이익을 일치시킨다. 그러나 주의를 요하는 몇몇 결함이 있다. 첫째, 대리 문제를 해결하기 위한 계약에서 자주 볼 수 있듯이 이러한 계약이 생성하는 유인은 그다지 완전하지 않다. 때로는 음식이나 음료수를 무료로 제공하고 후한 팁을 받는 등 종업원이 주인에게 손해를 끼치면서 손님을 만족시킬 수 있다. 대리 관계에서 (대리인과 감독자 간의) 이런 현상은 흔히 발생한다. 이와 관련된 문제로, 대리인은 본인이 원하는 바를 수행하지 않으면서 가시적 증거를 남기지 않는 경우가 있다. 무례한 종업원은 팁을 받지 못하는 대신 손님의 불평을 자아낼 것이고, 요리사가 손을 씻지 않는 것을 본 종업원이 잠자코 있어도 손님과 고용주에게 들키는 일은 없을 것이다. 본인의 방침을 준수하지 않는 이러한 유형의 수동적 불이행은 특히 해결하기 어려운 대리 문제를 일으킬 수 있다. (피의자를 함부로 대하는 경찰과 아무것도 하지 않는 태만한 경찰을 비교해보라.)

팁의 또 다른 결함은 다음과 같다. 대부분의 대리인이 그렇듯 본인이 종업원에게 바라는 임무는 한 가지 이상일 때가 많다. 그리고 어느 한 가지를 열심히 하게 만드는 유인은 다른 부분을 희생시킬 수 있다. 팁은 종업원이 자신의 담당 테이블에 앉아 있는 손님에게 열정적으로 봉사하도록 만들 수는 있어도 동료와 열심히 협력하도록 하지는 못한다. 그래서 자신의 담당이 아닌 테이블에 앉아 있는 손님으로부터 도움을 요청받았을 때 종업원은 으레 "제 담당이 아닙니다"라고 대답하게 된다. 이 문제를 완화할 한 가지 방법은 종업원들이 받는 팁을 합치는 것이다. 이 방법은 종업원들에게 서로 협력해야 할 이유를 제공하는 동시에 어느 날 누군가 팁에 인색한 손님들만 만날 경우에 대비하는 보험이 되기도 한다. 그러나 이 방식은 종업원이 자신의 담당 테이블에 앉는 손님에게 열심히 봉사하려는 유인을 약화시킬 수 있다. 자신이 열심히 일한 만큼의 팁을 모두 부담하는 대신 일부의 이익만 돌아오기 때문이다. 이때 주인은 신용카드 영수증을 검토해 각 종업원이 받은 팁의 액수를 확인한 다음 높은 성과를 거둔 종업원에게는 특별 보상을 해줌으로써 문제를 완화할 수 있을 것이다. 이에 관한 자세한 내용은 여기서는 중요치 않다. 핵심은 도움이 되지 않는 유인들을 보충하기 위해 사용될 수 있는 전후 조치들을 관찰하는 것이다.

여기 또 다른 사례가 있다. 기업의 임원은 주주의 이익을 위해 봉사하기로 되어 있지만, 주주들은 임원이 얼마나 성실히 업무를 수행하는지 알 수 없다. 임원에게 정액제로 보수를 준다면 (정액제 보수를 받는 종업원과 마찬가지로) 열심히 일하게 할 강력한 유인을 얻지 못하게 되므로 주주들은 정액제 방식을 원하지 않는다. 따라서 주가가 상승하면 연말에 임원들에게 상여금을 지급한다. 또한 매년 상여금을 얼마나 지급해야 하는지 고민하기보다 기업의 가치가 상승하면 그 가치가 함께 상승하는 주식이나 스톡옵션을 임원들에게 지급한다. 임원들이 받을 보상을 기업의 성과와 직접적으로 연결시키는 것이다. 동시에 임원들은 새로운 세법이 회사의 수익을 갉아먹는 경우처럼 자기 잘못이 아닌 이유로 주가가 하락할 때를 보충해줄 수 있는 보수를 보장받는다. 법은 그러한 계약 조건들이 이행되도록 하는 역할과 더불어 여러 유익한 도움을 제공한다. 임원에게 충실 의무를 부과하고, 주주들이 회사를 대신해 임원을 상대로 '주주대표소송'을 제기하는 것을 허용하며, 기업이 그에 관한 많은 정보를 공개하도록 (감시가 쉬워지도록) 요구하고 있다.[1] 대리 문제는 또한 기업사냥꾼에 의한 기업 인수의 긍정적인 면을 부각시킬 수 있다. 기업사냥꾼은 기업의 현재 경영진 및 이사들이 회사의 최대 가치를 끌어내지 못한다고 판단했을 때 인수를 시도한다. 이에 따라 조금 더 철저한 모니터링을 제공한다. 그들이 야기하는 유쾌하지 못한 특성 및 혼란과는 별개로 기업사냥꾼은 대리 문제를 해결하는 데 도움이 되기도 한다.[2]

기업 관련 유인에 대한 이러한 설명은 매우 복잡한 제도적, 법적 구조에 관한 약간의 맛보기에 불과하다. 이번에는 자신이 가진 아이디어로 투자를 받고자 하는 기업가를 상상해보자. 투자자들은 기업가가 자신들의 돈을 허투루 사용할 것을 우려한다. 예를 들어 기업가가 투자금의 일부만 아이디어 실현에 투입하고 나머지는 자신을 위한 고액의 보수 및 특전에 사용할 수 있다. 이때 그들은 다양한 방식으로 대처할 수 있다. 어떤 투자자들은 경영에 관한 의사결정에 참여할 수 있을 때에만 투자하는데, 이런 투자자가 바로 주주株主다. 주주들은 또한 기업가를 감독하고 그가 잘못된 의사결정을 내렸을 때 교체 가능한 이사진을 구성하도록 요구할 수 있다. 물론 이사들 역시 태만해질 수 있으므로 앞서 언급했듯이 임원들을 감독하는 임무에 충실하도록 스톡옵션을 제공할 수 있다. 다른 투자자들은 통제권에 대한 요구 없이 기업가에게 돈을 투자하는 대신 대리 문제에 관해 그들의 시각이 반영된 이자율을 부담시키려

한다. 혹은 제때 상환되지 못했을 때 그들이 회수할 수 있는 상품을 구입하는 조건으로 투자하려 할 것이다. 이들은 채권자라 불린다. 법은 채권자에게도 추가 이점을 제시한다. 우선 기업이 도산한다면 채권자가 주주보다 먼저 변제받는다. 또한 이사, 채권자, 주주 등은 외부의 회계감사인을 고용하여 기업가의 재무를 검토하도록 요구할 수 있다. 이때 회계감사인은 독립적이어야 하며 공정하게 판단한다는 평판을 지니고 있어야 한다.

가까운 예로 부동산 중개인을 생각해보자. 당신의 중개인은 당신의 집을 팔기 위해 얼마나 열심히 노력할까? 더 중요한 질문은 그것을 당신이 어떻게 알 수 있느냐는 것이다. 아마 당신은 알지 못할 것이다. 오랫동안 집이 팔리지 않아도 중개인은 그럴듯한 해명을 잔뜩 늘어놓을 것이기 때문이다. 이에 대한 일반적인 해결책은 중개인에게 주택 매매에 대한 수수료를 지불함으로써 매도자와 중개인의 이익을 서로 일치시키는 것이다. 높은 가격에 주택 매매를 성사시킬수록 중개인의 보수도 늘리는 식이다. 그러나 일반적으로 이러한 특정 유형의 계약에서 우리는 보험적 요소를 발견하기 어렵다. 주택이 팔리지 않으면 중개인에게는 보수가 보장되지 않는다. 아마 주택은 대부분 팔리기 마련이기 때문일 것이다. 그러나 중개인에게는 다른 유형의 보험이 있다. 중개인은 여러 명의 본인(즉 매도인)을 위해 일하는 사람이기 때문에 어떤 주택이 팔리지 않는다 해도 나머지 주택들이 매매되면 보수를 받을 수 있다.

혹은 당신의 보험회사와 집주인을 생각해보라. 그들의 공통점은 무엇인가? 당신은 그 둘의 대리인이라는 사실이다. 다소 놀랍겠지만, 당신이 그들에게 돈을 지불한다는 사실 때문에 자신이 본인인 것처럼 느껴진 것이다. 일반적으로 대리인은 그의 행위로 다른 누군가가 이익(또는 손해)을 보게 만드는 사람이라는 사실을 떠올릴 때, 당신의 집주인과 보험회사

2부 신뢰, 협력 그리고 복수의 행위자들을 위한 기타 문제들

는 당신이 얼마나 주의 깊게 행동하는가에 영향을 받는다. 집주인은 당신이 임차한 아파트를 주의 깊게 사용하기를 바라고, 당신의 보험회사는 보험 대상인 자동차나 주택에 문제가 없기를 바란다. 그러나 당신이 얼마나 주의를 기울이는지 직접적으로 알 수는 없으므로 양쪽 다 비슷한 계약 장치를 사용한다. 그것은 바로 집주인이 요구하는 임대 보증금과 보험 증권에 기재된 자기부담금이다. 두 경우 모두 본인은 일이 잘못되었을 때 대부분의 책임을 부담한다(하나는 문자 그대로 대리인을 위한 보험이고, 다른 하나는 실질적으로 대리인을 위한 보험이다). 그러나 두 경우 모두 당신은 대리인으로서 계약상의 조건에 따라 손해액에서 최초의 일정 부분을 부담해야 한다. 이는 당신이 고민해야 할 부분으로, 당신은 단지 타인의 돈을 가지고 노는 게 아니다.

특히 보험이 설정되어 있다면, 대리인이 느끼는 태만 혹은 비행에 대한 유혹을 일컫는 고유한 용어가 있다. 바로 '도덕적 해이'다. 일이 잘못되었을 때를 대비해 보험을 들었다면 당신은 그 나쁜 일을 회피해야 할 유인이 적어진다. 어쨌든 나쁜 결과를 회피하도록 만드는 그 밖의 유인이 다수 존재할 때와 같이 때로는 그것이 용인된다(당신이 타인의 보험을 들어주는 게 아닌 한 생명보험이 좋은 예다). 그러나 도덕적 해이의 문제는 당신이 언젠가 부담할 수도 있는 징벌적 손해배상에 대비하기 위해 보험에 가입하기 어려운 이유를 설명하는 데 도움이 된다. 징벌적 손해배상이 적용되는 가장 전형적인 사례는 피고가 고의로 부정행위를 저지른 것으로, 당신이 보험을 들었다는 이유로 두려움 없이 부정행위를 저질러도 괜찮다고 생각한다면 그릇된 행동(도덕적 해이, 대리 비용)에 대한 유혹이 강해질 것이다.

≑

이제 몇 가지 사례를 더 살펴보기 전에 먼저 이들 쟁점이 지니고 있는 실질적 중요성을 되짚어보자. 살아가는 동안 당신은 언제나 본인인 동시에 대리인이다. 현실에서 당신은 평범한 손님이지만 음식점이나 택시 운전사, 부동산 중개인 혹은 집안일을 위해 당신이 고용한 사람들과의 관계에서는 본인이다. 그리고 당신의 고용주나 바로 앞에서 언급한 집주인, 보험회사 등 함께 사업하는 온갖 유형의 당사자들과는 대리인이다(그리고 다시 말하지만, 다른 측면에서 당신은 그들과의 관계에서 본인이기도 하다). 당신이 본인인 이유는 자신을 대신해 그들이 열심히 일하기를 바라기 때문이고, 당신이 대리인인 이유는 그들이 자신을 대신해 당신이 주의를 다하기를 바라기 때문이다. 그러므로 당신은 그들 모두와 체결하는 계약(감독 문제, 그리고 유인과 보험 사이의 절충 문제)에 대해 생각해봐야 한다.

혹시 당신이 변호사라면 두 가지 면에서 이 모든 것이 특히 중요하다. 첫째, 당신의 의뢰인들은 대리인일 때도 있고 본인일 때도 있기 때문에 언제나 정확히 자신의 역할을 인지하지 못할 수 있다. 또한 각 역할의 의미나 그에 대처하는 고전적 전략들에 대해 알지 못할 가능성이 크다. 그러한 것들을 이해하는 게 당신의 몫이다. 변호사 자신도 복잡한 대리관계에 얽혀 있다. 일단 변호사인 당신은 의뢰인, 소속 로펌, 재판을 담당하는 법원과 대리인 관계에 있다. 그들은 당신이 열심히 그리고 주의 깊게 일해주길 바라지만 실제로 당신이 어떻게 하는지 확인하기가 어렵다는 걸 알고 있다. 더욱이 본인 가운데 누구에게는 최선인 것이 다른 본인에게는 최선이 아닐 수 있으므로 마냥 안심하기도 어려울 것이다. 한편 당신과 함께 일하는 동료 변호사들, 소송 관련 협조를 위해 고용한 사람들, (직접성이 덜하나 여전히 실질적 의미에서) 재판 담당 판사 등 그 밖의 당사자들과의 관계에서 당신은 본인이기도 하다. 당신에게는 그들이 열심히 그리고 주의 깊게 일하는 게 중요하지만, 당신은 정말로 그들이 열심히 일하는지 확인하거나 그러한 가능성을 높이기 어려울 수 있다.

　의뢰인이 소송을 원할 때 변호사는 보수를 어떻게 또 얼마나 받는지에 관한 간단한 문제부터 시작해보자. 우선 대리 문제에 주의할 필요가 있다. 의뢰인은 변호사가 열심히 일해주기를 바라지만 실제로 그러한지 여부를 확인하기 어렵다는 점에서 변호사는 부동산 중개인의 입장과 막연하게 닮아 있다. 따라서 이에 대한 해결책 또한 부동산 중개인에게 통용되는 해법과 비슷할 수밖에 없다. 사실상 변호사는 수수료를 받는 식으로 일할 수 있다는 것이다. 즉 (보통 미국의 관습에 따라) 원고가 되찾는 것의 3분의 1 또는 그에 상응하는 성공보수를 받을 수 있다. 이는 부분적으로 현금이 부족한 원고가 소송에 필요한 자금을 조달하는 방법으로, 변호사는 특정한 조건을 걸고 소송을 맡아 승소할 때에만 보수를 받는다. 그러나 성공보수는 변호사의 이익과 의뢰인의 이익을 일치시킴으로써 대리 문제를 해결하려는 시도이기도 하다. 부동산 중개업에서와 마찬가지로 여기서도 계약의 보험적 측면은 어느 한 의뢰인이 아닌, 의뢰인 전부에 대한 기대치로부터 비롯된다. 변호사가 가져가는 몫이 너무 크다는 사실에 당혹스러워하는 의뢰인에게 변호사는 자신이 승소하는 사건의 보수에는 패소하는 사건에 대한 보수도 포함된다는 사실을 알려준다. (물론 완전히 패소하는 경우가 주택이 전혀 팔리지 않는 경우보다 훨씬 더 많기는 하다.)

　그러나 변호사의 대리 문제는 부동산 매매의 경우보다 더 심각하다. 소송을 당한 피고가 바로 합의를 요청해왔을 때 의뢰인은 1년쯤 소송을 진행시키는 편이 더 나은 제안을 이끌어낼 수 있다는 생각 아래 합의를 원치 않을 수도 있다. 반면 변호사는 합의가 이뤄진다면 즉시 합의금의 3분의 1을 챙기고 사건을 마무리 지은 다음 다른 사건을 맡을 수 있기 때문에 피고의 합의 요청이 더 매력적으로 느껴질 수 있다. 물론 해당 소송에 1년쯤 노력을 기울이면 그가 받는 몫도 더 늘어나겠지만, 결과적으로 변호사와 의뢰인의 이해관계가 완전히 일치한다고 볼 수 없다. 만약 변호사가 시간제로 1년 동안 소송을 더 끌고 갔을 때 현재 피고가 제안한 것보다 3만 달러 더 많은 액수로 합의하거나 판결을 얻어낼 수 있다고 가정해보자. 그러나 그동안 변호사가 1만5000달러에 해당되는 시간과 수고를 소송에 투자해야 한다면, 결국 변호사는 자신의 노력에 대한 대가로 1만 달러만 획득하게 되는 셈이다. 따라서 변호사는 시간을 끌 가치가 없다고 느낄 것이다. 그러나 의뢰인은 여전히 변호사가 소송을 계속 밀고 나가길 원할 것이다. 법은 합의에 관한 최종 판단은 언제나 의뢰인에게 달려 있다는 원칙으로 문제를 해결하려는 입장이지만, 일반적으로 변호사는 각종 제안 및 선택에 대한 의뢰인의 인식에 상당한 영향을 끼친다. 그 결과 민감한 상황이 벌어질 수 있다. 이것은 다수의 국가에서 성공보수를 금하는 여러 이유 중 하나이기도 하다. 그러나 의뢰인이라면 누구나 고액의 청구서를 받는 즉시 인지할 텐데, 변호사에게 시간당 보수를 지급하는 것은 그 자체로 대리 문제를 발생시킨다.[3]

　방금 언급한 것(의뢰의 최종 결정권)과 같은 윤리적 규칙들은 따로 설명이 필요할 것 같다. 그러한 규칙들은 법이나 의학처럼 고도의 지식이 요구되는 업무 수행을 위해 본인이 대리인을 고용할 때 발생하는 어려운 대리 문제에 대한 하나의 대응일 것이다. 일반적으로 환자가 의사의 행위를 쉽게 판단할 수 없는 것과 마찬가지로, 대개의 의뢰인은 자신의 변호사가 좋은 판단을 한 것인지 아닌지 쉽게 구별할 수 없다. 이로 인한 문제는 부동산 중개인이나 종업원의 경우보다 더 나쁘다. 왜냐하면 이런 경우 본인이 하루 종일 대리인을 감독할 수 있다 해도 선의의 행동과 악의의 행동을 구별하기 어려울 수 있기 때문이다. 이때 대리인이 본인(변호사의 의뢰인 및 의사의 환자)의 이익을 위해 주의를 다하겠다고 안심시켜 줄 방법을 찾는 게 양측 모두에게 이로운 일이다. 양쪽에 적용되는 부분적 해결책은 대리인을 감독할 수 있는 전문가 단체, 즉 변호사협회 및 의사협회를 창설하는 것이다. 때로는 변호사에게 제재를 가하는 법원 역시 그러한 기능을 수행하고 있다고 볼 수 있다. 판사는 변호사를 감독하고 그의 비행을 처벌한다. 또한 의뢰인도 별도의 감독 수단을 갖추고 있다. 변호사의 부정행위에 대해 소송을 거는 것이다. 의뢰인은 변호사가 저지른 과오를 면밀히 조사하기 위해 또 다른 전문가를 고용할 수도 있다. 그렇게 되면 감독자를 감시하는 장치가 거듭될 수밖에 없다. 이런 방법은 절대 완벽하지 않고, 또 변호사의 미묘한 비행(시간당 보수의 과다 청구, 소송 준비의 지연 등)에 대해 별로 도움이 되지 못할 수도 있다. 종종 의뢰인은 그러한 위험 요소를 인지했을 때 이를 회피할 효과적 수단을 찾을 수 없어 좌절감을 느끼기도 하는데, 일부는 변호사에게 분노를 표출하는 방식으로 대응한다.

이러한 예시들이 보여주듯이 대리의 관점에서 세상을 바라보는 것은 흥미롭다. 어디에나 대리 문제가 있다는 것을 알 수 있을 뿐만 아니라 그런 문제를 해결하기 위한 시도가 존재한다는 것 또한 알 수 있기 때문이다. 예를 들어 우리가 논의하고 있는 대리 문제(변호사가 선량한지 혹은 제대로 활동하고 있는지 의뢰인이 확인하기 어려운 점)를 해결하는 데 대형 로펌이 보탬이 되는 것으로 이론화되어 있다.[4] 대형 로펌은 시간이 흐를수록 높은 명성을 쌓아나갈 수 있으며, 그 명성은 개인 변호사나 소규모 법률회사가 갖추기 어려운 품질보증의 역할을 수행한다. 대형 로펌이 더 낫다거나 대형 로펌의 명성이 더 가치 있다고 주장하는 게 아니다. 수십 년에 걸쳐 명성에 투자해온 대형 로펌은 실수하거나 그 명성에 흠이 생길 때 잃을 게 더 많다는 사실을 말하는 것이다. 훌륭한 명성은 기업의 성과를 보증하는 것이며, 그러한 보증을 만들어내는 데 더 많은 비용이 들수록 보증은 더 큰 설득력을 낳는다. 전국적인 식당 체인이 명성을 쌓기 위해 막대한 투자를 단행하는 것과 마찬가지다. 당신은 낯선 도시에 있을 때 전혀 정보가 없는 현지 식당보다는 근처에 위치한 유명 프랜차이즈 식당에 매력을 느끼기 쉽다. 그건 바로 유명 프랜차이즈의 (품질이나 청결에 관한) 기준에 대한 신뢰 때문으로, 그 식당 프랜차이즈가 지역 매장에서 미심쩍은 음식이 제공되는 것을 허용할 리 없다고 생각하는 것이다. 물론 현지 식당과 소규모 로펌도 나름 장점을 지니고 있으나, 그 점에 대해서는 나중에 이야기할 것이다.[5]

여기 우리에게 친숙한 또 다른 단체의 예시가 있다. 대리 문제의 해결에 의외의 역할을 수행할 수 있는 이 단체는 바로 정당이다. 이 경우의 대리 문제는 어떤 불상사가 일어났을 때 행정부와 입법부가 분리돼 있어 유권자가 대통령의 잘못인지 아니면 의회의 잘못인지 알기 어려울 수 있다는 것이다. 이때 강력한 정당이 문제 해결에 도움이 된다. 즉 유권자는 대통령과 의회를 구별할 필요 없이 공화당이나 민주당에 책임을 묻고 그에 따라 투표할 수 있다. 또한 정당은 여러 방식으로 대리 문제를 해결하는 데 유익하다. 선거구에서 좋은 평판을 유지하지 못하는 정당은 원치 않는 결과를 마주해야 한다. 그리고 대통령이 무언가를 하고자 할 때는 의회의 정당 대표들을 만나 협상해야 한다. 주주가 기업을 운영하는 대리인을 감독할 때 갖게 되는 문제와 시민이 정부를 운영하는 대리인을 감독할 때 갖게 되는 문제 사이의 유사성을 비교해보면 흥미로운 점을 느낄 수 있을 것이다.[6]

그런 다음 판사가 사건을 판결할 때나 정부 기관이 규칙을 제정할 때, 교수가 점수를 채점할 때 누가 본인이고 누가 대리인인지를 생각해보고, 이들 각 당사자의 주의 태만이 어떤 양상으로 나타나는지, 그러한 위험을 감소시킬 방법은 무엇인지도 함께 따져본다면 훨씬 더 흥미진진할 것이다. 또는 제품 결함으로 인한 상해의 책임을 규정하는 규칙에 대해서도 살펴볼 필요가 있다. 이러한 경우 법은 제조사에 엄격 책임을 지우기 때문에 양방향으로 작용하는 본인 및 대리인 관계에 주목해야 한다. 먼저 제조사가 거론할 수 있는 방어 주장(위험 추정, 제품의 오용 혹은 이러한 항변이 통합된 비교 과실의 주장)에 대해 생각해보라. 그런 다음 함께 취해진 법적 규칙이 양쪽 모두에게 안전에 주의를 기울이게 하는 인센티브를 제공하는 계약의 대체물이 될 수 있는지를 숙고해보라. 요컨대 대리 문제를 생각해볼 만한 경우는 우리 주변에서 어렵지 않게 찾아볼 수 있다. 오히려 발견하지 못하기가 어렵다.

÷

　방금 우리는 대리에 관한 개념에 익숙해졌을 때 탐구해볼 만한 흥미로운 분야를 살펴봤다. 즉 당신은 대리관계를 파악할 수 있으며, 뜻밖의 상황에서 발생한 대리 문제를 해결할 여러 방법을 발견할 수 있다. 이제 좀더 진전된 수준의 탐구에 도전해보자. 그것은 대리 관계에 관한 계약들에서 유독 특정 유인만 발견되는 이유가 무엇인지 생각해보는 것이다.[7] 예컨대 부동산 중개인이 주택의 매매 가격이 높아짐에 따라 더 큰 수수료를 받는 누진적인 방식을 취하지 않는 이유는 무엇일까? 우리는 먼저 이런 방식이 왜 좋은 아이디어처럼 보이는지 알아봐야 한다. 그러지 않으면 중개인이 수수료(보통 6퍼센트)를 받는 한 높은 매매 가격을 추구할 유인을 갖는다고 생각할 것이기 때문이다. 그러나 변호사의 성공보수에 관한 논의에서 살펴본 것과 똑같은 이유로, 반드시 그렇다고 할 수는 없다. 만약 주택 매매 가격을 20만 달러에서 22만 달러로 올리는 데 많은 수고가 필요함에도 중개인이 상승분의 6퍼센트만을 받을 수 있다면 매매가를 올리기 위한 수고는 별로 가치가 없는 것이다. 어쩌면 유쾌하지 않은 수고나 협상 혹은 그에 따른 시간 투자로 1200달러 이상의 비용이 소요될 수도 있을 것이다. 그러나 중개인이 상승분의 6퍼센트가 아니라 '절반'을 받을 수 있다면 수고를 들일 충분한 가치 있을 것이다.[8] 그래도 집주인은 여전히 이익을 보기 때문이다. 그렇다면 기대한 것보다 높은 가격에 주택을 매도한 집주인이 중개인에게 더 많은 수수료를 지불하지 않는 이유는 무엇일까? 중개인은 어째서 매매가와 관계없이, 그리고 모든 집에 대해 획일적으로 고정된 수수료를 받는 걸까? 물론 대리 관계를 맺을 때마다 각각 협상할 필요가 없다는 점에서 간단하다는 것도 하나의 답이 될 수 있다. 하지만 이보다 더 흥미로운 이유는 없는 걸까?

어떤 이론은 이러한 관행에 대해 부동산 중개인이 동시에 수많은 고객(본인)을 위해 일한다는 점과 결부시킨다. 수수료가 고객 혹은 매매가에 따라 달라진다면, 일부 고객은 자기보다 특정 고객이 더 우대받는다고 생각하는 현상이 생겨날 것이다. 그러면 이에 대해 조사할 필요성을 느끼거나 다른 고객들과 경쟁하게 될 수 있다. 결과적으로 낭비가 생길 수 있으며, 그것은 일종의 지대 추구에 해당된다.[9] 대리인은 본인들의 걱정을 덜어주기 위해 자신이 모든 본인에게 똑같이 대우한다는 점을 확신시켜주는 편이 나을 것이다. 중요한 점은 대리인이 한 명 이상의 본인을 위해 일할 때(특히 본인들이 경쟁적 이해관계에 있을 때) 특별한 문제가 발생하며, 때로 그러한 문제들이 우리가 현실에서 특정한 계약을 발견하게 되는 이유를 설명해준다는 것이다.

또 다른 예를 들어보자. 일반적으로 소매업자는 도매업자로부터 직접 물건을 구입한 다음 그것을 고객에게 재판매하기 위해 최선을 다한다. 이것을 극단적 형태의 수수료(사실상 100퍼센트의 수수료)라 생각해볼 수 있다. (혹은 전혀 다른 관점에서 이 수수료를 구분소유권에 해당된다고 생각해볼 수 있다. 즉 의뢰인이 획득한 것의 3분의 1을 받는 변호사는 사실상 의뢰인의 청구권에 대한 부분적 소유자다.) 그러나 소매점은 그 과정을 되풀이하지 않는다. 즉 소매점의 판매원에게 상품을 판 다음 그 상품이 소매점의 고객에게 재판매되도록 하지 않는다. 대신 판매원에게 수수료(또는 정액의 시간당 보수)를 지불한다. 그럼에도 불구하고 외판원은 종종 직접 물품(판매를 위한 머리빗, 백과사전 전집 등)을 '구매'한 다음 집집마다 돌아다니며 그것을 재판매한다. 10퍼센트의 수수료를 받는 대신 자신이 직접 구매한 물품에 10퍼센트 정도를 추가해 재판매하는 것이다. 이렇듯 다양한 계약을 어떻게 설명할 수 있을까?

이 물음에 대한 답변은 앞서 잠깐 언급했던 '양자 간' 혹은 양방향 대리 관계와 관련이 있다. 즉 대리인과 본인이 업무 수행을 위해 서로 기여할 필요가 있는 경우다(사실상 둘 다 본인이자 대리인이다). 소매 판매는 통상 매장의 주인과 현장 판매원 모두의 노력이 필요하다. 판매+재판매의 방식이 아닌 부분 수수료 방식은 양쪽 다 열심히 일할 유인을 유지시켜준다. 이 같은 사고는 부동산 중개인이 고객의 주택을 사들인 다음 가능한 한 높은 가격으로 주택을 되팔지 않는 이유를 설명해준다. 일단 대리인은 그러한 방식에 따르는 대출의 위험 및 부담을 떠맡고 싶어하지 않을 것이다. 하지만 중고차 판매 업체는 일반적으로 당신의 자동차를 위탁 판매하지 않으며 사람들로부터 수천 대의 차를 사들인 다음 재판매하는 방식으로 대규모 사업을 벌인다. 주택 매매 회사가 중고차 판매 회사와 다르게 행동하는 이유는 무엇일까? 다시 말지만, 주택 매매는 양자 간 혹은 양방향의 대리 관계가 존재하는 사례라는 사실에 주목해야 한다. 매도자는 중개인이 주의를 기울여 일해주기를 바라고 중개인은 '매도자'가 주택을 관리하며 매수자에게 인도할 때 성실히 돕기를 바란다.

결국 수수료는 양측 모두에게 유익한 유인을 유지시켜준다. 그러나 당신의 자동차를 소유하게 된 중고차 딜러는 더 이상 당신을 필요로 하지 않는다. 그에게 필요한 건 판매사원들의 노력이고, 따라서 판매사원들은 수수료를 받고 일할 것이다.

머리빗 방문판매원은 다를 수 있다. 판매 시점에 양방향의 대리 관계가 존재하지 않는다. 매장도 존재하지 않으므로 머리빗 회사가 해야 할 역할도 없다. 즉 회사는 머리빗을 판매원에게 직접 판매하는 편이 나으며, 이것이 판매원에게 머리빗을 재판매하게 하는 강력한 유인을 제공한다. 그리고 소매업자가 상품을 위탁판매하지 않고 도매업자로부터 상품을 구입한 다음 재판매하는 이유를 설명하는 데도 동일한 논리가 사용된다. 일단 상품이 소매업자의 수중에 들어가면 상품의 재판매를 돕기 위해 도매업자가 할 수 있는 일은 없다. 더 이상 도매업자의 유인은 관련이 없으므로 수수료나 위탁판매를 통해 제공되는 상품의 공동 소유 문제에 신경 쓸 이유가 없다. 언제나 그렇듯 이러한 결과들은 다른 방식으로도 설명될 수 있다. 일단 지금은 대리 관계의 각 당사자가 부분적으로 상대방에게 의지하고 있는 경우에 통상 업무 및 주의에 관한 모든 유인을 어느 한쪽에 집중시키지 않는 복합적인 해결책들을 발견할 수 있다는 개념만 기억해두자.

✦ 추가 독서를 위한 제안

이 장의 주제에 관하여 더 상세하게 기술하고 있는 훌륭한 입문서로는 Eric A. Posner, *Agency Models in Law and Economics*, in Chicago Lectures in Law and Economics (Eric A. Posner ed., 2000); and Saul Levmore, *Commissions and Conflicts in Agency Arrangements: Lawyers, Real Estate Brokers, Underwriters, and Other Agents' Rewards*, 36 J.L. & Econ. 503(1993). 다양한 구체적 주제와 관련된 대리 원칙의 흥미로운 적용을 살펴보려면 다음의 저술을 참조하라. Geoffrey P. Miller, *Some Agency Problems in Settlement*, 16 J. Legal Stud. 189(1987); Steven G. Calabresi, *Political Parties as Mediating Institutions*, 61 U. Chi. L. Rev. 1479(1994); Larry E. Ribstein, *Ethical Rules, Agency Costs, and Law Firm Culture*, 84 Va. L. Rev. 1707(1998).

10장
죄수의 딜레마

당신과 공범 한 명이 절도 혐의로 체포된다. 검사는 당신과 공범을 각각 다른 공간으로 데려가 똑같은 선택권을 제시한다. 둘 다 자백한다면 검사는 판사에게 관용을 베풀어 각각 5년의 징역형을 선고해달라고 청할 것이고, 둘 다 자백하지 않는다면 모두 입증이 수월한 가벼운 범죄행위로 기소되어 1년 형 선고를 받을 수 있다는 것이다. 더 흥미로운 상황은 상대방이 자백하고 당신은 자백하지 않는 경우로, 상대방은 풀려나고 당신은 10년 형을 선고받는다. 반대로 당신이 자백하고 상대방이 버틴다면 상대방은 10년 형을 받고 당신은 풀려난다. 그러므로 당신은 다음과 같이 생각할 것이다. 상대방이 자백할 예정이라면 당신도 자백하는 편이 낫다(그러지 않으면 최악의 상황을 맞게 된다). 그리고 상대방이 자백하지 않을 때 당신은 자백해야 할 훨씬 더 큰 이유를 갖게 된다. 당신은 풀려날 수 있기 때문이다. 상대방이 어떤 선택을 하든 당신에게 최선책은 자백하는 것이다. 그러므로 당신은 자백한다. 맙소사, 상대방 역시 당신과 똑같은 생각으로 자백을 선택한다. 결국 두 사람은 5년 형을 선고받고 만다. 안타까운 것은 두 사람이 협력할 수 없다는 사실이다. 두 사람이 서로를 신뢰할 수만 있다면 둘 다 침묵을 지켜 형기를 1년으로 단축시킬 수 있었다. 상황이 어떻게 전개되는지를 간략히 나타낸 다음 표를 살펴보자. 각 괄호에서 첫 번째 숫자는 당신이 복역하게 될 형기를 의미하고, 두 번째 숫자는 상대방이 복역하게 될 형기를 의미한다.

	상대방이 침묵한다 (협력한다)	상대방이 자백한다 (배신한다)
당신이 침묵한다 (협력한다)	(1, 1)	(10, 0)
당신이 자백한다 (배신한다)	(0, 10)	(5, 5)

살다보면 이와 같은 상황에 처할 때가 많다. 개인적으로는 합리적인 결정이 당신('합리적 행위자'라 가정하자)을 포함해 같은 집단에 속한 모든 사람을 더 불행하게 만드는 것 말이다. 만약 서로 협력한다면 그러지 않았을 때보다 더 행복해지겠지만, 우리는 자기 자신만을 위한 전략을 선택할 수 있으므로 각자 이기적인 행동('배신')을 하고 싶은 엄청난 유혹을 느낀다. 그로 인한 결과는 일종의 낭비 또는 비효율성이다. 즉 우리가 향유하지는 못하지만, 협력을 통해 얻을 수 있는 이득이 존재한다. 이러한 상황을 죄수의 딜레마라 한다. 죄수의 딜레마는 '게임 이론(경제학, 수학 및 기타 학문이 융합된 분야로서 전략적 상호작용에 대한 규명이 그 목표다)'이라는 분야에서 연구된 유명한 패턴이다. 이 장에서 앞으로 몇 가지 게임을 더 살펴볼 것이다.

죄수의 딜레마 속 유혹은 문제가 될 때도 있지만 그렇지 않을 때도 있다. 그 이유를 살펴보면 법에 관한 몇 가지 사실을 발견할 수 있을 것이다. 앞서 설명한 죄수의 딜레마가 안 좋은 결말로 끝날 수밖에 없는 첫 번째 이유는 그것이 단 한 번 직면하는 기회이기 때문이다. 만약 당신이 매주 똑같은 상황에 처한다는 것을 알 수 있다면, 자신이 동료를 배신했을 때 다음번엔 그가 당신에게 복수할 것을 우려하지 않을 수 없다. 이는 비즈니스 환경에서 우리가 목격하는 협력의 상당 부분을 설명한다. 돈을 받고 형편없는 상품을 누군가에게 판매해 그를 불쾌하게 만드는 선택은 단 한 번만 성공할 수 있는 속임수다. 그 후 관계는 끝나고 만다. 그러한 결과에 대한 두려움이 없다 해도, 타인의 비난에 대한 두려움 때문이든 아니면 규범의 내면화로 인한 양심의 가책이 상호 신뢰를 강요했든 일상의 비공식적 규범이 동일한 유형의 협력을 이끌어낼 수 있다. 그러한 규범(협력이 '좋은 것'이라는 느낌)은 어마어마한 가치를 지닌다. 만약 그러한 규범이 존재하지 않는다면, 이득이나 두려운 보복이 예상될 때가 아니면 누구도 협력하려 하지 않을 것이고, 우리 삶은 훨씬 덜 즐거울 것이다. 그로 인해 우리는 아이들에게 남을 이용하는 건 옳지 않은 일이라 가르치고, 또 믿을 수 있고 협력을 즐기는 친구와 동료를 사귀려고 노력한다.

이러한 논의가 의미하는 바는 죄수의 딜레마를 해결하기 위한 최고의 전략 공식과 인생에 찬미할 만한 가치 사이에 흥미로운 연관성이 있다는 점이다. 로버트 액설로드는 되풀이되는 죄수의 딜레마에 대처하는 다양한 전략의 힘을 검증하기 위해 그 유명한 컴퓨터 토너먼트를 개최했고, 승자는 '맞대응 tit-for-tat' 전략이라는 사실을 밝혀냈다. 이 전략은 협력으로 시작해 다음 라운드부터는 이전 라운드에서 상대방이 한 모든 것을 그대로 따라하는 전략이다. 여기에는 몇 가지 속성이 있으며, 죄수의 딜레마에서 성공을 거두려면 그러한 속성들이 중요하다는 사실을 액설로드는 확인했다. 그 속성은 대개 우리에게 친숙한 일상생활 속의 미덕으로, 맞대응 전략은 누구도 먼저 배신하지 않는 '착한' 전략이다. 또한 참가자가 상대방의 나쁜 행위를 눈감아주진 않지만 용서할 준비가 되어 있다는 점에서 호혜 전략이다. 상대방이 금세 눈치챌 수 있기 때문에 아주 기발한 전략도 아니다. 상대방을 이기는 것을 중요하게 여기지 않는다는 점에서 부러워하지 않는 전략이다.[10] 달리 말해 훌륭한 참가자는 죄수의 딜레마를 한쪽이 이득 보면 상대방은 반드시 손해 보는 '제로섬' 게임으로 취급하지 않는다. 도덕적 행위가 명예로울 뿐만 아니라 유익하다는 확신은 모두에게 큰 위안이 되는 속성이다.

문제는 많은 경우 동일한 참가자들 간의 반복적 조우를 수반하지 않는 죄수의 딜레마가 생겨 그러한 해결책을 이용할 수 없다는 것이다.[11] 그럴 때 우리는 다른 해결책을 찾아 딜레마의 구조를 더 깊이 살펴봐야 한다. 일회적이라는 특성 외에 이 고전적 딜레마가 좋은 결말을 맞지 못하는 또 다른 이유는 두 참가자가 대화할 수 없다는 점이다. 두 사람이 자백하지 않기로 합의할 수 있다면 딜레마는 사라질 것이다. 그러므로 우리는 계약법이라는 정교한 장치가 필요한 이유에 대해 많은 힌트를 얻을 수 있다. 당신이 잘 알지 못하며 다시 거래할 일이 없을 판매자로부터 상품을 주문한다고 해보자. 당신은 그 판매자에게 돈을 보내기가 불안하지만, 상품을 먼저 배송하지 않으면 다시는 거래하지 않겠다고 판매자에게 경고할 수가 없다. 당신이 그와 다시 거래하지 않을 수 있다는 걸 상대도 알고 있으니 말이다. 또한 판매자의 성품이 신뢰할 만한지 그렇지 않은지도 알 수 없다. 상거래에서 믿을 만한 무언가가 없다면 많은 이가 지니는 이러한 불안은 해소될 수 없을 것이다. 그 무언가란 바로 계약이다. 서로 합의한 내용을 지키되, 만약 어기면 불이익을 감수하기로 하는 약속이다. 즉 상대방이 내 선택권을 제한한다면 그 대가로 자신의 선택권도 제한당할 수 있다. 이로써 계약은 모두가 죄수의 딜레마를 극복하고 협력에서 비롯되는 이익을 향유할 수 있는 편리한 방법을 제공해준다. 이와 유사하지만 좀더 복잡한 구조의 계약으로, 상대방이 약속을 수행할 때까지 일방 당사자가 상대방에게 지불해야 할 납입금을 중립적 제 3자가 대리인으로서 보관하는 등의 방식은 좀더 정교한 해결책을 제시할 수 있다.

때로는 죄수의 딜레마에 빠진 당사자들이 계약을 체결하는 것이 불가능한데, 이때 문제는 법이 동일한 목적을 달성할 수 있는 규칙을 강제할 수 있는지 여부다. 죄수의 딜레마의 결말이 좋지 않은 또 다른 이유가 여기에 있다. 즉 당신이 공범을 배신한다 해도 두려워할 만한 객관적 처벌이 존재하지 않기 때문이다. 우리는 그러한 결과를 바꿀 수 있다. 사람들이 협력하길 바라지만 계약에 의지할 수 없는 경우, 법적 처벌을 바탕으로 협력을 요구하는 규칙을 만듦으로써 보상을 조정할 수 있다. 이는 불법행위 및 범죄에 관한 법률을 이해하는 한 방법이기도 하다. 당신이 법적으로 두려워할 게 없는 상황에서 세금을 낼지 말지 결정해야 한다고 생각해보자. 당신을 제외한 모두가 성실히 세금을 낸다면, 당신이 세금을 내지 않는다고 해서 문제 될 일은 없을 것이다. 하지만 '당신을 제외한 모두가 세금을 내지 않는다면 더 이상 혼자만 세금을 내고 싶지는 않을 것이다. 다른 사람들도 같은 방식으로 추론한다. 세금을 회피함으로써 '배신하는' 이들을 범죄자로 처벌하는 규칙이 없다면, 모두에게 최선인 행위를 약속하는 계약을 체결하기 어려워질 것이고 세금 회피의 유혹이 만연할 것이다.

모든 종류의 범죄 및 불법행위에 대해서도 비슷한 이야기를 해볼 수 있다. 나쁜 행동을 하는 것이 얼마나 재미있을지 상상할 수도 있고, 대다수의 사람이 올바르게 행동하는 한 세상이 종말을 맞을 일은 없다고 상상할 수도 있다. 그러다 다른 사람들도 자신과 똑같은 생각을 하고 있다는 것을 깨닫고, 그것이 어쩌면 당신을 유혹하는 것과 마찬가지로 모두 나쁜 행동을 하도록 유혹할지도 모른다. 다른 이들이 나쁜 행동을 한다면 나 자신을 통제해야 할 이유도 줄어든다. 당신이 이런 식으로 생각하면 할수록 나쁜 행동을 하는 게 낫다고 여겨질 것이다. 그러나 다행히 더 늦기 전에 이러한 환상을 깨버릴 민형사상 책임에 대한 생각을 떠올릴 것이다. 비록 당신의 첫 번째 선택은 나쁜 행동을 하는 유일한 사람이 되는 것일지 모르지만, 두 번째 선택은 누구도 그런 사람이 되지 않게 하는 것이다. 그리고 당신 생각의 흐름은 당신을 더 나쁜 세상으로 이끌고 있었다. 즉 '모두'가 나쁜 행동을 하고, 그렇게 행동하는 것이 합리적인 세상 말이다.

앞 장에서 우리는 계약에 동의할 수 있을 만한 많은 사항을 법 규칙들이 규정하고 있음을 살펴봤다. 여기서 새로운 쟁점은 우리가 계약을 체결하거나 혹은 그와 동일한 결과를 위해 불법행위법 및 형법을 제정하는 더 명확한 이유를 살펴보는 것이다. 우리는 협력의 이익을 원하며, 따라서 (모두가 해야 할 일을 하기 위해) 각자에게 협력의 합리성을 부여하는 메커니즘이 필요하다. 모두가 도둑질(또는 쓰레기 투기나 탈세)을 하는 것보다는 아무도 도둑질하지 않는 것이 우리 모두에게 더 이롭다. 그러나 각자 자신을 위해 개인적으로 결정할 때 그러한 행위를 하지 않도록 하기에는 충분치 않을 수 있다. 양심이 보탬이 될 수는 있지만 강압의 위협만큼 유력하지는 않을 것이다. 신뢰가 형성되기에는 너무 복잡하거나 혼란스러운 상황에서 종종 법은 신뢰를 대신하곤 한다.

이러한 논의를 통해 우리는 법의 전체 범주가 어떻게 죄수의 딜레마를 해결하기 위한 수단으로 간주될 수 있는지를 이해할 수 있다. 실제로 국가에 관한 모든 이론은 이러한 아이디어에서 구축될 수 있다.[12] 그런 반면 죄수의 딜레마는 또한 법의 여러 구체적인 쟁점을 설명해준다. 그중 몇 가지를 간략히 살펴보도록 하자.

1. 변호사의 남용: 소송에 관계된 변호사들은 곧 증거 개시discovery 절차에 돌입한다. 증거 개시란 상대편과 사건에 관한 정보를 공식적으로 교환하는 과정을 말한다. 당신은 아무것도 말해주지 않고 상대측 변호사는 당신이 알고 싶은 것들을 제공해준다면 얼마나 좋겠는가? 안타깝게도 그것은 상대측 변호사의 희망 사항이기도 하다. 그래서 중대한 이해관계가 걸려 있는 소송에서는 종종 협력과 예의를 기대하기가 어렵다. 그러한 소송은 죄수의 딜레마에 해당되며 양측이 배신을 선택한 상황이다. 그 밖에 다른 유혹들도 존재한다. 어떤 정보 요청은 조사를 거쳐야 해서 상대방이 답변하는 데 큰 비용을 들여야 하는 부작용이 있다. 어떤 정보 요청은 유용한 정보를 획득할 만한 가치는 없어도 상대측에 비용을 야기하고 합의를 종용하기에 매력적일 수 있다. 상대측을 압박하기 위한 정보 요청은 남용으로 간주되기에 이를 금지 및 처벌하는 광범위한 민사소송 규칙이 있지만 실제 집행은 어렵다. 당신이 내 회사의 부품 제작 기밀을 훔쳤다는 주장과 함께 나는 소송을 건다. 그리고 당신이 보유하고 있는 부품 제작법은 물론 해당 부품이 언급되어 있는 문서를 모두 제출해줄 것을 공식 요청한다. 당신이 보유 중인 해당 문서는 300만 개나 되며 당신의 다른 기밀문서들과 함께 창고 여기저기에 흩어져 보관되어 있다. 따라서 내가 요청한 문서들을 선별하려면 많은 시간을 허비해야 한다. 당연히 당신은 이의를 제기하겠지만, 의도치 않게 부담을 주는 정당한 정보 요청과 부담을 주는 게 '목적'인 정보 요청 간의 차이를 판사가 구별하기란 쉽지 않다. 이에 대해 당신은 내 회사의 모든 주요 임원의 증언을 요구함으로써 보복에 나선다. 우리 임원들은 속기사 앞에서 질문에 답하느라 한동안 시간을 허비해야 할 것이다. 나의 이의 제기 또한 당신의 이의 제기와 마찬가지로 별 효과가 없다. 우리는 죄수의 딜레마에 처해 있다. 당신이 어떤 전략을 펼치든 나는 남용에 가까운 요청을

함으로써 배신을 선택해야 더 유리하다. 그건 당신도 마찬가지다. (그러나 서로 배신행위를 그만둔다면 모두에게 이득이다.)

어떤 소송들은 수년간 지속되기도 한다. 결과적으로 일방의 소송 전략이 상대방에 의해 그대로 반복될 수 있다는 것(즉 보복행위의 가능성)을 예상할 수 있음에도 소송 당사자들이 정직하고 신사적으로 행동하지 못하는 이유는 무엇일까? 그 이유 중 하나는 상대방이 협력하고 있는지 여부를 (판사뿐만 아니라 당사자들 또한) 알기 어렵다는 것이다. X는 Y의 의도에 의심을 품고 있으며, Y는 X가 뭔가를 감추고 있다고 믿어 의심치 않는다. 이제 두 사람의 승부를 건 게임이 돼버린다. 자신의 의심이 확인되었다고 생각한 X는 더 단호해지고 Y는 X에게 따끔한 교훈을 주기로 결심하고 실행에 옮긴다. 두 사람은 상대방에게 신뢰할 만한 약속을 해줄 수 없으며, 상대방의 선의를 정확히 판단할 수도 없다. 그렇다고 외부의 어떤 규칙을 적용하기 위해서는 큰 비용이 요구된다. 이 게임의 참가자들은 서로를 배신하고 비난하는 것 외에 다른 선택지가 없다. 이러한 양상은 양측이 소송에 자원을 쏟아부을수록 더 큰 규모로 되풀이될 것이다. 의심 그리고 협력으로 간주될 수 있는 부분에 대한 불명확함은 죄수의 딜레마를 특히 해결하기 어렵게 만들 수 있다.

대개의 변호사는 대도시보다는 소도시나 작은 동네에서 활동하기를 선호하는 편이다. 그 이유 중 하나는 우리가 지금 논의하고 있는 죄수의 딜레마와 관련 있다. 소규모 지역사회에서는 사람들 간의 교류가 긴밀한 편이므로 동네 변호사들은 신뢰를 구축하고 협력해야 할 유인이 비교적 많다. 당사자가 상대방의 행동을 오해하지 않는 한 '가는 말이 고와야 오는 말도 고운' 분위기가 다분하기 때문이다. 반면 대도시의 변호사는 상대편 당사자와 직접 접촉하는 일이 드물며, 아예 만나지 않기도 한다. 따라서 불쾌한 행위로 인한 결과를 두려워할 이유가 거의 없다. 전국적 규모를 자랑하는 로펌 역시 마찬가지다. 규모가 크다는 게 대단한 장점처럼 보이지만, 한편으로 그것은 동일한 지역사회에 속해 있지 않으면서 '되풀이되는 행위'라는 사고에 구속되어 있지 않는 변호사들 간에 수많은 거래가 이루어진다는 것을 의미하기도 하다. 규모의 경제가 항상 나쁜 행동을 유발한다는 말은 아니다. 다만 구체적 상황에 따라 다를 뿐이다. 만약 전국적 규모의 거대 로펌이 한 가지 사건 유형에 특화되어 있다면 이 로펌은 다른 전문가들과 거듭 거래하면서 지역이 아니라 이해관계로 정의되는 새로운 집단을 창설하며 다른 변호사들과 반복적으로 업무를 수행하게 될 것이다. 결과적으로 협력해야 할 이유들도 생겨난다. 그리고 여러 지역에 사무실을 두고 있는 큰 로펌을 상대해야 하는 상대방으로서는 어느 한 지역에서 이 로펌을 화나게 만들면 다른 지역의 소속 변호사로부터 보복당할 수 있다는 걱정을 하게 될 수도 있다. 이는 죄수의 딜레마의 해결에 도움이 되는 또 하나의 장점이기도 하다. 그러나 거대 로펌에서 일하는 젊은 변호사들이 큰돈을 벌어들인 다음 서둘러 다른 사건을 수임하는 데 급급하다면 이러한 설명은 설득력이 떨어질 수도 있다. 이들 변호사는 시야가 넓지 않고 회사 및 공동체와 맺고 있는 이해관계도 약해서 이들에게 가능함에도 상대측을 거칠게 공격하지 말아야 할 이유는 거의 없을 것이다.[13] 딜레마 안에 딜레마가 존재하는 것이다.

이러한 일반적 분석의 대부분은 법적 실행뿐만 아니라 모든 종류의 활동에도 해당된다. 공동체가 점점 커지고 더 복잡해짐에 따라 모든 사람은 타인과의 협력을 필요로 하게 된다. 그리고 거래가 반복되리라는 기대가 그리 높지 않다면, 자연스럽게 발생하는 죄수의 딜레마를 해결하기 위해 비공식적 규범 및 반복적 거래에 대한 사고에 의지한다는 것은 현실성이 떨어진다.[14] 그럴 때 우리에게는 계약과 규칙이 필요하다. 그리고 그러한 해결책들이 적합하지 않은 상황에서는 죄수의 딜레마와 그로 인한 낭비가 불가피한 것으로 판명될 수도 있다.

2. **노동조합 및 기타 집단:** 회사든 대학이든 혹은 노동조합이든 사람은 혼자서 일할 때보다 집단으로 일할 때 흔히 더 잘한다. 그러나 모두가 열심히 일할 때 이득을 얻을 수 있다는 사실 때문에 구성원 개개인은 자연스럽게 죄수의 딜레마에 빠진다. 구성원 모두가 '나는 아무런 비용도 치르지 않고 집단에 소속됨으로써 얻는 혜택을 누리기만 할 수 있다면, 즉 다른 이들의 노력에 무임승차할 수 있다면 얼마나 좋을까'라고 생각할 수 있다. 여기서의 '일'은 바꿔 말해서 집단이 성공을 거두기 위해 반드시 완수되어야 할 구체적 임무라 할 수 있다. 예컨대 노동조합이라면 회비 납부, 파업 동참, 그리고 (집단 전체가 아닌 개별적으로 동의하는 사람에게만 이익이 되는) 고용주의 비밀 제안에 대한 거절 등이 해당된다. 각 구성원은 대가를 치르지 않는 배신행위의 유혹(회비 미납, 파업 중 업무 참여, 비밀리에 고용주와 타협하기 등)에 빠지기 쉽다. '배신행위를 하고도 여전히 노동조합이 얻어내는 혜택을 향유할 수 있다면 더할 나위가 없다'고 생각하는 것이다. 그런 뒤에는 다른 구성원들도 자기처럼 배신을 생각할 수 있다는 데에 이른다. 그리고 이 생각 때문에 부정행위를 '저지르지 않으면' 자신이 바보가 될 것 같다는 확신을 가질 것이다.[15]

이러한 생각의 흐름에 대응 조치를 취하지 않는다면 조직이 자리를 잡기도 전에 와해될 수 있다. 그러므로 당연히 노동조합은 그 구성원을 면밀히 감시하고 임무 태만으로 적발된 조합원을 엄정하게 관리해 본보기로 삼는다. 그러한 조치들이 바로 죄수의 딜레마를 해결하기 위한 수단이다. 노동조합은 부정행위를 저지르는 이들뿐만 아니라 이탈자에 대해서도 걱정해야 한다. 노동조합의 과제는 규율을 준수하는 조합원이 누릴 혜택과 부정행위자 또는 이탈자가 누릴 혜택 사이의 간극을 최대한 벌려놓는 것이다. 그 간격이 좁으면 좁을수록 노동조합은 취약해질 테고 결국은 죄수의 딜레마로 인해 와해의 길로 빠져든다. 조합원 감시나 처벌, 그리고 노동조합이 행하는 여타의 노력들은 비용이 뒤따를 수 있으나 협력에서 비롯되는 이익(예를 들어 노동조합이 단체교섭을 통해 이끌어낸 합의)을 생각하면 그만한 가치가 있다고 여겨진다. 법은 종종 세제 혜택이나 각종 보조금 등을 지급함으로써 노동조합이 그 간극을 넓힐 수 있게 돕기도 한다. 노동조합은 그러한 법의 조력을 활용해 구성원들에게 협력의 가치를 한층 드높이고 이탈자를 방지한다.[16]

이 모든 것에 대해 못마땅하게 여길 고용주는 노조에 가입하지 않겠다고 약속하는 노동자에게 약간의 보상을 지급하는 계약을 제안할 수도 있다. 그렇게 되면 딜레마는 되살아난다. 노동자 개인은 다른 노동자들이 여전히 노조에 남아서 그들의 노력으로 얻어낼 이익의 일부를 공유할 수 있기를 바라지만 동시에 자신의 권리를 주장하기보다는 포기함으로써 이득을 얻을 수도 있다. 만약 다른 노동자들이 노조에서 이탈한다면 당연히 그도 이탈해야 한다. 또한 다른 노동자들은 노조에서 이탈하지 않고 자신만 이탈한다면 훨씬 더 이득이다. 그러나 모든 노동자가 이와 같은 생각을 하고 있다면 노조는 와해되고, 전체 노동자의 처우는 악화된다. 이에 대해 노동조합은 직접적으로 법을 끌어들여 대응한다. 그렇게 해서 만들어진 법이 바로 노리스-라과디아법Norris-LaGuardia Act으로, 노동자가 노동조합에 가입하지 않는 것을 조건으로 체결되는 '황견yellow-dog' 계약을 금지하는 법이다. 게임의 한쪽 참가자는 죄수의 딜레마를 해결하기 위해 애쓰고 있는 반면 상대방은 죄수의 딜레마를 계속 되살리려고 노력한다.

3. 공유지의 비극: 우리가 대구잡이로 생계를 잇는다고 가정해보자.

각자 닥치는 대로 대구를 잡아버린다면 곧 아무도 대구잡이를 할 수 없게 된다는 사실을 우리는 알고 있다. 각자 조금씩 자제심을 발휘하는 편이 모두에게 이득이다. 그러나 다른 사람들이 자제할 때 (나만을 생각하면) 나를 위한 최선의 선택은 일찌감치 최대한 많은 대구를 잡아버리는 것이다. 반면 다른 이들이 자제하지 않는다면 어리석게 나 혼자서만 자제할 수는 없다. 그런 이유로 다른 사람들이 어떻게 행동하든 나는 최대한 많은 대구를 잡으려 한다. 다른 사람들도 똑같은 생각을 할 테니 머지않아 대구는 씨가 마르고 우리는 모두 심각한 상황을 맞이할 것이다. 이 이야기에서 어부와 대구를 농장주와 그가 방목하는 소들 혹은 사냥꾼이나 광부, 기타 한정된 공유 자원의 사용자로 바꿔도 설명이 된다. 문제는 그들 각자가 과다 추출의 모든 이익을 향유하지만 그 대가는 극히 일부만 부담한다는 사실이다. 이 특별한 유형의 죄수의 딜레마는 '공유지의 비극'이라 알려져 있다.[17] 공유지의 비극은 사유재산의 미덕에 관한 오래된 일반적 주장이다. 왜냐하면 사적 소유자는 자기 자원의 과다 사용으로 인한 이익'과' 비용을 인지하므로 더 신중하게 행동해야 할 유인을 갖기 때문이다.[18] 그리고 공유지의 비극은 낚시, 사냥, 시추 등의 비율을 제한하는 정부 규제에 찬성하는 전통적 주장이기도 하다. 이때 정부 규제는 계약과 같은 역할을 수행하는 것으로, 우리의 선택지 중 일부를 빼앗음으로써 (제대로 효과를 발휘하기만 한다면) 우리 모두를 이롭게 만든다.

4. 파산: 당신의 음식점은 파산을 앞두고 있다. 당신에게는 5명의 채권자(어떤 이유에서든 당신이 돈을 빚지고 있는 공급업자들)가 있다. 초조한 채권자들로서는 즉시 당신에게 변제를 요청하거나 당신이 파산하기 전에 소송을 제기하는 게 합리적인 결정이다. 그러나 채권자 모두가 그러한

전략을 자제한다면 당신의 음식점은 망하지 않고 영업을 지속할 수 있어 모두에게 이득이 된다. 그들이 모두 변제를 요구한다면 당신은 파산할 수밖에 없고, 채권자들은 대부분 아무것도 건지지 못할 공산이 크다. 그러나 일부 채권자가 변제를 요구한다면 나머지 채권자들도 똑같이 행동에 나서는 게 낫다(마지막까지 기다리는 것은 어리석은 일이다). 반면 다른 채권자들이 변제를 요구하지 않는다면, 채권자 개개인은 거부할 수 없는 기회를 포착하게 된다. 즉 당신에게 빚을 갚을 여력이 있을 때 변제받기로 함으로써 위험을 회피하고자 할 것이다. 그러므로 채권자 전체에게 안 좋은 결과를 낳는 선택이 개별 채권자에게는 이로운 선택이 된다.

이 특수한 죄수의 딜레마에 대한 해결책으로 파산법을 들 수 있다. 누군가 파산하면, 이전 90일('우선적 변제기preference period') 내에 특정 채권자에게 이루어진 모든 변제는 무효가 되어 파산자의 재산으로 귀속된다. 이때 채권자들은 죄수의 딜레마에 빠진다. 그들이 이러한 내용의 계약을 자체적으로 체결하기는 쉽지 않으므로 법은 규정을 통해 그들이 동일한 결과로 나아갈 수 있도록 조력하고 있다. 즉 어느 채권자가 단독으로 변제를 요구함으로써 확보할 수 있는 모든 이익을 차단한다.[19] 이것은 최소한의 입법적 해결책이라 할 수 있다. 물론 채권자가 사전에 이러한 가능성에 대비할 수 있는 계약상의 해법도 존재한다. 당신의 자산에 담보권(즉 당신에게 변제할 능력이 없을 때 직접 당신의 재산을 취할 권리)을 설정하는 방식이다.[20]

5. 원치 않는 협력: 우리는 협력을 좋은 것으로 가정하고 있지만 때로는 그렇지 않을 수 있다. 당신이 '원하는' 것이 게임 참가자들이 서로 배반하는 상황(분열시켜 정복하는 상황)이라면 죄수의 딜레마는 오히려 조언이 될 수 있다. 죄수의 딜레마는 그 전형적 사례가 보여주듯이 심문하는

과정에서 효과적이다. 우리는 범죄자 사이에 협력이 생기는 것을 원치 않기 때문에 종종 그 가능성을 없앨 수 있는 유인책을 마련하려 한다. 또 다른 유형의 죄수의 딜레마는 개별 피의자에게 유죄 협상(형량 감경에 대한 대가로 범죄 혐의를 인정케 하는 합의)을 압박하는 데도 효과적이다. 만약 형사 피고인들이 형량 거래를 거절한다면 그들 전체로 볼 때 더 이로운 결과를 얻을 수 있을 것이다. 또한 피고인들이 모두 협력을 거부한다면 검사는 사건에 관한 모든 증거를 갖고 있지 않기 때문에 그들의 혐의를 전부 입증해야 하는 압박에 처한다. 그러나 현실적으로 피의자들이 연합하는 상황은 쉽게 이루어질 수 없으므로 그들은 보상을 제안받는 상황에 처한다. 즉 피의자들은 진실이든 아니든 자백하고 형량을 거래하는 게 합리적이라 생각할 수밖에 없다. 이것이 바람직한가 그렇지 않은가는 공정성에 관한 문제다. 바람직하지 않다면 검사가 피의자들을 이 한정된 측면에서 서로 계약을 체결한 자들로 대우하도록 하는 법 규칙이 필요할지도 모르겠다.[21]

원치 않는 협력에 관한 것으로서 덜 논란이 되는 사례도 있다. 한 무리의 비즈니스 경쟁자들이 담배 연기 자욱한 호텔 방에 모여서 상품 가격을 담합하고 있다. 비유적으로 표현하자면, 반독점법의 목적은 그러한 상황이 벌어지지 않도록 그들을 각자 별도의 방에 머물러 있게 강제하는 것이다. 그러면 그들 각자는 합리적으로 행동하며 활발히 경쟁하게 될 것이다. 가격을 정할 때 서로 협력하는 계약을 법으로 금지하는 것은 기업가들에게는 불리하지만 훨씬 더 광범위한 집단인 소비자에게는 유리한 조치다. 우리는 판매자가 죄수의 딜레마에 빠지기를 바란다. 그런데 판매자들이 카르텔을 형성한다 해도 결국 그들은 새로운 죄수의 딜레마에 빠진다. 즉 모두가 합의한 가격 담합을 준수하는 동안 각자는 더 많은 이익을 얻고자 은밀히 배신을 시도하려 하기 때문이다. 다시 말하지

2부 신뢰, 협력 그리고 복수의 행위자들을 위한 기타 문제들

만 이것은 바람직하다. 이것은 법이 그 해결을 위해 애쓰지 않는 딜레마로서, 우리는 이런 딜레마를 환영한다.

◆ 추가 독서를 위한 제안

Robert Axelrod, The Evolution of Cooperation(1984); Douglas G. Baird, Robert H. Gertner, and Randal C. Picker, Game Theory and the Law(1994); Russell Hardin, Collective Action(1982). 죄수의 딜레마에 대한 적극적이고 일반적인 대처법은 William Poundstone, Prisoner's Dilemma(1992), and Douglas R. Hofstadter, Metamagical Themas chs. 30~32(1985)에 나와 있다.

11장
공공재

죄수의 딜레마 중 어떤 유형은 이 책의 한 장을 할애해야 할 만큼 중요하다. 그것은 바로 '공공재'에 관한 것이다. 공공재는 일단 만들어지면 모든 사람이 사용할 수 있는 것으로, 당신은 사람들이 이것을 향유하지 못하게 배제시킬 수 없다. 공공재를 정의하는 또 다른 특징은 어떤 사용자에 의해 소모되지 않으며 다른 사용자들이 얻는 즐거움이 감소되지 않는다는 것이다. 그것으로부터 공기와 군대의 공통점을 발견할 수 있다. 공기든 군대든 누구나 그것의 결실(호흡의 즐거움 또는 침략에 대한 안전감)을 향유할 수 있으며, 그 존재에 기여하지 못한 사람을 배제할 수 없다. 그리고 내가 대가를 지불했든 안 했든 공기나 군대가 소모되는 것도 아니고 당신에게 비용이 청구되는 것도 아니다. 내가 군대가 존재한다는 사실에 안전감을 느낀다고 해서 당신이 느끼는 안전감이 줄어들지 않는다. 우리는 이러한 것을 향유하기 위해 경쟁할 필요가 없으므로 이들을 '비경합재'라 부르기도 한다.

이러한 비경합재는 무임승차 및 죄수의 딜레마 문제를 야기할 수 있다. 사람들에게 자발적으로 군대 유지나 공기 정화에 드는 비용을 기부해달라고 요청한다면 돈을 내는 사람도 있겠지만 대다수의 사람은 내지 않을 것이다. 그리고 이를 죄수의 딜레마로 여길 것이다. 즉 다른 사람들이 모두 군대 유지를 위해 기부한다면 나는 그들의 행위로 인한 모든 이익을 누릴 수 있기 때문에 굳이 비용을 내지 않아도 된다. 하지만 다른 사람들이 기부하지 않는다면 나는 더욱더 기부할 이유가 없다. 아무도 기부하지 않는 것보다는 모두가 기부에 동참하는 편이 전체를 위해 이익이겠지만, 단독적인 입장에서 나에게 (경제적으로 가장 합리적인) 최선의 선택은 다른 이들의 노력에 무임승차하는 것이다. 불행히도 다른 사람들도 똑같은 생각을 할 테고, 결국 '아무도' 노력하지 않게 된다(혹은 노력하는 사람이 있더라도 충분하지 않다). 그러나 이런 공공재의 문제는 완전히 다른 관점에서 바라보는 게 더 보편적이다. 지금 당신이 공공재 생산에 대해 고민하고 있다고 해보자. 당신이 그래야 할 이유가 있을까? 공공재는 일단 만들어지면 (사용하지 못하게 아무도 배제시킬 수 없기에) 모두가 향유할 수 있으며, 당신은 사용자에게 비용을 청구할 수도 없다. 공공재의 소비자는 이 문제를 죄수의 딜레마로 보고 있기 때문에 자발적으로 비용을 부담할 의사가 없다. 그러므로 당신은 공공재를 생산하지 않으려 할 것이고, 생산하더라도 모두가 원하는 것보다 적은 양을 만들어낼 것이다. 그 대신 우리는 원하지 않는 많은 공공악재(오염, 침략이 그 시작일 것이다)를 얻을 것이다.

이러한 까닭에 국방, 환경보호 등은 전통적으로 정부의 중요한 임무로 간주되어왔다. 국방 및 환경보호 등을 공급하는 사람은 그 혜택을 누리는 이들에게 비용을 청구할 수 없기 때문에 기본적으로 시장 기능에 따른 공급을 기대하지 못한다. 앞서 우리는 본인의 행위로 인한 이익은 체감하지만 타인에게 끼치는 비용(경제학에서 말하는 외부 비용)을 체감하지 못할 때 발생하는 문제들을 살펴봤는데, 공공재 공급자는 이와 정반대의 상황에 부딪힌다. 즉 요금을 청구할 수 없는 공공재 공급자는 자신이 체감 혹은 향유하지 못하는 외부 '편익'을 창출하기 때문에 애초에 상품을 생산할 유인이 충분하지 않다.

따라서 법 체제는 다양한 방식으로 공공재 문제를 해결하려 한다. 그 중 하나는 세금을 징수하여 개별적으로 요금 청구가 불가능한 좋은 일들에 모든 사람이 비용을 지불하도록 하는 것이다. 그런 식으로 (중앙정부에게 세금 납부를 강제할 권리를 부여함으로써) 공급되는 대표적인 공공재는 국방, 경찰, 환경, 도로, 공원 등이다. 사실 공공재는 강경한 자유주의자들(공공 정부를 완전히 또는 대부분 제거하고자 하는 이들)이 직면한 가장 큰 과제로, 그들은 공공재의 공급을 보장할 다른 방법들을 제안해야 한다. 그런 제안들은 현재 배타적으로 간주되지 않는 것들을 배타적으로 만드는 일과 관련 있다. 예를 들어 요금을 내지 않으면 도로를 사용할 수 없도록 모든 도로를 (공원 등 기타 공공장소 역시) 유료화하거나[22] 안전을 보장하는 사설 단체에 가입케 함으로써 무임승차자를 배제하는 방식 등이다. 우리는 지금 공공재라는 개념이 현재의 법 원칙을 설명하기 위해 어떻게 사용될 수 있는지에 초점을 두고 있으므로 이 부분의 논쟁은 깊이 다루지 않을 것이다. 다만 어떤 이들은 이에 대해 강하게 이의를 제기한다는 점에서, 사람들의 사용을 배제시킬 수 없는 상품이라는 개념을 당연히 여겨서는 안 된다는 것을 알아둘 필요가 있다.

지금 우리가 관심을 기울일 부분은 공공재의 다른 예들을 살펴보고 법이 사람들로 하여금 공공재를 창출하도록 어떤 역할을 수행하고 있는지 알아보는 것이다. 많은 사람이 비용을 들여 여러 좋은 결과를 창출할 때 여기에는 비용을 지불하지 않은 사람이 혜택을 얻는 경우가 있다. 일반적으로 이를 공공재의 문제라 한다. 당신은 아파트의 공동 현관을 깔끔히 꾸미길 원한다. 그 일은 공공재 생산에 해당되므로 일단 완성되면 비용을 지불한 사람이든 아니든 모든 아파트 주민이 향유하게 된다. 더욱이 누군가의 즐거움이 줄어드는 것도 아니므로 무임승차의 욕구가 발생하게 마련이다. 주민들은 당신이 알아서 하도록 내버려두기로 하겠지만 당신은 '주민들'이 동참하기를 바란다. 그러다가 화가 난 당신은 단독으로 진행하기로 마음먹고 몇 군데만 개선하려 할지도 모르겠다. 문제는 남아 있다. 그 작업에 드는 비용이 얼마든 간에 아파트의 모든 주민이 그 비용에 비해 높은 편익을 누릴 수 있는 최적의 금액이 존재한다는 것이다. 그러나 당신은 그렇게 많은 돈을 지출하지 않을 것이고, 결과적으로 비용과 편익의 격차는 낭비, 사중손실死重損失, deadweight loss[재화나 서비스의 균형이 파레토 최적이 아닐 때 발생하는 경제적 효용의 순손실을 의미하는 용어] 또는 비효율(어떻게 표현하든 같은 말이다)이 된다.

이런 유형의 문제를 자연스럽게 해결해주는 방법이 있다. 바로 계약을 이용하는 것이다. 집주인이 있는 경우라면 집주인이 현관을 개선한 다음 임차인 전부에게 비용을 청구할 수 있다. 혹은 집세에 이미 그러한 '비용'이 포함되어 있을 수도 있다. 반대로 입주자 모두 각자의 집을 소유한 경우라면 정부의 방식과 유사하다. 즉 모두(혹은 대다수)가 원하지만 개별적 결정을 통해서는 성취되기 어려운 계획의 실행을 위해 다수결 투표, 운영위원회 구성 등을 거쳐 전체 주민에게 비용을 부과하는 방식이다.[23]

공동 현관은 이런 식으로 해결 가능하지만, 건물 외관은 그렇지 않다. 건물 외관을 수리하는 것 또한 공공재의 다른 예라 할 수 있다. 건물에 살지 않고 그 앞을 지나다니는 수많은 사람은 건물의 개선된 모습을 누리지만 그들에게 비용을 청구할 수는 없다. 그들의 취향은 고려되지 않는다. 이는 수많은 건물이 기대에 못 미치는 외관을 갖추고 있는 이유 중 하나로, 여기서 말하는 '기대'란 세상 사람들에게 비용보다 큰 편익을 창출할 수 있도록 개선될 여지를 의미한다. 비용을 청구할 수 없는 사람들이 개선의 편익을 누리는 한, 아무리 그 개선이 효율적이라 해도 (비용 전체를 부담하는) 건물주가 외관을 수리해야 할 유인은 사라진다. 이럴 때 법이 무엇을 할 수 있는지는 명확치 않다.

이제 지식재산권법이 존재하지 않는 세상에서 발명가와 그들이 직면할 경제학을 살펴보도록 하자. 우리는 앞서 지식재산권법이 만들어내는 좋은 유인에 관한 이야기를 했는데, 공공재 문제의 해결책으로서는 어떠할까? 누군가의 발명이 제품으로 '탄생'한다면 누구나 그 발명의 혜택을 누릴 수 있다. 어떤 사람이 그 혜택을 누린다고 해서 나머지 사람들이 누리는 혜택의 양이 줄어드는 것은 아니다. 아파트 외벽을 칠하는 새로운 발명 기술이 탄생하면 발명가가 비용 청구를 할 수 없는 타인들에게 많은 편익을 창출할 수 있다. 그렇다는 것은 발명가가 기술을 발명하기 위해 마땅히 가져야 하는 강력한 유인을 얻을 수 없음을 의미한다('마땅히'의 크기는 그 발명이 세상에 창출해내는 전체 편익에 의해 측정된다). 우리는 이 문제를 과세 제도가 아닌 재산권, 즉 처음 몇 년 동안 발명가 외의 다른 모든 사람에게 해당 발명품의 제작 행위를 금하는 특허 형성을 통해 해결할 수 있다. 독점이 인정되는 수년 동안 다른 이들에게 실질적 손실이 존재하는 것이다. 특허 약을 구입할 여력이 없어 복제 약(처음 개발된 약의 특허가 만료된 후에야 비로소 세상에 나올 수 있는 약)을 기다려야 하는 사람들을 생각해보라. 애초에 신약이 개발되도록 하기 위해서는 그러한 유형의 비용을 감수할 가치가 있다. 적어도 그것이 특허법의 논리다. 진보성 문제obvious developments로 특허를 거절하는 규칙 또는 발명가가 특허받은 원제품에 새로운 변형을 가하는 것을 허용하는 규칙 등 우리는 여러 방식으로 특허로 인한 비용을 낮추려고 노력한다.[24]

작가에게 자기 작품의 복제를 통제할 한정적 권리를 부여하는 저작권법도 이러한 균형을 유지하고 있다. 예술품은 종종 공공재로 취급된다. 돈을 내는 사람만 예술품을 향유할 수 있도록 제한하기가 어려울 때가 많으며, 누군가의 향유가 다른 사람의 향유와 경합하지도 않는다. 그러므로 돈을 들이지 않고 누리려는 욕구가 높을 수밖에 없고, 예술 창작에 대한 유인은 충족되지 못한다. 다시 말하건대 올바른 균형을 유지하려면 세밀함이 요구된다. 예술품에 대한 저작권은 창작자가 일정한 이익을 확보할 수 있도록 도와주는 것이기도 하지만, 그 작품을 향유할 만큼 여유롭지 않은 사람들이 존재한다는 점에서는 예술품이 창출하는 총 편익을 '감소'시키는 것이기도 하다. 다른 경우와 마찬가지로 우리는 세밀한 법 규정을 통해 이 문제를 해결하고 있다. 예컨대 예술 창작을 장려하기 위해 예술품을 지나치게 보호함으로써 변형이나 모방 또는 원작으로부터 영감을 얻는 다양한 작품이 배제되는 문제에도 관심을 기울인다. 그에 따라 저작권법이 규정하는 작가나 예술가에게 부여하는 배타적 권리는 작품 아이디어의 '표현'에 관한 것으로, 그 아이디어 자체에 관한 것이 아니다. 아이디어 자체는 누구나 자유롭게 향유할 수 있다는 취지다. 때때로 아이디어와 표현을 구분하기 어려울 수도 있지만, 적어도 법원이 심사숙고해 내리는 판결의 목적이 무엇인지는 이해할 수 있다. 그것은 바로 공공재가 창출해내는 모든 편익 때문에 공공재가 창출될 수 있도록 하는 것이다. 다만 창작자에게 그 편익에 대한 권리를 인정해줌으로써 제공되는 유인이 크면 클수록 재화가 세상에 나온 뒤 창출해내는 총 편익은 줄어든다. 어느 쪽으로든 치우치면 낭비(비효율성)를 발생시킬 수 있는 것이다. 특허 제도와 저작권법은 이 문제를 다루는 방식에 약간의 차이가 있다. 저작권 보호는 그 적용이 어렵지 않고(창작물이 법이 정하는 요건을 충족하기만 하면 자동으로 적용된다) 오랫동안(저작자 사후 70년까지) 지속되지만, 그 범위에는 제한이 있으며 수많은 예외가 존재한다. 그러나 특허법에서 절충이 이루어지는 방식은 정반대다. 특허 신청은 초기 단계에서

부터 매우 신중한 검토를 통과해야 하며, 특허로 부여된 보호 기간은 약 20년으로 장기간 지속되지 않는다. 하지만 특허로 인정된 재산권은 저작권이 인정하는 재산권보다 더 강력하다.[25]

저작권에 관한 예시를 통해 표현이 공공재가 될 수 있다는 사실을 알아봤으니, 이제 헌법이 표현을 어떻게 취급하고 있는지 논의해보자. 표현은 소중한 것이며, 수정헌법 제1조는 그것을 보호한다. 그러나 모든 표현이 똑같이 보호받는 것은 아니다. 표현에는 공공재에 해당되는 것과 그렇지 않은 것이 있다는 점이 그 이유 중 하나다. 어떤 표현이 공공재에 해당된다고 했을 때 그것이 반드시 대중에게 유익하다는 의미는 아니며, 혜택을 누릴 사람들 사이에 존재하는 죄수의 딜레마로 인해 해당 표현은 발언자가 독점할 수 없는 편익을 창출한다는 의미에 불과하다. 즉 혜택을 누리는 모든 사람에게 비용을 요청할 수 있지만 그들은 대부분 부응하지 않는다는 말이다. 이러한 설명에 가장 적합한 표현 유형이 바로 정치적·예술적 표현이다. 아이디어는 공공재다. 토론도 공공재다. 그것 없이도 살아가는 데 지장이 없는 아이디어나 토론의 예는 얼마든지 찾아볼 수 있지만, 과연 어떤 것이 그러한지에 대해 합의를 이루기는 어렵다. 그리고 사람들은 판사나 정부에서 일하는 누군가에게 그 문제를 맡기고 싶어하지도 않는다. 대신 범주로써 판단한다. 특정 유형의 표현은 표현의 주체가 전부(혹은 때로는 전혀) 독점할 수 없는 큰 사회적 편익을 창출하는 경향이 있다. 그러므로 그러한 표현은 장려될 필요가 있다. 그리고 정부가 그러한 표현에 어떤 식으로든 비용을 부과하지 못하도록 세밀한 규칙을 마련하는 것이 하나의 방법이 될 수 있다.[26]

광고와 같은 상업적 표현이나 외설적 표현은 같은 수준의 보호를 받지 못한다. 그러한 표현은 공공재가 아니라는 점도 여러 이유 중 하나일 것이다. 다시 말하지만, 그러한 표현이 '나쁘다'는 의미가 아니다. 단지 그 표현의 주체는 상대방에게 비용을 청구함으로써, 또 때로는 타인을 배제시킴으로써 편익을 독점할 수 있음을 의미할 뿐이다. 따라서 광고나 포르노에 대해 부담을 덜어주기 위한 보조금을 지급하거나 특별한 노력을 기울일 필요는 없다. 그보다는 정치적 표현을 사람들이 더 가치 있게 생각하고, 나아가 표현 그 자체를 중요시하는 데는 분명 다른 이유들(자기표현, 자치 등)도 있다. 상업적 표현은 일반적 유형의 흔한 예시일 뿐으로, 일반적 유형이 공공재라는 개념의 모든 것을 설명할 순 없지만 몇 가지 법적인 상황을 통해 그 구조적 특성을 쉽게 이해할 수 있다.

공공재 개념은 이해하기 어려운 정부 보조금을 설명할 때 도움이 되곤 한다. 한 예로 보통법에서 한 자선단체 직원의 실수 때문에 소송을 당한 자선단체에게 면책권을 부여하는 것을 들 수 있다. 자선단체는 공공재를 생산하는 곳으로, 자선단체가 빈곤 완화나 선행을 통해 창출하는 편익은 모든 사람이 향유할 수 있으며, 돈을 내지 않는 다수의 사람도 그 편익을 누린다. 그들 중 일부는 자발적으로 기여하기도 하지만 나머지 사람들은 그러한 기여를 죄수의 딜레마로 간주하기 때문에 동참하지 않는다. 이에 대한 보완책으로 자선단체에 불법행위 책임을 면제시켜주는 것이다. 자선단체는 직접 창출한 비용의 일부에 대해 책임지지 않으며, 이로써 자선단체가 직접 창출한 편익의 일부를 향유하지 못하는 부분이 보완된다. (자선단체가 인지하지 못하는) 그러한 편익이 외부화되므로 자선단체가 스스로 창출한 일부 비용이 (인지하지 못하는 방식으로) 외부화시키는 것 또한 허용되는 것이다. 대부분의 주에서 자선단체에 부여하는 면책권은 폐지되었으나 보조금은 여전히 다양한 방식으로(예를 들어 자선단체에 기부한 자에 대한 세액공제 등) 지급되고 있다.[27]

공공재의 또 다른 예로, 소송을 제기하는 이들에게 정부가 지급하는 보조금이 있다. 타인에게 소송을 거는 사람에게 법원이 무료로 제공된다는 게 이상해 보이지 않는가? 법정을 운영하는 데 드는 인력 및 시설의 총비용은 시간당 400~600달러로 추산된다. 그것도 20년 전의 기준이다.[28] 소송을 결정할 때 사람들은 승소의 전망(즉 승소로 얻을 금액에서 패소할 확률을 공제한 금액)이 비용을 충분히 상쇄하는지 자문해보는데, 이때 법원이 제공되는 비용은 계산에 포함하지 않는다. 원고에게 그러한 비용은 외부 효과, 즉 인지되지 않는 비용인 것이다. 결국 국민이 그 비용을 받아들인다는 전제 아래 모든 소송에 보조금이 지급되는 셈이다. 만약 소송 참가자가 자신이 내리는 결정의 비용과 편익을 '모두' 인지한다면 현재보다 소송 제기 건수는 줄어들 것이다. 대부분의 사람이 좋지 않게 여기는 소송에 보조금을 지급하는 이유는 무엇일까.

아마 소송비 전부를 지불해야 한다면 정당한 이의 제기를 하는 사람들 중 일부는 소송을 제기할 수 없을 것이다. 그러나 국민이 비용을 지불해야 하는 무언가가 있을 때는 공공재가 관련돼 있는 것은 아닌지, 즉 대가를 지불하는 사람만이 아닌 모든 사람이 편익을 향유할 수 있기 때문에 만약 개별적으로 비용을 지불한다면 충분히 제공되지 못할 편익은 아닌지 자문해볼 필요가 있다. 소송은 다양한 종류의 공공재와 얽혀 있다. 법원이 사건 판결을 통해 만들어내는 법 규칙도 그중 하나다. 명백한 하나의 예를 들자면, 공공복리와 관련된 특정 목표 달성을 위해 시작된 공익 소송이다. 비록 다른 사람들의 희생을 토대로 일부 집단에 혜택을 주고 있다는 점 때문에 그 이론적 근거는 복잡하다고 할 수 있지만, 공공재의 핵심은 직접적으로 대중을 위해 제기된 소송 이상의 의미를 지닌다. 우리가 살펴봤듯이 일반적으로 법원의 결정은 당사자 간의 분쟁을 해결하는 것이 목적이지만 그 밖의 세상 사람들을 위한 규칙이기도 하다. 그리고 후자의 기능이 훨씬 더 중요한 것일지도 모른다(물론 당사자들은 그러한 기능에 관심이 없고 또 그것을 위해 소송을 제기하지 않았을 것이다).

사건의 해결을 위해 민간 중재인을 고용할 때 통상 민간 중재인은 의견서를 작성하지 않는다는 점을 생각해보면 쉽게 이해될 것이다. 민간 중재인은 어째서 의견서를 쓰지 않을까? 사법적 의견이 공공재이기 때문이다. 사법적 의견은 하나의 지침으로서 모든 사람이 그 편익을 향유한다. 중재인을 고용한 당사자는 그 편익을 독점할 수 없으므로 중재인이 의견서를 작성하도록 비용을 지불하지 않을 것이다. 판사가 의견서를 작성하는 정확한 이유는 당사자를 위해 일하는 사람이 아니기 때문이다. 판사의 의견서는 정부의 소송 보조금에서 나온 배당금으로 볼 수 있다.[29]

우리는 공공재가 세상에 나올 수 있게 하는 다양한 장치를 알아봤다. 특히 작은 사례들(아파트 관리)에서는 계약이 그러한 역할을 담당한다. 때로는 정부가 세금을 통해 공공재(국방 및 경찰)를 공급할 수 있다. 혹은 기업들에게 오염물질 배출 감소 조치를 요구하거나 자동차 운전자에게 배기가스 정화장치 설치를 지시하는 사례처럼 정부가 공공재 공급을 강제하기도 한다. 또한 정부는 공공재 생산자가 자신의 공공재(지식재산권)를 독점하도록 허용할 수 있고, 비용의 일부를 다른 사람들에게 부담시킴으로써 공공재 생산(자선단체나 소송)에 보조금을 지급할 수도 있다.

사람들이 공공재를 생산하고 싶게 하는 규범을 독려하는 다른 전략이 있다.[30] 물론 어떤 사람들은 이미 동참하고 있다. 자선단체에 기부하거나, 공영 라디오와 텔레비전을 지원하고, 혹은 전쟁이 벌어졌을 때 희생하기도 한다. 이들은 죄수의 딜레마를 벗어나 강압이 없음에도 공공재의 생산에 힘을 보태고 있는 것이다. 사람들이 그런 일에 대해 좋은 인상을 갖게 하는 규범은 공공재 문제를 푸는 또 다른 해결책이다. 그러나 더 흥미로운 점은 그러한 규범들 '자체'가 공공재라는 사실이다.[31] 당신이 너그러운 이들을 칭찬하고 쓰레기 무단 투기자들을 비난함으로써 규범 형성을 돕는다면 윤리 유지에 기여하고 있다고 말할 수 있다. 이런 이로운 활동에 대해 다른 사람들로부터 보상받거나 실질적 이득을 얻는 것도 아닌데 그렇게 행동하는 이유는 무엇일까? 그것은 규범에 관한 규범이 존재하기 때문이다. 즉 당신은 그러한 규범을 실천하는 일에 대해 좋은 감정을 갖고 있다는 것이다.

규범, 그리고 규범에 관한 규범은 법적 강제 없이 좋은 일들이 실현되도록 하기 위한 강력하고 유용한 수단이다. 대체로 규범은 조기에 주입시키는 게 가장 효과적이다. 따라서 부분적으로는 교육의 문제가 되며, 그러한 관점에서는 교육 역시 공공재의 또 다른 예라 할 수 있다.[32] 교육은 교육을 받은 사람이 누릴 수 있는 이익을 창출하지만, 훗날 공공재의 공급을 증가시킬 사고방식을 훈련시킴으로써 다른 사람들에게도 이익을 창출한다. 이는 어린 세대를 교육시키는 데 국민이 교육비를 부담하는 이유를 설명해준다.

✦추가 독서를 위한 제안

Mancur Olson Jr., The Logic of Collective Action: Public Goods and the Theory of Groups(1965); Jon Elster, The Cement of Society(1989); John O. Ledyard, *Public Goods: A Survey of Experimental Research, in* The Handbook of Experimental Economics (John H. Kagel and Alvin E. Roth eds., 1995); Daphna Lewinsohn-Zamir, *Consumer Preferences, Citizen Preferences, and the Provision of Public Goods*, 108 Yale L.J. 377(1999).

12장
사슴 사냥

당신과 나는 사냥꾼이다. 우리가 협력하면 사슴을 잡아서 풍성한 저녁을 즐길 수 있지만 각자 따로 사냥한다면 고작 토끼밖에 얻지 못한다는 사실을 서로 알고 있다. 이 게임은 내가 협력하지 않을 때 당신이 협력하는 것이 나에게 최선의 결과를 가져다주는(그리고 당신은 정반대 상황을 선호한다) 죄수의 딜레마와는 다르다. 이 게임에서 내가 바라는 것은 당신과 협력해서 사슴을 잡는 것이다. 그러나 당신이 협력하지 않는다면 나는 사슴 사냥을 하고 싶지 않을 것이다. 나 혼자 사냥에 나섰다가 성공하지 못하면 시간만 낭비하고 저녁을 굶을 테니, 나 홀로 사냥은 '가장 피하고 싶은' 선택이다. 당신 역시 내가 협력할 거라는 확신 없이는 사슴 사냥을 하고 싶지 않을 테니, 우리는 어렵잖게 협력할 수 있다. 그러나 여기에는 위험이 존재한다. 우리가 서로를 신뢰할 만한 합당한 근거가 없다면 사슴을 포기하고 토끼를 쫓고 싶은 유혹에 빠질 것이다. 내가 토끼를 잡는다면 적어도 '당신이' 토끼를 잡기로 결심했을 때 내가 아무것도 못 잡고 굶주릴 걱정은 없다. 그리고 당신 역시 내가 토끼를 잡기로 했을 때에 대한 보험 차원에서 토끼를 잡기로 결심할 수 있다.

이 우화는 1754년 장자크 루소가 쓴 『인간 불평등 기원론』에 소개된 것으로, 그 내용을 일부 인용하자면 다음과 같다. "사슴을 잡으려는 경우 성공하기 위해서는 모두가 자기 자리를 충실히 지켜야 한다는 사실을 잘 알고 있다. 그러나 그들 중 어느 한 명의 영역에 토끼가 나타나는 바람에 그가 토끼를 잡으려고 이탈한다면, 그 행동은 동료들이 사슴을 놓치든 말든 신경 쓰지 않는 것이 명확하다." 이처럼 참가자 전원이 협력하는 게 최선이지만 그렇지 않다면 모두가 배반하는 게 더 나은 경우는 적지 않다. 즉 모두가 협력하는 것이 아니라면 누구도 협력하지 않아야 하므로 결국은 아무도 협력하지 않을 것이다. 재미와 편의를 위해 우리가 논의할 주제 역시 '사슴 사냥'이라 부를 수 있다. 사슴 사냥 또한 죄수의 딜레마 처럼 면밀한 수학적 연구의 대상으로 다루어져왔지만, 수치를 사용하지 않고도 패턴을 이해함으로써 복잡한 여러 상황 간의 공통 구조를 발견할 수 있을 것이다.

반란이 그 적합한 예라 할 수 있다. 다른 동료들이 당신과 함께하리라고 확신하는 한 반란은 시도하지 않는 게 상책이다. 비행기의 승객들이 무장한 납치범을 제압하기 위해 노력하는 경우도 마찬가지다. 두 사례 모두 성공하기 위해서는 완전한 협력이 요구된다. 이럴 때는 일단 행동에 나서면 배신해도 소용없기 때문에 죄수의 딜레마가 아니다. 다른 사람들이 계획대로 실행할 때 혼자 배신을 꾀해봤자 아무런 성과를 거둘 수 없다. 사업에 성공하기를 바라는 당신은 다른 이들이 모두 참여할 '경우에' 가담할 준비를 하게 마련이다. 군비 경쟁은 또 다른 사례 연구로 이어지곤 한다. 당신의 국가와 내 국가가 모두 무기 경쟁에 자원을 소비하지 않는다면 더 잘살게 될 것이다. 그러나 당신도 나와 같은 행동을 보여줄 거라 확신할 수 있을 때 무기 경쟁을 자제하는 편이 합리적이라 여겨질 것이다. 그 반대도 마찬가지다. 우리 둘 다 무기를 줄이려는 준비가 되어 있지 않다면, 나는 당신을 확실히 신뢰할 수 없으므로 무기를 구축할 것이다. 당신 또한 (내가 당신을 신뢰하지 못한다는 사실을 알았으니) 나에 대한 신뢰를 확신할 수 없어 무기를 구축할 것이다. 내 첫 번째 선택이 당신이 아무것도 하지 않을 때 무기를 구축하는 것이라면 이 사례는 죄수의 딜레마에 해당될 수 있다. 그러나 우리 둘 다 무기에 신경 쓰지 않는 것이 나나 당신의 첫 번째 선택일 것이다. 내가 무기를 구축하는 유일한 이유는 당신이 무기를 구축할 거라는 걱정 때문이다.

사슴 사냥과 죄수의 딜레마가 다르다는 점을 강조하는 이유는 그 둘이 혼동되기 쉬운 데다 각기 다른 의미를 함축하고 있기 때문이다. (사람들은 협력의 문제를 발견하자마자 죄수의 딜레마 게임으로 단정하곤 하는데, 그렇지 않은 경우가 있다.) 두 게임의 차이를 다시 정리해보자. 죄수의 딜레마에서는 내가 어떻게 행동하든 당신이 배반하는 것이 상책이지만, 사슴 사냥에서는 그렇지 않다. 당신이 협력하리라는 것을 내가 '아는' 상황이라면 나 역시 협력을 원할 것이다. 앞선 장에서 자세히 살펴봤듯이 일반적으로 죄수의 딜레마가 해결하기 더 어려운 까닭은 일정한 장치(공식·비공식적 불이익)에 의한 제한이 없는 한 언제나 한쪽이 배신하려는 유혹이 있기 때문이다. 사슴 사냥 게임 또한 배신의 위험성을 수반하지만 이때의 배신은 전적으로 방어적이다. 즉 상대방이 어떻게 행동할지 확신할 수 없기 때문에 배신하는 것이지 한쪽이 상대방을 이용하려는 의도로 배신하는 것은 아니다. 따라서 문제는 오직 모두가 협력하도록 만드는 것이다. 일단 협력을 인지하고, 모두가 협력하고 있음을 '알고', 협력이 계속될 것이라 확신한다면, 배신의 유혹은 생기지 않을 것이다. 사슴 사냥의 진짜 문제는 확신이기 때문에 이 게임은 종종 '확신 게임assurance game'이라 불린다. 모든 참가자가 다른 이들의 협력을 확신할 수 있다면 기꺼이 자기 역할에서 벗어나지 않을 것이다. 그러나 어떤 이유에서든 게임의 참가자들이 계약을 체결하기 어려워질 때 확신 게임은 죄수의 딜레마와 공통점을 드러낸다. 반란자들은 반란 계약이 실행되기 어려울 것으로 (정확히) 의심하고, 승객들은 비행기 납치 사건이 발생한다면 어떻게 행동할지 사전에 계약을 체결할 수 없다. 설사 그것이 가능하다 해도 그런 유형의 계약은 실제 이행되기 어려울 것이다. (무엇보다) 누군가 계약을 위반한다면 나중에 이의를 제기할 사람이 아무도 남아 있지 못할 테니 말이다.

내시 균형Nash equilibrium이란 개념을 이해하면 지금까지 논의한 여러 게임의 구별에 도움이 될 것이다. (내시 균형이란 명칭은 영화 「뷰티풀 마인드」의 주인공 존 내시의 이름을 딴 것으로, 게임 이론에 관심 없는 사람들에게도 유명하다.) 어떤 게임이든 한쪽 참가자가 상대방의 행동을 '고려했을 때' 자신의 전략을 변경함으로써 더 나은 결과를 얻을 수 없는 경우 내시 균형에 도달한다. 죄수의 딜레마에서 참가자는 매번 배신을 선택함으로써 행복하지 못한 내시 균형에 도달한다. 즉 내가 배신할 것을 고려할 때 당신은 계속 배신하는 것이 유리하며, 나 역시 마찬가지다. 갑자기 협력에 나선다고 해서 내가 이득을 볼 수는 없다. (우리 둘 다 협력한다면 그러지 않을 때보다 서로에게 더 유리하겠지만, 그것은 균형 상태라 할 수 없다. 여전히 언제든 한쪽이 배신함으로써 더 이득을 볼 수 있기 때문이다.) 그러나 참가자들이 도달할 수 있는 하나 이상의 균형이 존재할 때도 있다. 사슴 사냥이 그러한 예로, 토끼를 잡는 것이 하나의 균형이다. 당신이 토끼를 잡을 거라고 전제하면 내가 사슴을 쫓는 건 무의미하다. 내가 토끼를 잡을 거라고 전제하면 당신 또한 사슴을 쫓을 필요가 없다. 이 상황은 충분히 만족스럽지는 않아도 안정적이다. 우리 '모두' 전략을 변경함으로써 더 나은 결과를 얻을 순 있지만, 이것은 둘 중 누구에게도 합리적인 선택이 아닐 것이다. 결국 우리는 토끼를 먹는 선택을 유지한다. 그러나 어떻게든 실현될 수만 있다면 사슴을 사냥하는 것 또한 균형이다. 일단 우리가 사슴을 사냥하고 있다면, 즉 우리가 '확신을 갖고' 협력하고 있다면 토끼를 잡으러 갈 이유가 없다.

따라서 사슴 사냥에서 과제는 열등한 균형에서 더 나은 균형으로('토끼를 잡는다'는 하나의 균형에서 '사슴을 잡는다'는 더 나은 균형으로 혹은 '선장의 채찍질을 받으며 일한다'는 하나의 균형에서 '선장을 배 밖으로 던진다'는 적어도 선원들에게는 더 우월한 균형으로) 나아가는 것이다. 나쁜 균형에서 벗어나기 위해서는 모두가 협력할 것이라고 설득할 수 있는 장치가 필요하다. 바로 그 지점에서 법이 개입한다. 그러나 어떤 경우에는 다른 참가자가 행동하지 않는 한 나서지 않으려 하는 '이유'에 따라 그 해결책이 달라진다.

예를 들어 베일리빌딩앤론Bailey Building & Loan의 예금자들이 한꺼번에 현금 인출을 요구하는 사태가 일어나 자금이 고갈될 위기에 처했다고 해보자. 이 경우는 사슴 사냥 게임이다. 모든 예금자가 인출을 자제한다면 모두에게 이로울 것이다(그리고 대다수가 '만족할' 것이다). 그러나 다른 사람들이 어떻게 행동할지 모르기 때문에 원금보다 적을지라도 최대한 예금을 인출하는 것(토끼를 잡는 것)이 가장 나은 전략이라고 생각할 것이다. 이 사례에서 당신이 사슴 사냥을 원치 않는 이유는 아무것도 얻지 못할 수 있다는 생각 때문이다. 그러므로 우리에게 필요한 것은 불이익이 아니라 확신이다. 법은 이에 대해 인출 행렬에 뛰어들지 않아도 예금을 보장해주는 약속연방예금보험federal deposit insurance으로 해결하고 있다. 그 결과 광적인 인출 사태는 벌어지지 않는다. 법이 사슴 사냥의 위험성을 제거해주는 것이다. 앞 장에서 언급된 파산법도 (정부로부터 아무런 자금 지원을 약속받지 못했어도) 효과적이다. 은행이 모든 채권자에게 변제할 수 없는 경우 내가 은행에서 돈을 미리 인출했더라도 파산법원에 반환해야 하므로 애써 예금 인출 사태에 뛰어들 필요가 없는 것이다.

주식 시장이 붕괴할 때도 유사한 상황이 벌어질 수 있다. 내가 어떤 주식을 매도할 생각이 없었다 해도 많은 사람이 그 주식을 매도한다면 나도 똑같이 매도하는 게 유리하다. 다시 말하지만 이는 죄수의 딜레마가 아니다. 내가 원하는 것은 '누구도' 공포에 사로잡히지 않는 것이다. 그러므로 내가 협력하게 만들기 위해 어떤 벌칙이 있을 필요는 없다. 그리고 정상적인 매도와 사슴을 포기하는 것에 해당되는 공포의 투매를 구별하기란 어렵기 때문에 사실상 벌칙은 악영향을 끼칠 수도 있다. 벌칙 대신 증권거래소는 서킷 브레이커circuit breaker라는 규칙을 두고 있다. 이를테면 다우존스 주가평균지수가 단시간에 폭락할 때 모든 주식 거래를 중단시키는 제도다. 그러한 중단 조치가 이후의 매도를 막아주는 보증은 아니지만, 절제된 균형을 만들어내 균형이 힘을 키울 수 있는 (모두가 다시 사슴 사냥에 익숙해질 수 있는) 시간을 벌어준다.

때로는 하나의 게임이 다른 게임으로 변화하거나 서로 다른 게임들이 동시에 일어날 수도 있다. 상황은 게임 참가자들의 유인에 따라 달라지며, 유인이 모두 동일하지 않을 때도 많다. 둘 이상의 게임이 발생하는 사례로, 연방판사가 서기(로스쿨을 졸업하자마자 연방판사의 보조로 1년 동안 근무하는 새내기)를 채용하는 과정을 들 수 있다. 서기의 채용은 그들이 학생일 때 이루어지는데, 학생들이 로스쿨에서 2년의 학업을 마치는 9월에 채용하는 게 적절하다고 판사들은 여겨왔다. 이때쯤이면 판사가 판단하는 데 도움이 되는 학점 자료가 풍부하기 때문이다. 그러나 몇몇 판사가 그보다 이른 시기에 서기를 채용하기 시작했고, 이 소식을 접한 나머지 판사들도 채용 시기를 앞당겼다. 급기야 채용 시기에 관한 관행이 무너지면서 대다수의 판사가 조기(가령 3월)에 서기를 채용하게 되었다. 이듬해 판사들은 무분별하게 채용을 서두르는 행위를 자제하겠다고 선언했지만 소수의 판사는 오히려 더 빠른 시기에 서기를 채용했고, 그에 따

2부 신뢰, 협력 그리고 복수의 행위자들을 위한 기타 문제들

라 채용 시기는 2월로 앞당겨지기에 이르렀다. 그렇게 몇 년이 지나자 서기 채용은 로스쿨 3년차가 아닌 2년차 초기에 이루어지게 되었다.[33]

이 사례는 어떤 유형의 게임일까? 대다수의 판사에게 이 사례는 사슴 사냥 게임이었다. 그들이 진정으로 선호하는 것은 모두 협력하는 것이었다. 최적기인 9월까지 아무도 채용을 서두르지 않으리라는 확신이 있었다면 그들도 기꺼이 동참했을 테고, 남들보다 서두르려는 욕구도 없었을 것이다. 그러나 그러한 결과를 기대할 수 없었기에 9월까지 기다리다가 마지막으로 채용하는 입장이 되고 싶지 않았던 것이다. 한편 정말로 다른 이들보다 먼저 서기를 채용하길 원했던 소수의 판사들에게 이 게임은 죄수의 딜레마다. 그들의 첫 번째 선택은 9월까지 기다리는 나머지 다른 판사들을 배신하는 것이기 때문이다. 이러한 소수의 판사만으로도 나머지 판사들을 그들이 원하지 않는 균형으로 몰아넣기에 충분했다. 2003년에 이르러 모든 판사에게 로스쿨 학생이 3학년이 될 때까지 서기 채용을 기다리기로 하는 공식 합의서가 전달되었다. 합의를 어기면 받을 맹렬한 비난의 위협 때문에 적어도 당분간 합의서는 효과를 발휘할 수 있었다.

우리가 지금 논의하고 있는 도구는 인종 분리(차별)에 관한 사례들을 이해하는 데도 도움이 될 것이다. 어느 흑인 가족이 백인들이 거주하는 동네로 이사했는데 몇 년이 지나자 동네에서 백인들이 거의 사라졌다고 가정해보자. 종종 이런 일이 일어나는 까닭은 무엇일까? 그 배경에 대해 설명하는 여러 견해가 있는데, 그중 하나가 바로 사슴 사냥 게임이다. 우선 모든 백인 가정이 비차별적인 동네를 환영한다고 가정하자(나중에 이 가정을 완화할 예정이다). 그러나 그들 각각은 '다른' 백인 가정들이 이를 선호하지 않을까 걱정하고 있다. 그런 이유로 이웃들이 이사를 가버린다면 모두의 자산 가치가 하락할 테고, 그렇게 된다면 늦지 않게 마을을 떠나는 게 중요할 것이다. 실제로 몇몇 백인 가정이 떠나고, 이를 지켜 본 주민들에게는 자신들의 공포가 확인된 셈이다. 따라서 그들도 이사를 가기로 한다. 이 사례는 또 하나의 사슴 사냥 혹은 확신 게임이다. 모두 가 아무도 마을을 떠나지 않을 것이라 믿는다면 다들 기꺼이 마을에 머 무르기로 할 것이다. 그것이 균형이다. 그러나 다수의 백인 가정이 떠날 것이 우려된다면 자신 또한 마을을 떠나는 게 합리적인 결정일 수 있다. 즉 한쪽 인종의 구성원 전부가 떠나는 것 또한 균형이다. 이 경우 애초에 모든 사람이 비차별적 통합을 원하지는 '않았을' 것이다. 이를 꺼려했을 어떤 가정에게 이 게임은 사슴 사냥이 아니다. 그들은 다른 사람들이 어 떻게 행동하든 마을을 떠날 것이기 때문이다. 그러나 이 사례를 사슴 사 냥으로 보는 이들에게 그들의 이탈은 따르고 싶게 만드는 배신으로 해석 될 수 있다. 이미 살펴봤듯이 진행 중인 사슴 사냥은 쉽게 와해될 수 있 다. 일부 참가자가 다른 참가자의 선호와 같지 않거나 자신들이 다른 게 임을 하고 있다고 인식된다면, 그들은 나머지 참가자들을 안 좋은 균형 으로 몰아넣을 수 있는 것이다.

이 마지막 사례에서 법이 크게 기여할 수 있는지 여부는 확실치 않다. 그러나 우리가 살펴봤던 사슴 사냥의 다양한 사례로부터 어떤 해결책을 얻을 수도 있다. 주로 이론적이기는 하지만 가능한 것 중 하나가 주택자 산보험이다. 주택 보유자는 거주 인종 비율이 달라지지 않은 동네의 다 른 주택에 비해 자신의 주택 가치가 많이 하락하는 경우 보상받는 보험 에 가입할 수 있다.[34] 이러한 보험은 은행 사례에서 본 예금보험과 마찬 가지로 인출 사태에 동참하지 않는 위험을 제거함으로써 안 좋은 결과 를 막아줄 수 있다. 훨씬 더 참신한 방법으로는, 개발 중인 동네에서 이 루어지는 주택 매매에 대해 고율의 세금을 부과하자는 제안도 있었다. 사실 사람들이 이사 가는 것을 세금으로 제지한다면 새로운 사람이 그 동네로 이사 오지 않을 수도 있기 때문에 처음에는 인종 통합의 가능성을 망칠 것으로 생각되었다. 그러나 이 제안은 생각보다 세밀하다. 매년 주택 매매의 첫 5퍼센트에 대해서만 세금을 면제해주고 그 나머지 주택 매매에는 세금을 부과하는 방식으로, 이것이 매매의 속도를 늦추는 역할을 한다. 대부분의 사람은 집을 팔기 위해 이듬해 세금 면제 기간이 다가올 때까지 기다릴 것이기 때문이다. 이 규칙은 주식시장에서의 서킷브레이커와 유사한 효과를 일으킨다. 즉 모두에게 이익이 되는 균형이 힘을 키울 수 있는 냉각기를 생성하는 것이다. 물론 이 모든 제안에는 비용이 따른다. 보험은 비싸고, 다른 이유로 이사를 가야 하는 누군가에게 고율의 세금은 부담스러울 것이다. 실패한 사슴 사냥의 비용을 해결책의 비용과 비교할 필요가 있다. 또한 어떤 아이디어든 바라는 효과를 가져다줄지는 확신할 수 없다(주택자산보험이 시도되었던 곳에서 결과가 어떠했는지 명확하지 않다). 이 모든 제안이 분리(차별) 문제를 사슴 사냥으로 상정하고 있다는 데 주의해야 한다. 어쩌면 사슴 사냥뿐만이 아닐 수도 있고, 대부분 사슴 사냥이 아닐 수도 있다. 그러나 이러한 제안들은 다양한 게임이 어떻게 해결될 수 있는지에 관한 흥미로운 연구의 일환이라는 데는 변함이 없다.

　지역 개발을 위한 대출을 다른 은행이 허용하지 않을 것이라 판단한 어느 은행이 대출을 거부한 결과 해당 지역의 가치가 하락할 때도 비슷한 문제가 생겨날 수 있다. 은행들의 결정이 옳을 수도 있다. 그런 경우 대다수 은행은 돈을 빌려주지 않을 것이다(그러나 이유는 오로지 다른 은행들이 대출을 거절할 것을 걱정했기 때문이다). 그것은 하나의 균형이다. 어떤 은행도 대출해주지 않을 때 첫 번째로 대출을 허가하는 은행이 되는 것은 비합리적이다. 어느 한 은행이 '선구자'가 되었을 때 향후 수년간 고객들로부터 그 용기를 높이 평가받고 충실한 지지를 얻을 수 있다고 믿는다면 얘기가 달라지겠지만, 어떤 은행도 쉽게 그런 기대를 하지는 않을 것이다. 그 이유는 충실한 고객이 된다는 것, 그리하여 첫 번째로 대출해준 은행이 더 많은 돈을 벌게 해주는 것은 내시 균형이 아니기 때문이다. 나중에 등장한 다른 은행들이 더 좋은 금리를 제안하면 고객들은 배신하고 싶은 유혹에 사로잡힐 것이다.

그러나 '모든' 은행이 돈을 빌려준다면, 지역의 부에 기여하게 되어 개별 은행의 대출 행위가 다른 은행들의 대출을 안전하게 해주는 또 다른 균형이 일어날 수 있다. 핵심은 은행들을 나쁜 균형에서 좋은 균형으로 이동시키는 것이다. 이것은 문제를 살펴보는 하나의 사고방식이자 연방 지역사회재투자법Community Reinvestment Act의 요지를 이해하기 위한 한 방법이기도 하다.[35] 이 법은 지역사회의 요구를 충족시키는지 여부로 은행들을 평가하고 현저히 미달되는 은행에 불이익을 준다. 실질적으로 평가 및 결과가 대출을 위한 강력한 유인을 창출하는지에 대해서는 논란이 있지만, 지금 여기서는 요점을 벗어나는 문제다. 다만 법이 더 나은 균형을 향해 가볍게 밀어붙이기만 해도 집단적 행동 문제를 극복하고 모두를 사슴 사냥에 나서도록 하기에 충분할 것이다.[36] 문제를 바라보는 이러한 관점(다시 말하지만 다른 관점들도 당연히 존재한다)에서 모두가 바라는 것은 자신들이 곤란한 상황에 처하는 일이 없을 거라 생각할 만한 합리적인 근거다. 이 법은 모두가 바라는 그 확신을 제공하는 데 일조한다. 이는 좋은 균형을 규칙으로 바꿀 뿐만 아니라 은행들이 서로에 대한 기대를 체계화하는 규범으로도 전환시킨다.

어느 정도 사슴 사냥 게임에 익숙해진 학생이라면 이 게임이 끊임없이 발생한다는 사실을 발견하게 될 것이다. 어째서 어떤 사람들은 자발적으로 자신의 소득을 타인에게 재분배하는 수표를 발행하는 것보다 재분배적 조세 정책을 더 기꺼이 지지하는 것일까? 어째서 사회적 정치적 캠페인이 시작되기까지는 매우 어려운데 일단 (아마 몇 차례의 법적 승리와 함께) 수용과 성공이라는 특정 기준선에 다다르면 엄청난 추진력을 발휘하게 되는 걸까?[37] 어째서 그토록 많은 하키 선수는 헬멧 착용에 관한 규칙이 제정될 때까지 헬멧 착용에 저항했을까?[38] 각 사례가 사슴 사냥과 관련되었다고 말하는 정도로는 그 상황을 이해하기에 충분치 않다. 한 걸음 더 나아가서 그것이 '왜' 사슴 사냥인지 물어야 한다. 즉 많은 사람은 왜 다른 이들이 먼저 행동하는 것을 충분히 목격하기 전에는 모험을 기피할까? 어떤 모험은 다수의 사람이 동참하지 않는 한 헛수고가 될 게 뻔하기 때문일 것이다. 혹은 아무리 적은 수의 사람이 동참하더라도 실질적 효과는 같지만 심리적 경험이 다른 경우도 있다. 모든 하키 선수가 헬멧을 쓰지 않는데 자기만 쓴다면 얼간이(혹은 그 비슷한 존재)로 보일까 봐 걱정한다. 또한 사람들은 어떤 공익 활동에 아무도 기부하지 않는데 혼자만 기부하면 바보가 된 것처럼 느낀다. 하지만 모든 사람이 기부하도록 법으로 강제한다면 기부에 대해 좋은 감정을 느낄 수 있다. 물론 이러한 유형의 이론화에는 많은 추측이 개입되어 있다. 더욱이 다수는 관객으로서 당신이 목격하고 있는 것이 사슴 사냥인지 아닌지 확신하기 어렵다는 점에서 그것은 유익한 가설에 불과할 수도 있다.

사람들이 이러한 상호관계, 즉 다른 사람들이 협력한다면 나도 협력하지만 다른 사람들이 협력하지 않는다면 나도 협력하지 않으려는 심리를 갖고 있는 한 다른 사회적 행동들도 대부분 사슴 사냥과 유사할 수 있다. 대다수가 탈세나 부패에 가담하려 하지 않는다면 사람들은 그런 행동을 하지 않을 것이다. 법에 영향을 끼칠 수 있는 몇몇 증거가 있다. 많은 사람이 올바르게 행동한다는 것(예를 들어 세금을 내고, 정직하고, 관대한 면모를 보이고)을 국민에게 납득시키기 위한 조치들은 입법자가 마음대로 활용할 수 있는 뇌물 및 협박의 유용한 보조 수단(이를 개선이라 부르기도 한다)이 될 수도 있다.[39] 게임 참가자들에게 다른 모든 사람이 사슴을 사냥하고 있다고 납득시키는 것은 사람들을 편안하게 만들어 같은 행동을 하도록 유도한다. 그러나 다시 강조하건대, 좋은 해결책은 참가자들이 왜 다른 사람들이 행동할 때에만 동참하고 싶어하는가 하는 '이유'에 따라 달라진다.

마지막으로, 법의 생성 자체가 어떻게 사슴 사냥의 상황을 만들어낼 수 있는지 살펴보도록 하자. 여러 주의 법원에서 각종 사고의 법적 책임에 대해 판결하는 과정을 보면, 대부분의 다른 주법원이 판결을 내린 다음에 판결하게 되는 어떤 주법원은 게임의 후반전 경기를 하는 셈이다. 예컨대 부주의로 인한 교통사고를 당했을 때 자동차 제조업체에 책임이 있는지 여부를 다투는 사건에서 웨스트버지니아주 대법원은 다음과 같은 판결을 내렸다.

웨스트버지니아주는 미국 인구의 0.66퍼센트가 거주하는 소규모 지방이다. 본 법정의 일부 구성원이 불법행위법의 여러 면에서 그 타당성에 대해 유보적 입장을 취하고 있음에도 불구하고, 하나의 법원으로서 우리는 주 간 상업 활동에서 발생하는 사건들을 위한 전체 불법행위 시스템을 합리적으로 만들 권한을 전혀 갖고 있지 않다. 그러므로 우리가 내리는 결정은 국가 경제에서 발생하는 일련의 경제적 거래에 어떠한 영향도 끼치지 않는다. 그리고 아이러니하게도 웨스트버지니아에서만 고유하게 책임을 묻는 것을 통해 미국의 불법행위 시스템을 좀더 합리적으로 만들려는 독자적 노력은 오직 우리 주의 거주민만 엄중하게 처벌하는 것으로, 다른 주의 시스템을 향상시키지 못한다. (⋯)
우리가 살고 있는 세상이 아닌 다른 세상에서 본 법정이 국가 정책을 수립하도록 요청받는다면, 현재의 제조물 책임 규칙에 대대적으로 수정을 가할 수도 있을 것이다. 그러므로 우리는 우리가 원고들에게 관대한 규칙을 채택함에 대해 완벽한 정의라는 플라톤적 이상에 부합한다고 주장하지는 않는다. 오히려 고용, 연구, 개발 및 상해를 입은 제품 사용자에 대한 보상 사이의 적절한 균형에 관한 국내법의 방향을 통제할 권한을 갖고 있지 않은 작은 주로서 원고들에게 관대한 규칙을 채택하는 것은 단순한 정당방위에 해당된다.[40]

다시 말해서 다른 사람 모두가 토끼를 잡고 있는데 사슴을 사냥하는 건 무의미하다는 말이다. 따라서 규칙이 잘못된 경우에도 개별적으로 행동하는 주법원들에 의해 수정되기는 어렵다. 주법원들은 좋든 나쁘든 특정 균형에 갇혀 있기 때문에 아마 어떤 해결책이 있다면 강제적인 것이어야 할 테다. 즉 모든 주에서 한꺼번에 문제를 해결하는 의회의 입법이 필요하다.

이 법원이 경멸하면서도 동참하고 있는 균형에 다른 법원들은 어떻게 도달하게 되었을까? 앞선 참가자들은 새로운 참가자들과 의견이 달랐을 뿐이라는 게 하나의 대답이 될 수 있다. 그들은 그들의 규칙을 '좋아하고' 모두가 그 규칙을 사용해야 한다고 생각한다. 그러나 이러한 선택에도 죄수의 딜레마가 어느 정도 개입되어 있음에 주의해야 한다.[41] 제품 결함에 대해 이의를 제기하는 소송의 대부분은 원고들이 다른 주에 위치한 기업들을 상대로 원고들이 거주하는 주의 법원에 제기하게 되어 있다. 주법원은 원고들에게 관대한 규칙을 만들어냄으로써 다른 주에 속한 기업들로부터 자신의 주에 속한 거주민에게 약간의 부를 분배한다. 여기서 법원이 말하는 바와 같이 다른 주의 법원들이 이렇게 하고 있는 상황에서 이에 동참하지 않는 것은 어리석다고 여겨질 것이다. 그리고 다른 주법원들이 그러지 '않고' 있을 때 공격적인 불법행위 규칙을 적용하면 법원이 속한 주에 사실상 큰 이익을 창출할 수 있다. 즉 다른 주법원들은 제품의 제조비용 상승을 유발하지 않는 좀더 보수적인 규칙을 적용하고 있으므로 가격의 상승 없이 지역 주민들에게 보상이 돌아간다. 주마다 각기 다른 가격을 부과하는 행위는 불가능한 것으로 가정해보면(소비자들이 하나의 주에서 제품을 구입해 다른 주에서 그것을 재판매할 수 있기 때문이다), 우리는 게임의 참가자마다 서로 다른 유인을 갖고 있기 때문에 죄수의 딜레마가 사슴 사냥과 함께 나타날 수 있다는 사실을 또다시 확인할 수 있다. 결국 유쾌하지 못한 균형이 강력하게 자리 잡는 이유에 대해 확신할 수 없는 경우가 많다. 인종 분리나 법원 서기 채용 혹은 수백 가지 다른 사례에서와 마찬가지로 여기서도 일부 참가자는 나머지 참가자들과 다른 선호나 두려움을 가지고 있을 수 있다. 혹은 그들이 서로 다른 게임을 하고 있는지도 모른다.

✚ 추가 독서를 위한 제안

확신 게임에 관한 초기의 논의로서 영향력이 큰 것으로는 Amartya K. Sen, *Isolation, Assurance and the Social Rate of Discount*, 81 Q. J. Econ. 112(1967)다. 응용 사례들을 찾아보려면 Jon Elster, Ulysses and the Sirens: Studies in Rationality and Irrationality(1979). (만약 Elster의 저서에 흥미를 갖고 있다면 읽어보길 바란다.) Douglas G. Baird, Robert H. Gertner, and Randal C. Picker, Game Theory and the Law(1994)에서는 다양한 지점에서 이 게임을 간략히 다루고 있다. Brian Skyrms, The Stag Hunt and the Evolution of Social Structure(2003)는 이 주제에 대해 전반적으로 훌륭히 다루고 있다.

13장
치킨 게임

앞서 몇 장에 걸쳐 우리는 협력을 통해 모두가 이득을 얻는 유형을 검토하면서 법의 조력 없이는 협력을 이끌어내기 어려운 사례도 살펴봤다. 여기 또 하나의 사례(게임)가 있다. 그것은 바로 영화 「이유 없는 반항」을 통해 잘 알려진 치킨 게임이다. 두 명의 십대가 자동차를 타고 빠른 속도로 서로를 향해 질주하는 이 사례는 아마 가장 오래된 치킨 게임일 것이다. 이때 일어날 수 있는 결과는 다양하다. 두 사람 중 한 명이 핸들을 꺾거나, 아무도 핸들을 꺾지 않거나, 두 사람 다 핸들을 꺾을 수 있다. 핸들을 꺾은 사람은 겁쟁이(치킨)로 간주돼 창피를 당하고, 핸들을 꺾지 않은 사람은 승리의 희열을 맛보게 된다. 아무도 핸들을 꺾지 않는다면 둘은 정면충돌로 죽을 수도 있다. 둘 다 핸들을 꺾는다면 둘은 목숨을 지키고 창피를 당할 일은 없으나(적어도 상대방에 대한) 승리의 기쁨을 누릴 수 없다.

아직도 매년 자동차로 치킨 게임을 하다가 목숨을 잃는 사람들이 있지만, 그들의 불행은 지금 우리가 주목할 부분이 아니다. 일단 법 제도가 그러한 경주를 불법으로 선언하면(실제로 그래왔다), 법이 더 이상 할 수 있는 일은 없다. 우리의 관심은 우리 삶 속에 숨어 있는 치킨 게임의 상황들을 발견하고 법이 어떻게 관련되어 있는지 검토해보는 것이다. 치킨 게임을 피할 수 없을 때 사람들은 어떻게 하면 게임을 잘해낼 수 있을지가 궁금할 것이다. 하지만 치킨 게임의 대단한 파괴력 때문에 게임을 없애거나 회피하는 방법에 더 관심이 높다. 치킨 게임의 법적 해결에 관한 사례는 쉽게 찾아볼 수 있다. 간단한 예로, 도로에서 흔히 볼 수 있는 삼각형 모양의 양보 표지를 들 수 있다. 그 표지가 없다면 모든 차가 끼어들기를 시도하면서 치킨 게임이 될 가능성이 있다. 당신이 끼어들려는 차선으로 핸들을 꺾었을 때 해당 차선에서 전진하는 운전자는 차를 멈춰 양보해줄 수도 있고, 마땅히 당신이 양보할 것으로 판단해 속도를 줄이지 않을 수도 있다. 어쩌면 서로 양보의 제스처를 취하다 둘 다 멈춰버리는 짜증스러운 상황이 벌어질 수도 있고, 둘 다 그대로 돌진하다가 충돌해서 사망에 이를 수도 있다. 양보 표지가 없다면 어떻게 될지 알 수 없는 일이다. 그러나 양보 표지가 있다면 대체로 문제가 해소된다.

치킨 게임의 구조를 좀더 면밀하게 살펴볼 필요가 있다. 실제로 끼어드는 차에 양보하는 일은 혈기왕성한 십대들의 경주와는 차이가 크다. 어떤 면에서는 끼어들기가 치킨 게임으로 발생하는 일반적인 문제를 더 잘 설명해준다고 할 수 있다. 두 대의 자동차가 서로를 향해 돌진하는 사례에서 우리(외부에서 바라보는 세상 사람들)는 자동차가 충돌하는 경우 말고는 어떤 일이 일어날지 별 관심이 없다. 한 운전자가 핸들을 꺾는다면 그것으로 좋은 일이다. 두 운전자 모두 핸들을 꺾어도 마찬가지다. 어쩌면 두 운전자가 모두 핸들을 꺾는다면 아무도 승리의 기쁨을 누리지 못하기 때문에 실망스러울 수도 있다. 그러나 상대방을 이김으로써 한 사람이 느끼는 즐거운 감정은 우리가 보호하고자 하는 이익이 아니다. 그런 감정은 한 사람에게서 다른 사람에게로 옮겨지는 것에 불과하다. 즉

2부 신뢰, 협력 그리고 복수의 행위자들을 위한 기타 문제들

게임에 승리한 내가 얻는 희열은 패배한 당신이 느끼는 굴욕에 의해 상쇄된다. 그러나 당신이 잃는 것보다 '더 큰' 즐거움을 내가 얻을 수 있고, (종종 언급되는 선호 세탁laundering preferences을 위해)[42] 어떤 인간의 욕구는 다른 이들의 그것보다 더 진지하게 고려되어야 한다는 강력한 주장이 있다. 경찰이 일을 잘해서 도둑의 삶이 힘들어진다 해도 도둑이 느끼는 좌절감은 우리의 걱정거리가 아니다. 도둑이 고생해서 무언가를 성공적으로 산출하더라도 그것은 세상 사람들이 원하는 것이 아니다. 그것이 있을 때보다 없을 때 세상은 더 이롭다. 치킨 게임의 한 참가자가 상대방의 패배로 얻는 즐거움 또한 이와 같다.

두 차선이 합쳐지는 경우의 양보는 또 다르다. 분명히 우리는 충돌을 원하지 않지만, 두 운전자가 서로 상대방에게 친절히 손짓하면서 속도를 줄여 천천히 전진하는 것도 원하는 바는 아니다. 그건 짜증나는 시간 낭비다. 그러므로 이번에는 단연코 두 운전자가 양보하지 않는 것 혹은 '핸들을 꺾지' 않는 게 최선이다. 우리가 원하는 상황은 한 명이 차를 멈추지 않고 달리되 다른 한 명은 기다리는 것이다. 양보 표지가 이를 해결한다. 즉 전진하는 두 차량의 충돌을 방지하고 '또한' 둘 다 멈추었을 때의 시간 낭비를 막아준다. 물론 속도를 줄여야 하는 당사자(끼어드는 당사자)에게 약간의 비용을 부담시키지만 불공평한 것은 아니다. 그 부담은 미미한 것이기도 하고, 양보 상황의 쾌감과 불쾌감은 모두가 빈번히 번갈아 겪기 때문이다. 그리고 양보 표지는 어느 쪽이 대결의 승자인지를 명시하는 것 외에, 명예와 굴욕에 대한 걱정을 제거해줌으로써(도로 위 난투극을 막아주기도 한다) 대결의 성격을 바꿔놓는다는 데 주목해야 한다. 이로써 양보 운전은 상대편 운전자를 존중하는 문제가 아니라 법을 존중하는 문제가 되는 것이다.

치킨 게임은 얼핏 죄수의 딜레마와 유사해 보일 수 있다. 치킨 게임에서 서로 돌진하는 행위는 죄수의 딜레마에서 배신 행위와 같고, 핸들을 꺾는 행위는 상대방과 협력하거나 자백하지 않는 것과 같다. 둘 다 '배신' 하면 결과가 안 좋다. 그것은 죄수의 딜레마에서 둘 다 자백하지 않았을 때보다 더 큰 형량을 받는 것을 의미하고, 치킨 게임에서는 충돌을 의미한다. 그러나 두 게임은 몇 가지 차이가 있다. 참가자 입장에서 볼 때 자신은 배신하고 상대방은 협력하는(핸들을 꺾는) 것이 두 게임 모두에서 가장 좋다. 그다음으로 좋은 것은 둘 다 협력할 때, 그러니까 둘 다 핸들을 꺾거나 자백하지 않을 때 얻는다. 그러나 마지막 선택에서 달라진다. 죄수의 딜레마에서 당신에게 최악의 결과는 당신이 침묵(협력)을 지키고 공범이 자백(배신)할 때인 반면 치킨 게임에서는 '둘 다' 배신할 때 최악의 결과가 일어난다. 이때 당신은 목숨을 잃을 확률이 크다.

더 중요한 차이점은 두 게임을 외부에서 바라볼 때, 즉 상황에 대한 어떤 대응이 전체 이익을 극대화하고 낭비를 최소화하는지 물어볼 때 발견할 수 있다. 죄수의 딜레마나 사슴 사냥의 목표는 모든 참가자가 똑같은 행동(협력)을 하도록 만드는 것이다. 그러나 치킨 게임에서는 우리가 똑같은 행동을 하지 '않는' 것이 최선일 때가 많다. 즉 승자와 패자(끼어드는 자와 양보하는 자)가 있을 때 전체적으로 가장 낭비가 적다. 죄수의 딜레마에서 배신은 쓰레기 투기, 약속 어기기, 부주의를 의미하며(우리가 두 진범에게 자백을 원하는 경우는 제외하자) 언제나 결과가 안 좋다. 치킨 게임에서 '배신'은 양보하지 않는 것을 의미하는데, 전체적으로 봐서 좋은 것일 때도 있다. 자동차가 끼어드는 경우처럼 우리는 모두가 양보하기를 원하지는 않는다. 수동적 역할을 맡고 싶은 사람은 없겠지만, 한 명이 양보하고 상대방은 양보하지 않을 때 전체 이익이 가장 클 수 있다.

이로써 또 다른 추론도 가능해진다. 치킨 게임에서는 최선책이 단일하지 않을 수도 있다. 똑같이 효과적인 두 가지 해결책이 가능하다는 것이

2부 신뢰, 협력 그리고 복수의 행위자들을 위한 기타 문제들

다(혹은 둘 다 핸들을 꺾었을 때 우리가 만족을 느끼는 본래의 치킨 게임과 같은 것이라면 세 가지도 가능하다). 당신이 양보하고 내가 먼저 가는 것, 아니면 내가 양보하고 당신이 먼저 가는 것 중 하나가 균형이다. 말하자면 내가 하던 행동을 계속하는 한, 하던 행동을 바꿔야 하는 당신은 이득을 얻을 수 없다는 말이다. 만약 당신이 항상 양보하고 내가 항상 전진한다면 그것은 균형이다. 다른 한편 내가 항상 양보하고 당신이 항상 전진하는 것 또한 균형이다. 우리는 그저 하나를 고르기만 하면 되는데, 당신이 무엇을 택할지 내가 모르기 때문에 문제가 생기곤 한다. 양보 표지는 두 운전자에게 역할을 할당함으로써 문제를 해결한다. 이 게임을 더 잘 설명해줄 수 있는 또 다른 명칭은 '매와 비둘기hawks and doves'다. 한쪽이 매파가 되고(계속 운전), 상대방은 비둘기파가 되는(차례를 대기) 것이다. 모두가 매파이기를 선호하지만 상대방도 매파라면 충돌하므로 쌍방이 매파가 되지 않는 것이 중요하다. 특히 당신은 똑같이 행동하지 않기 위해 상대방이 어떻게 할 예정인지 알고 싶어한다.

다양한 법 규칙은 양보 표지에 해당되는 것으로, 방금 설명한 것과 유사한 문제에 대한 해결책으로 이해될 수 있다. 재산권 획득에 관한 질서를 정리하는 규칙 대부분이 여기에 포함된다. 예를 들어 공영주택 대기 순번에 관한 원칙이나 초기 단계의 소유권 확립에 관한 원칙(야생동물처럼 소유주가 없는 대상은 처음 소유한 자를 주인으로 정하는 일반 규칙 등)이 있다.[43] 그러한 규칙들은 사람들이 어떤 자리나 상을 차지하기 위해 다툴 때 발생하는 시간과 에너지의 낭비(7장 지대 추구에 관한 논의에서 제기되었던 우려)를 막아주는 등 다양한 기능을 수행한다. 또한 (물건이든 대기 순번이든) 상을 차지하기 위해 자력으로 해결해야 하는 경쟁 상황에서 일어나기 쉬운 치킨 게임을 방지하기도 한다. 사람들은 다양한 전략을 구사할 것이다. 어떤 이는 협력하겠지만, 또 다른 이는 허세로 상대방을 굴복시켜 큰 이득을 얻는 공격적인 전술을 시도할 것이다. 상대가 속지 않는다면 그는 큰 대가를 치르게 된다. 어떤 게임은 그러한 방식으로 종결되지만 원한, 난투극, 소송 또는 전쟁으로 끝맺기도 한다. (통상 다양한 결말을 갖고 있는 치킨 게임은 국제 관계에서 흔히 볼 수 있으며, 우리 모두 어렵잖게 그런 사례를 떠올릴 수 있다.) 권리 및 우선순위 문제를 해결하는 법 규칙의 장점은 바로 그러한 가시적 결과들의 부재다.

그러나 주의할 점은 법 규칙이 치킨 게임의 가능성을 없앨 수 없을 수도 있다는 것이다. 오히려 법 규칙으로 인해 새로운 치킨 게임이 벌어질 수 있다. 왜냐하면 이제 각 당사자는 경찰이나 변호사를 부를 수 있는 새로운 위협을 손에 쥐게 되었기 때문이다. 다시 말해서 법 규칙은 그 자체로 적용 여부와 관련된 새로운 허세 경쟁을 만들어낼 수 있다. 첫 치킨 게임에 공격적으로 나선 참가자는 상대 차량 운전자에게 권리를 주장해 경찰을 부르도록 부추기고, 그다음 치킨 게임에서는 체포되어 형량 거래를 제안받는다. 그는 죄를 인정하고 더 가벼운 형벌을 받는 굴복을 택할 수도 있고, 아니면 도전적으로 재판을 받기로 선언할 수도 있다. 후자를 택했다면 검사로부터 더 유리한 제안을 받거나 사건이 기각되어 성공할 수도 있지만, 어쩌면 (더 큰 확률로) 성공하지 못할 수도 있다. 그는 교도소에서 탁구대를 차지하기 위해 동료 수감자와 경쟁할 때 다시 이 게임을 할 수도 있을 것이다. 어떤 사람들에게는 한 번 이상의 교훈이 필요하다. 그러나 형법의 여러 기능 중 하나는 타인이 원하지 않는 치킨 게임을 고집하는 이들을 제거해나가는 것이다.

÷

이제 최초의 분쟁이 경찰을 필요로 하는 형사 사건이 아니라 변호사

2부 신뢰, 협력 그리고 복수의 행위자들을 위한 기타 문제들

가 개입해야 하는 민사 관련 분쟁이었다고 가정해보자. 우리는 치킨 게임이 가장 흔하게 벌어지는 영역, 즉 협상의 공간으로 진입했다. 협상의 내용은 사건 해결에 관한 것이든 자동차 구입에 관한 것이든 상관없다. 협상이 치킨 게임이 될 수 있는 이유를 이해하려면 왜 두 사람이 협상 테이블에 앉았는지를 검토해야 한다. 우선 그들은 거래를 통해 얻을 이득이 있다고 생각한다. 즉 일방은 상대방이 더 많이 원하고 있을지 모를 무언가를 가지고 있다. 그것이 주택일 수도 있고, 소송 취하의 약속이거나 파업 포기에 관한 합의일 수도 있다. 이때 양측이 평가하는 협상 대가의 차이가 협상의 범위다. 나는 내 집(혹은 소송 취하)을 30만 달러 이상에 팔려 하고, 당신은 내 집을 40만 달러에 살 의향이 있다. 이때 10만 달러의 협상 범위가 존재하며, (30만 달러와 40만 달러 사이에서 합의하면 둘 다 이득을 볼 것이므로) 거래는 어렵지 않게 성사될 것처럼 보인다. 그러나 얼마에 합의할 것인가? 나는 당신이 40만 달러를 지불하길 원할 것이고, 당신은 내가 30만 달러에 팔기를 원할 것이다. 거래의 이익을 어떻게 나눌 것인가? 바로 이 질문이 우리 협상의 주제다.

치킨 게임이 어떻게 전개될지 예상할 수 있을 것이다. 내가 당신에게 40만 달러(최고 가격)를 요구한다고 가정하자. 나는 그 가격이 아니면 절대 거래에 응하지 않을 생각이다. 이 제안으로 당신은 흥미로운 입장에 처한다. 물론 이 제안은 당신이 원하는 게 아니지만, 내가 가지고 있는 또 다른 선택지인 거래 불응에 비하면 나은 제안이다. 따라서 당신은 마지못해 내 조건을 수락할 것이다. 하지만 내가 거래 불응을 실행에 옮길지 당신이 얼마나 확신하는가에 따라 당신의 선택은 달라질 수 있다. 물론 우리 거래가 성사되지 않는다면 나 또한 곤란해지기 때문에 내가 허세를 부리는 것일 수도 있다. 내가 할 일은 허세가 아니라고 당신으로 하여금 믿게 만드는 것이다. 반드시 승패를 갈라야 할 때 치킨 게임은 그것이 어떻게 결정되는지를 이해하기 위한 핵심을 드러낸다. 일반적으로 돌이킬 수 없는 공격적 전략에 집중하는 ('매파'적인) 사람이 승자가 된다. 토머스 셸링(그의 논의는 꼭 읽어볼 필요가 있다)이 제안한 고전적 사례에서[44] 치킨 게임에 뛰어든 운전자가 취할 수 있는 최선의 전략은 운전대를 뽑아서 창 밖으로 던져버리는 것이다. 그 장면을 목격한 상대 운전자는 이제 선택의 여지가 없다는 사실을 받아들여야 한다. 운전대가 없는 그는 오직 직진에만 전념할 것이고, 상대방은 좌절감으로 판단력이 마비되지 않은 한 살아남기 위해 운전대를 꺾을 수밖에 없는 것이다.

놀랍게도 이 사례의 핵심은, 사람들은 종종 '더 적은' 선택지와 옵션을 가짐으로써 권력을 얻는다는 사실이다. 만약 당신이 미친 것처럼 굴면서 운전대를 꺾지 않을 것이라 상대 운전자가 믿게 할 수 있다면 당신은 자동차 치킨 게임에서 엄청난 권력을 쥐게 된다. 또한 협상에서 당신이 생각을 바꾸지 않을 거라고 (혹은 바꿀 수 없다고) 상대방을 확신시킬 수 있다면 당신은 유리한 위치를 차지할 수 있다. 변호사들은 종종 협상할 때 의뢰인을 대신해 이러한 전략을 구사한다. 거래를 성사시키는 데 변호사가 어느 정도의 권한을 가질 수 있는가에 관한 의문은 늘 존재한다. 가능한 한 많은 권한을 갖는 게 좋아 보일지 모르겠지만 실제로 그렇지 않은 경우가 많다. 협상할 때 변호사는 의뢰인이 자신의 손발을 묶어놓았다고, 즉 40만 달러 이하로 수락하지 못하도록 '금지'되어 있다고 말하는 게 더 나을 수도 있다. 그 주장이 설득력을 얻는다면(물론 이는 상황에 따라 달라진다), 상대방은 앞선 치킨 게임에서 위협에 처한 운전자와 같은 입장에 놓인다. 이러한 원리를 이해하면, 일상생활의 모든 사소한 협상에서 일어나는 유사한 사례를 발견할 수 있을 것이다. 즉 어느 한쪽이 자기가 원하는 조건을 내세우면서 그 입장을 굽힐 수 없다고, 혹은 상대방이 그렇게 생각하도록 만든다. 게다가 상대방이 동일한 입장을 취한다면 엄청난 재앙이 발생할 거라는 확신을 심어준다. 그러면 직진할지 운전대를 꺾을지 결정해야 하는 상대방으로서는 그의 입장이 얼마나 확고하다고 생각하는지에 따라 선택이 달라질 것이다. 이는 아이들이 잘하는 것이다. 아이들은 이 모든 것을 매우 빠르게 이해해 냉혹한 협상가의 면모를 드러내곤 한다.

　일반적으로 이러한 협상 게임은 충분히 무해하다. 주택 시장에는 수많은 집이 있으며, 일방이 지나치다 싶으면 상대방은 다른 협상 상대를 찾아갈 수 있기 때문이다. 만약 매도인이 제 몸에 휘발유를 붓고서 자신이 40만 달러 이하로 넘길 경우 자기 몸에 성냥을 던지겠다고 선언한다면, 그는 자기 입장에 대해 상대방이 신뢰할 만한 약속을 한 것이다. 그러나 대다수의 매수인은 좀더 합리적으로 처신할 다른 매도인을 찾아 떠날 것이다. 문제는 당사자들이 서로에게서 벗어날 시장이 존재하지 않을 때 발생한다. 다른 협상 상대가 존재하지 않는 상황에서는 쌍방이 소송의 해결을 위해 논의할 수밖에 없다. 이러한 상황을 전문 용어로 쌍방독점이라 하는데, 쌍방이 각각 상대방이 원하는 것(예를 들어 소송 취하)에 관해 독점자(유일하게 가능한 판매자)라는 뜻이다. 일방이 전략적 입장을 취하나 상대방이 기꺼이 수락할 만한 것에 대해 오판한 경우(혹은 '쌍방'이 완전히 극과 극인 입장에 처하는 전략을 시도하는 경우) 쌍방 모두에게 이득이 될 가격이 존재함에도 불구하고 협상은 결렬될 수 있다. 회의실에서도 충돌로 끝을 맺는 치킨 게임에 상응하는 게임이 벌어질 수 있다. 소송 해결을 위해 고용된 전문 중재인들이 당사자들을 각각 별도의 장소에 분리시켜놓고 개별적으로 방문하기를 선호하는 이유가 여기에 있다. 무엇보다 이 방법은 어느 일방(혹은 쌍방)이 상대방 앞에서 전략적 입장을 취함으로써 나중에 입장을 철회하기 어려워지는 위험을 방지한다.

　일반적으로 법 제도는 충돌의 위험성에도 불구하고 사람들이 스스로 이런 게임들을 치르도록 내버려둔다. 그 이유는 다른 가치들을 훼손하지 않고 개입하기가 매우 어렵기 때문일 것이다. 법은 치킨 게임에서 정교한 허세로 인해 소송이 장기화되는 것을 방지하기 위해 사람들이 구속력 있는 중재에 소송을 맡기도록 하고 있다. 그러나 사람들이 언제 허세를 부리는지 정확히 알아낼 수 없으며, 허세 없이 진심인 이들(소송으로 다툴 수 있다는 권능에 놀라우리만치 높은 가치를 두는 이들)은 존중받을 만한 권리를 지니고 있다. 따라서 그들이 스스로 철저히 다퉈 해결할 수 있도록 내버려두는 쪽이 해악이 덜할 것으로 간주된다. 그럼에도 불구하고 법이 적극적인 관심을 갖는 경우가 있다. 안 좋은 방향으로 치닫는 치킨 게임의 위협으로 공익이 타격을 받는 때로, 예를 들면 노사 협상은 쉽게 치킨 게임으로 치달을 수 있다. 노사 양측은 우리가 이제 막 논의한 모든 전략적 핵심을 인식해 자신들의 요구를 공개적으로 발표한다. 이는 운전대를 던져버리는 것과 같이 스스로 물러나기 곤란한 상황에서 손해를 더 키우기 위한 것으로, 그렇게 함으로써 상대가 어쩔 수 없이 굴복하도록 유도하는 것이다. 애석하게도, 상대방 역시 동일한 전략을 꺼내들었다. 방법을 찾을 수만 있었다면 양측이 찬성했을 (예상 가능한) 합의가 있었겠지만, 그 결과는 아마 공적 사적 비용을 초래하는 파업으로 이어질 것이다. 법은 협상 과정에서 입장 철회 불가라는 공개적 제스처를 불성실로 정의함으로써 사태를 막으려 노력한다. 어느 법원이 판결한 바와 같이 "고용주는 한번 취한 입장을 스스로 바꿀 수 없다는 불굴의 확고함을 널리 공표해버리는 태도와 '받아들이든가 떠나든가' 식의 협상 방식을 결합해서는 안 된다".[45]

토지수용권이나 '수용' 사례 또한 같은 맥락에서 바라볼 수 있다. 정부가 당신의 주택 부지를 통과하는 고속도로를 건설할 예정이라고 하자. 법은 당신이 특정 가격에 매각하기로 동의할 때까지 정부에 당신과 협상하라고 명령할 수 있다. 그런데 이러한 접근 방식이 위험한 이유 중 하나는, 정부가 당신의 요구를 수용할 수밖에 없다는 판단 아래 당신이 지나치게 높은 (실제로 보상받았다고 느낄 만한 금액보다 높은) 금액을 제시하여 치킨 게임에 나설 수 있다는 것이다. 당신을 행복하게 하고 가장 적합한 노선으로 고속도로를 건설할 수 있는 가격이 존재했음에도 불구하고 합의가 이루어지지 않는다면 정부는 협상 테이블을 떠나 약간의 낭비가 생기는 다른 노선으로 수정할 수도 있다. 토지수용법은 정부가 당신에게 매각을 강제하도록 허용함으로써 다른 여러 문제에서 안 좋은 결과가 발생할 가능성을 방지한다. (강제 매각은 결국 다른 문제를 유발한다. 그에 관해서는 다른 장에서 논의하기로 하자.)

÷

국가 기관 사이에서는 대규모 치킨 게임이 벌어질 수 있다. 예컨대 의회는 어떤 법안이 헌법에 따라 허용된다고 생각하는 반면 대법원은 그렇게 생각하지 않을 수 있다. 어떻게 해야 할까? 두 기관이 각자의 해석을 고집한다면, 누구에게 최종 결정권이 있는지 불분명한 헌법상의 위기로 이어질 수 있다. 대법원은 쿠퍼 대 애론Cooper v. Aaron 사건에서 이 문제에 대해 헌법의 의미를 해석할 권한과 의무는 대법원에 있으며, 다른 기관들은 동의하지 않더라도 복종해야 한다고 판결함으로써 매파적 입장을 취했다.[46] 각 기관은 일반적으로 이에 동조해 대법원의 판결을 최종적인 것으로 받아들임으로써 입장을 '전환'했다. 그런가 하면 의회가 수정헌법 제1조 집회의 자유 조항에 관한 대법원의 판결 중 하나를 뒤집으려 시도했으나 대법원은 자신의 처음 판결을 재확인한 사례와 같이 간혹 긴장이 고조되는 순간들이 존재하기도 한다.[47] 혹은 대법원이 닉슨 대통

령에게 백악관에서 나눈 대화가 녹음된 테이프를 의회의 위원회에 제출
토록 명령한 적도 있다.[48] 닉슨이 이를 거절했더라면 어떤 일이 벌어졌을
까? 모두가 이 충돌을 염려하기는 했지만 그것이 어떤 결과를 가져올지
는 아무도 확신할 수 없었다. 어쨌든 닉슨은 입장을 바꿨고 테이프를 넘
겨주었다.

한편 1930년대에 루스벨트 대통령과 치른 치킨 게임에서 많은 사람은
대법원이 패배했다고 보고 있다. 루스벨트가 뉴딜 정책의 일환으로 추진
한 수많은 법령을 대법원이 무효화하자 루스벨트는 자신이 원하는 법령
들을 대법원이 지지하게 될 때까지 대법원 대법관의 수를 늘리고 그 새
로운 자리에 자신과 뜻을 같이하는 이들을 임명하겠노라 위협했다. 이
에 대법원은 곧바로 루스벨트의 계획을 지지하기 시작했다. 그 결과에 루
스벨트의 위협이 어떠한 역할을 했는가에 대해서는 논란의 여지가 있으
나,[49] 분명한 것은 상대방이 훨씬 덜 매력적인 결과를 강요하는 길을 택
할 준비가 되었음을 우려한 나머지 다른 한쪽이 굴복한 치킨 게임이었을
것이다.

치킨 게임 혹은 매와 비둘기 게임에 관해 반복할 만한 가치가 있는 주
제는 단일한 해결책을 갖지 않는다는 것이다. 한 참가자가 직진하고 상대
방이 운전대를 꺾으면 게임은 해결되겠지만, 참가자들이 취할 선택지는
다양하다. 우리는 법 규칙이 각 참가자에게 역할을 할당하기도 한다는
사실을 확인했다. 그러나 관습에 의해 해결책이 마련될 때도 있다. 한 참
가자가 자신의 역할을 확고히 주장한다면 상대방은 다른 선택지를 선호
하더라도 이에 동조하는 게 모두의 이익에 부합할 것이다. 이것이 미국의
위헌법률 심사의 관행을 가장 잘 설명해줄 수 있을지도 모른다. 그것을
확립하는 과정(예를 들어 헌법 자체) 외부에 규칙은 존재하지 않는다. 그리
고 미국과 달리 영국에서는 입법부가 매파적 역할을 담당하기 때문에 법

원은 입법부의 헌법적 결정을 최종적인 것으로 다루고 있다. 미국의 접근 방식과 마찬가지로 이는 균형이다. 누구든 최종 결정권을 가지고 있다는 것이 중요하다.

이제 치킨 게임에서 선제적으로 움직이는 것이 왜 그토록 중요한지 이해할 수 있을 것이다. 일단 참가자들이 균형에 도달하는 길을 발견하면 '비둘기들'은 자신들이 승리하는 또 다른 균형으로 변경을 강요하는 데 큰 비용이 든다. 그들은 상대방이 운전대를 꺾길 바라면서 직진함으로써만 균형을 변경할 수 있다. 이러한 가능성은 공포스럽게 보이지만 종종 위험을 감수할 가치가 있다. 치킨 게임의 해결책(양보 표지 등)에 대해 논의할 때 우리는 참가자 전체의 수고를 최소화하는 결과를 찾는다. 주의할 점은 그들 '사이에' 이익이 어떻게 분배되는지에 대해서는 신경 쓰지 않는다는 것이다. 우리가 신경 쓰지 않을 수 있는(양보하는 운전자 또한 신경 쓰지 않는) 여러 이유 중 하나는 그들이 각각 번갈아 입장을 바꾸기 때문이다. 그러나 의회와 대법원은 적어도 명시적으로는 그렇게 하지 않는다. 일반 원칙은 대법원이 승리하는 것이다. 반복되는 치킨 게임이라면 항상 지기만 하는 참가자는 길고 힘든 굴복의 시간 뒤에 드는 유혹적인 생각, 즉 영원한 비둘기파의 위치에서 벗어나기 위해 충돌을 감수할 가치가 있다고 판단할 수도 있다.

이를 이해하고 있는 대법원은 그러한 유혹이 통제할 수 없을 정도로 커지지 않게끔 다양한 도구를 사용한다. 즉 제3자들의 요청에 따른 법적 도전에 직면하는 일을 방지하기 위해 당사자적격에 관한 규칙이라든가 '사건 및 분쟁' 요건을 제시한다. 연방법원은 실제 분쟁(즉각적으로 피해를 입은 자가 제기하는 손해배상 소송)을 해결하는 경우 외에는 분쟁에 개입하려 하지 않는다. 이러한 규칙들에 의한 공동 방어의 목적은 대법원과 국가기관들(입법부 혹은 행정부, 연방 혹은 주) 간의 대립(이러한 대립에는 언제나 결국 치명적 결말로 치달을 수도 있는 치킨 게임의 위험이 일정 부분 존재한다)의 횟수를 최소화하는 것이다. 그리고 종종 다른 기관들과의 마찰을 줄이기 위해 대법원이 온건한 판결을 내리기도 한다. 경제 정책 설정과 관련된 법률을 검토할 때, 통상조항에 따른 입법 시 의회의 권한 범위에 관한 이의 제기가 있을 때 등 일부 법 영역에서 대법원은 의회를 크게 존중한다. 특히 최근 후자의 영역에서 우리는 약간의 마찰을 목격하기도 했으며, 이제 게임의 조건을 개정해야 할 때가 되었다고 생각하는 이들도 있다.[50] 그런 의문은 그 자체에 관한 연구뿐만 아니라 반복되는 치킨 게임의 관리에 관한 세밀한 연구 때문에라도 숙고할 가치가 충분하다. 그리고 게임을 해결하는 것만이 과제는 아니다. 주의 깊게 각 참가자의 비용 기록을 관리함으로써 해결 상태가 유지될 수 있도록 해야 한다. 항상 매파가 되고자 한다면, 어느 정도 예의를 차리면서 그 역할을 수행하는 게 도움이 될 것이다.

✦ 추가 독서를 위한 제안

Thomas C. Schelling, The Strategy of Conflict(1960)는 협상을 치킨 게임으로 다루고 있는 고전이다. 치킨 게임을 해결하는 데 법의 역할에 관한 최근의 흥미로운 논의들로 Richard H. McAdams, *A Focal Point Theory of Expressive Law*, 86 Va. L. Rev. 1649(2000), and Lee Anne Fennell, *Interdependence and Choice in Distributive Justice: The Welfare Conundrum*, 1994 Wis. L. Rev. 235가 있다.

14장
폭포

　　당신은 두 명의 고용주와 면접을 봤지만 모두 거절당했다. 다음 면접에서 당신은 이전에 면접을 본 적이 있느냐는 질문을 받는다. 당신은 유쾌하지 않았던 최근의 경험을 솔직하게 이야기했고, 고용주는 그 두 번의 거절에 어떤 이유가 있었을 거라고 판단한다. 당신은 거절당한 경험 때문에 세 번째 고용주로부터 또다시 거절당한다. 이 과정이 반복될수록 효력은 강해져서, 당신이 '세 번' 거절당한 이력이 있음을 발견한 다음 면접관에게는 고용을 우려할 이유가 더 늘어난다.[51] 이 과정은 역방향으로도 작용할 수 있다. 한 취업 지원자가 일자리 제안을 받으면 그 내용이 다른 고용주들의 호기심을 불러일으킨다. 다른 사례를 들어보자. 어떤 대학은 입학하는 데 무척 까다롭다는 이유로 들어가기를 원하는 사람이 많아진다. 이로써 사람들은 그 대학이 훌륭하다고 추정한다. 이런 일이 반복될수록 그 추정은 강력해지고 입학은 갈수록 더 어려워진다. 손님이 많은 식당도 같은 패턴을 적용할 수 있으며, 손님이 적은 식당은 그 반대의 정황이 형성된다. 어떤 영화의 관객 수가 많다는 것 때문에 사람들이 그 영화를 훌륭하다고 생각하는 사례도 마찬가지다(그래서 사람들은 그 영화를 보러 가고, 그럼으로써 또다시 타인의 추론을 강화한다). 혹은 거리의 예술가가 시선을 끌면서 몇몇 구경꾼을 끌어모은다. 호기심 많은 사람들이 무슨 일인가 하는 궁금증 때문에 모여들면서 구경꾼 무리는 점점 더 커진다. 그러면 호기심이 많지 않은 이들마저 사람들이 잔뜩 모여 있는 모습에 궁금증을 참을 수 없어지면서 대규모 군중이 형성된다. 거의 모든 의사결정에서 이러한 현상이 벌어질 수 있다. 사람들은 식이요법, 신약, 편도선 수술, 포경수술 등에 대해 건강에 이롭다는 확신을 갖고 있지 않다. 혹은 몇 명의 자녀를 낳는 게 좋을지 확신할 수 없다. 이럴 때 다른 사람들이 어떻게 생각하는 것 같은지에 의존하고, 또 다른 이들은 '그들'이 어떻게 생각하고 있는 것 같은지에 의존한다. 이 현상은 계속 반복된다.

모두 '정보의 폭포information cascades[지나치게 많은 정보 때문에 원하는 정보를 얻기가 점차 어려워짐에 따라 타인의 결정을 참고해 의사를 결정하는 현상]'와 관련된 사례다. 각각의 사례에 등장하는 이들이 모두 합리적일 수 있다는 점을 유의해야 한다. 당신이 어떤 것에 대해 확신이 없을 때 확신을 갖고 있는 듯 보이는 다른 이들을 따르는 게 합리적일 수 있다. 그들이 당신보다 많이 알고 있을지도 모르기 때문이다. 그리고 그 다음 참가자 역시 결정에 필요한 확고한 근거가 없다면 그 또한 점차 확대되고 있는 합의를 따르는 게 전적으로 합리적일 수 있다. 그러나 합리적이든 아니든, 결과적으로 그러한 신념은 공허한 추진력을 얻을 뿐이다. 즉 그 신념이 받아들여지는 정도는 증가해도 그것이 진실일 가능성까지 증가하는 것은 아니며, 오히려 적어질 수도 있다. 기업가들이 의도적으로 폭포 현상을 일으키려는 것은 통상 정보의 폭포 현상으로 이득을 취할 수 있기 때문이다. 예컨대 비즈니스 책을 쓴 저자가 자기 책을 베스트셀러에 올리기 위해 자비로 5만 부를 구입할 수 있다(이후 그 책은 베스트셀러 순위에 진입했다).[52] 공연 제작자는 가짜 청중을 고용해 공연에서 박수를 치게 하거나 경쟁자의 공연에서 야유하게 한다.[53] 문 앞에 손님들이 줄지어 대기하는 식당들이 가격 인상을 통해 줄 서는 문제를 해결하지 않는 이유도 폭포 현상 때문이라고 한다. 즉 남들이 그 식당에서 식사하고 싶어 하기 때문에 나도 거기서 먹고 싶어지는 것이다. 만약 그 줄이 갑자기 짧아진다면 (안 좋은 방향으로) 또 다른 폭포 현상이 시작될 수 있다.[54]

폭포 현상에 대한 당신의 취약성은 당신 스스로 얼마나 많은 지식을 보유하고 있는지, 그리고 다른 사람들이 어떤 것을 사실이라 생각할 때 당신이 그것을 사실로 받아들일 준비가 얼마나 되어 있는지에 달려 있다. 이것은 사람에 따라 다르다. 저항력이 약한 사람들이 있는가 하면 강한 사람들도 있다. 그러나 저항력이 약하든 강하든 순차적으로 끌어들인다는 것이 폭포 현상을 방심할 수 없게 만드는 특징이다. 두세 명이 같은 반응을 보일 때는 영향을 받지 않는 저항력 강한 구경꾼이 나중에 되돌아왔을 때 수백 명이 동일한 반응을 보이는 것을 확인하면 뭔가 확실한 근거가 있으리라 생각하고 자신의 원래 생각을 의심하기 시작한다. 그러나 그가 자리를 비운 사이에 발전한 현상은 오직 그보다 더 쉽게 영향을 받는 타인들이 동조함으로써 더 지배적인 경향으로 만들었을 뿐이다.

이러한 유형의 폭포 현상은 몇몇 법적 문제를 해명하는 데 도움이 된다. 불법행위의 편승 효과bandwagon도 그중 하나다. 냅스터와 그 밖의 컴퓨터 프로그램으로 음악을 다운로드하는 게 가능해졌을 때 곧바로 모두가 그 프로그램들을 이용한 건 아니었다. 어떤 이들은 그런 음원 다운로드 행위가 불법이라는 사실을 잘 몰랐으며 도덕성 문제에 대해서도 확신이 없었다. 그러나 다운로드하는 사람이 늘어나면 늘어날수록 그 행위에 대한 안도감도 커졌고, 급기야 이용자가 수백만 명에 달하자 그 수치가 제공하는 법적 도덕적 안도감에 기대어 더 많은 이가 과감히 동참하기 시작했다. 또 다른 사례로는 1980년대의 내부자 거래 문제, 가사 도우미에게 지급하는 임금에 대한 일반적 탈세 관행, 자연재해 당시 사회 무질서로 인한 약탈 행위, 유희약물 사용 등이 있다. 사람들은 타인의 행동을 보고 추론하여 자신도 그와 같은 행동을 한다. 그것이 거듭될수록 훨씬 더 많은 사람이 그런 행동을 하게 되고, 그들은 또 나머지 사람들에게 훨씬 더 강력한 인상을 심어주게 된다.

한편 정부와 이러한 행동의 피해자들은 폭포에 대응하기 위한 전략을 갖고 있다. 폭포 현상이 일어나기에 가장 좋은 토양은 바로 무지와 불확실성이다. 사람들은 자기에게 정확한 지식이 없을 때 타인의 생각에 의존하며, 그 결과로 발생한 동조 현상은 충격에 쉽게 무너진다. 그러므로 정부는 담배, 기타 약물 사용에 관한 정보를 대중에게 공개함으로써 타인의 말과 행동에 대한 저항력을 기르도록 유도한다. 더 나아가 폭포 현상이 다른 방향으로 펼쳐지기를 바란다. 음악 불법복제로 인해 손해를 보고 있는 기업들은 정도가 심한 다운로더들을 본보기로 삼아 소송을 제기함으로써 폭포 효과를 제거하려 한다. 그리고 1933년 및 1934년의 증권법들은 주식 상품을 출시하는 기업에 대해 먼저 다양한 정보를 공개하게 하고 이후에도 정기적으로 보고하도록 했다. 이러한 요구는 주식시장의 거품으로 알려져 있는 폭포 현상, 예컨대 많은 사람이 주식 매수에 뛰어든 것처럼 보이게 만들어 매수에 동참하게 하는 행위를 방지하기 위한 것이다. 이들 법령은 1929년의 월가 대폭락 직후 통과된 것으로, 폭포 현상의 취약성뿐만 아니라 그 방향 전환의 잠재력을 잘 설명해준다. 이 모든 노력의 최종 목표는 사람들이 서로를 관찰함으로써 얻어내는 신호보다 더 강력한 메시지를 전하는 것이다.

법의 다른 함의는 순차적 의사결정의 위험과 관련된다. 목격자에게 무엇을 봤는지 물어보면 그들은 혼자 있을 때와 타인이 사건에 대해 설명

2부 신뢰, 협력 그리고 복수의 행위자들을 위한 기타 문제들

하는 것을 먼저 들었을 때 각각 다른 이야기를 한다.[55] 그런 이유로 연방 지침에는 "범죄의 증인들은 각각 분리되어야 하며 서로 대화를 나눠선 아니 된다"고 규정하고 있다.[56] 우리는 그들의 증언이 폭포 현상을 일으키는 것을 원치 않는다. 배심원들이 사건에 대해 표결할 때도 유사한 문제가 발생한다. 배심원들은 동시에 표결해야 할까, 아니면 순차적으로 해야 할까? 동시 표결은 폭포 현상을 방지하는 이점이 있다. 우리는 세 번째 배심원이 앞선 두 명의 배심원 표결에 의해, 그리고 네 번째 배심원이 앞선 세 명의 배심원 표결에 의해 연쇄적으로 휘둘리지 않기를 바란다. 따라서 절차의 선택은 중요할 수 있다. 하지만 이상하게도 그에 관한 결정은 각 배심원에게 맡겨져 있다. 판사들이 표결할 때도 동일한 일반적 문제가 발생한다. 군법회의에서 사건을 심판하는 장교들은 계급 역순으로 표결하므로 가장 높은 계급의 장교가 마지막에 투표하게 된다. 이렇게 함으로써 더 풍부한 경험과 더 나은 판단력을 지니고 있다고 믿고 있는 상급 장교의 의사에 하급 장교가 동조하게 되는 위험을 차단할 수 있다는 것이다.[57] 반면 안타깝게도 미국 연방대법원에서는 대법원장부터 시작해서 낮은 지위 순으로 한 번에 한 사람씩 공개 표결을 하도록 되어 있다. 따라서 신참 대법관은 선배 대법관들이 어떻게 투표했는지 모두 알고 있는 상태에서 자기 차례를 맞이한다.

선거에서는 폭포 현상의 위험성이 대대적으로 반복된다. 미국 대통령 예비선거에서 가장 먼저 투표가 이루어지는 곳은 아이오와주다. 만약 아이오와주가 존 케리를 선출함으로써 모두를 놀라게 하면, 이를 목격한 다른 주에서는 그 후보가 더 훌륭한 사람일지 모른다고 생각하게 된다. 그로 인해 유리해진 케리는 일주일 뒤 뉴햄프셔주에서 승리하게 된다. 이제 훨씬 더 많은 사람은 케리가 대통령에 적합한 인물이라 확신하게 된다. 그런 다음 국민의 선호도를 드러낼 뿐이라 주장되는 여론조사

결과가 발표되는데, 폭포 효과는 선호도 자체에도 영향을 끼치는 것으로 알려져 있다. 즉 여론조사가 폭포를 유발하는 셈이다. 확신이 없는 유권자들은 한 후보자가 여론조사에서 우세한 것을 봤을 때 그를 지지하는 이들이 어떤 근거를 갖고 있을 거라 생각한다.[58] 결국 해당 후보자가 여론조사를 통해 누리는 이익은 점점 증가하고, 그 과정은 계속 되풀이된다. 정당 조직이 여론조사를 후원하는 이유는 이 때문이다. 프랑스, 이탈리아, 이스라엘 같은 국가들이 선거 전 며칠 혹은 몇 주간 여론조사를 금지하는 것 또한 이 때문이다. 폭포 현상이 아닌 국민의 독립적 판단을 원하는 것이다.

관할이 서로 다른 법원에 동일한 문제가 제기될 때도 유사한 폭포 현상이 발생할 수 있을까? 첫 번째 법원은 백지 상태에서 판결하게 된다. 다음 법원에서는 해당 문제가 까다롭다는 판단 아래 첫 번째 법원의 판결 근거에 무게를 둔다. 관할 배분에 소극적인 세 번째 법원은 판례에 따른다. 판례법의 일관성이 강화되어가는 것을 목격한 네 번째 법원 역시 이를 존중한다. 이 과정은 되풀이된다. 그러므로 폭포 현상의 개념은 법원의 업무에도 적용될 수 있다. 그렇다고 해서 반드시 폭포 현상이 실제로 일어나고 있다는 뜻은 아니며, 법원들의 그러한 합의가 독립적 합의가 아닌 폭포 현상 때문임을 증명할 방법도 없다. 법원은 서로 간의 일관성을 중시한다고 말하지만 또한 스스로 독립적 판결을 내려야 할 의무가 있다고도 주장한다. 그러므로 "선례가 되는" 폭포 현상이 발생하는지는 흥미롭지만 해결되기 어려운 문제다.[59] 우리가 살펴봤던 대다수 사례에 대해서도 똑같은 설명이 가능하다. 폭포는 인간의 수많은 행동에 대한 개연성 있는 흥미로운 설명인 것은 맞지만 연구실 밖에서 그것의 결정적 실재를 증명하기란 어렵다.

÷

정보의 다양성에서 비롯되는 폭포 외에도 여러 유형의 폭포가 있다. 그중 두 가지를 간단하게 살펴보자. 이제껏 살펴본 주제의 변형으로, 가용성 폭포availability cascade라는 것이 있다. 이는 사람들이 어떤 일에 대해 사실 가능성을 판단하려 할 때 머릿속에 쉽게 떠오르는(쉽게 이용할 수 있는) 정보에 의지하게 되는 것이다.(심리학자들은 이것을 가용성 휴리스틱availability heuristic이라 한다.) 이러한 위험 평가 방식은 그것의 정확성을 떠나 가용성에 관한 감각이 폭포 현상을 일으킬 수 있다. 사람들이 어떤 문제에 대해 언급하면 할수록 다른 사람들도 그것을 깊이 생각하고 반복하게 된다. 그러면 문제의 실질적 중요도는 증가하지 않았음에도 불구하고 사람들에게는 그 문제가 중요해 보일 수 있다. 이는 공허한 추진력의 또 다른 사례에 해당된다. 정치 캠페인은 폭포 현상을 일으킬 만한 인상을 남기려는 의도로 이루어지는 경쟁이라 할 수 있다. 즉 각 진영이 자신의 미덕과 경쟁자의 결점을 유권자 앞에 (텔레비전 광고 같은) 생생한 형태로 가능한 한 많이 내보임으로써 어떤 인상을 불러일으키려는 노력이다.

유독성 폐기물 누출이나 라임병, 항공기 사고 등과 같이 사람들이 많이 듣고 생생하게 떠올릴 수 있는 위험은 법적으로 문제가 되는 가용성 폭포로, 사람들은 이런 위험에 대해 규제를 요구하곤 한다. 그러나 더 심각하지만 자주 떠올릴 수 없는 다른 위험들(예를 들어 자동차와 사슴이 충돌하는 일)에 대해서는 무관심할 수도 있다.[60] 걱정할 만한 위험에 대한 대중의 감각은 임의로 결정되기도 하지만, 기억에 남을 만한 위험 사례를 마케팅함으로써 그 위험을 '이용'하는 기업가들에 의해 결정되기도 한다. 소송 개혁을 원하는 사람들은 특정 사건(예를 들어 한 여성이 자신에게 커피를 엎지른 뒤 거액의 손해배상 소송에서 승소한 사건)을 선택해 최대한 이야기를 퍼뜨린다. 그 이야기를 들은 사람들은 휴식 시간에 동료들에게 전달하고, 이런 거듭되는 과정을 거치면 매체에 실린다. 이제 그 사건은 공통되고 긴급한 문제인 것처럼 다뤄진다. 소송 개혁을 원하지 않는 사람들 역시 의사나 기업에 의해 자행되었으나 배상받지 못한 끔찍한 불법 행위 사건들이 대중에게 폭포 효과를 일으키길 바라며 대응한다.

낙태, 소수인종 우대 정책, 법의 경제학적 분석, '행동주의자' 판사의 문제 등 기타 수많은 논쟁에 대해서도 동일한 설명이 가능하다. 누군가 자신이 원하는 이야기를 널리 퍼뜨려 사람들이 익숙해지도록 만듦으로써 폭포 효과를 일으켰다면, 그 이야기가 대표하는 문제나 중요성을 사람들에게 설득시키기가 훨씬 쉬워질 것이다. 또한 폭포 효과는 어떤 재난이 한 번도 발생하지 않은 상태에서는 정치적으로 그 재난에 대비하는 강력한 조치를 마련하기 어려운 이유를 설명해준다. 한 번도 발생하지 않은 재난은 대중의 마음속에 중요하게 인식될 만큼 효용성이 높지 않지만, 재난이 발생한 후에는 그 효용성이 폭포처럼 솟구쳐 그와 같은 재난이 발생하는 것을 방지하려는 강력한 요구가 일어난다. 따라서 세계 무역센터 테러가 발생한 이후 비로소 항공기 내에서 포크와 나이프 사용이 금지되었고 공항에 보안 조치들이 허용될 수 있었다. 핵이나 여타 테러 공격의 가능성 역시 이전까지는 발생하지 않은 탓에 과감한 조치를 취하려는 정치적 의지가 부재했다.[61]

÷

평판의 폭포reputational cascade에서는 문제가 달라진다. 이런 경우 나는 확고한 신념을 형성하려 노력하거나 다른 이들에게 의존하고 싶어하는 게 아니라, 다른 사람들이 나를 좋아하게 만들려고 노력한다. 그러기 위해 나는 사람들이 동의할 것이라 생각되는 말을 한다. 이미 내가 사람들과 합류한 그 무대에 당신이 나타나고, 당신 또한 호감을 얻기 위해 내가 했던 것보다 더 적극적으로 동조하려 한다. 당신이 합류한 뒤 나타난 사람은 동조의 말을 하거나 반대되는 말을 한다. 다만 사람이 늘어날수록 남들과 다른 의견을 나타내려 하는 이에게는 명백한 대가가 따른다. 놀랍게도 일반적 합의가 성립되기까지는 그리 긴 시간이 필요치 않다. 이 공간에서 다른 의견을 피력하는 사람은 드물기도 하고 또 그런다 해도 매우 소심해질 수밖에 없기 때문이다.

우리 삶에서 평판의 폭포가 발생한다는 데는 의심의 여지가 없다. 대부분의 유행은 거의 완벽하게 설명될 수 있다. 특히 옷의 유행이 그러한데, 모든 사람이 옷에 관심이 많은 것은 아니지만 가장 관심이 많은 이들이 먼저 유행에 순응하고, 이어서 관심이 조금 덜한 이들을 끌어들인다. 그런 다음 그 두 그룹이 또 다른 사람들을 끌어들인다. 이러한 효과는 노련하고 부유한 폭포 제조자들, 즉 디자이너들이 시선을 끌어모으기 위해 흔히 사용하는 방법이다. 우리의 의문은 이런 유행이 아이디어의 확산을 얼마나 잘 설명해줄 수 있느냐는 것이다. 종종 아이디어는 그 진실성과 관계없이 성공하며, 여기에는 사람들이 자기 평판을 지키기 위해 발언을 수정하지 않기 때문에 일어나는 부분도 있다. 그러나 평판의 폭포는 이보다는 좀더 독특한 이론이다. 첫 집단이 (개인적 이득을 위해서든 진실이라 생각해서든) 어떤 아이디어를 받아들인다. 두 번째 집단은 첫 집단과 같은 평판을 유지하기 위해 그 아이디어를 받아들인다. 그다음 평판을 신경 쓰지 않았을 수도 있는 세 번째 집단의 구성원들은 이제 무시하기 어려울 만큼 커져버린 합의 그리고 사회적 불이익이라는 위험을 인식하고 덩달아 굴복한다. 이제 네 번째 집단은 그들보다 훨씬 더 강한 압박을 받는다.

다시 한번 말하는데, 이러한 시각은 입증하기 쉽지 않다. 어느 정도의 설명이 가능할 뿐이다. 어쩌면 많은 사람이 대부분의 사안에 대해 어떻게 생각하는지를 이해하기 위한 실마리일 수도 있다. 물론 불만을 품은 이들이 있겠지만 적어도 순응의 압력에 의해 어떤 신념이 자리 잡은 상황을 설득력 있게 설명해주는 시각임에는 틀림없다. 평판의 폭포의 뚜렷한 사례로, 작은 운동으로 시작한 정치적 올바름이 수많은 대학으로 널리 확산된 것이 있다. 특정 견해를 표명하는 것이 자신의 평판을 위태롭게 하는 일로 여겨질 때 그 견해는 점차 적게 언급되고, 시간이 갈수록 그 견해를 언급하는 누군가는 눈에 띄면서 사회적 불이익을 당한다. 이와 동일한 역학관계는 학문 분야를 비롯해 여러 커뮤니티에서도 생겨날 수 있다. 그리고 때로는 평판의 폭포와 정보의 폭포가 상호작용하기도 한다. 예를 들어 한 집단이 평판을 이유로 어떤 견해를 받아들이자, 자신이 모르는 무언가를 그 집단이 알고 있을 거라 짐작한 다른 이들이 해당 견해에 동조하는 것이다. 또는 순응을 위해 받아들인 견해를 사실이라고 믿기도 한다.

폭포 현상이 항상 나쁘기만 한 것은 아니다. 때로는 정보의 폭포가 옳다. 예컨대 직접적 증거는 없지만 지구가 둥글다는 사실이 널리 받아들여지고 있는 현상을 이해하는 한 방법으로 정보의 폭포가 활용될 수 있다.[62] 또한 사람들의 매너 있는 태도를 설명하는 데 도움이 된다는 점에서 평판의 폭포 역시 긍정적인 면이 있다. 다만 평판의 폭포는 너무 쉽게 진실을 희생시킬 수 있는 고약한 잠재력을 지니고 있다. 즉 사람들이 자신이 믿고 있거나 알고 있는 것을 의도적으로 억누르려 하는 유인을 만들어낸다. 티머 쿠란은 이를 '선호 위장preference falsification'이라 불렀는데, 그는 선호 위장이 전체주의 사회를 구성하는 요소이며 또 전체주의 사회가 그것에 의존하고 있다고 주장한다.[63] 평판의 폭포를 이해하는 데 가장 중요한 점은 그것이 담론을 왜곡하며 거짓 합의를 강요하는 힘을 지니고 있다는 사실이다.

평판의 폭포의 구체적인 결과 가운데 어떤 것은 우리가 앞서 살펴봤던 것들과 중복된다. 예를 들어 투표를 순차적으로 하기보다는 동시에 진행해야 하는 이유가 바로 정보의 폭포 때문임을 확인했다. 평판의 폭포 역시 다양한 종류의 투표에 영향을 끼치며, '비밀' 투표를 지지하는 하나의 근거가 된다. 물론 비밀성은 책임성을 파괴할 수 있다. 이러한 위험은 평판의 폭포의 위험으로써 절충할 필요가 있다. 이러한 절충은 어째서 총선에서는 비밀투표로 이뤄지고 입법기관에서는 그렇게 하지 않는지를 설명해줄 수 있다. 그리고 그 중간적 상황, 이를테면 교수회 등에서 진행되는 비밀투표는 협상의 문제일 수 있다.[64]

그러나 평판의 폭포에 대한 법의 실행에서 가장 흥미로운 부분은 나쁜 행위에 낙인찍거나 선한 행위에서 나쁜 행위를 제거하는 노력과 관련된다. 로런스 레식은 그것이 입법의 미묘하지만 흔한 목적이며, 또 1964년 인종차별을 금지하는 민권법Civil Rights Act이 통과된 배경을 이해하는 한 방법이라고 주장했다. 남부에서 흑인을 고용하거나 그들과 거래함으로써 낙인찍힌 일부 백인 상인은 그 법이 자신의 낙인을 제거해줄 수 있기 때문에 지지했다.[65] 그러자 당시의 분리주의자들은 사람들을 위협하여 자신의 선호를 따르도록 만들었다. 첫 번째 순응자들이 그러한 압력을 더 강화하면서 다른 저항자들을 압도했고, 결국 통합을 주장하던 백인들은 입을 다물고 말았다. 이에 민권법은 법적 명령으로 평판의 폭포를 중단시켰다. 또한 통합을 원하는 백인들 스스로 선호가 아니라 법을 준수하는 것이라 말할 수 있게 함으로써 평판의 신호가 작용하는 방식을 바꿔놓기도 했다.

레식은 또 다른 사례로 권총 결투를 언급했다. 다른 지역도 마찬가지였지만 남부에서는 오랫동안 모욕에 대한 보복으로 권총 결투를 벌이는 관례가 있었다. 추측건대 그 관례는 평판의 폭포와 매우 밀접한 관련이 있는 듯하다. 결투가 문제를 해결하는 합리적 방식인지 의심하던 사람들은 겁쟁이라 불릴 위험을 무릅써야 했기에 그러한 생각을 드러낼 수 없었을 것이다. 그리고 그들의 침묵은 표명된 의견의 일치에 기여함으로써 다른 사람들이 더 저항하기 어려운 상황을 만들어냈다. 이러한 압력에 맞서 결투를 금지하는 법안은 한동안 통과되지 못했다. 그러나 그들의 명예를 겨냥해 결투를 벌이는 자의 공직을 박탈하는 법은 효과적이었다. 즉 결투를 회피하고 싶은 사람에게 공직을 박탈당하고 싶지 않다는 정당한 명분을 만들어줌으로써 평판의 폭포를 막았다.

그 밖에도 법이 사회생활에서 평판의 압력을 해결하는 사례는 많이 있다. 불량배가 거리를 배회하지 못하게 하는 법은 그들의 배회 행위가 공공연히 지배력을 과시하면서 그들에게 합류하지 않는 이들에게 평판의 비용을 부과하는 데 도움이 된다는 이유로 옹호되어왔다.[66] 이 또한 폭포일 수 있다. 주변의 모든 사람이 개인적으로는 불량배들을 혐오함에도 그들을 존중하게 되는 사례일 것이다. 처음에 불량배는 일부 집단을 겁준다. 그다음에는 앞의 일부 집단이 한편이 되었으므로 또 다른 사람들을 억압하는 일이 더 쉬워진다. 마침내 누군가 반기를 들기에는 너무 위험한 지경에 이른다. 대다수 다른 사례에서 그렇듯이 이 사례에서 평판에 관한 내용은 법적인 설명의 일부에 불과하며, 심지어 특별히 폭포 문제를 염려하지 않고 평판의 압력에 대해 염려하는 것도 가능하다. 그러나 평판이 염려되는 곳에서는 폭포도 신경 써야만 할 것이다. 왜냐하면 폭포는 종종 평판에 대한 위협을 사회 통제를 위한 거대하고 강력한 메커니즘으로 변모시키는 수단이 되기 때문이다.

✦ 추가 독서를 위한 제안

Timur Kuran and Cass R. Sunstein, *Availability Cascades and Risk Regulation*, 51 Stan. L. Rev. 683(1999); Abhijit V. Banerjee, *A Simple Model of Herd Behavior*, 107 Q. J. Econ. 797(1992); Sushil Bikhchandani, David Hirshleifer, and Ivo Welch, A *Theory of Fads, Fashion, Custom, and Cultural Change as Informational Cascades*, 100 J. Pol. Econ. 992, 992~994(1992); Lisa R. Anderson and Charles A. Holt, *Information Cascades in the Laboratory*, 87 Am. Econ. Rev. 847(1997); David Hirshleifer, *The Blind Leading the Blind: Social Influence, Fads, and Information Cascades*, in The New Economics of Human Behavior (Mariano Tommasi and Kathryn Ierulli eds., 1995).

15장
투표의 역설

    이제 사람들 간의 조정에 관한 다른 문제로 넘어가보자. 법에서는 한 사람 이상의 견해(다수의 견해)를 모아 종합적 선호나 판단을 도출하려는 시도가 자주 이뤄진다. 이는 국민 전체의 견해일 수도 있고, 상원이나 다른 입법기관 구성원의 견해 혹은 대법원의 대법관들의 견해일 수도 있다. 그러한 집단의 구성원들은 투표를 하고, 우리는 그 투표 결과가 다수의 의사를 반영하는 것이라 말한다. 그러나 이러한 절차의 이면에는 보기보다 까다로운 문제들이 숨어 있다.

    첫 번째로 논할 기본적인 문제는 콩도르세 후작(28장에서 합리적 의심에 관한 논의 중에 그의 또 다른 가설인 배심원 정리jury theorem를 간략하게 소개할 예정이다)의 이름을 따 '콩도르세의 투표의 역설Condorcet voting paradox'로 알려진 것이다. 투표의 역설은 두 가지 이상의 선택지 중에서 선택해야 할 때 발생한다. 기본 개념을 설명하기 위해 1992년의 대통령 선거를 살펴보도록 하자. 당시 유력한 후보자는 조지 부시(아버지 부시), 빌 클린턴, 그리고 유력 무소속 후보자인 로스 페로였다. 선거가 세 사람 또는 세 유권자 그룹에 의해 결정된다고 생각할 때, 선호도는 다음과 같다.

	첫 번째 선택	두 번째 선택	세 번째 선택
유권자(그룹) 1	클린턴	페로	부시
유권자(그룹) 2	페로	부시	클린턴
유권자(그룹) 3	부시	클린턴	페로

어떤 후보자가 승리할까? 클린턴은 확실히 아니다. 비록 유권자 1의 첫 번째 선택이 클린턴이긴 하나 다른 두 유권자가 그보다 부시를 선호하기 때문이다. 그러나 부시가 승리한다는 것도 말이 안 된다. 유권자 1과 2가 부시보다 페로를 선호하기 때문이다. 따라서 (유권자 1과 3이 모두 클린턴을 선호하는 경우를 제외하면) 페로가 승리할 게 분명하다. 그럼 무엇이 문제일까? 그것은 한 그룹의 선호가 한 개인의 선호와 동일하게 작동하지 않는다는 사실이다. 개인을 대상으로 하면 일반적으로 선호가 유동적이라 가정할 수 있다. 즉 그가 B보다 A를, 그리고 C보다 B를 선호한다면, 그는 C보다 A를 선호한다고 말할 수 있다. 반면 그룹을 대상으로 하면 그러한 보장이 없다. 대통령 선거에서 A가 B보다 선호되고 또 B가 C보다 선호된다고 할 때 C가 A보다 선호되는 것으로 나타날 수 있는 것이다. 결과적으로 누가 승리하든 유권자의 3분의 2는 불만을 품고 재선거를 요구할 수 있다. 이것이 바로 '순환cycling'이라 알려진 문제다.[67]

이 역설이 의미하는 바는, 방금 설명했듯이 선거가 치러지고 나서도 국민의 뜻이 무엇이었는지 일관성 있는 진술이 불가능하다는 것이다. 오직 절차와 자의적인 결과만 남을 뿐이다. 그렇다고 1992년의 선거 결과가 자의적이라는 말은 아니다. 물론 그랬을 수도 있지만 그것은 우리가 알 수 없는 모든 유권자 선호의 실제 내용에 달려 있다. 당시 클린턴이 승리했으나 어쩌면 과반수가 부시를 선호했을 수도 있다(그러나 그중 일부는 페로에게 표를 던졌다). 혹은 과반수가 부시보다 페로를 선호했을 수도 있다(그러나 그중 일부는 클린턴에게 투표했다). 혹은 과반수가 페로보다 클린턴을 선호했을 수도 있다. 이 각각의 진술은 모두 사실일 수 있지만, 모두 거짓일 수도 있다. 중요한 원칙은 바로 ABC의 관계다. 즉 이와 같은 선거가 그룹을 대상으로 진행된다면 그룹의 선호가 논리적(또는 전이적)으로 작용한다고 가정할 수 없다. 또한 선거에서 어느 한 후보가 승리한 사실만으로는 그룹의 선호가 제대로 드러났다고 추정할 수도 없다.

케네스 애로는 이러한 내용을 더 공식화했다. 그는 그룹이 개인과 동일하게 합리적으로 행동하며 이행적transitive인 일련의 결정을 내놓을 수 있도록 조정하는 것은 불가능하다는 사실을 보여주었다. 혹은 모두가 기꺼이 승인할 것으로 여겨지는 과정에 대해 몇 가지 다른 가정을 세워놓은 경우라도 불가능하다. 예를 들어 '어떤 개인도 제멋대로 하지 않는다(즉 '독재자'가 없다)'라든가 '한 유권자의 선호가 한 방향으로 변하면 결과적으로 그룹의 선호(사회적 선호)도 다른 방향으로 움직이지 않는다'와 같은 가정이다. 이 밖에도 몇 가지 다른 조건이 있으나 여기서는 애로의 '불가능성 정리impossibility theorem'의 증명과 마찬가지로 생략해도 좋을 것이다. 그 내용은 여러 다른 텍스트에서도 쉽게 찾아볼 수 있다.[68] 핵심은 여러 방면으로 합리적인 투표 제도를 만든다 해도 그 제도가 왜곡된 결과를 낳을 가능성, 즉 집단이 두 가지 이상의 선택지 중에서 하나를 택할 때 그 집단적 결정의 의미를 명확하게 주장하지 못하도록 만들 수도 있다는 것이다.

이러한 역설적 결과를 누그러뜨리거나 피하기 위해 다양한 방법이 고안되었다. 우선 투표를 실시하여 1등, 2등, 3등을 가리되 그에 따른 가중치를 부여할 수 있게 하는 것이다. 하지만 이 방법은 유권자가 전략적 행동을 할 만한 폭이 넓어진다. 아니면 사람들에게 투표를 두 번 연속하게 한 뒤 누가 가장 앞서는지, 즉 두 번의 경쟁에서 누가 가장 많은 표를 획득하는지(보르다의 역설과 관련된 아이디어) 또는 누가 부정적 결과를 가장 적게 보여주는지(일대일 경쟁에서 각각의 상대를 이길 수 있는 후보자로 '콩도르세 승자'라고도 한다) 확인할 수도 있다. 그러나 이 방법들 중 어떤 것도 여전히 '순환'의 가능성을 안고 있다.[69] 혹은 다양한 후보를 대상으로 투표한 다음 마지막에 남은 두 후보를 놓고 결선 투표를 진행하는 방법도 있다. 그러나 결선 투표는 그 자체로 왜곡된 결과를 낳을 수 있다. 결선 투표 전에 탈락한 세 번째 후보가 최종 후보 중 한 명보다 더 많은 표를 받았을 가능성이 있기 때문이다. 아무튼 이 제안들은 후보의 수와 상관없이 단순히 다수결 원칙만 고수하는 미국의 투표 과정에서는 쉽게 볼 수 없는 참신한 방법이다.

투표 역설의 논리는 원칙상 모두가 인정하고 있지만, 그로 인해 발생하는 문제의 규모에 대해서는 논란이 있다. 어떤 분석가는 투표의 역설이 민주주의를 환상으로 만든다고 본다. 왜냐하면 실생활에서 우리에게는 늘 두 가지 이상(더 많을 때가 부지기수다)의 선택지가 존재하기 때문에 간단한 투표로 나온 결과가 실제 사람들이 원하는 것을 나타낸다는 생각은 큰 오산이라는 것이다(어쩌면 투표는 대다수가 실제로는 원하지 '않는' 것을 제공하고 있는지도 모른다).[70] 다른 누군가는 설령 그러한 문제가 있더라도 민주주의가 여전히 다른 대안들보다 뛰어나며, 어쨌든 문제가 심각하다면 해당 모델이 더 많은 암시적인 순환 현상을 드러낼 거라고 주장한다. 즉 모든 결과가 투표에 참여한 다수에 의해 비난받고 전복될 것이다. 그 다수의 선택은 또 다른 다수에 의해 공격받을 것이고, 이 과정이 되풀이된다. 일반적으로 입법부에서는 그런 일이 일어나지 않는다.[71] 현실적으로 순환이 발생하기 어려운 다양한 방식으로 투표를 구조화하고 있기 때문이다.[72] 그러나 순환은 그 밖의 수많은 환경, 예를 들어 가족 구성원이 무언가를 결정하려 할 때(중식당에서 음식을 주문하는 경우를 떠올려보자), 또는 교실에서 학생들이 시험 방식에 관한 선호를 조사할 때, 또는 정치적 예비선거 등에서 흔히 목격할 수 있는 현상이라고 주장되어 왔다. 그러한 사례들에서 통상 투표자는 의회의 의원이 하나의 법안을 표결할 때 제시받는 것보다 더 많은 선택지를 받는다.[73] 입법부 및 기타 집단에서는 투표 전에 심의를 통해 그들의 선호를 더 일관된 것으로 만들 수 있기 때문에 순환을 통제할 수도 있을 것이다.(그러나 대화가 길어지다 보면 애초에 생각한 것보다 '더 많은' 대안이 도출되기도 하므로 순환은 훨씬 더 큰 문제가 될 수도 있다). 또는 투표자들이 압력에 못 이겨 의미 한계를 인식하지도 못한 채 집단 결정을 받아들이게 될 수도 있다. 또는 누군가는 집단 결정이 별 의미가 없다는 사실을 알고 있지만 마무리를 짓기 위해 (자의적일지라도) 결과를 받아들일 수도 있다.

그러나 널리 인정되고 있는 이 역설의 대가 중 하나는 집단의 의제 조정(집단이 선택지를 고려하는 순서)과 관련 있다. 한 위원회가 세 가지 선택지 중 하나를 택하는 경우를 상상해보자. 그 사안은 아이스크림 종류나 어떤 규제 안건 또는 군사적 제안을 선택하는 것일 수도 있지만, 편의를 위해 또다시 클린턴, 부시, 페로 중 한 명을 선택하는 것이라고 생각해보자. 당신은 모두가 클린턴과 부시 중 누구를 선호하는지부터 정리한 다음에 페로에 대해 고려하자는 합리적 제안을 한다. 앞서 우리가 만든 표에 따르면 승자는 부시다. 그럼 이제 부시 대 페로의 대결로 넘어가보면, 이때의 승자는 페로다. 이 결과는 공정해 보일 수 있지만 사실은 자의적이다. 만약 부시와 페로를 '먼저' 비교한 다음에 그 승자와 클린턴을 비교했다면 최종 승자는 클린턴이었을 것이기 때문이다. 이렇듯 의제를 선택하는 과정에 세심하게 주의를 기울인다면 어떤 후보자도 승자로 만들 수 있다.

그러므로 당신이 집단의 결정에 관여하고 있다면 의제 선택은 물론 누가 통제하는지도 긴밀히 파악해야 한다. 이것이 첫 번째 교훈이다. 두 번째 교훈은 그보다 더 중요하다. 당신이 집단(아마 당신이 당사자가 아닌 크고 중요한 집단)의 결정을 제공받았을 때는 의제 설정이 어떤 역할을 했는지, 혹은 당신이 그것을 분별할 위치에 있는지를 점검해야 한다. 이러한 교훈이 법에 끼치는 의미는 대단한 것일 수 있다. 법령의 의미를 둘러싼 분쟁에서 각 당사자가 의회의 의도에 호소하는 일은 흔하다. 그러나 어떤 유용한 의미에서 그러한 의도는 없을 수가 있다. 집단은 개인이 가진 것과 동일한 방식으로 지향할 수 없다는 사실은 명확하다.[74] 그러나 투표 기록으로부터 상상할 수 있는, 덜 제한적 의미에서의 의도조차 얻지 못할 수가 있다. 이는 그다지 명확하지는 않다. 이러한 집단이 탄생시키는 법률은 다수의 열망조차 정확히 반영하지 못할 수 있다. 이는 초기에 선택지를 정하는 순서에 따라 우연히 기계에서 튀어나온 결과에 지나지 않는다. 또 다른 가능성은 정치적 결과가 이런 식의 절차적 부분(집단이 보유하고 있는 명확하고 안정적인 선호를 표현하는 것이 아닌 의제 설정 방법, 쟁점의 묶음 방식 등)에 더 많이 좌우되면 될수록 지대 추구에 열중하는 이익단체들에게 매력적인 상황이 주어질 수 있다는 것이다. 결국 큰 이득을 노리는 지대 추구자들은 선택지의 순서와 제시 방식을 조작할 방법을 찾아낼 것이며, 과정보다 본질에 집중하는 투표자들을 화나게 만들지 않고 은밀하게 진행될 수 있다.[75]

그럼 법원은 어떨까? 판사들의 집단 역시 개인과 동일한 방식으로 행동하지 않는다. 콩도르세와 애로가 지적한 바로 그 역설들이 판사에게 적용되는지에 대해서는 논쟁이 일기도 했으나,[76] 둘 이상의 판사로 구성된 법원에서 발생할 수 있는 약간 다른 역설이 존재한다. 그것은 사건에 하나 이상의 쟁점이 있을 때 발생한다. 세 명의 판사로 구성된 전형적인 항소법원의 사례를 상상해보자. 이 법원이 맡은 사고 사건의 피고는

1심에서 패소하고 지금 항소재판에서 두 가지 주장을 내세우고 있다. 그의 첫 번째 주장은 시효 만료에 관한 것으로, 원고의 소 제기가 너무 늦었다는 것이다. 두 번째 주장은 신원 오인에 관한 것으로, 원고가 엉뚱한 사람에게 소를 제기했다는 것이다. 판사들은 사건을 검토하고 나서 각각 다음과 같은 입장에 도달한다. 'Y'는 판사가 표 위칸에 적어넣은 피고의 주장에 동의한다는 뜻이다.

	원고의 소 제기가 너무 늦었다	원고가 엉뚱한 사람에게 소를 제기했다
판사 1	Y	N
판사 2	N	Y
판사 3	N	N

피고가 항소재판에서 승리할 수 있을까? 그럴 것 같지 않다. 그의 각 주장은 2 대 1로 인정받지 못하고 있다. 한편 세 명의 판사 중 두 명(즉 판사 1과 판사 2)은 각기 다른 이유로 피고에게 법적 책임을 물어선 '안 된다'고 판단한다. 피고의 주장 중 판사 1은 소송이 너무 늦게 제기되었다는 점을 인정하고, 판사 2는 원고가 엉뚱한 사람에게 소를 제기했다는 주장을 인정한다. 따라서 사건의 결과는 표를 어떻게 계산하느냐에 따라 달라진다. 쟁점별로 표결을 해야 할까?(이 경우 피고는 패소한다.) 아니면 판사들이 최종적으로 무엇을 인정하는지를 물어야 할까?(이 경우에는 피고가 승소한다.)

놀랍게도 이 질문에 대해 확정된 해답은 존재하지 않는다. 그러나 미국 법원의 일반적 관행은 판사들이 인정하는 결과들을 합산하는 것이다. 이에 관한 예로 1949년 연방대법원이 판결했던 타이드워터Tidewater 사건을 들 수 있다.[77] 먼저 약간의 배경 설명을 붙이자면, 앞서 언급한 바와 같이 연방법원이 모든 사건을 다 심리할 수 있는 것은 아니다. 헌법에 따르면 의회는 특정한 사건을 연방법원이 심리할 수 있도록 허용하는 법규를 마련하게 되어 있다. 즉 헌법 제3조에는 의회가 원하면 연방법원에 할당할 수 있는 모든 종류의 사건이 열거돼 있다. 그리고 연방 관할의 가장 중요한 유형 중 하나(그리고 이 사건과 관련된 관할)는 시민권의 다양성이다. 그것은 당사자들이 서로 다른 주에 속한 시민이라면 연방법원에 소송을 제기할 수 있음을 뜻한다. 그리고 해당 소송가액은 7만5000달러 이상이어야 한다.[78] 헌법은 의회가 이러한 유의 관할을 창설하는 것을 허용하고 있으며 의회는 이를 실행에 옮겼다. 그러나 컬럼비아 특별구(워싱턴 D.C.)에 거주하는 사람들은 어떻게 해야 할까? 그들도 '다양성' 관할로 소송을 제기할 수 있을까? 의회는 '그렇다'라는 결정을 내리려고 했으나 그것이 헌법에 위배된다는 주장이 제기되었다. 제3조는 여러 '주'의 시민과 관계된 사건을 연방법원이 심리하도록 정하고 있기 때문이다. 컬럼비아 특별구는 주가 아닌, 구역일 뿐이다. 어떻게 해야 할까?

이 질문에 대한 대법관들의 반응은 방금 전 설명한 투표 역설을 불러일으켰다. 세 명의 대법관은 컬럼비아 특별구가 주는 아니지만 헌법의 다른 부분(제1조)이 컬럼비아 특별구의 사안을 규율할 권한을 의회에 부여하고 있으므로 의회는 그 시민들과 관련된 사건을 연방법원에 할당할 권한을 갖는다고 판단했다. 다른 두 명의 대법관은 이 주장에 찬성하지는 않지만 관할권 사안에 있어 워싱턴 D.C.는 주로 간주'되어야' 하기 때문에 관할권 인정에 문제가 없다고 답했다. 나머지 네 명의 대법관은 D.C.의 시민들에게까지 다양성 관할을 확장시키는 것은 헌법에 위배된다는 입장으로, 두 주장에 동의하지 않았다. 최종적으로 관할을 허용하는 표가 다섯 표였다(첫 번째 주장을 근거로 세 표, 그리고 또 다른 주장을 근거로 두 표). 정리하자면 아홉 명의 대법관 중 적어도 여섯 명(어쩌면 일곱

2부 신뢰, 협력 그리고 복수의 행위자들을 위한 기타 문제들

명일 수도)은 시민에 대한 관할에 동의하지 않았다. 그럼에도 불구하고 최종 결과는 5 대 4로 관할이 인정되었다.[79]

결과를 투표로 정하는 관행은 자의적 결과를 낳는다는 비난을 받아왔다. 앞의 불법행위 소송으로 되돌아가서, 이번에는 첫 번째 의문(소 제기가 너무 늦었는가)에 대한 호소가 두 번째 의문에 대한 호소보다 먼저 제기되었다고 가정해보자. 이를 근거로 피고는 소송이 제기된 지 1개월 만에 원고의 이의 제기를 각하시키는 데 성공하고, 원고는 즉시 항고한다. 항소심 판사들은 각기 앞에 제시한 표에 나타난 견해를 유지하면서 피고에게 불리한 표결을 하고, 추가 심리를 위해 사건을 1심 법원으로 돌려보낸다. 그러자 세 명의 판사 중 두 명이 소송 시기에 문제가 없다고 판단한다. 이제 일 년 뒤 마침내 사건이 재판에 회부되고, 피고가 법적 책임을 부담하게 되었다고 가정해보자. 항소한 피고가 이번에는 자신의 두 번째 주장(원고가 분명히 엉뚱한 사람에게 소를 제기했으므로 법률적 문제로 판단했어야 한다)을 제기한다. 그리고 두 명의 판사가 그의 주장을 받아들이지 않아 다시 패소한다. 만약 피고가 항소 재판에서 두 가지 주장을 동시에 제기할 수 있었다면 승소했을 것이다. 왜냐하면 세 명의 판사 중 두 명이 (비록 그 이유는 서로 다르더라도) 피고에 대한 소송을 각하해야 한다고 판단했을 테니 말이다. 따라서 피고가 자신의 주장들을 한꺼번에 제기할 수 있느냐에 따라 결과는 달라질 수밖에 없고, 이는 자의적으로 볼 수밖에 없다.

그러나 쟁점별 투표에도 여러 문제가 존재한다. 그중 주요한 것은 여러 쟁점의 실체가 언제나 명확한 건 아니라는 점이다. 앞의 불법행위 사건에서 우리는 두 가지 쟁점, 즉 소송이 늦었는지에 관한 것과 원고가 올바른 피고에게 소를 제기했는지에 관한 주장을 목격했다. 그러나 둘 다 다른 쟁점으로 분해될 수 있다. 예를 들어 첫 번째 주장은 다음 두 가지 의문을 포함하고 있을 것이다. 첫째, 원고의 소송 권리에 관한 시효가 그가 피해를 입은 순간부터 시작되었는지 아니면 그가 피해를 발견한 때로부터 시작되었는지에 관한 의문이다. 둘째, 피고가 원고의 조사를 방해하기 위한 조치를 시도했기 때문에(그렇다고 가정해보자) 시효가 연장되어야 하는지에 관한 의문이다. 판사들이 이에 대해 일일이 판단을 내려야 할까? 아니면 그저 소송이 너무 늦었는지에 관한 일반적 의문만 판단해도 괜찮을까? 뚜렷한 주장들이 얼마나 존재하는지, 또 투표가 어떤 방식으로 진행되어야 하는지를 결정하는 사람은 누구인가? 그 자체로 자의적이라 하지 않을 수 없는 사안들을 어떻게 보느냐에 따라 결과는 달라질 수 있다. 이는 실체적 결정이 그것을 논의하기 위해 의제를 만드는 사람에 의해 내려지는 또 다른 경우다.[80]

물론 이러한 문제가 민사 사건에서만 발생하는 건 아니다. 피고가 살인으로 유죄 판결을 받은 형사 사건을 상상해볼 수도 있다. 항소심에서 피고는 두 가지 주장을 한다. 하나는 경찰이 영장 없이 가택을 수색하여 피고의 권리를 침해했다는 주장이고(수정헌법 제4조 위반), 다른 하나는 피고의 자백이 강요에 의한 것이었다는 주장이다(수정헌법 제5조 위반). 결과는 앞서 표에 나타난 것과 동일할 수 있다. 즉 두 주장은 모두 인정되지 않지만, 판사들 중 다수는 피고의 권리가 침해되었고 그가 유죄 판결을 받아선 안 된다고 판단할 수 있는 것이다. 비록 결과를 뒤집기 위한 각각의 주장이 거절되었음에도 불구하고 유죄 판결이 뒤집히는 일이 보편적이지는 않지만 일반적인 관행이다. 사고 사건이나 여타의 민사 사건의 경우보다 형사 사건에서 쟁점별 투표에 대한 지지가 더 강력할까? 아마 우리는 피고의 자유가 위태로울 때 가장 적극적으로 결과에 대한 투표에 임해야 할 것이다. 같은 이유로 그러한 경우 법은 증거에 대한 더 높은 기준을 마련해놓고 있다.[81] (그러나 그에 관한 문제는 28장에서 합리적 의심에 관해 논의할 때까지 미뤄두기로 한다.)

✚ 추가 독서를 위한 제안

Kenneth Arrow, Social Choice and Individual Values(1951); Daniel A. Farber and Philip P. Frickey, Law and Public Choice: A Critical Introduction(1991); Frank H. Easterbrook, *Ways of Criticizing the Court*, 95 Harv. L. Rev. 802(1982); Lewis A. Kornhauser and Lawrence G. Sager, *Unpacking the Court*, 96 Yale L.J. 82(1986); Saul Levmore, *Public Choice Defended*, 72 U. Chi. L. Rev. 777(2005). 이 분야의 문헌은 방대하다. 이들 문헌뿐만 아니라 본 장의 미주에 언급된 다른 문헌들이 유용한 수많은 자료를 제공해줄 것이다.

16장

억제된 시장 솔 레브모어 공저

♎

이 장의 내용은 이 책의 여느 장들과는 조금 다르다. 사례나 법리의 이해에 유익한 도구에 대해 (간혹 적용되기도 하지만) 설명하지 않는 대신 법적 기관을 비롯해 각종 '기관'을 이해하는 데 유용한 아이디어들을 소개한다. 그러한 논의는 법 규칙 등 여타 규칙들이 집단의 생활에 어떻게 영향을 끼치는가에 관한 일반적인 의문과 관련되기 때문에 이 장에 속한다. 동시에 이 장의 주제와 관련된 하나의 사고방식이기도 하다. 또한 경제학에 기원을 두고 있는 법적 사고의 도구들을 여러 장에서 살펴봤기 때문에 이 논의를 이곳에 포함시키기로 했다. 우리는 특히 언제, 그리고 왜 경쟁을 제한하고 시장의 무자비함을 억누르려고 노력하는지 (또한 그 결과는 어떠한지) 생각해보며 2부를 마무리하는 게 적절해 보인다.

좋은 대학에 들어가는 건 왜 어려울까? 그러나 퇴학당하기는 또 왜 어려운 것일까? 국가에 대해서도 동일한 질문을 할 수 있는 이유는 무엇일까? 때로 우리는 어디에서든 안 좋은 것과 좋은 것을 가려내기 위해, 그리고 자원에서 가치를 추출하기 위해 시장에 의존하고 있는 듯 보인다.

그러나 또한 시장에 수반되는 협상, 경쟁, 추방의 위협은 우리가 원치 않을 수 있는 공동체를 형성케 한다. 반면 우리는 조건 없이 서로에게 헌신적인 대등한 존재로서 일하며 살아가기를 원한다. 이러한 생각들은 흥미로운 방식으로 교차한다. 모든 사람을 동등하게 대우하고 싶어하는 이 공동체는 경쟁이 불러일으키는 좋은 효과들을 원할 수도 있고, 또 다른 곳과의 경쟁에 대해 걱정해야 할 수도 있다. 이러한 것들 사이에서 균형을 찾으려는 요구가 국가나 직장 규모의 공동체 안에서 반복 패턴을 만들어낸다. 구성원들은 공동체 안에서 모두 같은 입장에 서기를 원하기 때문에 울타리 안에서 허용된 경쟁에 제한을 두었지만, 따지고 보면 이는 경쟁을 다른 곳으로 내모는 것이다(경쟁이 흥미로운 부작용들과 함께 덜 눈에 띄는 형태로 탈바꿈한다). 바로 그것이 이 장의 주제다. 여기서도 몇몇 사례를 통해 논의를 구체화시켜나가도록 하자.

먼저 미국이라는 공동체에 대해 생각해보자. 입국 조건은 이민법에 의해 정해진다. 어떤 이들은 미국이 지금보다 더 많은 이민자를 받아들여야 한다고 생각한다. 그 이유는 이민자의 불우한 자국 상황에 대한 연민일 수도 있고, 과거에 이민으로 얻었던 경제적 문화적 이익에 대한 기대 때문일 수도 있다. 반면 이미 충분히 많은, 아니 너무 많은 이민자를 받아들였다고 생각하는 이들도 있다. 그들은 다른 국가로부터 수백만 명의 이민자를 더 받아들였을 때 현재 미국에 살고 있는 노동자들이 치러야 할 비용을 걱정한다. 여기서 가능한 절충안은 새로운 이민자가 비용을 부담하는 조건으로 이민을 계속 허용하는 것이다. 더 많은 이민자를 바라는 이들은 이 안을 받아들일 것이다. 이민자를 바라지 않는 이들은 국가가 새 이민자들로부터 보상을 받아 그들의 유입으로 밀려난 이들에게 재분배해주는 것을 보게 될 것이다. 사람들은 현금 혹은 성공 후 지불에 대한 약속의 대가로 입국을 허락받으며, 그들에게 더 높은 세율이 적용될 수도 있다. 그들은 일종의 승자결정전에 참가할 수 있으며, 시범 기간에 우수한 성과를 거둔 자는 임시 방문권을 영구적으로 전환시킴으로써 부를 창출할 기회를 얻을 수 있고, 패자는 떠나야 할 것이다. 이 방식은 완벽하게 합리적으로 보일 수 있다. 다른 사람들이 간절히 원하는 것이 우리에게 있다면 그것을 파는 게 정상이다. 만약 수량이 한정적이라면 가장 높은 가격을 부르는 사람에게 팔거나, 공정한 경쟁으로 자격을 증명한 사람에게 파는 게 최선이다.

사실 이와 같은 제안은 그리 큰 지지를 얻어내지 못한다. 문제는 그 이유다. 재산 또는 승자결정전처럼 냉혹한 경쟁에서 성공한 자에게 시민권을 부여하는 것은 잘못(정말 끔찍한 일)이라는 인식이 그 이유라고 추측할 것이다. 그러나 돌이켜보면 우리는 종종 그런 방식으로 특권을 부여하고 있다. 법은 외국인에게 비자를 허가할 때 인상적인 자격을 보유한 사람 또는 최소 열 명의 미국인을 고용할 영리기업에 100만 달러의 투자를 약속할 수 있는 자에게 특혜를 준다.[82] 어떤 의미에서는 이민의 자리값을 받고 있다고 할 수 있다. 심지어 누구에게 그 자리를 줄 것인지 결정하기 위해 승자결정전에 의지하기도 한다. 단지 우리가 그 승자결정전을 관리하거나 관전하지 않을 뿐이다. 우리는 경쟁 선수들의 본국에서 승자결정전이 진행되는 쪽을 선호한다. 승자는 우리에게 스스로를 제시한 뒤 선택을 기다린다. 또 다른 경우 외국인에게 비자를 주고 몇 년 뒤 정부가 비자를 갱신해줄지 시민권을 부여할지를 결정한다. 미국인과 약혼하거나 투자 자본을 들고 와 비자를 받은 사람이라도 자산을 잃었거나 본래의 계획이 변경되었다면 체류 허가를 받지 못할 수 있다. 그들에게 입증 기간이 주어지지만 그 기간은 넉넉히 제공되지 않는다.[83] 이러한 역학관계는 불법체류자를 고려할 때 더 분명히 드러난다. 그들 중 일부는 경제적 정치적 혹은 사회적으로 스스로를 증명해낼 수 있고, 이후 다양한 수단을 활용해 체류 허가를 받아낼 수 있을지도 모른다. 예를 들어 (불법적으로라도) 충분히 오랜 기간 미국에 거주한 후 성공적으로 영주권을 신청하는 경우처럼 말이다.[84] 그들은 승자결정전의 숨겨진 선수들이다.

핵심은 노골적이지 않을 뿐 이민법에서 경쟁과 협상을 사용하고 있다는 것이다. 이것이 억제된 시장의 예다. 경쟁과 협상 같은 것을 감추는 선택은 흥미로운 문화적 선호를 반영한다. 협상은 무신경하고, 공개 경쟁은 잔인하며, 사람들을 돌려보내는 것은 야비하다(또는 그렇게 우리가 느낀다). 우리는 입국을 원하는 사람들에게 더 친절하고 덜 비판적인 방식으로 대하기를 원한다. 또한 미국에 거주하는 모든 사람이 동등하게 간주되어야 한다는 평등주의 규범에 따라, 그리고 미국에 있는 모두가 한 집단의 일부라는 공동체주의 규범에 따라 살아가기를 바란다. 미국에 있는 모두가 스스로를 가업에 충실하고 헌신적인 존재로 생각해야(생각되어야) 한다는 영속성 규범도 있다. 물론 이러한 규범들이 절대적인 것은 아니며, 늘 다양한 방식으로 타협이 이루어진다. 그러나 이 규범들은 힘을 갖고 있다. 국적을 이유로 더 높은 세금을 내거나 스스로를 입증하는 데 실패하면 추방될 거라는 불안 속에서 살아가는 시민 계층이 있기를 우리가 바라지 않는다는 게 규범이 가진 힘의 한 결과다. 따라서 우리는 그들 간의 경쟁을 우리 영역 밖으로 밀어내거나 아니면 허용하더라도 다른 용어로 묘사한다. 말하자면 국경 안에 불법체류자들이 있다고 표현할 뿐 미국에 남기 위해 필사적으로 경쟁하고 있는 이류 시민이 있다고 말하지 않는다.

그러한 규범들이 가치 있다는 건 분명하지만 그 지불 대가에 대해서는 제대로 고려할 필요가 있다. 만약 우리가 내부에서 자체적으로 승자결정전을 진행한다면, 그들의 본국에서 승자와 패자를 가리는 현재의 비공식적 경쟁보다는 더 공정할 것이고 우리에게도 더 나은 결과(우리가 원하는 유형의 이민자들이 더 많아진다)를 가져올 것이다. 따라서 열악한 곳에 살고 있는 패자들에게 직접적 경쟁의 기회를 제공하지 않는 행위는 잔인하게 여겨질 수 있다. 이러한 점을 고려하는 한 가지 사고방식은 그들을 우리가 원하는 공동체 건설의 어떤 대가로 간주하는 것이다. 우리는 공동체의 울타리 안에서 무조건적이고, 또 평등의식을 기초로 하는 관계가 형성되기를 바라는 한편, 그 자리에 들어올 사람을 신중히 택하기를 바라기도 한다. 직접적 해결책은 이민자들에게 기회를 준 뒤 그들이 잘해 내지 못하면 추방하는 것이지만, 이 해결책은 우리가 만들려는 분위기를 해칠 것이다. 따라서 모든 경쟁을 끝까지 밀어붙이는 것 말고는 선택지가 거의 없다. 이는 사실상 외부인에게 먼 곳에서 진행되는 무자비한 경쟁을 하라고 한 다음 승리자에게 영구적인 입국을 허용하는 것이나 다름없다. 이는 매우 불완전한 것이지만 우리가 원하는 내부 분위기를 유지하면서 선택적으로 취할 수 있는 다른 방법은 없다.

이 모든 설명이 그럴듯하게 들리지만, 우리가 관문 안에서 경쟁을 억제하는 이유에 대해 좀더 회의적인 다른 설명도 고려해야 한다. 어쩌면 우리는 우리가 볼 수 있는 것보다 볼 수 없는 것에 비용을 부과하기를 선호할 뿐인지도 모르겠다. 잘 보이는 곳에서 사람들이 경쟁을 하고 성과를 내지 못한 이들이 추방당하는 모습을 지켜보는 건 불편한 일이다. 그 반대의 고통, 즉 이민을 제한하거나 승자결정전 같은 형태를 회피하는 고통은 분산되어 있으며 대부분의 사람들에게 잘 보이지 않는다. 그 고통은 우리가 알지 못하고 조직할 수 없는 사람들에게 흡수된다. (이는 정치적 과정에 경제학 이론을 적용하는 학파인 '공공 선택'에 관한 문헌의 보편적 주제로, 즉 이익집단은 조직화돼 있지 않고 잘 보이지 않는 많은 수의 대상을 희생시킴으로써 목적을 이루는 경향이 있다.) 결과적으로 우리의 공동체적 감수성이 이기적이라고 판명될지도 모른다. 반면 이기적 행위에 보답하는 듯 보이는 자유 시장이 오히려 덜 이기적으로 기능하고 있는지도 모른다. 시장은 시장이나 정치적 공간에서 멀리 떨어진 사람들의 이익에 기여하기 때문이다. 이러한 설명과 그 의미가 매력적이든 그렇지 않든 여기서 얻어야 할 핵심은 다음과 같다. 경쟁을 시야 밖으로 밀어내는 결정은 그 자체로 승자와 패자를 만들어낸다는 것이다. 그러한 승자와 패자의 정체성, 그리고 다른 집단을 희생시켜 한 집단을 도우려는 근본적 소망이 경쟁을 시야 밖으로 밀어내는 결정의 원인인지 아니면 그 결과일 뿐인지 질문해보는 행위는 가치 있는 것이다.

이제 우리가 대학이라 부르는 좀더 작은 공동체에서 발견되는 해결책들을 비교해보도록 하자. 보통 대학에 입학한 학생은 거의 다 무사히 졸업을 하는 추세다. 또한 다수의 대학과 로스쿨은 대개 입학 문턱이 높기 때문에 학위를 취득한 학생이 많다는 사실을 홍보하곤 한다. 사실 이민과 마찬가지로 대학에서도 입학을 폭넓게 받아들이고 나서 졸업할 학생들을 가려내는 편이 여러 면에서 이로울 수 있다. 원래 로스쿨에서는 그렇게 해왔는데, 1년을 다닌 후 낙제를 받는 학생이 많았다. 지금의 로스쿨은 학생 자격에 관한 전반적 과제를 외부로 밀어냄으로써 학생의 학부 성적과 입학시험 점수(먼 곳에서 진행되는 승자결정전의 결과)를 보고 입학 자격을 정한다. 일단 기준을 충족하는 학생이 입학하고 나면 학교는 그들이 공동체의 일원으로서 적합한지 그렇지 않은지를 다시 묻지 않는다. 이는 학위 취득자를 결정하는 방법으로는 허술하기 짝이 없으며, 첫 학년 동안 심사를 거쳐 우수한 학생들을 가려내는 방식에 비해 덜 효율적인 방법일 것이다. 반면 덜 잔인하고, 학교가 최우선으로 여기는 공동체 및 영속성 규범과 일맥상통한 것이기도 하다. 이제는 성적이 나쁘다고 해서 퇴학에 상응하는 조치로 학생들을 위협하는 방식이 야만적으로 느껴지고, 우리는 그러한 정서를 환영한다. 학문적 부정행위의 증거도 유사한 양상을 따른다. 입학 전의 부정행위는 대학 입학의 기회를 잃게 만드는 것이지만, 일단 입학한 뒤에는 불명예스러운 행동을 한 학생들을 놀라울 정도로 보호한다. 대학에 들어가기는 어렵지만, 일단 들어가고 나면 퇴학당하기도 어렵다.

그러므로 명문 학교의 입학 정책은 부유한 국가의 입국 정책과 닮아 있다. 공동체 안으로 받아들일 대상을 선별할 때 심사 기간을 거친 후 분류 및 거절하는 완벽한 기능 방식을 취하지 않고, 입장 전 경계 밖에서 덜 효율적인 심사가 진행되도록 하는 공동체 규범을 따르는 것이다. 관문에서는 미심쩍더라도 지원자들이 다른 곳에서 어려운 경쟁을 통과했다는 증거를 토대로 심사가 이루어진다. 이로써 내부에서 구성원을 분류하는 방식은 빈축을 사고, 구성원을 배제하는 일은 거의 불가능해진다. 그러나 학교든 국가든 그러한 결정은 부분적으로 눈에 띄지 않는 대가를 수반한다. 학교 측에 능력을 입증하지 못해 거절당한 지원자들은 실패와 퇴학의 위험을 감수하더라도 학교 안에서 스스로를 증명해낼 기회가 주어지기를 원했을 수도 있다. 그리고 학교 입장에서도 거절하기 전에 지원자에 대해 더 많은 것을 파악하는 편이(또한 입학을 위한 초반의 장애물을 극복한 거의 모든 학생을 졸업시켜야 한다는 의무감을 느끼지 않는 편이) 더 이득일 것이다. 그러나 학생 절반을 퇴학시키는 일은 수백만 명의 불법체류자를 추방하는 일과 마찬가지로 우리가 바라는 상황이 아니다.

대학 내부에서는 이보다는 규모가 작은 조정들이 이루어지지만, 거기서도 유사한 상충 관계(여타 규범들을 위해 억제된 시장과 그로 인하여 다른 곳으로 전가된 비용)를 목격할 수 있다. 대학은 기숙사 방이나 인기 강의의 자리를 경매 방식이 아닌 추첨에 따라 배정한다. 통상 물리학이나 고전문학을 전공하는 학생은 역사학이나 사회학을 전공하는 학생과 동일한 수업료를 내고 있으나 전공 연구실이 필요하거나 강의 규모가 비교적 작은 경우 교육 비용이 더 많이 들어간다. 긴축이 요구될 때 일부 학과는 다른 학과에 비해 큰 타격을 입을 수 있다. 이때는 평등주의 접근 방식을 고수하기보다는 지속적 사용자에게 비용을 부담시키는 편이 결국 더 친절한 방식일 것이다. 주목할 점은 대학 내부의 경쟁 부재는 입학 관문을 통과한 이후뿐만 아니라 졸업 이후에도 영향을 끼친다는 것이다. 대학 졸업자 중 일부는 결국 취업에 성공하지 못하는데, 이 현상은 특정 학과의 전공자들에게서 특히 두드러진다. 취업 시장에서 냉대받는 이들은 공명정대함이라는 미명 아래 대학으로부터 유망하지 않은 분야를 장려받아 전공을 선택한 것을 후회할 수도 있다. 그러나 학교는 오직 교내에서만 평등을 위해 노력할 뿐 당신이 학교를 떠나면 결코 평등을 약속해주지 않는다.

경쟁과 공동체 사이의 균형은 장소에 따라 다르게 나타나며, 또 같은 장소일지라도 시기에 따라 달라진다. 대학들이 과거에는 입학 이후에 학생들을 더 면밀히 선별했는데 왜 지금은 정반대 추세가 되었을까? 그에 대해 경제학에 기초한 해석, 즉 교육비 상승이 그러한 진화의 배경이라고 보는 시각이 있다. 아무리 좋은 학교라 해도 학비가 상승함에 따라 실패의 위험이 큰 분야에 시간과 돈을 투자하라고 설득하기는 어려운 데다 신생 대학들이 더 나은 안전성을 내세워 유혹하는 경우라면 더 그러하다. 이는 예술 및 과학 분야의 박사 과정에서 중도 탈락률이 높아지는 이유를 설명해준다. 이들 분야는 학비가 비교적 낮은 편이고 종종 장학금이 제공된다. 그리고 석사 학위는 선별 및 조기 졸업 과정을 완화시키는 괜찮은 방법이기도 하다. 즉 학생과 대학이 서로를 탐색할 기회를 가지며, 실패한다 해도 학생이 자격증이라는 소소한 기념물을 갖고 떠날 수 있다. 핵심은 반경제적 규범이 자체적인 힘뿐만 아니라 경제적 압력의 결과로도 진화할 수 있다는 것이다. 이것은 행복한 이야기일 수도 있고, 그렇지 않을 수도 있다. 공동체 간에 심각한 경쟁이 존재한다면(특정 측면에서 볼 때 대학 간에는 그러한 경쟁이 존재하나 국가 간에는 그리 흔치 않을 것이다) 일종의 하향 경쟁 혹은 어쨌든 모두를 위한 이익을 창출하는 (그러나 그 비용을 사람들이 인지하기는 어려운) 규범 및 관행을 향한 경쟁이 벌어질 가능성이 있다.

자, 이제 또 다른 환경인 직장을 떠올려보자. 대부분의 회사는 대외적으로 치열한 경쟁을 벌이지만 대내적으로는 공동체 의식을 원한다. 이것이 긴장을 유발한다. 회사는 무자비한 경쟁과 배제를 억제하려 할 수도 있지만 그러한 노력이 언제나 직원과 고객에게 이득이 되는 건 아니다. 여기서도 우리는 (흥미로운) 타협과 비용 및 회피가 예상되는 억제된 시장을 발견하게 된다. 앞서 소개한 평등주의를 고집하는 명문 로스쿨과 그 졸업생이 입사하는 거대 로펌을 비교해보자. 대다수 영리적인 회사가 그렇듯이 이 로펌 또한 승자결정전이 벌어지는 공간이다.[85] 젊은 변호사들은 자신이 파트너로 승진하지 못할 수 있으며 그렇게 되면 다른 직장을 알아봐야 한다는 사실을 인지한 채 채용된다. 울타리 안에서 공개 심사가 벌어지고, 까다로운 선별 과정을 거쳐 대부분의 변호사는 패배의 상처를 안고 떠난다. 그런데 이러한 해결 방식은 로스쿨에서는 볼 수 없었던 것이다. 왜 차이가 나는 것일까?

확실히 설명하자면, 기업은 학교와 동일한 공동체주의 규범을 받아들일 여유가 없으며, 학교보다 훨씬 더 야만적인 경쟁 환경에 놓여 있기 때문이다. 실력이 탁월한 변호사와 평범한 변호사 모두에게 동일한 임금을 지불한다면 실력 있는 변호사가 로펌을 떠날 것이다. 고객 또한 마찬가지다. 만약 로펌이 어떠한 변호사도 3년 이상 고용할 수 없다면 상황은 달라질 수 있다. 입학 전후에 경쟁을 벌이지만 3년 동안은 경쟁이 없는 로스쿨이나 사법연수원과 유사한 구조가 될 것이다. 그러나 변호사가 한 회사에서 수십 년 일한다면 그 회사는 임금 및 유지 측면에서 관대한 접근 방식에 대한 비용 부담에 맞닥뜨린다. 이에 로펌은 소속 변호사들끼리 경쟁하게 하고, 그 결과에 따라 퇴사를 요구하는 식으로 대응하게 된다. 이는 경제적 힘이 반경제적 규범이 허용된 공간을 어떻게 변모시킬 수 있는지 보여주는 또 다른 예다. 아마 규범들 자체가 경쟁을 벌인다고 말할 수 있을 것이다. 한편 로스쿨의 교단, 공무원 청사, 법원 등 변호사가 존재하는 비교적 더 평등주의적인 직장들에서 경쟁의 압력이 덜한 것은 우연이 아니다. 그런 곳들의 고용주는 독점권을 갖고 있거나 영리를 추구하지 않으므로 공동체주의 이상을 추구한다고 해서 시장에서 불이익을 당하지 않는다. 공동체주의 이상은 임금을 규제하거나 누군가를 해고하기 어렵게 만드는 관습 및 법 규칙을 통해 실현되며, 따라서 이러한 유형의 일터에서 일하는 사람들은 초조함 없이 일을 즐길 수 있지만 수입이 적은 편이다. 이는 시장 및 시장 규범이 지배하는 곳에서 일하는 장점이자 단점이다.

우리가 살펴본 여러 공동체와 기업 간의 또 다른 차이는 전속성 captivity과 관련된다. 공동체 구성원 사이에 전속성이 약할수록 경쟁의 압력에 의해 공동체주의를 충족시키는 데 더 많은 비용이 들 수 있다. 회사의 모든 구성원에게 동일한 임금을 지불하는 것은 좋은 분위기를 조성할 수 있지만, 가장 뛰어난 변호사가 더 나은 보수를 위해 다른 곳으로 떠난다면 그 분위기는 길게 유지되지 못할 것이다. 마찬가지로 누구도 해고하기 어렵게 만든다면 구성원 전부가 더 즐거운 기분으로 일하게 할 수는 있지만, 불량한 직원을 해고하길 두려워하지 않는 경쟁 업체에 고객을 빼앗긴다면 이 또한 오래 지속될 수 없다. 전속성이 중요한 이유를 이해할 수 있는 또 다른 방법은 전속성이 완전히 부재하는 상황을 관찰하는 것이다. 여러 식당과 그곳에서 식사하는 사람들을 비공식 공동체로 생각해보자. 누구나 이 공동체에 들어가서 음식을 팔 수 있지만 손님들은 몇몇 식당을 선호할 것이고 나머지 식당들에는 실격 판정을 내릴 것이다. 결국 대부분의 식당은 실패하고 만다. 어려운 일이긴 하나 이 공동체를 다른 방식으로 조정한다는 것은 나쁜 식당들의 등장을 의미하는 것이다. 만약 식당 주인들의 감정과 선한 의도를 염려하여 나쁜 식당들을 보호하고자 한다면 그런 식당들에서 식사하는 사람들을 통제해야 할 것이다. 그러지 않으면 사람들은 자신이 좋아하는 곳에서 식사할 테니까. 그러나 이런 방식은 그다지 유쾌해 보이지 않는다. 반면 국가 및 대학은 사람들이 자유롭게 진입하기 어렵기 때문에 외부인이 이탈의 유인을 제공하더라도 붕괴나 소멸의 큰 두려움 없이 공동체주의 감성을 실현시킬 수 있는 것이다.

몇몇 폐쇄적 공동체가 그 내부자들에 대해 언제 그리고 왜 불공평한 처우를 공공연히 용인하는지 살펴보는 것으로도 전속성의 중요성을 알 수 있다. 종종 어떤 노동조합은 기존 조합원을 옹호하고 신규 조합원에게는 덜 관대한 조건으로 교섭한다. 즉 조합의 구성원을 다른 등급으로 분류하기로 합의하는 것이다. 그러나 보통 노동조합의 입장이 유리하면 그러한 합의를 하지 않는다. 노동조합이 구성원에 대한 불공평한 처우에 동의하는 경우는 경쟁자의 위협이 있거나 조합원이 직장을 잃을 위기를 막아야 할 때다. 결국 노동조합은 경쟁자가 자신의 전속 시장, 즉 고용주의 회사에 침투하려 위협할 때 평등주의 규범을 상실한다. 시장이 자유롭게 그리고 무자비하게 돌아간다면 조합은 정확히 고용주가 할 수 있는 일, 즉 사람들을 구분하고 다르게 처우하는 일을 다소 허용함으로써 조합을 지키고 부분적으로 시장의 전속성을 유지하려 노력한다.

그러나 가장 경쟁적인 회사들조차 그 울타리 안에서 시장 메커니즘의 이용을 제한하고 있으며, 그에 따른 비용을 어느 정도 감수한다. 그러므로 로펌이나 여타 회사의 고용주가 직원들에게 이직이나 강등에 대한 선택권을 부여하는 일은 드물다. 어떤 로펌은 파트너가 되지 못해 실망한 변호사들에게 새로운 직책을 제공함으로써 소속 변호사를 계속 유지하게 한다. 그렇다 해도 5년차 변호사에게 2년차 변호사에게 주어진 조건 같은 것을 받아들이도록 설득하지는 않을 것이다. 처음에는 그런 제안이 유발하는 사기 저하가 다른 곳에서 협상을 저해할 수 있는 평등 및 공동체 문제와 별개인 듯 보이겠지만, 실제로는 연관돼 있을 수 있다(대규모 직원 그룹을 대상으로 하는 경우 협상을 통한 강등이 훨씬 더 일반적이라는 점을 주목하라). 노동조합은 집단적인 기득권 유보에 동의할 수 있고, 모든 장교는 군사력 감축 기간에 강등에 동의할 수 있다. 그런 결과를 받아들이기가 쉽진 않겠지만, 적어도 집단 전체가 동일한 대우를 받는 것이기 때문에 공동체 의식이나 어느 한 구성원에 대한 위협은 아닌 것이다.

이 시점에서 우리는 공동체 규범 때문에 경쟁 및 협상이 억제되는 곳에서는 부작용이 함께 나타난다는 것을 예견할 수 있다. 채용과 승진을 철회할 수 없는 규범이 있다면 고용주는 자연스레 임시 직원을 채용하고 로펌은 새로운 파트너보다 영구적 소속 변호사 직위를 만드는 경향이 있다. 또한 소속 직원들에게 더 큰 보상을 제공할 수 있는 업무를 외부 계약자에게 맡기기도 한다. 외부 계약자를 고용함으로써 회사는 소속 직원들에게 쉽게 요구할 수 없는 경제적 결정을 내리는 것이다. 대학의 교수진은 억제된 시장 압력의 혜택을 누리는 대상이지만 여기서도 이탈은 일어날 수 있다. 기존 교수진의 공동체주의 분위기를 존중한 나머지 젊은 신임 교수에게 종신직을 거절하는 게 극심해진 경우다. 외부에 있다가 나중에 교수로 채용되는 일보다 학교 내에서 정교수로 임용되는 일이 더 빈번하다는 사실은 이미 잘 알려져 있으며, 우리가 논의하고 있는 규범이 그 이유를 설명해준다. 그 결과로 얻을 위험은 대학이 실력 없는 교수에게 정교수 자리를 부여할 수 있으며, 장기적으로는 뛰어난 교수들이 대학을 떠나고 싶게 만들 수 있다는 것이다. 그 반대도 가능하다. 대학이 젊은 교수들을 받아들인 후 선별하려 했으나 교수들의 따뜻한 분위기로 인해 선별하기 어려워져 젊은 교수의 채용을 중단하는 것이다. 대신 선별 작업을 다른 대학에 맡기고 중간급 경력자들을 교수로 채용하려 한다(이 과정은 아직 우호적인 규범의 적용을 받는 공동체 구성원으로 인정받지 못하는 방문교수들을 토대로 이루어질 수 있다). 높은 위상을 차지하고 있는 일부 대학은 그러한 전략을 성공적으로 실행할 수 있을 것이며, 이때 위상은 그들이 가진 규범을 위해 소비될 수 있는 일종의 자본 역할을 수행한다. 나머지 대학들은 시장의 규율이 너무 약하기 때문에 그것을 피해간다. 이들 대학은 상황이 나빠진다 해도 그 비용을 거의 인지하지 못할 수 있다. 왜냐하면 대학의 질적 저하가 내부인에게 즉각적 영향을 끼치지 않을 수도 있고 또 외부의 누군가가 그것을 알아채는 데 시간이 걸릴 수도 있기 때문이다. 로펌은 그러한 여유를 누릴 수 없다.

우리는 다양한 공동체가 어떤 식으로 시장 메커니즘을 이용하고 또 억제하고 있는지 계속 살펴볼 수 있다. 결혼, 클럽, 아파트 및 사람들이 공동생활의 조직화를 위해 만든 여타 집단들은 각기 어떤 단계에서 경쟁을 포함시키고 또 다른 단계에서는 그러지 않는다. 이와 관련된 선호는 법과 관습이 혼재된 상태로 나타난다. 그러나 지금쯤이면 이 장이 소개하고 있는 분석 도구에 충분히 익숙해졌을 것이다. 우리의 사법은 협상을 비롯해 그것을 촉진 혹은 모방하는 방법에 많은 부분을 할애하고 있다. 반면 공법은 여러 이유에서 바람직하지 않은 협상 및 시장 메커니즘의 억제에 많은 부분을 할애하고 있다. 그러므로 시장이 억제되어 있는 삶의 구석구석에서 원인과 결과를 더 깊이 이해하려면 다음과 같은 질문들이 도움이 될 수 있다. 시장 억제가 참여자들 간 공동체의식의 구축에 기여하는 규범을 위한 것인가, 우리가 적극적인 사적 질서를 제한하고 경제적인 힘을 도외시할 때 수반되곤 하는 비용 및 회피가 존재하는가, 또한 승자와 패자는 누구인가 등이다.

2부 신뢰, 협력 그리고 복수의 행위자들을 위한 기타 문제들

3부

법학

17장

규칙과 기준

⚖️

경찰이 어떤 사람을 살인 혐의로 체포한 뒤 경찰서로 데려가 심문을 한다. 결국 이 피의자는 자백한다. 그의 자백이 법정에서 그에게 불리하게 사용될 수 있을까? 수정헌법 제5조는 누구도 "형사 사건에서 자기 자신에게 불리한 증언을 강요받지 아니한다"라고 규정하고 있다. 그러나 이 규정은 다소 일반적이어서 판사가 집행할 때 따라야 할 일련의 실질적 지침이 필요하다. 하나의 해결책은 경찰서에서 무슨 일이 있었는지, 자백이 임의적이었는지 아니면 '강요된 것'이었는지를 판단하기 위해 판사가 피의자를 심문하는 것이다. 이때 모든 부분을 살필 수 있다. 경찰이 피의자에게 무엇을 물었고 피의자가 무어라 대답했는지, 피의자가 자신의 권리를 이해했는지, 피의자가 굶주린 상태는 아니었는지, 천장에 거꾸로 매달리지는 않았는지 등이다. 미국의 법원은 오랜 시간 동안 이러한 방식으로 피고의 자백이 강요된 것이었는지 사실관계 전부를 살펴봄으로써 수정헌법 제5조를 집행하고 있다.

그러나 현재 미국 법원에서는 이 문제에 대해 다른 방법을 사용하고 있다. 피고인이 체포될 때 자신의 권리를 고지받았는지를 묻는 것으로,

고지되지 않았다면 피고인의 자백은 일반적으로 증거로 사용될 수 없다. 3장에서도 살펴봤지만 이것은 '미란다 대 애리조나Miranda v. Arizona'[1] 판결에서 확립된 규칙이다. 해당 판결에서 연방대법원이 고안해낸 유명한 경고는 우리에게 사건명을 딴 '미란다 원칙'으로 알려져 있다. 즉 묵비권, 변호사 선임권 등 영화와 텔레비전 방송을 통해 널리 알려진 여타의 권리들을 피의자에게 고지해야 한다는 것이다. 그러한 고지 없이 이루어진 자백에 '일반적'이라는 단서가 붙는 이유는 몇몇 예외, 즉 폭탄이 터지기 직전이거나 무기를 소지했을 가능성 때문에 수색이 필요한 때처럼 공공안전상 즉각적으로 행동해야 하는 경우가 있기 때문이다.[2]

경찰에게 미란다 원칙을 고지하라는 것과 피의자의 자백을 강요하지 말라는 것 중 하나를 선택하는 것은 규칙과 기준 간의 선택이다. 따라서 경찰서에서 강압이 있었는지 묻는 것은 기준 사용에 해당된다. 즉 누군가(여기서는 판사)가 모든 사실관계에 대해 법을 적용해 기준이 충족되었는지 여부를 판단해야 한다. 이와 달리 규칙에 해당되는 미란다 원칙은 그것이 고지됐는지 사실 여부를 확인할 뿐 판단이 개입할 여지가 없다(피의자가 미란다 원칙을 고지받은 '이후' 지나친 압박을 받았다고 주장하지 않은 한 그렇다. 지나친 압박을 받았다고 주장한다면 우리는 그 주장을 판단하기 위해 강압의 기준을 사용하는 단계로 다시 돌아가야 할 수 있다). 이것이 규칙과 기준 사이에 존재하는 일반적인 차이점이다. 일단 사실관계가 확정되면 규칙의 결과가 발생한다. 반면 기준은 적용되기 전에 사실관계에 대한 판단을 요구한다.

규칙과 기준의 구분은 그 경계가 모호할 수도 있다. 자백의 경우 미란다 원칙이 충분히 명확하게 고지되었는가에 관한 분쟁이 생길 수 있다. 이런 식으로 규칙의 구성 요소는 그 자체로 작은 기준이 된다. 예외 또한 기준에 해당될 수 있다. 공공안전이 실제로 위협받는 경우였는지, 그리고 공공안전으로 인해 미란다 원칙에 대한 불고지가 정당화되었는지를 물어야 하는 경우는 (규칙을 적용할지 말지 판단하기 위해) 기준을 적용하고 있다. 그러나 피의자의 손이 닿을 수 있는 범위 내에 무기가 있을 때에만 예외가 적용된다고 할 수 있기 때문에 공공안전에 관한 조사 자체가 규칙으로 전환될 수도 있다(그러나 이후 우리는 '무기'로 간주되는 것이 무엇인지에 대해 논의해야 할 수도 있으며, 다시 그 목적을 위해 규칙과 기준 사이에서 선택을 해야 한다). 그러므로 규칙 안에 기준이 포함되어 있을 수 있으며, 또 기준 안에 규칙이 포함되어 있을 수도 있다. 미란다 원칙이 등장하기 전, 즉 법원이 항상 기준(피고인이 강요받았는가)을 적용하던 시절에는 경찰이 자백을 받아낼 때까지 구타하는 경우처럼 판사가 자동으로 피고인에게 유리한 판결을 내리게 하는 상황이 있었다. 이때 결국 법원의 추론은 규칙을 사용한 것과 다름없다. 따라서 규칙과 기준의 구별은 때로 정도의 문제이며, 일반적으로 추정, 지침, 특정 요소들에 기반한 평가, 예외 조항 등이 혼재했다. 어느 한 가지 형태로 시작된 법적 명령은 다른 형태로 얼마든지 변형될 수 있다. 어떤 학설은 미란다 원칙에서 특히 그러한 현상이 두드러진다고 주장한다. 즉 미란다 원칙은 규칙으로 시작되었으나 현재는 수많은 예외가 존재하고 미란다 원칙에 의한 보호가 너무 쉽게 사라질 수 있어 오늘날 이 원칙이 하나의 기준이나 마찬가지라는 주장이다.[3]

법에서는 항상 규칙이냐 기준이냐 하는 문제가 제기되곤 한다. 법은 그 제정 주체가 국회든 법원이든 정부 기관이든 관계없이 대부분 조건명제로 이해될 수 있다. 일반적으로 법은 준수되지 않는다면 처벌에 의해 집행되는 명령이다. 누가 그 명령의 초안을 작성하든 그것을 규칙의 형태로 규정할지, 아니면 기준 혹은 혼재된 형태로 만들지 결정을 내려야 한다. 예를 들어 속도를 제한할 때나 언론의 자유에 대한 사법적 판단을 내릴 때 혹은 교통사고 관련 재판에서 과실이 있는 피고에게 손해배상 책임을 부담시킬 때 등 다양한 상황에서 말이다. 강요된 자백의 문제는 이에 관한 논쟁에서 접하게 되는 전형적 절충안을 다수 포함하고 있어 문제를 사고하는 하나의 유용한 시작점일 뿐이다. 그중 몇 가지를 살펴보도록 하자.

1. 남용 가능성

우선 규칙은 기준보다 더 강력한(혹은 더 약한) 보호를 제공할 수 있다. 자신의 권리에 대해 잘 모르는 피의자가 악의적인 경찰관에 의해 조종당할 우려가 있다면 미란다 원칙은 무엇을 고지받아야 하는지를 모두에게 분명히 알려줌으로써 경찰의 게임즈맨십을 줄이는 데 기여한다. 규칙은 기준보다 아랫사람이나 완전히 신뢰할 수 없는 상대를 통제하는 데 유리하다. 기준은 재량을 낳고, 재량은 지대 추구 및 대리 문제를 일으킬 수 있다(앞서 7장과 9장에서 설명했다). 그러나 또한 규칙은 다른 '종류'의 게임즈맨십을 소개함으로써 보호를 약화시킬 수도 있다. 즉 규칙이 허용하는 한계까지 근접함으로써 무엇을 모면할 수 있는지 알아내려는 노력 말이다.[4] 그러한 노력은 「뉴욕경찰 24시NYPD Blue」 같은 텔레비전 드라마에서 주요 소재로 사용되고 있는데, 경찰이 피의자에게 그의 권리를 고지하기는 하나 이후 피의자의 권리 행사를 저지하기 위해 온갖 수단이 동원된다. 따라서 규칙과 기준 사이에서 선택을 고민할 때 고려해야 할 점은 기준의 모호함을 남용하는 것과 규칙의 정확함을 남용하는 것 중 어떤 위험이 더 중대한가이다.

2. 정확성과 통지

이와 관련된 절충은 규칙과 기준에 의해 다뤄지는 것이 무엇인지와 관계있다. 규칙은 사전事前에는 명확하나 실행에는 허술한 경향이 있다. 그 경계에서 누군가 놓치길 바라는 몇몇 사례를 적용 범위에 포함시키고, 또 누군가 규칙이 포함시키길 바라는 사례를 놓치곤 한다. 요컨대 규칙은 지나치게 포괄적이면서 또 지나치게 제한적이다. 수많은 연쇄살인 행위에 대해 자백하기로 결심한 한 형사사건 피의자를 떠올려보자. 그의 자백은 자유롭게 이루어졌고 어떠한 강압도 없었다. 그러나 이후 피의자는 자백한 것을 후회했고, 자신에게 탈출구가 있음을 알아낸다. 경찰이 그에게 미란다 원칙을 고지하는 일을 잊었던 것이다. 이 사례는 미란다 원칙의 목적에 부합하지 않지만 그 내용에는 부합하므로 그는 아마 석방될 것이다. 이때는 사회가 치르는 희생이 너무 크다.[5] 이 사례에서는 규칙이 지나치게 포괄적이다. 만약 기준이 사용되었더라면 사실관계를 살펴본 판사가 자백을 인정하지 않을 이유가 없다고 판단했을 수 있다. 혹은 다른 관점(지나치게 제한적인 관점)에서 피의자가 이해하든 못 하든 특별한 개념을 사용한다면 자백을 증거로 인정할 수 있다. 다시 말하지만, 기준은 좀더 개인화된 법 집행을 요구하기 때문에 이러한 위험을 감소시킨다. 때로는 그것이 중요하다. 또한 때로는 모든 사례를 올바르게 처리하려는 노력이 중요하다. 그러나 기준을 사용하면 사전에 결과가 덜 명확해진다. 그러한 불확실성이 비용을 야기할 수 있다. 모든 사람에게 명확한 통지는 법 준수 행위를 용이하게 만들고, 또한 판사의 도움 없이도 분쟁이 수월하게 해결되도록 한다.

3. 비난과 책임

규칙은 법원이 그것을 집행할 때 다른 측면에서 힘을 얻는다. 흉악한 피고인에 대해 판사는 의식적으로든 그렇지 않든 그 악당을 반드시 감옥으로 보내기 위해 (아마 '임의성'이나 '강압' 같은) 기준을 융통성 있게 적용하려는 경향을 보일 수 있다. 혹은 자신이 기준을 관대하게 적용해서 피고가 석방되면 대중의 항의가 따를 것을 걱정할 수도 있다.[6] 규칙은 이러한 위험들을 회피하는 데 도움이 된다. 규칙은 그것이 관리하는 이들뿐만 아니라 그것을 집행하는 판사의 재량이나 남용의 여지가 적으며, 판사가 비난을 걱정하지 않고 법을 집행할 수 있는 길을 열어준다. 말하자면 판사가 할 일이 많지 않다. 판사는 단순히 규칙을 적용할 뿐이며, 대중의 비난을 받아야 할 주체는 규칙 혹은 (판사가 아닌) 그 규칙의 제정자들이다.[7] 같은 이유로 규칙의 존재는 설명의 책임이 더 수월해진다. 기준이 적용될 때 판사는 규정의 실수에 대해 제정자를 비난할 수 있고 제정자는 적용의 실수에 대해 판사를 비난할 수 있는데, 규칙은 그런 식의 비난 행위를 어렵게 만드는 경향이 있다.

그러나 규칙은 재량을 용인하지 않는 탓에 적용에 대한 책임을 경감시키는 역효과가 나타날 수도 있다. 기준은 종종 사용자가 사용 의도를 설명해야 하지만 규칙은 그렇지 않다.[8] 그리고 규칙이 사례에 적합하지 않은 것으로 여겨진다면 집행자는 해당 규칙의 적용을 회피하기 위해 그 해석이나 사실관계 혹은 재량 행사를 유리하게 변경하고 싶은 유혹을 느낄 수 있다. 관련된 예로 청정대기법Clean Air Act이 있다. 미국 환경보호청 EPA이 제시한 오염 물질을 사용한 자에게 규칙을 근거로 의회가 무거운 벌금을 부과하는 법이다. 이상하게 들리겠지만, 결국 EPA가 오염 물질 목록을 작성하지 않게 함으로써 역효과를 내고 말았다.[9] 형벌이 너무 가혹하면 판사가 단정적 규칙의 힘을 회피하기 위해 진실 발견에 소극적이거나 배심원이 유죄인 피고를 무죄로 판단함으로써 법을 '무력화'시킬 가능성이 있다. 후자는 연방대법원이 각 주에서 특정 범죄를 저지른 피고인에게 자동으로 사형을 부과하는 것을 위헌으로 판결한 여러 이유 중 하나였다. 여러 연구에 따르면, 재판 결과가 사형이라는 사실을 알게 되었을 때 배심원들은 일급살인죄를 저지른 살해범에게 유죄 평결을 내리기를 기피하곤 한다. 연방대법원은 각 주의 규칙이 사실상 "법을 무시하고 행동하려는 특정 배심원의 의지에" 의해 형벌이 좌우되는 것은 용납할 수 없다고 판단하고 있다.[10] 그러므로 다른 곳과 마찬가지로 여기서도 규칙과 기준 사이의 절충은 생각보다 미묘할 수 있다.

4. 불확실성과 갈등

규칙을 정할 준비가 되어 있지 않을 때는 사례별로 해결해나가는 것이 합리적이다. 무엇이 옳은 규칙인지 아직 확신할 수 없으니 하나씩 접근하는 편이 더 유리할 것이다. 옳은 판단을 위해서는 사실심 판사가 받는 사실관계에 관한 정보가 필요하지만, 그것은 실제 소송으로부터 멀리 떨어져 있는 규칙 제정자들의 영역 밖에 있다. 혹은 어쩌면 우리는 무엇이 옳은 규칙인가에 대해서는 쉽게 '합의를 이루지 못하나' 구체적 사건에서 어떤 결과가 최선인가에 대해서는 합의에 이를 수 있을 것이다. 우리는 사례별로 접근해 일단 '불완전하게 이론화된 합의(즉 제1 원칙에 대한 합의로까지 확장되지는 못할, 결과에 관한 합의)'를 도출해내려 한다.[11] 하나의 명확한 규칙을 고집하기보다 한 번에 한 사례씩 접근하는 방식은 뿌리 깊은 정치적 갈등에도 불구하고 행정 및 여러 민생 문제를 극복하기 위한 유익한 수단이 될 수 있다.

5. 생성 및 적용 비용

규칙과 기준 사이의 선택에는 경제적인 문제가 포함돼 있다. 말하자면 정확성과 최종성 사이에서의 절충 혹은 (비슷한 내용이지만) 집행 비용에 대한 고려 정도에 따라 선택이 좌우되곤 한다. 기준은 규칙보다 정확하지만 사용하는 데 더 많은 비용이 든다. 법 선택이라는 분야에서 이와 관련하여 자주 거론되는 예들을 찾아볼 수 있다. 법 초심자는 의아하게 생각할지 모르겠지만, 메인주에 거주하는 사람이 사고 소송을 제기했을 때 법원이 반드시 메인주의 법을 적용해야 하는 건 아니다. 즉 사고가 텍사스주에서 발생했다면 메인주의 법정은 배심원들에게 텍사스주의 법을 적용하도록 명령할 수 있다. 소송이 다른 주에서 일어난 행위와 관련되어 있다면, 어떤 법에 따라 심판할지는 메인주의 규칙에 달려 있는 것이다. 사고 소송에 관하여 과거 대다수 지역에서 채택했거나 여전히 채택하고 있는 규칙은 불법행위지법不法行爲地法, ex loci delicti이다. 즉 다양한 예외가 존재하나 사건은 불법이 발생한 장소의 법 규율에 따른다는 것이다. 그러나 20세기 중반 무렵 대다수 법원이 이 규칙을 꺼려하게 되었다. 해당 규칙이 자의적 결과로 이어지거나 수많은 예외로 인해 법정에서 너무 많은 변용이 허용되고 있어 규칙과 같은 미덕이 생겨날 여지가 없다고 본 것이다. 그 대신 법원들은 기준을 사용하기 시작했다. 즉 사건과 가장 중요한 접점을 갖고 있는 주의 법이 해당 사건을 규율하는 것이다. 따라서 판사는 (규칙이 아닌 기준을 적용해) 당사자들의 출신지, 범죄 발생지, 사건에 대한 각 주의 이해관계의 본질 등 다양한 요인을 고려할 것이다.

'가장 중요한 접점'이라는 기준을 이전의 규칙보다 개선된 것으로 볼 수 있을까? 두 가지 접근 방식의 서로 다른 장점 중 어느 쪽에 무게를 두느냐에 따라 대답은 달라진다. 이전의 규칙은 더 간단하고 이해하기에 더 수월하며, 사전에 모두에게 더 명확하고 더 적은 비용으로 처리할 수 있다. 반면 기준은 모든 사실관계에 대해 공정해 보이는 결과를 낳을 가능성이 더 높다는 면에서 유리하며 어쩌면 결정적 장점일 수도 있다. 그러나 (주로 당사자들이지만 국민도 포함되는) 공정성을 위한 모든 추가적 노력의 대가를 누군가 지불해야 한다. 기준을 사용하면 사건의 예측 및 해결이 더 어려워지기도 하며, 그에 따라 규칙보다 비용이 많이 든다. 이 때문에 기준 사용의 증가는 종종 사회적 부의 증대와 관련되기도 한다.[12] 자원 공급이 부족하면 법 선택이나 소송의 여타 특성에 대한 논쟁에 자원을 들이지 않으려 한다. 아주 정확하게 파이를 나누기 위해 파이의 일부를 파괴하는 기준을 따르느니 때로는 잘못된 답을 제시하는 규칙을 따르는 편이 더 수월하다.

기준 사용에 드는 비용뿐만 아니라 그 사용 '빈도' 역시 중요하게 생각해야 할 점이다.[13] 6장 행정 비용에 관한 논의에서 살펴봤듯 시효를 기준보다 규칙으로 다루는 이유는 바로 이 때문이다. 사건마다 원고가 소송을 제기하기까지 불합리할 정도로 오랜 시간을 기다렸는지를 따져야 한다면 너무 큰 비용이 들 것이다. 그리고 사용 빈도는 규칙이 중요하게 여겨지는 영역에서조차 '공공안전'과 같은 기준에 해당되는 예외들이 사용되는 이유를 설명하는 데도 도움이 된다. 기준은 일반적인 사건이 아닌 오직 예외적인 사건에만 적용되므로 기준 적용으로 인한 비용은 어쩌다 한 번씩 발생한다.

규칙에도 숨겨진 비용이 있을 수 있다. 세부 사항에 차이가 있는 수많은 상황에 적용될 규칙을 제정할 때일수록 더 많은 시간과 연구가 필요하다. 만약 기준이 아닌 규칙만 고집하려 한다면 종종 더 '많은' 규칙을 만들어야 하는 일이 생길 것이다. 그리고 그 규칙들은 덜 직관적일 것이다. 불법행위법의 기준인 '합리적 주의'와 위반에 따르는 모든 형사처벌에 관한 공식적 도로 규칙들을 비교해보라.[14] 또한 기준에 비해 규칙은 세상의 변화에 뒤처지지 않도록 더 자주 개정되어야 한다.[15] 기준은 이러한 조정의 임무를 판사 혹은 최전방에서 그것을 적용하는 다른 누군가에게 맡긴다. 이는 조정의 빈도가 잦을 수밖에 없는 경우나 사전에 규칙을 제정하기 어려운 경우, 또는 규칙 제정자가 정확성을 기하려다 실패 위기에 직면한 경우에 가장 비용이 적게 드는 방법일 것이다.[16] 때로는 규칙으로 인해 감소한 법원의 비용이 다른 곳으로 옮겨간다. 미란다 원칙을 생각해보자. 이 규칙은 자백 이후에 따로 심리할 필요가 없게 해주므로, 굉장한 절약으로 보인다. 그러나 피의자가 이미 자신의 권리를 잘 알고 있어서 고지할 필요가 없을 때조차 경찰은 미란다 원칙을 준수하기 위해 일일이 경고들을 고지해야 한다. 이는 작은 비용이 몇 배로 증가하는 사례라 할 수 있다.

÷

규칙에 대해 사고할 때는 일반적으로 방금 설명한 사항들이 도움이 된다. 규칙에는 다음과 같이 세 당사자가 존재한다. 규칙을 제정하는 자, 규칙을 적용하는 자, 그리고 규칙이 적용되는 자. 따라서 제헌회의는 규칙을 제정할 수 있고, 그 규칙은 대통령에게 적용되며, 법원이 그것을 집행한다. 혹은 입법부도 규칙을 제정할 수 있다. 그 규칙은 시민들에게 적용되며 정부 기관에 의해 집행된다. 때로는 규칙 제정자와 집행자가 같을 수도 있다. 법원이 규칙을 제정하고 적용하는 것이다. 그러나 이때도 통상 규칙은 그것을 만든 당사자 외에 최소한 일부 다른 행위자들(아마 다른 판사들)에 의해서도 집행된다. 이 같은 기능 분할로 인해 규칙을 제정하는 당사자는 규칙의 사용 또는 회피 비용을 완전히 체감하지 못한다.[17] 때로 법원은 규칙보다 재량의 여지가 있는 기준 사용을 선호할지 모른다. 그러나 기준은 다른 당사자(예를 들어 사건 해결을 위해 노력 중인 소송 당사자들)에게 법원이 체감하거나 내부화(경제학적 용어)하지 못하는 비용을 야기하기도 한다. 대체로 규칙 제정자를 그 과정으로 인해 영향을 받는 모든 이해관계의 '단독 소유자'처럼 행동하도록 만들기는 어렵다.

규칙이 집행자의 영역으로 넘어간 뒤에는 정확히 제정자의 의도대로 표현되지 않을 수도 있는데, 이는 규칙의 제정과 집행이 분리됨으로써 나타나는 결과다. "의회는 언론의 자유를 제한하는 법규를 제정하지 아니한다" "주는 미국 시민의 특권 혹은 면제를 부정하는 법을 제정하지 아니한다"와 같이 헌법은 규칙처럼 여겨지는 것들을 제공해줄 수 있다. 실제로 그 두 가지 다 미국 헌법에 명시되어 있지만, 법원의 적용 단계로 넘어가면 다양한 유형의 기준으로 전환된다. 수정헌법 제1조는 여러 기준 및 가정으로 바뀌었고(3장과 27장에 부연 설명이 되어 있다), 또 법원은 규칙과 같은, 수정헌법 제14조의 특권 혹은 면제를 거의 무의미한 것으로 해석하며 오히려 기준에 더 가까워 보이는 다른 조항('법에 의한 평등한 보호'를 요구하는 조항)을 통해 해당 조항의 원래 목적을 실현하는 쪽을 선호해왔다. 법원의 그러한 결정들로 인해 다음과 같은 의문이 제기된다. 법원은 일반적으로 헌법적 명령을 기준으로 전환하는 경향이 있는가? 만약 그렇다면 그 이유는 무엇인가? 그러한 경향은 판사가 원하는 방식으로 판사의 권한을 극대화하기 위함인가, 아니면 판사가 규칙으로 인한 제약을 회피하는 데 유용해서인가? 혹은 정의 또는 헌법 목적을 구현하기에 거부할 수 없을 만큼 매력적인 방식인가? 어찌되었든 여기서 핵심은 실제로 집행자에 의해 사용되기 전까지는 그것이 규칙인지 기준인지 모를 수 있다는 점이다.[18]

마지막으로, 사고에 관한 예를 살펴봄으로써 우리가 무엇을 배울 수 있는지 생각해보자. 조금 전 언급한 바와 같이 합리적 주의를 기울여 운전하지 않음으로써 손해를 발생시켰다면 일반적으로 그 손해를 배상해야 한다. 그러나 '합리적 주의'의 개념은 강요된 자백의 개념과 마찬가지로 규칙이나 기준 가운데 어느 하나로 축소될 수 있다. '기준'이라면 어떤 선입견 없이 사건마다 피고가 합리적이었는지를 따지는 것으로, 미국 법원의 전통적 관행이다. 19세기에 올리버 웬델 홈스는 이러한 접근 방식이 지속되기 힘들 거라 예견했다. 같은 유형의 사고가 계속 반복된다는 것을 관찰했을 때 매번 사고의 책임이 누구에게 있는지 법원이 새로 조사할 필요가 없다는 말로,[19] 법원은 결국 규칙을 정하게 된다는 것이다. 이를테면 '뒤차가 앞차를 추돌했을 때 책임은 항상 뒤차 운전자에게 있다'라는 규칙이다. 그러나 홈스가 예견한 변화는 나타나지 않았다. 연방대법관으로 재직할 당시 홈스는 의견서에서 "기차가 자동차를 추돌한 경우, 자동차 운전자가 철도 건널목을 통과하기 전에 정차해 주위를 살피거나 기차 소리에 귀 기울이지 않았다면, 또한 (필요한 경우) 더 나은 시야 확보를 위해 차에서 내리지 않았다면, 책임은 항상 자동차 운전자에게 있다"라는 견해를 제시했다.[20] 그러나 몇 년 뒤 연방대법원은 부적합한 사례가 너무 많다는 이유로 원래 결정을 뒤집었고 홈스의 접근 방식은 사장되었다.[21] 운전자가 기차가 오는지 확인하기 위해 차에서 내렸다가 다시 자동차로 돌아가는 사이에 기차가 나타날 수도 있다는 것이다. 결국 그 규칙은 지나치게 포괄적이라는 이유로 폐기되었다. 사고 사건에 그런 식의 규칙을 정하려던 판사들의 노력은 대부분 그러한 운명을 맞았다. (다음과 같은 질문을 던져볼 수 있다. 졸음운전을 한 운전자는 항상 그리고 자동적으로, 그 결과로 인한 손해를 책임져야 하는가?)[22]

판사에 의해 만들어진 규칙들이 사고 사건에서는 법원의 인정을 받기 어렵지만 형사 절차와 관련된 사건에서는 환영받는 이유가 무엇일까? 미란다 판결 외에도 이를 설명해주는 사례가 있다. 수정헌법 제4조는 '불합리한 압수 수색'을 금지하고 있는데, 연방대법원은 기준처럼 여겨지는 이 문구를 "긴급한 사정(영장을 기다리다가는 일부 중요한 목적을 달성할 수 없는 사정)이 없는 한 경찰의 영장 없는 가택 수색을 금한다"와 같은 규칙으로 전환시켜왔다. 그렇긴 하나 '긴급한 사정'이라는 예외는 미란다 원칙의 예외인 공공안전이 위협받는 경우와 마찬가지로 기준에 해당된다. 그리고 형사 절차 곳곳에 수많은 기준이 존재한다. 예를 들어 판사는 상당한 수색의 이유가 존재하는지를 결정할 때 '총체적 상황'을 고려해야 하고, 또 수색 허가를 결정할 때 사생활 보호에 대한 피의자의 합리적 기대를 참고해야 한다. 하지만 이건 또 다른 기준이다(그러나 다시 말하건대, 그러한 기대의 내용은 여러 상황 속에서 규칙과 같은 방식으로 해결되어왔다. 연방대법원은 길거리에 버려진 쓰레기와 관련하여 누구도 사생활 보호에 대한 합리적 기대를 주장할 수 없다고 판결했다). 그러나 법원이 여전히 사고보다 형사 절차에 관한 규칙 제정에 더 관심을 둔다는 것은 사실이며, 거기에는 타당한 이유가 있다. 미란다 원칙을 옹호하는 주장들을 다시 떠올려볼 때 그러한 주장들이 민사 사건에 똑같이 존재하지 않는다는 점을 주목해야 한다. 민사 사건과 달리 형사 사건에서 판사는 자신의 편견 혹은 대중의 반발에 대한 두려움에 굴복할 수도 있다. 판사는 검사와 마찬가지로 국가를 위해 일하고 있으며, 국민에 대해 책임감을 느끼는 사람들이다. 사고 사건에서 법원은 당사자들 중 어느 쪽과도 자연적 동맹관계에 있지 않으므로 판사가 (그리고 과실이 어느 쪽에 있는지를 결정하는 배심원 또한) 그러한 입장에 처해 있을 가능성은 적다.

법원이 기준보다 규칙을 선호하는 또 하나의 이유는 통지와 관련 있다. 규칙은 사람들에게 자신의 행위로 인해 어떠한 결과가 따를 수 있는지를 사전에 말해준다. 이러한 명확성은 일부 영역에서 특히 중요한데, 법이 형사처벌을 부과하는 경우가 그러하다. 때문에 형사처벌은 일반적으로 규칙의 형태를 취하고 있다. 즉 "시속 55마일을 초과하여 운전하면"이라거나 "특정 양의 코카인을 판매하면" 또는 "자기 물건이 아닌 것을 취하면" (법에 규정된) 처벌을 받는다. 이럴 때 법이 규칙을 선호하는 이유는 형사 소추 및 유죄 판결로 인해 피고인이 치러야 할 대가가 엄청나기 때문이다. 예고 없이 혹은 공무원의 재량에 따라 형사처벌이 이루어져서는 안 되며, 사람들은 뜻하지 않게 감옥에 갇힐 것을 걱정하지 않고 자신의 일을 계획할 수 있어야 한다. 거꾸로 이러한 추론은 과실 때문에 사람들이 감옥에 보내지지 않는 이유 가운데 하나일지도 모르겠다. 과실을 사전에 명확하게 정의하기란 어려운 일이므로 우리는 과실을 범한 이유로 그의 자유를 박탈하는 데 의구심을 갖는다.

✦추가 독서를 위한 제안

Antonin Scalia, *The Rule of Law as a Law of Rules*, 56 U. Chi. L. Rev. 1175(1989); Frederick Schauer, Playing by the Rules: A Philosophical Examination of Rule-Based Decision-making in Law and Life(1991); Louis Kaplow, *Rules versus Standards: An Economic Analysis*, 42 Duke L.J. 557(1992); Kathleen Sullivan, *The Justice of Rules and of Standards*, 106 Harv. L. Rev. 22(1992); Cass R. Sunstein, *Problems with Rules*, 83 Cal. L. Rev. 953(1995); Richard A. Posner, Economic Analysis of Law 555~560 (6th ed. 2002); Duncan Kennedy, *Form and Substance in Private Law Adjudication*, 89 Harv. L. Rev. 1685(1976).

18장
미끄러운 경사길 유진 볼로흐 공저

    무언가에 대해 10분 이상 논쟁해본 사람이라면 누구나 '미끄러운 경사길' 개념에 익숙할 것이다. 당신이 총을 소유한 사람은 총기 등록을 해야 한다고 주장한다면 나는 그에 대해 미끄러운 경사길이라고 대답할 것이다. 결국 모든 사람이 총을 압수당할 것이라는 의미다. 당신이 동성 결혼을 지지한다고 말하면, 동성 결혼은 일부다처제의 합법화로 향하는 미끄러운 경사길이라는 반박이 돌아올 것이다. 당신이 자살 방조나 혐오 발언 금지를 옹호한다면, 누군가는 이에 대해 안락사 문제를 제기하거나 또 다른 유형의 발언들도 금지해야 하는 '끔찍한 행렬'이 이어질 거라 반박할 것이다. 그들의 경고에 담긴 의미는 당신의 현재 결심이 나중에 큰 문제로 이어질 것이며 그로 인해 더 나쁜 결과가 생기는 발판이 될 수 있다는 것이다. 이때 '미끄러운 경사길'은 모든 비유를 함축하는 표현으로 작동한다. 미끄러운 경사길의 일반적인 구조는 동일하다. 당장의 결정('결정 1'이라 하자)은 수용 가능한 (혹은 그렇다고 가정할 수 있는) 것이다. 그러나 결정 1은 모든 사람의 권총을 몰수하거나 일부다처제를 합법화하는 결정처럼 끔찍하다고 느껴지는 미래의 결정 2로 이어질 수 있다.

물론 결정 1을 원하는 사람들은 절대 결정 2로 이어지지 않는다고 주장하며 미끄러운 경사길에 대한 우려를 고정관념이라고 일축할 수 있다. 그렇다면 미끄러운 경사길에 대한 우려가 당장의 쟁점으로부터 주의를 다른 데로 돌리기 위한 핑계라는 것을 어떻게 알 수 있을까? 이 장에서는 이 질문에 대한 답(결정 1로 인해 나중에 결정 2의 출현이 수월해질 수 있는 이유)을 탐색해보고자 한다.

1. 결정 1이 결정 2의 비용을 낮춘다

첫 번째 이유는 상당히 실용적이다. 즉 결정 1로 인해 종종 결정 2에 드는 비용이 감소된다. 만약 모든 사람이 총기 등록을 한다면 나중에 총을 압수하기가 수월해질 것이다. 총기가 어디에 있는지 알 수 있으니 즉시 찾아낼 것이다. 물론 그런 일이 생기지 않을 수도 있다. 또 쉽게 압수할 수 있다고 해서 도덕 및 헌법적 측면 등에 대한 누군가의 견해가 반드시 달라지는 건 아니다. 그러나 비용과 이점은 결정의 중요한 특성이며, 더욱이 결정은 이윤에 좌우된다는 점을 기억해야 한다. 이 사례에서 문제는 총기 압수에 드는 '총' 비용이 아니라 추가적인 증가 비용이다. 즉 압수에 관한 결정은 "자, '이미' 모든 총기가 등록돼 있으니까" 하고 시작될 것이다. 또한 일반적으로 이러한 결정은 한 사람에 의해 이루어지지 않으며 국민투표나 입법부, 관료, 기타 다수의 사람이 소속돼 있는 단체에 의해 이루어지는데, 이들 중 일부가 (꼭 당장이 아닌 나중에라도) 비용이 결정적인 문제라고 판단하면 결국 총기를 압수하는 쪽으로 기울어질 수 있다. 설사 비용을 부차적인 문제로 생각하는 사람들이 있고, 또 비용을 염려하는 부동층이 여러 면에서 비용이 너무 많이 든다는 이유로 일찍이 압수에 반대했더라도 말이다.

이러한 설명은 물론 총기 등록이 나쁜 결정임을 보여주려는 게 아니다.

만약 당신이 총기 소지 금지나 압수에 찬성한다면 이 논의를 통해 총기 등록이 더 솔깃하게 들릴 수도 있겠다. (영국, 호주, 뉴욕시 등 일부 지역에서는 실제로 등록 이후에 총기 소지의 완전한 혹은 그에 가까운 금지가 이루어졌다.) 그러나 우리는 총기 대신 정부가 공공장소에 비디오카메라를 설치하도록 (범죄 보고가 없다면 신속히 영상을 삭제한다는 조건으로) 허용하는 문제, 또는 (오직 테러리스트 검거를 위한 목적으로) 정부가 인터넷을 통해 개인정보를 수집하는 문제에 대해 이야기할 수 있다. 중요한 것은 그러한 허용이 추가 조치, 즉 비디오카메라에 담긴 영상을 이용해 더 광범위하게 사람들을 감시하거나 인터넷으로 확보한 정보를 테러와 관련 없는 조사에 이용할 수 있다는 것이다. 일단 첫 번째 조치가 이루어지면 두 번째 조치를 위한 비용이 줄기 때문에 두 번째 조치가 더 매력적으로 느껴지고, 그에 따라 미끄러운 경사길이 나타난다.

결정 1은 기존의 문제와 비용 외에 다른 의미에서 결정 2의 비용을 낮출 수 있다. 경찰이 총기를 찾아내기 어려운 상황에서는 법적으로 모든 사람의 총기를 압수하는 것은 불가능할 수 있다. 왜냐하면 경찰이 총기를 찾기 위해 모든 사람의 집을 수색하는 것은 수정헌법 제4조에 의해 허용되지 않기 때문이다. 그러나 일단 총기 등록이 이루어지면 총기 등록부를 확인해서 총기를 제출하지 않은 사람을 알아낼 수 있고 그의 집을 수색하기 위한 영장을 청구할 수 있으니 광범위한 수색을 할 필요가 없을 것이다. 이때 영장이 발부될지는 논의가 필요하겠지만 경찰이 모든 집을 수색해야 하는 경우보다는 영장 발부 가능성이 훨씬 더 높을 것이다. 수색에 대한 이런 법적 장벽은 수색을 실시하기 위한 일종의 비용(어쩌면 엄청나게 큰 비용)으로 간주할 수 있다. 따라서 법적 장벽을 제거하는 것은 수색을 더 용이하게 하거나 비용이 덜 들게 하는 것이다. 이는 결정 1(총기 등록)이 결정 2(수색)의 비용을 감소시킴으로써 결정 2의 실현 가능성이 더 높아지는, 미끄러운 경사길의 또 다른 (그러나 덜 명확한) 방식이다.

결정 1이 나중에 있을 결정의 비용 및 이익을 변화시키는 이 일반적유형의 미끄러운 경사길은 '경로 의존성'이라는 현상과 관련 있다. 때로초기의 결정은 큰 대가를 치르게 되는 경로로 모두를 이끌어 나중의 결정에 영향을 끼친다. 일부 학자는 보통법 체계에서 그러한 일이 쉽게 발생한다고 주장해왔다. 즉 법원이 판결을 내리면 '선례구속의 원칙stare decisis'과 일관성의 가치로 인해 이후 법원이 동일하거나 유사한 쟁점을다룰 때 판결에 부적절한 영향을 끼친다.[23] 이러한 유형의 미끄러운 경사길과 14장에서 논의한 폭포 사이에는 유사성이 있다.

2. 결정 1은 결정 2에 대한 태도에 영향을 끼친다

이는 미끄러운 경사길을 만들어낼 수 있는 또 하나의 메커니즘이다.즉 결정 1은 사람들이 나중에 결정 2에 대해 생각하거나 느끼는 방식에변화를 준다. 그 이유는 법이 사람들의 신념과 태도에 영향을 줄 수 있기 때문이다.[24] 어떤 사람들은 법이 합법 또는 불법이라 규정한 것을 토대로 선과 악의 개념을 자기화하는데, 그러한 사고방식 때문에 하나의법적 결정이 이후의 다른 결정에 파급 효과를 일으킬 수 있다. 예컨대 식당에서 흡연이 금지되었을 때, 모든 사람이 그러한 상황에 익숙해지면 흡연은 부끄러운 행동으로 여겨진다. 나중에는 모든 공공장소에서 흡연을금지해야 한다는 인식이 더 합리적으로 받아들여진다.(모든 장소에서 흡연이 금지될지 누가 알겠는가?)[25] 이런 이유로 찰스 크라우트해머는 총기 등록을 지지한다. 그는 "총기 등록을 정당화하는 유일하고도 진정한 근거는 범죄율 감소가 아니라, 완전한 몰수에 대비해 사람들이 무기 규제에둔감해지도록 만드는 것이다. (…) 단계적 축소는 사고방식의 변화와 함께 시작된다"고 주장했다.[26] (그가 '바라는 것'이 미끄러운 경사길이다.)

이러한 유형의 미끄러운 경사길은 예측하기가 꽤 어려우며, 발생 이후에도 알아채기 쉽지 않을 수 있다. 법이 선악에 관한 개인적 신념에 끼치는 영향은 불완전하며 일일이 설명하기도 어렵다. 법은 규율 너머에 존재하는 도덕에 대해 선택의 여지를 남겨두고 있다. 데이비드 프리드먼이 지적했듯이 우리 사회는 T. H. 화이트의 『과거와 미래의 왕』에 등장하는, 모든 것이 금지되거나 강제되는 개미집과 구별해야 한다.[27] 성매매가 합법인 국가에서도 모든 국민이 성매매를 좋은 것으로 여기지는 않는다. 그렇다면 성매매의 합법화가 성이나 여성에 대한 그 나라 국민의 인식에 부작용을 일으켰을까? 아마 그럴 것이다. 그러나 얼마나 많은 부작용이 어떤 식으로 발생했을까? 이는 대답하기 어려운 문제다. (매춘이 불법인 다른 나라들도 도덕성 문제를 결론짓지는 못했다.) 아무튼 법적 판결이 나중에 다른 결정을 대하는 태도에 영향을 줄 수 있는 또 다른 방식은 다음과 같다. 일단 법적 판결이 내려지면 대다수 사람이 그것을 '주어진 것'으로(자체적으로 의문의 여지가 없으며, 다만 이후의 논의를 위한 출발점으로) 받아들이는 경향이 있는 것 같다. 2001년 9월 11일 테러 공격 이후 정부가 사람들의 인터넷 활동(방문한 웹사이트, 사용된 이메일 주소 등)을 추적할 수 있도록 허용하자는 다양한 제안에 대해 활발한 공개 토론이 있었다. 그중 대다수가 1979년 연방대법원 판결을 토론의 출발점으로 삼았다. 경찰이 펜 레지스터pen register[통화내역 기록 장치]를 사용해 발신번호를 추적한 행위가 수정헌법 제4조에 위배되지 않는다는 판결이었다.[28] 토론장에서는 인터넷 사용 감시가 발신번호 추적보다 더 나쁜 행위인가를 놓고 논쟁을 벌였다.[29] 펜 레지스터의 사용 자체가 나쁜 것이므로 그러한 정책이 확대되선 안 된다고 주장한 사람은 많지 않았다. 물론 그럴 수도 있을 것이다. 하지만 일단 결정이 '공식적으로 기재되고' 나면 해당 결정은 옳은 것으로 추정되기 쉬우며, 무엇이 적법하고 바람직한가를 결정하기 위한 새로운 기준점으로 간주될 수 있다.

이런 유형의 경사길에 대한 두려움 때문에 동성 결혼 허용에 대해서도 동성애자의 전반적 권리 보호로 확대될 것이라는 다양한 주장이 제기된다. 동성 결혼에 대한 법의 태도가 일반적으로 사람들의 태도에 영향을 줄 수 있다는 이야기다. 시간이 흐를수록 사람들은 동성애를 문제없는 것으로 느낄 것이고, 또 법의 영향을 받아 결론에 도달한 사람들은 결국 같은 방향으로 진전된 법에 찬성하게 될 것이다. 그러한 가능성에 대해 동성 결혼에 유리하다고 생각하는 이들이 있는 반면 안 좋게 여기는 이들도 있다. 이러한 유형의 미끄러운 경사길은 지금 동성 결혼을 인정한다면 나중에 일부다처제의 합법화로 이어질 것이라는 주장을 뒷받침한다. 우려되는 점은 그러한 주장이 일부다처제에 대한 판단의 기준점으로 취급되는 것이다. 여기서 문제는 (펜 레지스터 사례와 마찬가지로) 일부다처제의 옳고 그름이 아니라 두 상황이 구별될 수 있는지 여부일 것이다. 의견은 다른 방향으로 흐를 수도 있다. 즉 어떤 이들은 동성 결혼의 합법화에 대해 '다른 사람이 누구랑 결혼하든 내가 상관할 일이 아니다'라는 쪽으로 받아들일지도 모른다. 어쨌든 법의 입장이 그러하므로 (혹은 그렇게 보이므로) 동성 결혼이 폭넓게 받아들여진다면, 나중에는 일부다처제를 합법화하자는 주장이 정신 나간 소리로 들리진 않을 것이다. 이러한 변화의 가능성 여부는 사회학이나 심리학의 관심사이므로 우리가 탐구할 문제는 아니다. 여기서 중요한 것은, 법이 태도에 영향을 끼치고 그 태도는 다시 법에 영향을 끼친다는 논증 구조를 이해하는 것이다. 이러한 역학적 결과가 미끄러운 경사길일 수 있으나, 그러한 역학 작용을 자신 있게 예측하기는 어렵다.

마지막 예시는 테러 용의자에 대한 강압적 형태의 수사, 즉 '고문'이라

하기는 어려운 신체적 정신적 위협과 관련된다(수사와 고문의 경계에 대해서는 논란의 여지가 다분하다). 그러한 위협을 사용하는 데 반대하는 어떤 주장은 미끄러운 경사길을 근거로 삼는다. 우리가 물리적 압력을 동원하는 방식에 익숙해진다면 공포와 위험에 무감각해질 것이고, 이후에는 명백히 고문에 해당되는 좀더 공격적인 방법을 쓰게 될 것이다. 또한 테러 외에 다른 혐의로 수사받고 있는 용의자 또는 중요한 정보를 보유하고 있는지 여부와 관계없이 우리가 처벌을 원하는 범죄로 '유죄가 선고된' 자에게 고문을 시도하게 될 것이다.(여기서 '우리'란 압박을 가하는 경찰 또는 일반 대중을 말한다.) 전부 일어날 수 있는 일들이다. 그러나 정말로 '일어날 것'이라고 입증하기란 쉽지 않다. 강압적 수사를 옹호하는 이들은 유사한 잔혹한 결과가 예상되었으나 실제로는 발생하지 않은 다른 시행 조치들을 제시하여 대응한다. 예컨대 미국에서 사형은 폭넓게 채택되었지만 사람들이 살인 이외의 범죄에도 사형을 요구하는 상황으로 이어지지 않았다는 것이다(그러나 이는 연방대법원이 그러한 확대를 금했기 때문일 수도 있다). 또한 경찰은 특정 상황에서 총의 사용이 허용되고 있지만 과도한 총격으로 인해 장점이 퇴색되는 미끄러운 경사길로 이어지지는 않았다고 한다.(그렇게 되어버린 게 아닐까?)[30] 미끄러운 경사길에 대해 다시금 생각해봐야 하는 국면이다. 법이 어떤 때에 사람들의 태도를 변화시켜 안 좋은 일이 일어날지 예측하기란 어렵다. 뿐만 아니라 과거를 되짚어보고 미끄러운 경사길이 존재했는지 확신하는 것도 쉽지 않을 수 있다.

3. 평등 대우의 개념 때문에 결정 2도 결정 1과 동등하게 내려져야 한다

간혹 문제가 되는 것은 법원이(법원만 그런 것은 아니나 통상 법원이) 현실적으로 결정 1과 끔찍한 결정 2의 차이를 구별하는 데 곤란을 겪는다는 것이다. 요컨대 결정 A가 반드시 끔찍한 결정 B로 이어지는 것은 원칙이 아니며, 그래서도 안 된다. 그렇게 된다면 결정 A의 문제는 사실상 미끄러운 경사길이 아니라, 그것을 원칙으로 받아들인 사람들이 결정 A에서 곧바로 결정 B를 도출하는 게 문제일 것이다. 여기서 설명하고자 하는 미끄러운 경사길은 이론상 두 결정이 구별되지만 실제로는 그렇지 않은 경우로, 처음에 두 사례를 구별하는 타당한 사유로 여겨졌던 것들이 결론적으로는 그렇지 못한 것으로 드러날 때 발생한다. 법원이 효과적으로 구별하려는 의지나 능력이 부족한 게 문제일 수도 있고, 차이가 명확하지 않아 판사나 다른 의사결정자의 선호에 의해 뒤집힐 수 있다는 게 원인일 수도 있다.

삶을 끝마치는 문제에서도 이러한 유형의 미끄러운 경사길을 발견할 수 있다. 결정 1은 불치병에 걸려 극심한 통증에 시달리는 사람이 의학적 치료를 거부할 수 있도록 허용하는 결정이다. 그 후 역시 불치병으로 극심한 통증에 시달리고 있지만 거부할 수 있는 치료법조차 없는 이들에게 조력 자살을 허용하자는 결정 2가 등장한다. 스스로의 죽을 때를 선택할 수 있는 인간의 권능이 어째서 연결을 끊고자 하는 기계와 연결되어 있는가에 좌우되어야만 하는가? 이 정도의 요구가 허용되고 나면 불치병은 아니지만 완치가 어려운 고통에 시달리는 만성질환자도 목소리를 내기 시작한다. 그들 또한 어째서 스스로 삶에 종지부를 찍을 권리가 없는 것인지, 어째서 자신의 선택은 죽음을 눈앞에 마주한 다른 사람보다 제한을 받아야 하는지 물을 것이다. 그다음으로는 신체적 고통이 아닌 정신적 고통에 시달리는 누군가가 등장한다.

네덜란드의 법원들은 사례가 거듭될수록 죽을 권리가 확장되는 경로를 따랐다.[31] 첫 번째 결정이 마지막 결정을 암시하는 것으로 보이지는 않는다 해도 그 사이의 각 단계가 미끄러운 경사길이라는 사실이 드러났다. 그 원인으로 같은 것을 같게 취급하는 평등의 규범을 들 수 있다. 평등의 규범으로 인해 두 사례의 구분이 어려운 경우, 우리는 그것이 진정한 미끄러운 경사길인지, 아니면 첫 번째 결정의 의미가 충분히 이해되지 못한 데 불과한지 확신할 수 없을 것이다. 그러나 사례의 구분이 가능하고 타당함에도 불구하고 확신할 수 없는 경우도 있다. 즉 각각 안타까운 사연이 있는 두 사례를 마주했을 때 판사가 "두 사례는 서로 다른 사안으로, 치료를 거절함에 문제가 없다"고 말할 용기가 없거나, 그렇게 말할 수 있는 도덕적 확신이 없을 수도 있다. 그러면 결과적으로 진정한 미끄러운 경사길이라 할 수 있다. 즉 결정 1이 확정되었을 때 결정 1을 계기로 결정 2가 등장할 것으로 예상되지는 않았으나 결과적으로 그렇게 되는 경우다.

연방대법원의 종교 관련 판결들에서도 유사한 사례를 발견할 수 있을 것이다. 문제의 발단은 연방대법원이 주류 종교 신자들에게 신앙 실천의 권리를 보장해주면서 그들의 신앙 활동이 일반법에 저촉되는 사례까지 보호해준 것이다.[32] 처음에는 해당 종교의 핵심에서 벗어나지 않는 실천과 신념을 보호했으나, 시간이 지남에 따라 대법원은 일관성이나 핵심에 의심스러운 주장이 포함되었을 만한 실천과 신념까지 보호 범위를 확대했다.[33] 여기서 대법원은 원칙적으로는 구별이 가능했더라도 종교적 신념에 관한 주장을 판단하는 데 현실적으로 불편함을 느꼈던 것이다. 첫 번째 판결이 내려졌을 때는 해당 사건과 유사한 사건들의 구별이 가능하게 여겨졌을지도 모른다("전혀 문제없습니다. 관련된 다른 신념들은 일관성이 부족하고 핵심에서 벗어나 있기 때문에 다르게 판단할 수 있을 것입니다"). 그러나 결과적으로 그러한 구별은 굉장히 불편한 것이며, 일선에서 구분하기가 쉽지 않았다. 이 역시 미끄러운 경사길의 한 유형이다.

미끄러운 경사길과 연관성 있는 또 다른 유형을 소개하고자 한다. 이 경사길은 첫 번째 사례와 우리가 두려워하는 이후의 사례가 원칙적으로 그리고 실제로도 구별 '가능'하지만 나중에 결정을 내리는 주체의 정책적 선호의 압박을 이겨낼 수 있을 만큼 견고하지 않을 때 발생한다. 이는 그리즈월드 대 코네티컷 사건Griswold v. Connecticut[34]에 대해 일부 사람이 생각하는 방식이다. 이 1965년 판결에서 연방대법원은 혼인한 부부의 피임을 금하는 법에 대해 헌법상의 프라이버시권을 침해한다는 이유로 무효를 선언했다. 표면적으로 이 판례는 광범위한 성적 자율권을 창출하는 것으로 보이지 않는다. 해당 법의 폐지에 찬성한 대법관 대다수도 판결문이나 여타의 출처에서 그러한 권리를 창출하려는 의도가 없음을 언급했다. 그러나 8년 뒤에 로 대 웨이드 사건Roe v. Wade[35]에서 대법관들(혹은 대법관 대다수. 몇몇 대법관은 그리즈월드 판결에 참여하지 않았다)은 그리즈월드 판결을 낙태금지법 폐지의 근거로 삼았다. 이러한 전개를 두고 어떠한 분석이 최선인지는 논란의 여지가 있겠으나 그리즈월드 판결이 로 판결을 요구하지 않았던 것만은 분명해 보인다. 두 사례는 구별이 가능해 보였고, 그리즈월드 사건을 판결한 대법관들에게도 그 구별은 설득력 있어 보였다(그렇기 때문에 자신들의 판결이 미끄러운 경사길의 시작이 아니라고 생각했다). 그러나 낙태권을 기본권으로 간주하는 다른 대법관들에 의해 원래 판결이 확장되는 것을 막을 수 있을 만큼 견고하지는 않았다. 핵심은 간단하다. 구별이 '가능'하다는 사실, 더 나아가 첫 번째 판결의 옹호자들이 구별해낼 수 있다는 사실이 나중에 다른 이들이 두 번째 판결을 내리는 경우까지 보장해줄 수는 없다는 것이다.[36] 다른 이들(예를 들어 미래의 다른 판사들)은 첫 번째 판결에 힘입어 매력적으로 느껴지는 어떤 결정을 할 수 있으며, 또 과거 사례와 현재 사례의 구별이 가능하다 해도 그것은 구속력이 없는 재량의 문제로 생각할 수 있다.

4. 결정 1은 결정 2에 이해관계를 두고 있는 이들의 권한에 영향을 끼친다

때로는 결정 1로 인해 이익집단이 형성되거나 기존의 어느 집단이 힘을 얻곤 하는데, 이후 다른 결정들에 그 집단이 영향을 끼치면서 다양한 미끄러운 경사길이 만들어진다. 예컨대 마리화나를 합법화한다면 사람들에게 더 많은 마리화나를 피우도록 홍보하는 광고가 등장할 것이라는 주장이 있다. 물론 이는 원칙적으로 마리화나의 합법화가 수많은 마리화나 광고로 이어진다는 뜻은 아니다. 마약을 합법화하더라도 광고는 금지시킬 수 있다. 그러나 마리화나가 합법화되면 그것을 공급하는 산업이 등장한다는 게 문제다. 그들은 마리화나를 홍보할 방법을 찾는 데 막대한 경제적 관심을 보일 것이고, 의회에서 로비 활동에 나서거나 선거운동을 후원할 것이다. 대중을 향해서는 적절한 장소에서 이루어지는 홍보 활동이 잘못된 행위가 아님을 인식시키려고 노력할 것이다. 그러한 노력이 성공할지는 누구도 확신할 수 없으며, 지금 이 자리에서 마리화나의 불법화 유지를 암시하려는 것도 아니다. 단지 결정 1이 결정 2가 내려질 세상을 변화시킴으로써 결정 2에 어떠한 영향을 끼칠 수 있는지를 보여주기 위한 예시일 뿐이다. 군사 계약이나 건설 계획, 교육비 지급보증 school vouchers 등 큰 비용을 지출하는 결정에 대해서도 똑같은 설명이 가능하다. 세 경우 모두에서 동일한 결과가 발생할 수 있다. 즉 새로운 이익집단이 형성되면 이 집단은 더 많은 자금을 확보하기 위해 노력을 기울일 것이다. 또한 한 집단에게 투표권 등 정치적 권리를 확대시킬 때 그 집단은 자연스레 더 많은 권리나 혜택을 위해 투표권을 행사하는 결과로 이어지는 사례가 많이 있다.

÷

미끄러운 경사길을 연구하려면 그에 관한 다음 두 가지를 잘 이해해야 한다. 바로 현저하게 잘못된 경고와 해결책에 관한 것이다. (둘 다 미끄러운 경사길이 발생하지 '않는' 경우와 그 원인에 관한 연구들이다.) 허위 경고에 대해서는 스테이트 대 벨State v. Bell 사건[37]이 아주 좋은 사례다. 1872년 테네시주 대법원의 판결은 다른 주에서 거행된 이인종 간의 혼인을 인정하지 않았다.

피고가 요청한 범위까지 규칙을 확장하면, 아버지와 그 딸이, 어머니와 그 아들이, 남매가 그들 간의 혼인을 금하고 있지 않은 주 또는 국가에서 혼인관계가 성립하였음을 이유로 테네시주에서 적법한 혼인관계를 유지하게 될 수도 있다. 수많은 아내를 둔 터키인이나 이슬람교도가 의사당 바로 앞에 자신의 하렘을 짓더라도 우리는 그것을 막을 수 없다. 그러나 그러한 경우보다 더 혐오스럽고, 더 회피해야 하며, 더 부자연스러운 사례가 지금 바로 우리 앞에 놓인 사건이다.

그러나 시간이 지남에 따라 법원은 이인종 간의 혼인과 하렘을 구별하기에 이르렀다. 테네시주 대법원은 미끄러운 경사길보다 검토 중인 원칙의 당장의 결과를 더 염려했을지도 모르겠다. 그러나 이 장에서의 논지에 따르면 인용한 판결문은 현실적으로 두 사례의 구별이 불가능하다는 의미 혹은 이인종 간 혼인으로 인해 대중의 태도가 변하면 결국 하렘이 인정받을 거라고 해석하는 것 또한 가능하다. 요컨대 이제부터 사람들에게 아들과 그의 어머니가 혼인해도 된다는 생각을 심어줄 수 있다는 말이다. 그러한 문제가 발생하지 않았다는 사실로 미루어볼 때, 이미 언급했듯이 일반적으로 미끄러운 경사길이 예측하기 어렵거나 잘못 예측하기 쉬운 인간의 행동 및 대응의 세부 내용에 따라 좌우된다는 것을 알 수 있다. 누군가가 여러 이유로 어떤 결정에 반대한다면 그는 해당 결정이 초래할 결과에 대해 과장하거나 지나친 확신을 토대로 주장을 피력하기가 쉽다.

또 다른 사례를 살펴보자. 전통적으로 미국의 형사 및 민사 재판에 참여하는 배심원 수는 12명이다. 이후 20세기에 여러 주에서 배심원단을 6명으로 구성하는 실험적인 시도를 했다가 연방대법원의 심판대에 올랐다. 여기서 미끄러운 경사길의 주장이 제기됐다. 만약 6명으로 충분히 배심원단을 구성할 수 있다면 5명은 어떤가? 5명으로 충분하다면 4명은 어떤가? 이것은 고대 그리스의 철학자 에우불리데스가 고안한 고전적 수수께끼, 즉 '더미sorites' 역설의 현대적 버전이다. 모래 더미에서 모래 한 알을 빼내어도 그것은 여전히 모래 더미다. 계속해서 (마지막 모래 한 알이 남을 때까지) 모래 한 알씩 빼내어도 그것은 여전히 모래 더미다. 모래 더미와 모래 더미가 아닌 것을 구별해주는 모래 한 알을 식별해낼 수 없기 때문이다.[38] (물론 거꾸로 해봐도 마찬가지다. 모래 한 알은 모래 더미를 창조해내지 못한다. 모래 한 알을 추가하는 것으로도 변화가 일어날 수 없다. 그러므로 아무리 많은 모래알을 추가해도 그것은 모래 더미가 아니다.) 이 역설은 결과적으로 앞서 살펴본 법적 사례들과 같은 이야기다. 즉 모래 더미와 모래 더미가 아닌 것은 분명히 구별 가능하지만, 법정에서 그 두 가지를 구별하는 것은 현실적으로 쉽지 않다. 그러나 배심원단에 관한 사건에서 연방대법원은 간단히 6명 미만으로 배심원단을 구성할 수 없다고 선언함으로써 이 역설을 극복했다. 5명과 6명 중에서 선택하는 것은 자의적일 수 있으나 그렇다 해도 때로는 자의적인 방법이 미끄러운 경사길의 해결책이 되기도 한다(특히 방금의 사례에서처럼 지속적으로 무언가 다른 방법을 끈질기게 요구하는 집단이 존재하지 않는다면 더욱 그러하다).[39]

이제 마지막으로 미끄러운 경사길에 대한 자의적이지 않은 해결책에 대해 이야기를 나눠보자. 때로는 경사길이 미끄럽지 않다는 것을 어느 정도 보장해줄 수 있는 헌법 규칙이나 기본적인 규칙을 사용해 미끄러운 경사길을 회피할 수 있다. 누군가가 낙태에 아주 약간의 제한을 두자는 제안을 했다고 가정해보자. 낙태권을 강력히 지지하는 이들 중 일부는 그 제안을 합리적이라 여기지만 그것이 미끄러운 경사길을 초래할 수 있다고 생각해 이에 반대한다. 일단 작은 제한에 익숙해지고 나면 더 큰 제한을 받아들일 준비가 되는 것이고, 급기야 낙태권이 완전히 무시되는 상황을 초래할 수 있기 때문이다. 그리하여 그 제안은 받아들여지지 못한다(반대하는 측과 지지하는 측 모두 그 제안을 괜찮은 것으로 생각했다면 이는 안타까운 결과로 인식될 것이다). 양측 모두를 만족시킬 수 있는 해결책이 불신 탓에 받아들여지지 못했기 때문에 이는 일종의 비효율 또는 낭비로 간주될 수 있다. 그러나 낙태권을 옹호하는 이들이 가장 염려하는 그 권리가 신뢰할 수 있는 헌법적 보호 대상으로 간주되어 결코 무시될 수 없음을 확신시킬 수 있었다면 아마 타협에 응했을 것이다. 다시 말해서 신뢰할 만한 헌법 규칙이 뒷받침되기만 하면 양측이 미끄러운 경사길에 대한 두려움 없이 타협에 응할 수 있는 안전한 환경이 조성된다. 이 같은 논리는 다른 영역(특정한 발언의 권리, 총기 소지의 권리, 다양한 자유권 등 신뢰할 만한, 그러나 절대적이지는 않은 헌법상의 권리)에서도 얼마든지 적용 가능하다. 권리를 더 신뢰할수록 그 권리를 향유하는 이들도 더 대담하게 권리에 대한 제한을 받아들일 수 있을 것이다. 다만 그러한 제한은 권리의 핵심을 손상시키지 않는 사소한 것이어야 한다. 특히 헌법적 보장은 미끄러운 경사길을 예방해주는 보험과 같은 것으로, 다른 방법으로는 불가능한 타협과 효율적 결론을 끌어낼 수 있다.

✦ 추가 독서를 위한 제안

Eugene Volokh, *The Mechanisms of the Slippery Slope*, 116 Harv. L. Rev. 1026(2003)의 속편으로 *Same-Sex Marriage and Slippery Slopes*, 33 Hofstra L. Rev. 1155(2005).

기타 흥미로운 일반론에 관한 저술로 Frederick Schauer, *Slippery Slopes*, 99 Harv. L. Rev. 361(1985); Mario J. Rizzo and Douglas G. Whitman, *The Camel's Nose Is in the Tent: Rules, Theories, and Slippery Slopes*, 51 UCLA L. Rev. 539(2003)가 있다.

19장
음향 분리

  이 책의 여러 장에 걸쳐 설명하고 있는 유인은 단순한 개념에 토대를 두고 있다. 그것은 사람들은 자신의 다양한 행위에 법원이 어떻게 반응할지 잘 알고 있으며, 이를 고려하여 자신의 행동 방식을 결정한다는 것이다. 예를 들어 식당 음식에서 벌레나 이물질이 발견되었을 때 법원이 식당에 엄격 책임을 지운다면, 이를 알게 된 식당 업주들은 음식을 만들 때 벌레 등이 들어가지 않도록 주의를 기울일 것이다. 또한 혼잡한 엘리베이터 안에서 변호사와 의뢰인이 나눈 대화에 대해 법원이 비밀유지 특권의 보호 대상으로 인정하지 않는다면, 이를 알게 된 변호사들은 엘리베이터가 아닌 다른 곳에서 의뢰인과 대화를 나누려 할 것이다. 그러나 때로는 상황이 복잡할 수 있다. 제러미 벤담은 법이 두 가지 유형의 명령으로 구분될 수 있다고 주장했다. 하나는 사람들이 어떻게 행동해야 하는지를 규정하는 '행동 규칙conduct rules'이고, 또 다른 하나는 재판관이 사건을 어떻게 판결해야 하는지를 규정하는 '결정 규칙decision rules'이다.[40] 표면적으로 이 두 유형의 규칙은 달라 보이지 않는다. 음식에 이물질이 섞여 있을 때 식당에 책임이 있다고 말하는 것은, 식당이 어떻게 행동해야 한다고 명령하는 것인 '동시에' 누군가 벌레를 먹는 불상사가 일어났을 때 어떻게 해야 한다고 판사가 명령하는 것이다. 결정 규칙이 곧 행동 규칙이다. 식당 입장에서 볼 때 아무런 차이가 없다. 누군가 벌레를 먹고 소송을 제기하면 식당은 (적어도 법이 개입하는 한) 어떤 결과가 발생할지 변호사에게 물어보고 나서 어떻게 행동할지를 결정하기 때문이다. 식당 측이 항상 패소할 거라는 메시지를 전달함으로써 식당이 주의를 기울이도록 유인을 제공할 수도 있다. 하지만 판사가 보기에 식당 측이 음식에 벌레가 들어가지 않도록 최선을 다했다고 생각된다면 조용히 식당이 승소할 수 있게 해줄 수도 있으나, 이 방식은 그리 길게 지속될 수 없을 것이다. 왜냐하면 그 조용한 판결에 대해 알게 된 다른 식당들이 '뭐야, 별일 없는 거야?'라고 생각할 테고, 엄격한 규칙이 엄포에 불과하다는 사실을 깨달을 것이기 때문이다.

사람들에게 명령하는 규칙과 법원이 실제로 적용하는 규칙 사이에 때로 차이가 '있을 수' 있는지, 그리고 그 차이가 좋은 것인지에 관한 의문은 흥미롭다. 메이어 댄-코언은 이 개념을 설명하기 위해 다음과 같은 사고 실험을 제안했다. 법이 대중과 법원에 각각 상반된 지시를 내렸고, 그 둘은 상대편에 어떠한 지시가 내려졌는지 들을 수 없다고 치자. 댄-코언에 따르면, 두 청중 사이에 음향 분리acoustic separation가 있다고 상상하는 것이다.[41] 이것은 유용하지 않을 수도 있고, 때로 불가능할 수도 있지 않을까? 댄-코언이 대표적으로 사용한 예는 형법상 '긴급피난necessity'의 항변이다. 때로는 범죄를 저질렀으나 두 가지 악 중 차악을 선택한 경우, 즉 피고가 옳은 행동을 했다고 추정될 때는 피고에게 죄를 묻지 않는 게 마땅해 보인다. 그러나 그러한 규칙을 사전에 선언하는 것은 우려스럽다. 사람들이 범죄의 유혹에 넘어갔을 때 이 규칙을 악용할 수 있기 때문이다. 사람들은 먼저 다른 악(자신의 범죄가 회피해야 했던 악)을 스스로 만들어내고, 기소되면 법정에서 이를 과장할 것이다. 긴급피난에 대한 가장 좋은 주장은 방어할 가치가 '없다'고 생각했음에도 불구하고 범죄를 저지르기로 선택했다는 것이다. 그러한 주장은 범죄자가 자신이 저지른 범죄를 정말로 차악으로 생각했다는 것을 증명한다. 그들은 벌을 받을 것이라고 생각했지만 어쨌든 그렇게 행동한 것이다. 그런 자들을 벌하지 않는다면 이후에 동일한 상황에 처한 사람은 처벌받지 않는다는 사실을 익히 알고 있을 것이다. 그러므로 범죄를 저지르기로 한 그의 결정은 불가피했다는 인상을 주기에는 충분치 못할 것이다.

만약 음향 분리가 가능하다면, 즉 '우월적 이익의 원칙lesser of two evils[긴급피난 행위에 의해 보호되는 이익은 이로 인해 침해되는 이익보다 본질적으로 우월해야 한다는 조건]이라는 항변이 인정되지는 않지만 결과적으로 은밀하게 허용된다는 것을 사람들에게 말해줄 수 있다면 문제가 해결될 수 있을지도 모른다. 댄-코언은 정확히 어느 정도 음향 분리가 있는 상황(이러한 유의 방어를 허용함을 알게 된 사람들이 거기에 의지해 행동을 계획할 것을 법이 우려하지 않고 방어를 허용하는 경우)에 실제로 그러한 방어를 허용해야 한다고 제안한다. 당신이 외출할 때 현관문 손잡이에 엽총 방아쇠를 연결했다고 생각해보자. 당신의 의도는 집에 침입하려는 도둑을 쏘아 맞히는 것이었고, 실제로 도둑이 침입하려다 장전된 총알에 맞았다. 그러나 법원은 '우월적 이익의 원칙'에 관한 당신의 항변을 단호하게 거절할 것이고, 당신은 형사 책임을 피할 수 없을 것이다. 반면 이후 당신 집에 침입한 도둑을 당신이 '사적으로' 죽였다면, 아마 법원은 당신의 방어를 허용할 것이다.[42] 이 사례와 앞선 사례의 차이점은 무엇일까? 몇 가지가 있는데, 우선 빈집에 함정이 설치되어 있다면 아이들이나 소방관 등을 죽일 수도 있기 때문에 법원은 이를 바람직하지 않게 본 것이다. 그러나 댄-코언의 제안에 따르면 또 다른 차이점을 발견할 수 있다.

두 번째 사례는 방어를 허용해도 나쁜 본보기가 될 가능성이 적다. 왜냐하면 도둑에게 총을 쏴야 할 상황에 처한 사람들은 대개 법 규칙을 알고 있지 못하거나 알아볼 시간이 없기 때문이다. '그들'에게는 음향 분리가 존재한다. 즉 그들은 어떻게 행동해야 할지 결정하는 순간 법원이 어떤 판결을 했는지 혹은 앞으로 어떤 판결을 할지 모르고 있었다는 말이다. 이와 달리 함정을 설치한 사람은 실행하기 전에 변호사와 상의할 수 있었다. 그들 가운데 승소하는 자가 나온다면 다른 사람들에게 나쁜 메시지가 될 것이다. 물론 도둑을 죽인 자 역시 만약의 경우에 대비해 총을 구입해두었다면 사전에 계획을 세워놓았을 가능성이 있기 때문에 완전히 구별된다고 볼 수는 없다. 그러므로 음향 분리의 여부는 구체적 상황에 달려 있을 수 있다.

또 다른 예는 '법의 무지는 변명이 될 수 없다'라는 법언이다.[43] 누구나 들어봤을 이 법언은, 법에 위배될 수 있는 행동을 하기에 앞서 법 규칙에 대해 배워야 할 유인을 주기 때문에 모든 사람이 새겨들을 필요가 있다. 한편 무지가 변명이 될 수 있는지는 복잡한 문제다. 오해의 여지가 있는 것으로 밝혀진 공식 선언에 의존한 경우 또는 세법 해석과 관련된 일부 상황에서는 무지가 변명이 되기도 한다.[44] 그러나 때로는 무지가 변명이 될 수 있다는 말이 공공연히 회자된다면, 무지를 회피할 유인이 약화된다. 음향 분리에는 다양한 원인이 있다는 점에 주의해야 한다. 앞선 사례에서 침입자에게 총을 쏜 사람은 법을 배울 '틈'이 없었기 때문에 부분적 음향 분리가 적용됐으나, 법의 무지를 주장하는 사건에서는 그와 같이 적용될 가능성이 적다. 이번에는 일반적으로 많은 사람이 충분히 이해할 수 있는 법언이 반복적으로 언급됨으로써 음향 분리가 나타났고, 그 뒤에 일반인은 거의 이해할 수 없는 실무상의 복잡한 구분들이 생겨난 것이다.

음향 분리는 형법 이외의 영역에서도 적용되는 개념이다. 예를 들어 계약법에서는 법 체제가 상충되는 목표를 갖고 있다고 주장된다. 효율적 측면에서 법은 사람들이 계약을 체결하기 전에 신중히 생각하도록 하기 위해 그들이 계약 내용의 이행을 다소 엄격하게 강제하고 싶어한다. 그러나 때로는 불공정해 보이는 계약에서 당사자를 구제해주는 데 관심을 갖기도 한다. 두 마리 토끼를 쫓는 일은 어렵지만, 어느 정도의 음향 분리가 양측의 갈등을 완화시킬 수 있다. 일반적인 법의 메시지는, 계약은 특별한 사정에 관한 공정성을 고려하지 않고 집행되어야 한다는 것이다. 당신에게는 표준적인 이의 제기를 할 수 하지만, 서명하기 전에 계약을 제대로 이해하지 못했다거나 계약의 이행이 자신에게 너무 가혹하다는 주장으로는 효과가 없을 것이다. 하지만 동시에 이 점은 법원이 '구제 수단'을 선택하는 마지막 고려 사항이 될 수도 있다. 즉 법원은 승자에 대해 금전적 보상으로 한정할지, 아니면 피고가 사실상 계약을 이행하도록 하는 특정 이행specific performance 명령을 내릴지 선택할 수 있다. 두 번째 선택지는 '형평법상'의 구제 수단으로 알려져 있는데, 역사적으로 특정 이행은 형평법원에서만 내릴 수 있는 명령이었지만 현재는 대다수 지역이 형평법원을 별도로 두지 않은 관계로, '형평'이라는 용어는 법원이 구제 명령을 내릴지 판단할 때 광범위한 사항들을 고려할 수 있다는 것을 의미한다. 핵심은 현실적으로 계약이 엄격히 집행되지 않는 경우가 매우 흔하다는 것이다. 적어도 '반드시' 계약을 이행해야 한다는 의미에서는 그렇지 않다는 말이다. 계약 이행이 좌절된 당사자는 통상 그저 금전적 보상을 받는데, 그 액수는 계약 이행으로 얻을 전체 이익에 미치지 못할 때가 많다. 그러나 정교한 상업 환경이 아닌 곳에서 활동하는 사람들이 구제와 관련된 세밀한 내용을 이해하기는 힘들며, 아마 이 정도의 음향 분리가 최선일 것이다. 사람들이 '엄격한 이행'을 염두에 두고 계약을 체결하게 하되, 관대한 결정은 예외적으로 하라.[45] 당사자들이 사전에 알기 어려운 모호한 형평의 원칙은 미로 안에 그 공정성을 숨겨라. '계약을 준수'하라는 행동 규칙은 명확하고, 결정 규칙은 모호하다.

행동 규칙과 결정 규칙의 차이를 보여주는 다른 예들은 회사법에서 발견된다. 기업의 이사들은 정직하게 행동할 것, 회사의 이익을 자신의 이익보다 우선시할 것, 회사의 이익에 영향을 끼치는 결정을 내릴 때 정당한 주의를 기울일 것 등 다양한 법적 의무를 지닌다. 그러한 의무들은 행동 규칙이다. 그러나 이사가 피소되면 법원은 주로 행동 규칙에 비해 더 관대한 결과를 내놓는 결정 규칙을 적용한다. 한 예로 법원은 경영 판단의 원칙business judgment rule[이사가 선량한 관리자로서의 의무를 다하고 자신의 재량 범위 내에서 행위를 했다면 회사에 손해가 발생해도 개인적 책임을 지지 않게 하는 원칙]에 따라, 책임이 명백히 증명되지 않는 한 기본적으로 이사의 결정이 기업의 이익을 위한 것으로 추정한다. 이때 대다수 법원은 중과실에 대해서만 책임을 지우는 것으로 간주하고 있으나, 중과실의 의미 자체가 명확하지는 않다.[46] 여기서 궁금한 건 행동 규칙과 결정 규칙 간의 구분이 결정 규칙으로 인해 무너지고 기업의 이사가 '중과실만 피하면 된다'라고 생각하게 되는 걸 막아주는 음향 분리의 원인이 존재하는지 여부다. 이에 대한 답은 확실치 않다. 그러나 행동 규칙은 경영 판단의 원칙에 비해 이해하기 수월하므로 정식 법적 조언을 구하지 않고 의사결정을 내리는 수많은 상황에서 이사에게 영향을 줄 수 있을 것이다.[47] 또는 간혹 결정 규칙이 더 관대하다 해도 엄격한 행동 규칙이 자체적으로 도덕적 힘을 지니기도 한다(다만 이때 음향 분리 사례와 완전히 같다고 할 수 없을지 모른다). 또한 지금 우리가 논의하고 있는 음향 분리의 존재를 부정하고, 사실상 기업 이사의 여러 중대한 위법 행위에 관대한 결정 규칙이 적용되는 것을 비판하는 이들도 있다.[48]

음향 분리는 우리가 고려하고 있는 제한된 형태조차 사람들에게는 자신의 일을 계획하기 위해 사전에 법에 대해 알 권리가 있다는 주장과 같은 다양한 윤리적 반대에 부딪힐 수 있다. 물론 은밀한 법을 가지고 있거나 실제와 다른 법을 대중에게 확신시키는 것은 자유주의에 반하는 듯 보인다.[49] 그러나 지금 우리가 논의하고 있는 사례들에서 그러한 우려는 가장 취약한 편이다. 왜냐하면 이들 사례는 일반적으로 관대한 규칙으로, 사람들에게 이익을 주지 예상치 못한 처벌로 사람들을 경악하게 만드는 게 아니기 때문이다. 그래도 속았다고 느끼는 누군가는 "법의 무지가 변명이 될 수 없다고 생각해서 많은 시간을 들여 법을 배웠다고요. 그런데 법의 무지가 변명이 될 수도 있다는 것을 알게 되니 매우 화가 납니다"라고 분노할지 모르겠다. 이런 반응은 공감받기 어려울 것이다. 왜냐하면 그는 선을 넘지 않되 최대한 법 위반에 접근하는 데 깊은 관심을 기울인 것처럼 보이기 때문이다.[50]

다른 유형의 음향 분리에 대한 반대 의견도 있다. 우리는 지금 일반적으로 세 당사자(규칙의 제정자와 적용자 및 적용을 받는 자)에 대해 이야기하고 있다. 그러나 정치적 통일체로 구성된 네 번째 당사자가 있을 수 있다. 사회 구성원들은 개인적으로 자신에게 법이 어떻게 적용될지 염려해서가 아니라 법의 개혁 필요성에 대한 의문 때문에 관심을 가질 수 있다. 따라서 법원과 정치적인 대중 간에 음향 분리가 있을 수 있으며 그로 인해 곤란한 결과가 발생할 수 있다. 형사 분야의 한 평론가는 이것이 최근 미국의 형사소송을 설명해준다고 믿는다.[51] 1960년대에 연방대법원은 유명한 여러 판결을 통해 형사피고인의 권리를 확대시켰다. 이후 수십 년이 지나는 동안 대법원은 점점 보수적으로 변모해왔으나 미란다 대 애리조나 판결 등과 같은 유명한 판결들을 뒤집지는 않았다. 대신 대법원은 몇몇 큰 사건에서 달성할 수 있을 법한 결과의 일부를 철회하는 판결을 내림으로써 그 중요성을 약화시켰다. 다양한 사건에서 연방대법원은 영장 없이 또는 미란다 원칙을 완전히 고지하지 않았거나 피고 측 변호사의 입회 없이 획득하여 배제된 증거라 할지라도, 다른 조건(예를 들어 경찰의 행동이 선의라면)이 충족된다면 인정될 수 있다고 판결했다. 음향 분리는 경찰은 이 모든 걸 이해하고 있지만 일반 대중은 그렇지 않을 때 일어난다. 그간 대법원이 해온 깎아내리기가 일반 대중이 보기엔 굉장히 미묘하고 기술적이어서 과거의 판결들이 그 힘을 유지하고 있는 것이다. 그러므로 여기서 핵심은 피고가 자신이 누리는 보호의 힘에 대해 오해하고 있는 게 아니라 일반 대중이 그러한 오해를 하고 있다는 것이다. 이런 이유에서 대중은 형기 연장이라든가 양형에 관한 판사의 재량 축소 및 피고에게 유리한 강력한 옛 판결들을 상쇄시킬 수 있는 여타의 조치를 위해 목소리를 내고 있다. 이 이야기는 연방대법원의 형사소송 사건에 관한 하나의 예시일 뿐이며 오류가 있을 수 있다. 그러나 음향 분리가 함축하고 있는 투명성 상실이 대중에게 받아들여졌을 때 또 다른 위험이 생길 수 있음을 보여준다.

✚ 추가 독서를 위한 제안

Meir Dan-Cohen, *Decision Rules and Conduct Rules: On Acoustic Separation in Criminal Law*, 97 Harv. L. Rev. 625(1984); Carol S. Steiker, *Counter-revolution in Constitutional Criminal Procedure? Two Audiences, Two Answers*, 94 Mich. L. Rev. 2466(1996); Cass R. Sunstein, *Problems with Rules*, 83 Cal. L. Rev. 953(1995); Melvin A. Eisenberg, *The Divergence of Standards of Conduct and Standards of Review in Corporate Law*, 62 Fordham L. Rev. 437(1993).

20장
재산권 규칙과 책임 규칙

법을 대하는 원초적 사고방식은 법이 대체로 간단히 '권리'를 창출한다는 것이다. 당신에게는 강도를 당하지 않을 권리, 부주의한 운전자의 차에 치이지 않을 권리, 계약 상대자로 인해 실망하지 않을 권리 등이 있다. 여기서 세련된 사고방식으로 나아가기 위한 첫 단계는 권리란 곧 그 권리의 보호를 의미한다는 것, 그리고 방금 나열한 것과 같은 권리들이 여러 방식으로 보호될 수 있다는 사실을 깨닫는 것이다. 그러한 권리들을 위반하는 사람이 받게 되는 처벌은 그 정도와 유형에 차이가 있다. 강도는 구속되지만, 부주의한 운전자는 자신이 야기한 피해에 대해 손해배상을 할 뿐이다. 계약 파기자도 보통은 손해배상으로 마무리되지만, 간혹 법원은 계약의 이행을 명하고 이를 지키지 않으면 법정모독으로 판단해 무거운 벌금형이나 징역형을 선고할 수도 있다. 이들 사례를 비롯해 여러 경우를 논의하기에 앞서 강조하고자 하는 중요한 관점이 있다. 법이 창출하는 권리 자체보다는 권리가 침해되었을 때 법이 제공하는 구제 방식을 살펴보는 게 법을 이해하기에 더 나은 방법이라는 사실이다. 구제 방식이 권리를 '정의한다'는 생각을 가지고 실험해보도록 하자.

아마 역사상 가장 유명한 법학 학술 논문을 꼽아보자면 귀도 캘러브레시와 더글러스 멜라메드의 「재산권 규칙, 책임 규칙 및 불가양성: 대성당에 대한 한 관점Property Rules, Liability Rules, and Inalienability: One View of the Cathedral」[52]을 빼놓을 수 없을 것이다. 이 논문은 법 주제의 일반적인 경계를 넘어서는 구제 방식에 대해 생각해볼 것을 제안했다. 예를 들어 재산권 사건 대 불법행위 사건으로 구제 방식을 생각하는 대신 크게 재산권 규칙과 책임 규칙으로 나눠볼 수 있다는 것이다. 권리가 소유자의 동의 없이는 침해될 수 없다면 그 권리는 재산권 규칙에 의해 보호된다. 누군가 권리를 침해해도 비용을 지불하기만 하면 된다면 그 권리는 책임 규칙에 의해 보호된다. 이 규칙은 사물이 아닌 상황에 적용된다. 따라서 당신의 자동차는 재산권 규칙에 의해 명백한 탈취로부터 보호되며, 자동차를 훔친 절도범은 체포될 것이다. 당신의 자동차는 책임 규칙에 의해 우발적 피해로부터 보호되며, 자동차를 파손한 부주의한 운전자는 손해배상을 해야 한다. 당신이 거절할 수는 있지만 부주의한 운전자는 사실상 당신에게 거래를 강요할 수 있다. 그가 당신에게 손해배상을 하는 것으로 법 제도에 충족되기 때문이다. 그러나 절도범이 잡히고 나서 당신에게 손해배상을 하는 것은 법 제도에 충족되지 않는다. 절도범은 감옥에 가게 된다.

그러므로 재산권 규칙과 책임 규칙은 소유자로부터 동의를 구해야 하는 정도가 다르다. 그러나 우리는 방금 그 차이를 알아보는 또 다른 방법을 목격했다. 권리 침해로 인해 겪게 되는 결과 말이다. 재산권 규칙에 의해 보호되는 권리를 침해한다면 구속이나 벌금, 징벌적 손해배상 등의 처벌을 받으며, 책임 규칙은 권리 침해자가 야기한 손해를 배상해야 한다. 손해배상은 '처벌'로 간주되지 않는다. 처벌이 사람들을 특정 방식으로 행동하게끔 강제하려는 것이라면, 책임을 부담지우는 방식은 권리를 존중할 것인지 아니면 권리 침해로 인한 비용을 지불할 것인지 선택하도록 한다. 물론 처벌을 같은 방식으로 '간주'할 수도 있을 것이다. 법을 위반한 누군가는 자신의 행위에 대한 대가로 징역형을 선택할 수 있지만, 일반적으로 처벌은 그런 방식을 장려하기 위해 설계되지 않는다. 이를테면 절도죄의 형량을 징역 10년으로 정한다면, 이는 사람들이 절도의 이득이 그 형벌을 상쇄하고도 남는다고 생각될 경우 도둑질을 하라는 의도로 제정하는 게 아니다. 반대로 사람들이 아예 절도를 하지 않기를 바라기 때문에 절도가 매력적으로 느껴지지 않게 설계되고 있다(사실 고작 10년의 형량은 수감 비용이라든가 한계적 억제의 필요성,[53] 자비심 등을 고려한 결과다). 이제 '계약을 위반하지 마라'라는 법의 지시와 비교해보도록 하자. 여기서는 책임 규칙만 적용된다. 이에 대해 어떤 이들은 계약을 위반하지 말라는 법의 지시가 실제로는 '존재하지 않는다'라고 주장할 것이다. 단지 약속을 이행하거나 이행하지 않음으로써 생긴 피해를 보상하는 선택만 존재하기 때문이다.[54] 이 규칙은 경제학적 시각에서 약속을 지킬 때의 비용과 약속을 어길 때의 비용을 비교해 비용이 덜 드는 쪽을 선택하도록 유도한다. (계약을 이행할 때보다 비용이 덜 들기 때문에 계약을 위반하는 경우를 경제학자들은 '효율적인 계약 위반efficient breach'이라 부르기도 한다.)

이러한 설명은 마치 재산권 규칙과 책임 규칙 두 가지 가능성만 존재하는 것처럼 들릴 수 있다. 그러나 우리는 이들 규칙을 스펙트럼상에 배열할 수 있다. 그 사이에는 아직 언급하지 않은 것들을 포함해 혼합된 가능성들이 존재한다. 만약 누군가의 권리를 침해한다면 보상적 손해배상을 해야 하지만(이는 책임 규칙의 내용으로 들린다) 더불어 징벌적 손해배상(통상 재산권 규칙이 적용되는 경우)이 따를 수도 있다. 혹은 교도소행 대신 벌금을 내야 할 수도 있다. 벌금보다 이득이 더 큰 경우 벌금형이 오히려 규칙 위반을 유도하는 것은 아닌지 논란이 빚어질 수 있다. 다급한 상황에서 주차금지 구역에 주차했을 때 당신은 '주차위반 딱지를 받겠지'라고 생각할 것이다. 당신은 어떤 잘못을 한 것일까? 자금이 필요해서 탈세를 했다가 나중에 탄로 나서 벌금을 내기로 한 사례와 어떤 차이가 있는 걸까? 혹은 혼합된 것의 또 다른 예로, 손해배상을 하고 나서도 공적으로든 사적으로든 오명을 입거나 부수적인 부정적 결과에 직면할 수 있다. 예를 들어 평판이 악화되거나 법으로 규정된 높은 보험료, 소속 협회로부터의 특권 정지 등이다.[55]

÷

법 제도는 권리를 보호하는 방법을 어떻게 결정해야 하는가? 선택의 여지가 있는 경우 '판사'는 어떻게 결정해야 하는가? 경미한 절도죄를 저지른 이들은 교도소에 보내면서 어째서 끔찍한 사고를 일으킨 이들은 교도소에 보내지 않을까? 혹은 두 경우 다 손해배상을 허용하는 게 어떨까? 이 물음들에는 다양한 답변이 가능하고, 그중에는 이 책에서 이미 논의한 개념들과 연관되는 것도 있을 수 있다. 우선 효율성 개념에 따르면 권리를 가장 소중히 여기는 사람에게 권리가 주어져야 옳다(2장 참조). 물론 과연 누가 권리를 가장 소중히 여기는지 알기 어렵기도 한데, 그럴 때 유용한 개념이 바로 앞서 다룬 코스 정리다. 즉 사람들이 수월하게 협상할 수 있다면 자동으로 권리를 가장 소중히 여기는 사람이 권리를 얻는다는 것이다. 권리의 가치를 가장 높이 평가하는 사람이 법정에서 그 권리를 획득하거나 다른 이에게 대가를 지불하고 자기 것으로 만들 것이다(8장 참조).

이들 개념은 재산권 규칙과 책임 규칙 사이의 선택과 무슨 관계가 있을까? 자, 만약 협상을 통해 동산의 소유자가 쉽게 바뀔 수 있다면 재산권 규칙으로 동산을 보호하자는 주장은 자연스러운 것이다. 이는 오직 동의가 있을 때에만 소유자가 변경될 수 있다는 의미로, 당신이 내게 충분한 대가를 지불한다면 동산의 소유권은 나에게서 당신에게로 이전될 것이다. 여기서 장점(적어도 효율성 면에서)은 우리가 이런 거래에 동의할 때 그 동산은 덜 아끼는 사람에게서 더 많이 아끼는 사람에게로 이전된다는 사실을 서로 '알고 있다'는 것이다. 그렇지 않다면 우리는 교환에 동의하지 않았을 것이다. 세상은 다른 방식으로도 돌아갈 수 있다. 당신이 내 소유물을 원할 때 그냥 그것을 취할 수 있다고 정하는 것이다. 이후 나는 그 가치를 돌려받기 위해 당신에게 소송을 제기한다. 즉 소유물이 책임 규칙에 의해서만 보호되는 경우다. 문제는 당신이 내 자동차를 가져갔을 때 당신이 내 자동차의 가치를 나보다 더 높게 평가했는지 알기 어렵다는 것이다. 우리가 아는 것은 당신이 내 자동차의 가치를 법에 따라 치러야 할 대가(자동차의 시장 가치)보다 더 높게 평가했다는 사실뿐이다.[56] 다른 문제도 있다. 내가 그 자동차를 되찾아오기로 결심하는 경우로, 그러면 상황은 악화될 것이다. 우리는 번갈아서 자동차를 탈취하고 서로 손해배상을 청구한다. 우리는 비용이 많이 드는 방어 수단과 대책에 의지하게 됨으로써 시간과 돈을 낭비한다.[57] 그러나 재산권 규칙을 사용하면 이러한 순환의 고리가 끊어진다. 어쩔 수 없이 어느 한쪽이 그만둘 수밖에 없는 것이다.

또한 이러한 사고방식을 통해 우리가 '항상' 재산권 규칙만을 사용하지 않는 이유, 즉 때때로 타인의 권리를 빼앗거나 훼손한 뒤에 손해배상을 하도록 허용하는 이유를 알 수 있다. 아예 협상이 불가능하기 때문이다.[58] 어떤 이유로 내가 당신의 차 앞부분을 큰 쇠망치로 부수고 싶다면 먼저 당신에게 물어봐야 한다. 그러지 않고 실행하면 나는 감옥에 가게 될 것이다. 반면 내가 차를 후진하다가 '실수로' 당신의 차 앞부분을 들이받은 상황이라면 어떤가. 이는 곧 교통사고를 의미하는 것으로, 현실적으로 당신에게 미리 물어볼 수가 없다. 나에게 선견지명이 있어 사고에 대해 당신에게 미리 말할 수 있다면 불행한 일을 피할 수 있었을 것이다. 이런 경우 법은 협상이 현실적으로 가능하지 않다는 것을 인정해 동의 없이 타인의 소유물을 '가져간 다음 대가를 지불하는 것'이 허용되는 미묘한 상황이다. 당신의 부두에 보트를 정박하길 원하지만 당신의 요구 조건을 충족시킬 수 없어 내 맘대로 보트를 정박해버린다면 나는 감옥에 가게 될 것이다. 이때 당신의 권리는 재산권 규칙에 의해 보호된다. 그러나 폭풍우로부터 나의 생명 또는 재산을 구하기 위해 당신의 부두를 '반드시' 빌려야 하는 긴급한 상황이라면, 법원은 당신이 내가 부두에 보트를 정박하도록 '허용해야만' 한다고 말한다.[59] 나는 그 대가를 지불해야 하지만, 그것으로 끝이다. 이때 당신의 권리는 오직 책임 규칙에 의해서만 보호된다.

　마지막 사례는 부두의 이익보다 훨씬 더 높은 가치를 지닌 생명이나 재산을 구하는 것이 더 중요하다는 점을 잘 설명한다고 생각될 수 있다. 그러나 꼭 그렇지만은 않다. 한때 런던의 노숙자들이 비어 있는 공영주택을 점거하면서 '무단 점유'를 시도한 적이 있다. 그들은 자신과 가족들이 지낼 공간이 필요하기 때문에 공영주택이 절실하다고 주장했다.[60] 그렇지만 법원은 그들을 무단 침입자로 판결했다. 이 사례와 폭풍우로 위기에 처한 보트 사례의 차이는 무엇인가? 보트 사례는 예견하기 어려운 데다 당사자의 인생에 두번 다시 일어나기 힘든 돌발적인 위기 상황으로, 현실적으로 부두 소유자와 협상할 수가 없다. 그러나 노숙자들은 자신의 곤경을 스스로 충분히 예견할 수 있으며 이는 만성적이다. 그들은 얼마든지 정부에 공영주택을 요구하거나 민간 아파트 소유자와 협상할 수 있었다. 물론 그들의 '요구'는 간단히 이뤄지기 어렵다. 바로 그것이 문제다. 노숙자에게는 협상에 필요한 돈이 없기 때문이다. 그러나 시장을 충족시킬 만큼의 돈이 없다는 게 동의 없이 타인의 재산을 점유할 구실로 간주된다면 사유재산은 남아나지 않을 것이다. 아무튼 법원의 견해가 그러했다. 두 사례를 종합해보면 필요성이 클 때뿐만이 아니라 자발적인 교환을 어렵게 만드는 현실적 장애(경제적 장애가 아닌)가 있을 때도 법원이 책임 규칙을 지지하며 재산권 규칙을 완화한다는 것을 알 수 있다.

÷

　법원이 종종 재산권 규칙과 책임 규칙 사이에서 선택해야 하는 또 다른 유명한 상황이 있다. 내가 소유한 공장에서 오염 물질이 배출되어 당신의 거주지에 피해를 끼치고 있다고 가정해보자. 당신은 나를 상대로 소송을 걸었고, 법원은 내가 불합리하게 당신의 재산권 향유를 방해하고 있다고 보아 근린 방해Nuisance[주위에 불편이나 손해를 입히는 불법 행위]를 인정한다. 여기서 흥미로운 부분은 이 문제를 법원이 처리하는 방식이다. 보편적으로 법원은 나에게 행위 중단을 명하는 금지 명령을 내리는데, 이는 재산권 규칙에 속한다. 명령을 어기면 나는 법정모독죄로 벌금형에 처해지거나 징역형에 처해진다. 물론 다른 재산권 규칙 사례와 마찬가지로 나는 당신에게 금전적 대가를 지불하겠다고 제안할 수 있다. 당신이 내 오염 활동을 중단시킬 권리는 당신의 차나 집 같은 소유물에 대한 권리와 같다. 그것은 당신이 팔 수 있는 일종의 재산이며, 그 가치를 더 높게 평가하는 누군가는 그 권리를 소유하기를 희망할 수 있다. 그 누군가가 나(공장 소유주)라면, 당신으로부터 그 권리를 사고자 할 것이다. 반대로 그가 당신이라면, 당신은 그 권리를 팔지 않을 테니 나는 공장 가동을 축소하거나 다른 장소로 이전해야 한다. 법원은 그 권리를 누가 더 높이 평가하는지 알아낼 필요가 없다. 그걸 알아내는 건 '우리'다. 알다시피 여기서도 단순히 코스 정리가 활용되고 있다.

여기까지는 별 문제가 없다. 그러나 협상이 어려운 경우에도 금지 명령이 내려져야 할까? 여기서 다시 우리는 '어렵다'의 의미에 대해 광범위하게 고찰해볼 필요가 있다. 앞의 사례들(교통사고 사례와 폭풍우를 만난 보트 사례)에서는 현실적으로 시간이 너무 촉박해서 협상이 불가능했다. 그에 비해 공장의 근린 방해 사례는 시간이 충분하다고 추정할 수 있지만, 내 공장에서 배출되는 오염물질로 불편을 겪고 있는 사람이 당신만이 아니라면(원고가 다수라면) 협상이 어려울 수 있다. 이웃 모두가 당신과 똑같은 입장이라면 나는 그들 모두의 권리를 매수하는 방법으로 금지 명령을 회피할 수 있다. 여기서 문제는 비용이 아니다. 금지 명령을 회피하기 위해 모두에게 지불해야 할 돈이 내게 없다면 답은 명백하다. 너무 많은 오염물질을 배출하지 않는 것이다. 공기를 오염시킬 권리의 가치보다 깨끗한 공기의 가치가 더 크기 때문이다. 문제는 나에게 모두를 만족시킬 만한 금전적 '여력이 있다' 해도 현실적으로 거래가 성사되기 어려울 수 있다는 것이다. 2장에서 살펴봤듯 버티기 문제가 일어날 수 있다. 요컨대 주민들이 마지막 협상자가 되려고 계약 조건의 수락을 미룰 수 있다. 그러면 거래가 이루어지지 않거나 긴 시간과 많은 비용이 낭비된 뒤에 간신히 성사될 수 있을 것이다.[61]

경제학자들은 버티기 문제를 일종의 거래 비용, 즉 모두에게 더 유리한 거래의 성립을 방해하는 장애로 간주한다. 어떤 이들은 이처럼 관계 당사자 수가 많은 사건에서는 법원이 금지 명령이 아니라 손해배상 판결을 내려야 한다고 주장한다. 통상 배상액은 시장 여건만 좋다면 모두가 자신의 권리를 양도하기로 동의할 만한 금액을 추산하여 정해진다(버티기 문제는 권리 거래를 위한 시장이 실제 원활히 작동하지 않기 때문에 발생한다는 사실에 유의하자). 이때 공장 소유주는 주민 모두와 타협하거나 누구와도 타협하지 말아야 한다. 그리고 상대의 전략적 위협에 '사업을 이전하겠다'는 협박으로 대응할 수 없다. 따라서 전략적 행위가 중대한 위험이 될 때마다 책임 규칙, 즉 금지 명령보다 오히려 손해배상 처분이 사용되어야 할 것이다. 당신이 단독으로 소송을 제기하는 경우처럼 양측 당사자가 각각 한 명뿐인 사건도 이에 포함될 수 있다. 이때 우리는 '쌍방독점bilateral monopoly' 상태에 놓여 있다. 이 개념은 앞서 치킨 게임을 설명할 때 다뤘던 것으로, 협상 대상은 오직 상대방뿐이므로 각자 허세를 부리면서 협상에서 더 큰 이득을 챙기기 위해 버틸 수 있는 상황을 말한다.[62] 당신은 공장을 이전하는 데 드는 비용에서 1달러를 뺀 금액으로 권리를 양도하겠다고 제안할 것이고, 나는 당신이 생각하는 그 권리의 가치에 1달러를 더한 금액에 매수하겠다고 응수할 것이다. 그러나 우리는 상대가 그 권리에 매긴 가치와 상대가 거래에 응할 가능성을 그저 추측할 뿐이다. 결국 양쪽 모두에게 이득인 협상 금액이 존재함에도 불구하고 거래는 성사될 수 없거나 성사되지 않을 수 있다. 그리고 거래가 성사된다 해도 그때는 이미 많은 시간이 낭비된 후일 것이다. 우리는 관련된 권리를 책임 규칙으로 보호함으로써 이 모든 문제를 회피할 수 있다. 판사가 정한 금액을 일방이 타방에게 배상하도록 하는 것이다. 그러나 판사가 배상액을 (보유자가 갖고 있는 권리의 실제 가치와 부합하지 않는 금액으로) 잘못 책정할 수 있다는 문제가 발생할 수 있다.

법학계 내부에는 이러한 유형의 문제를 분석하고 어떤 경우에 손해배상 또는 금지명령이 가장 적합한지, 어떤 것이 협상을 더 촉진시키는지 (당사자들이 금지명령뿐만 아니라 부당한 손해배상 처분을 두고도 협상할 수 있음을 유의하라),[63] 어떤 이유로 사건의 당사자들이 협상할 수 없는지(전략적이라는 이유 외에 적대감이나 협상에 대한 혐오감이 문제일 수도 있다),[64] 법원이 협상 불능의 원인에 관심을 가져야 하는지 등에 관한 연구를 전문으로 하는 소분야가 존재한다. 관련 사안을 상기시키는 것으로 우리의 현재 목표는 충분히 달성된다고 생각되기 때문에 여기서는 좀더 세밀한 문제는 다루지 않겠다. 사실 로스쿨에서는 이런 점들이 활발히 토론되고 있는 데 비해 법정에서는 관심을 기울일 만한 기회가 많지 않은 실정이다. 다수의 당사자와 관련된 오염 문제들은 이제 근린 방해 청구보다는 규제를 통해 해결되고 있는 편이라서 판사가 이 모든 훌륭한 이론적 가설을 실험해볼 수 있는 (혹은 적어도 그 특정 법 분야에서는) 기회가 많지 않다. 그러나 법원, 입법부 및 정부 기관은 여전히 규칙을 마련하고 이를 준수하지 않는 사람에게 어떤 일이 벌어질지 결정해야 한다. 그리고 그들이 이러한 문제에 대해 고민할 때 우리가 논의하고 있는 것들이 유용한 사고의 틀을 형성해주리라 생각된다. 즉 사람들이 법의 명령보다 더 나은 무언가를 찾기 위해 협상할 수 있는지, 그리고 그 과정을 수월하게 만들기 위해 법이 어떻게 규정되어야 하는지를 고려하는 데 도움이 될 것이다.

÷

캘러브레시와 멜라메드가 제안한 또 하나의 혁신인 악명 높은 '규칙 4'도 유사한 이득을 제공한다. 우리는 어떤 권리에 관한 분쟁이 어떻게 종결될지를 생각할 때 일반적으로 세 가지 가능성을 떠올린다. 첫째, 원고가 승소하고 원고의 권리는 재산권 규칙에 의해 보호된다(금지 명령이 내려지거나 권리 침해자가 감옥에 간다). 둘째, 원고가 책임 규칙의 적용에 의해 승소한다(원고가 금전적 보상을 받는다). 셋째, 피고가 승소하고 피고에게 아무 일도 일어나지 않는다. 즉 피고는 원고에게 어떠한 책임도 지지 않으며 금지 명령이나 징역형 등 기타 어떠한 처분도 받지 않는다. '피고가 승소'하는 마지막 경우는 곧 피고가 재산권 규칙으로 인해 이득을 얻는다는 말이다. 즉 원고가 공장을 상대로 제기한 근린 방해 사건에서 패소하면 공장은 이전처럼 오염물질을 배출할 권리를 부여받으므로 아무도 공장의 동의 없이 오염 행위를 중단시킬 수 없다. (만약 원고가 공장 굴뚝에 올라가 덮개를 씌우려 시도한다면 무단침입자로 체포될 것이다.) 그러나 이러한 사고방식은 이론상 있을 수 있는 또 다른 가능성(규칙 4)을 무시한 것이다. 피고가 승소할 수는 있으나 그의 권리는 다만 책임 규칙에 의해 보호될 가능성 말이다. 따라서 원고가 피고의 오염 행위를(혹은 피고가 하고 있는 모든 행위를) 중단시키는 것이 허용될 수는 있지만 그로 인한 비용을 피고에게 보상해야 하는 것으로, 즉 원고가 공장을 이전하도록 만들 수 있으나 그 비용을 보상해주어야 한다.[65]

원고가 피고에게 보상해야 하는 상황을 떠올리는 것이 일반적이지 않기 때문에 사람들은 규칙 4를 직관에 반하는 것으로 간주한다. 보통 우리는 피고가 원고에게 보상을 하거나 아무 일도 일어나지 않는 상황을 상상하기 때문에 소송에서 규칙 4가 거의 사용되지 않았다는 건 놀랍지 않다. 법원이 규칙 4를 채택한 것으로 기록된 근린방해 사건은 단 한 건뿐인데,[66] 이것은 그 접근 방식에 따른 정의가 굉장히 매력적으로 보일 수 있는 사실에 관한 것이다. 소 축사 주변에 주택을 건축한 원고가 악취 문제로 소송을 제기한 사건이었다. 법원은 원고가 피고에게 축사 이전 비용을 보상해줘야 한다는 조건 아래 원고가 근린 방해로부터 벗어날 권리가 있음을 인정했다. (이 사건에 대한 판결은 캘러브레시와 멜라메드의 논문과 거의 같은 시기에 내려졌기 때문에 판결을 한 판사와 논문의 두 저자는 서로 판결과 논문의 존재를 알지 못하는 상태였다.)[67] 실무적으로 거의 사용되지 않는 까닭에 한 평론가는 규칙 4를 "학술 관련 고무제품 카탈로그에 들어 있는 색다른 품목"이라며 무시하기도 했으나[68] 규칙 4는 공법의 여러 문제에 대한 공통된 접근 방식으로서, 즉 정부(특히 정부 기관)와 정부의 규제를 받는 기업 간의 관계에 사용되는 도구로서 옹호되기도 했다. 실제로 정부는 때때로 동의 없이 기업에 어떤 행동을 시키고 보상을 해주기도 한다. 멜라메드는 각 지역의 통신업체들이 자사의 설비를 경쟁사가 이용할 수 있도록 의무화하면서도 장거리통신 시장에서는 경쟁을 허용하는 법령을 예로 들고 있다. 즉 해당 법령은 기업에 특정 행동을 강요하되 그에 대한 보상을 하도록 한다. 이는 오염자의 피해자가 오염자에게 떠나달라고 주장할 수 있지만 오염자에게 보상을 해줘야 한다는 내용과 대략적으로 유사하다고 볼 수 있다.[69]

규칙 4에 영감을 얻어 생겨난 여러 아이디어가 있는데, 그 가운데 낯설지만 생각해볼 만한 흥미로운 것도 있다. 예를 들어 소송당한 오염자가 자발적으로 오염 행위를 중단하게 한 다음, 그로 인해 이웃 주민들이 누리게 될 이익을 반영한 금액을 일종의 보상액으로서 청구할 수 있게 해야 한다는 주장이다.[70] 정말 기괴한 발상 아닌가? 이 발상의 추론 과정을 여러 단계로 구분하여 살펴보도록 하자.

- 늘 그렇듯 경제적 목표는 오염의 해로움보다 이로움이 더 큰 경우에만 오염(혹은 오염 유발 행위)이 계속되도록 확인하는 것임을 기억하라. 오염에 어떤 이로움이 있는지 가장 잘 알고 있는 사람이 오염자이기 때문에 우리는 오염자가 그러한 비교 작업을 수행하기를 바랄 수 있다.
- 오염자가 자신의 지식을 활용하도록 만들기 위한 간단하고 익숙한 방법은 이웃들에게 손해배상을 하라고 오염자에게 명령하는 것이다. 만약 오염 행위가 비용보다 더 큰 이익을 창출한다면 그는 손해

배상을 하고 계속 오염 행위를 할 테고, 반대로 이익보다 비용이 더 크다면 사업을 유지해 이웃에게 손해배상을 할 만한 가치가 없으므로 폐업하려 할 것이다.

- 그러나 주민들이 '오염자' 근처로 이사 온 경우에 이 방법은 오염자에게 너무 부당해 보일 수 있다. 우리는 오염자가 오염 행위를 계속할지 말지를 놓고 올바른 선택을 하길 바라지만 어째서 우리는 오염자의 선택을 유도하기 위해 오염자에게 고통(손해배상)을 강요해야 할까? 이러한 문제를 방지하면서 (공장이 창출하는 이익이 무엇인지 가장 잘 아는 사람은 오염자이므로) 오염자가 결정하도록 만드는 방법은 그에게 다른 선택지를 주는 것이다. 즉 오염자는 계속 오염 행위를 하면서 아무것도 청구할 수 없거나 혹은 오염 행위를 중단하고 이웃 주민들에게 보상을 청구할 수 있다.

- 오염 행위를 중단하는 경우 오염자가 이웃 주민들에게 청구할 금액은 보통 바로 앞의 시나리오에서 자신이 주민들에게 '지불해야' 했던 금액(즉 이웃들의 손해배상액)과 같다. 다시 말하지만, 이로 인해 오염자가 어떻게 사고하게 되는지 주의해야 한다. 오염자는 자신의 선택지들을 비교해 더 큰 이익이 되는 쪽을 택할 것이다.

- 만약 오염 행위가 비용보다 더 큰 이익을 창출한다면 오염자는 그대로 오염 행위를 계속할 것이다. 오염 행위를 그만두고 이웃들로부터 보상을 받기보다 오염 행위로 발생하는 소득을 선호하기 때문이다. 그러나 오염으로 인해 오염자가 얻는 이득보다 주민들의 비용이 더 크다면 그는 오염 행위를 멈출 것이다. 이웃들이 (이제는 그것을 회피하게 된 만큼의) 비용을 오염자에게 지불해야 하기 때문이다.

- 이 접근 방식이 먼저 언급한 접근 방식과 다른 점은 오염자가 오염 행위를 계속할 때 이웃들이 보상을 받는 게 아니라 오염자가 자기

행위를 중단할 때 보상을 받는다는 점이다. 이것은 기이한 발상이긴 하나 효율적인 선택을 하도록 압력을 발휘하는 것처럼 보인다. 오염자에게 불이익을 주지 않으면서 효과적인 방법을 발견하는 게 이 작은 지적 훈련의 핵심이다.

다만 실제로 이를 실행하는 법원은 없으며, 여기서는 재산권 규칙과 책임 규칙의 다양한 사용에 대해 숙고할 때 필요한 추론 감각을 키워주기 위해 언급해봤다. 복잡하지만 흥미로운 문제들에 대해 더 알아보고 싶다면 이 장의 말미와 주석에 소개된 참고문헌이 도움이 될 것이다.

좀더 실질적인 문제로 돌아가서, 이제 당신은 연방정부와 주정부가 보유한 토지 수용권을 충분히 이해할 수 있다. 그것은 연방정부와 주정부가 당신의 주택에 대한 시장가치를 보상한 다음 취득하여 그 자리에 고속도로를 건설할 권리다. 이 장의 논리에 따라 그 의미를 설명하자면, 당신의 주택은 재산권 규칙에 따라 이웃이 무단점유하지 못하도록 보호를 받지만 상대가 정부라면 오직 책임 규칙에 따른 보호만 받는다는 것이다. 일부는 앞서 설명한 것과 같은 버티기 문제를 극복하려면 정부에 그러한 권한이 필요하다고 주장한다. 이에 대해서는 13장에서 자세히 설명하고 있다. 그러나 고속도로 건설 예정지에 주택을 보유하고 있는 이들 중에는 어떤 전략적 이유가 아니라 자기 집에 대한 애착 때문에 특별히 큰 보상을 받으려고 버티는 사람도 있을 것이다. 그들이 자신의 집에 대해 시장 가격보다 훨씬 더 높은 가치를 부여하더라도 토지 수용권은 추가적 가치를 배제한다.

이 마지막 사안은 책임 규칙에 의해 발생하는 전형적인 문제다. 권리를 빼앗고 보상해주는 당사자(여기서는 정부)가 실제로는 보유자가 생각하는 것보다 권리를 낮게 평가할 수 있다. 그런데도 그들의 권리를 빼앗은 다음 보상해주는 것이 때때로 허용되는 이유는 무엇일까? 방금 언급된 위험과 다른 고려 사항들, 즉 버티기에 대한 우려라든가 대중이 절실하게 원하는 계획을 좌절시킬 만한 특별한 가치를 주장하는 주택 보유자의 존재 등과 균형을 맞춰야 하기 때문이다. 또 다른 주제로, 법원이 지나치게 광범위하게 수용권(이를테면 정부의 '책임 규칙' 권한)을 인정해온 것은 아닌지에 대해서도 끊임없이 활발한 논쟁이 진행되고 있다. 예를 들어 한 평론가는 수용권의 논리가 헌법상 권리 침해 문제로 확장되어야 한다고 주장하기도 했다. 이것이 허용된다면 정부는 보상을 대가로 테러 위험에 대하여 대량 구금 조치를 취할 수 있다. 이는 책임 규칙으로 자유권을 보호하는 것이기에 할 수 있다.[71] 이번 장은 이렇듯 도발적인 언급으로 마무리하겠다.

✦ 추가 독서를 위한 제안

Guido Calabresi and A. Douglas Melamed, *Property Rules, Liability Rules, and Inalienability: One View of the Cathedral*, 85 Harv. L. Rev. 1089(1972); James E. Krier and Stewart J. Schwab, *Property Rules and Liability Rules: The Cathedral in Another Light*, 70 N.Y.U. L. Rev. 440(1995); Saul Levmore, *Unifying Remedies: Property Rules, Liability Rules, and Startling Rules*, 106 Yale L.J. 2149(1997).

21장

기준

　　내가 강의하는 로스쿨은 강의실마다 무선 인터넷이 연결되어 있다. 이것이 좋기만 한 건 아니다. 강의에 집중을 못 하는 학생들이 종종 노트북으로 이메일을 확인하거나 뉴스를 읽는 등 딴 짓을 하기 때문이다. 얼마 뒤 교수 회의에서 강의 시간에는 무선 인터넷 연결을 차단하는 게 좋겠다는 의견이 나왔다. 그러자 한 교수가 벌떡 일어서더니 그건 너무 권위적이라며 학생들을 내버려둬야 한다고 반박했다. 두 의견 다 흥미로웠지만, 가만히 생각해보니 이상했다. 강의실에 TV도 설치해서 강의가 진행되는 동안 영화를 틀어주는 것은 어떠한가? 그렇게 하지 '않는다'고 해서 권위적이라 할 수 있는가? 무슨 근거로 그렇게 말할 수 있을까? 학생들을 내버려둔다는 것의 의미는 또 무엇인가? 학생들을 유혹에 흔들리게 하기보다 무선 인터넷을 차단해 '더욱' 내버려두는 편이 낫지 않은가?

　이 이야기는 법의 영역에서 자주 맞닥뜨리는 두 가지 문제를 보여준다. 둘 다 기준과 관련된다. A가 B에 대해 권위적인지 그렇지 않은지를 판별하기 위해서는 먼저 출발점이 무엇인지 물어야 한다. 어떤 종류의 간섭이 권위주의에 해당되는지 말할 수 있으려면 먼저 학생들의 자연적인 정상 상태가 무엇인지를 알아야 한다는 것이다. 이것은 '간단한 기준 문제'로, 결코 풀 수 없는 게 아니다. 다만 그 해결을 위해서는 짧은 슬로건보다 대화가 필요하다. 그런데 앞에서 '학생들을 내버려둬야 한다'는 다른 의견이 있었다. 이 또한 기준 문제를 불러일으키지만, 이것은 꽤 어려운 종류의 문제일 가능성이 크다. 학생들을 내버려둔다는 것은 그들을 어떤 기준 위에 둔다는 의미다. 문제는 무선 인터넷을 연결할지 말지를 결정하려는 로스쿨이 학생들에 대해 기준을 정해야 한다는 것이다. 그러므로 학생들을 내버려둔다는 것은 그것이 교수의 강의를 제공하지 않거나 강의실을 없애는 것을 의미하지 않는 한 사실상 선택지가 될 수 없다. 더구나 강의 시간에 학생들이 인터넷에 접속하도록 허용하는 것은 그들을 내버려두는 것에 해당되지도 않는다. 요컨대 학생들이 대학이라는 환경 안에 있으므로 그들을 내버려두는 것에 대한 논의가 무의미하다는 게 문제의 핵심이다. 강의실에 무선 인터넷을 연결해줘야 하는지 혹은 그래선 안 되는지를 말하는 것이 아니다. 사람들을 내버려둔다는 개념이 도움이 안 된다는 의미다. 이 문제는 다른 근거를 토대로, 즉 강의실 내 무선 인터넷 접속의 이점과 그 비용을 비교한다든가 기타 유사한 사고 과정을 통해 결정되어야 한다.

기준 문제는 법적 상황에서 자주 일어난다. 헌법에서 몇 가지 예를 살펴보도록 하자. 통상 헌법은 정부가 행위자일 때 실행할 수 있는 일에 제한을 두고 있으며, 반대로 행위자가 아닐 때에는 그렇지 않다. 예를 들어 헌법은 적법한 절차 없이 정부가 언론의 자유를 침해하거나 재산을 압수할 수 없다고 규정하고 있다. 이는 정부가 법령을 통과시키거나 경찰력을 파견할 때, 혹은 기타 적극적인 정책을 시행하려 할 때 발생할 수 있는 문제다. 그러나 정부가 아무것도 하지 않는다면 그러한 헌법적 문제는 발생할 수 없을 것이다(발생할 수도 있을까?). '아무것도 하지 않다'는 '사람들을 내버려두다'와 같이 기준이 필요한 표현 중 하나다. 즉 행위 및 비행위로 간주되는 것이 무엇인지를 먼저 알 필요가 있다. 사람들은 물건을 사고파는 일, TV 시청 등과 같이 일상적인 일을 계속하고 있을 때 정부가 아무것도 하지 않고 있다고(사람들을 내버려두고 있다고) 생각한다. 어떤 의미에서는 내버려둔 게 맞지만, 다른 한편으로는 그렇지 않다. 사람들의 모든 행위는 법과 규정을 배경으로 이루어진다. 사람들의 활동은 규정이 마련해놓은 매우 단순한 경계 안에서 일어나고 있기 때문에 대부분 규정이 드러나지 않는다. 그러나 그러한 경계가 존재하지 않는다면 그 즉시 알아차리게 될 것이다. 누군가가 당신의 텔레비전을 훔치거나 당신과의 계약을 어기려 할 것이고, 당신이 계약을 이행하리라 믿을 만한 근거가 없으므로 애초에 계약을 체결하려 하지도 않을 것이다. 우리가 당연하게 여기는 일들의 기저에는 재산권, 계약 및 형법 규칙이 자리 잡고 있으며, 우리 모두가 대부분의 시간을 간섭받고 있다는 기분을 느끼지 않고 자유롭게 돌아다닐 수 있는 것도 규칙들 덕분이다. 또한 규칙은 남들보다 많은 부를 축적하는 이들에게는 필요조건이기도 하다. 일반적으로 부를 축적하는 과정에서는 수많은 계약이 성사되기 마련이며, 그렇게 축적된 부를 안전하게 지키기 위해서는 형법의 보호가 필요하기 때문이다. 물론 그러한 규칙들이 없다 해도 우리는 유사한(혹은 더 큰) 불평등을 목격하게 되겠지만, 아마 승자와 패자가 달라질 것이다. 아무튼 중요한 것은 당신이 인지하지 못한다 해도 특정 유형의 행위에는 늘 정부가 관여하고 있다는 점이다.

이러한 내용이 전부 사실이라면, 정부가 앞서 언급한 헌법상의 제한을 수반하는 '행위'를 하고 있을 때 우리가 그것을 인지할 방법은 무엇인가? 이 문제를 구체적으로 살펴보기 위해, 아치 벙커라는 사람이 흑인 가족에게 집을 팔지 '않는다'는 조건으로 이웃에게 돈을 주기로 제안하는 상황을 가정해보자. 이웃이 동의하면 그 이웃의 부동산은 서약covenant에 따른 제한을 받게 된다. 그러나 이웃이 흑인 가족에게 주택을 매도해버리자 벙커는 그들의 합의 이행을 위해 이웃을 상대로 소송을 제기한다. 이때 법원이 합의 이행을 강제한다면 헌법적으로 문제가 될까? 여기서 국가는 아무것도 하고 있지 않다. 뭔가를 하는 주체는 벙커와 그의 이웃이다. 그러나 국가는 뭔가를 '하게 될' 것이다. 즉 약정을 이행하도록 강제할 것이다. 셸리 대 크래머Shelley v. Kraemer 사건72에서 연방대법원은 이를 사실상 국가 행위가 있는 경우로 봤으며, 인종 차별적인 서약의 이행을 강제하는 행위를 위헌으로 판결한 것으로 유명하다.

그러나 그 유명한 사건은 '그 원칙의 한계는 어디까지인가?'라는 유명한 반문을 낳기도 했다. 벙커가 자기 집에 온 손님의 인종이나 종교를 혐오하여 경찰을 불러 그를 내쫓아달라고 요구하고 경찰이 그 요구를 이행한다면, 이때도 위헌적 국가 행위가 있다고 말할 수 있을까?73 그렇게 생각하는 사람은 거의 없는 것 같다. 그러나 이제 우리는 기준 문제의 어려움을 파악할 수 있다. 정부가 행위를 할 때는 제한이 있다. 그러나 언제 그 행위가 있는 것으로 볼 것이냐는 어려운 문제다. 행위란 비행위 상태를 벗어나는 것이지만 정부가 전혀 행위를 하지 않는 상황을 찾기란 쉽지 않다. 그런데 정부가 항상 행위하고 있다면, 라디오 진행자가 생방송 중 공격적인 정치 발언을 했다는 이유로 방송국이 그를 해고할 때도 정부가 위헌적 행위를 한 것이라 말할 수 있을까? 정부가 직접 진행자를 해고한 것은 아니지만, 정부는 라디오 방송국에 그렇게 할 권한을 부여해주고 계약의 이행을 강제하는 등의 수많은 행위를 하고 있다. 아무튼 지금 이 사건을 훌륭한 헌법 판례로 생각하는 사람은 없지만, 정부가 눈에 보이지 않는 어떤 행위를 하고 있는지 묻는 것처럼 간단한 문제가 아니라면 우리는 정부가 '행위를 하고' 있는지 어떻게 파악할 수 있단 말인가?

앞서 우리는 정부가 계약법, 재산법, 형법 등의 규칙을 통해 늘 행위를 단속하고 있다는 사실을 확인했다. 기준 문제가 어려운 이유는 그러한 규칙들이 거의 눈에 띄지 않게 작용하기 때문으로, 서류를 작성한다거나 공무원에게 신고하는 등 정부와 직접적인 접촉을 요구하지 않는다. 그러나 이 규칙들이 규제처럼 느껴지지 않는 또 다른 이유는 상당 부분 법령을 통과시키는 입법부에 의해 제정된 것이 아니기 때문이다. 영국과 미국에서는 개별 사건을 다루는 법원이 수 세기에 걸쳐 그러한 규칙들을 만들어왔고, 우리는 그러한 판결들을 통틀어 보통법이라 부른다. 보통법의 기본 원칙은 너무 익숙해져서 이제는 마치 그 원칙의 집행이 정부의 행위가 아니라 국민을 내버려두는 자연 상태인 것처럼 생각하게 돼버렸다. 실제로 이런 현상은 너무 강력해서 20세기 초반 연방대법원은 그러한 입장에서 다양한 직군의 근로자를 위한 최저임금이나 최대 노동 시간을 규정한 주 법률들을 무효로 만들었다고 많은 사람이 생각하고 있다. 여기에 해당되는 가장 유명한 사건은 로크너 대 뉴욕주Lochner v. New York 사건이다.[74] 이러한 관점에서 연방대법원은 당사자들의 권리가 보통법상의 권리라면 국가의 간섭으로부터 자유로워야 한다고 봤다. 그러한 권리는 헌법에 의해 보호되는 기본 권리이며 국가의 '경찰권' 사용에 의해서만 침해될 수 있다. 그리고 연방대법원이 무효로 만든 주 법률들은 이 경찰권에 의해 정당화되지 않는다. 이러한 판결들은 1930년대 대공황을 극복하기 위한 입법 행위에 커다란 장애가 되었으므로 법현실주의자라 불리는 학자들의 맹렬한 공격을 받았다. 그들은 노동자와 고용주의 교섭상 지위는 법률(예를 들어 고용주에게 부를 축적하고 유지할 권리를 부여해주는 일련의 규칙들)에 근거를 두고 있으므로 주 정부가 그러한 지위를 수정하기 위해 법률을 변경할 수 있는 재량권을 가져야 한다고 주장했다.[75] 1930년대 후반에 연방대법원은 초기의 판결들을 뒤집고 계약에 관한 보통법 권리를 침해하는 법령들을 지지하기 시작했다. 다만 그러한 결과가 일어나기까지 현실주의자들의 주장이 어떠한 역할을 했는지에 대해서는 논쟁의 여지가 있다.[76] 여하튼 현재의 실질적 결과는 주 정부가 고용관계를 언제 어떻게 제한할 수 있는지와 같은 경제적 문제에 대해 법원이 헌법적 기준을 선언하려는 노력을 대체로 포기했다는 것이다. 그러한 문제들은 의회의 결정으로 옮겨가 있다.

이제 앞의 문제와 다소 유사한 기준 문제를 살펴보자. 수정헌법 제5조에 따르면 정부가 공공 수용을 위해 사적 재산을 취득할 때는 보상을 해주어야 한다. 그러나 기준이 무엇인지, 애초에 내 권리가 어떤 것인지를 알아야 정부의 '취득' 행위 여부를 판단할 수 있다. 어떤 것이 '당신의 것'이므로 누구든 어떠한 경우에도 명백하고 일관적으로 침해할 수 없는 상태를 소유권이라 생각해선 안 된다. 일반적으로 법에서는 소유권에 대해 일부 권한은 포함돼 있으나 그 외 다른 권한은 포함되어 있지 않은 한 묶음의 권리(실제로 '막대기 다발a bundle of sticks'이라는 은유적 표현이 쓰이곤 한다)와 관련된 것으로 생각한다. 예를 들어 토지 소유권에는 대체로 무단침입자의 접근을 막을 권리가 포함되어 있지만(앞서 부두 사례에서 봤듯 언제나 그런 것은 아니다), 불합리하게 큰 소리가 아닌 한 상공에서 음파를 차단할 권리까지 포함돼 있지는 않다. 그러므로 정부가 당신에게 보상해줘야 하는지를 알려면, 애초에 당신의 다발에 포함된 막대기를 정부가 빼앗은 것인지를 알아봐야 한다. 국가가 공항을 건설하기 위해 당신의 주택을 철거하는 경우라면 복잡할 게 없다. 당신은 보상을 받아야 한다. 반면 정부가 해변에 주택을 짓지 못하게 하는 법안을 통과시킨다고 발표하자 당신이 소유한 해변의 부동산 가치가 급락하고 말았다면 정부는 당신에게 보상해줘야 할까? 그 답은 '수용'을 측정하는 기준에 국가가 규제를 통해 당신의 토지 가치를 떨어뜨릴 가능성이 포함돼 있는지에 따라 달라진다.

다시 말하지만, 쉽게 답을 찾을 수 있는 곳은 보통법이다. 우리는(그리고 대법원도) 정부의 법 규칙으로 인해 새롭게 금지된 용도들이 공적 사적 근린 방해에 관한 보통법에 따라 법원에서 금지 가능한지 자문해볼 수 있다.[77] 만약 '그렇다'고 한다면, 당신은 위험성 있는 토지를 구입한 것으로, 정부가 법령을 통과시킴으로써 유사한 결과가 발생했기 때문에 이제 와서 보상을 요구할 수 없다. 그러나 주택 건설을 금하는 법 규정이 새롭고 예상치 못한 것이라 해도 그것이 '수용'에 해당되는지는 단정적으로 말하기 어렵다. 만약 그 규제 때문에 당신의 토지 가치가 완전히 무가치해졌다면 명백히 당신이 승리하겠지만, 그 가치가 어중간하다면 판별을 위한 뚜렷한 규정이 없기 때문에 사실관계를 따져 소송으로 해결해야 한다. 보통법이 알지 못하는 방식으로 자산 가치를 감소시키는 법이 통과될 때마다 정부가 주택 소유자에게 보상을 해줘야 한다고 장담할 수 있는 사람은 거의 없겠지만, 정부에 의한 규제가 만연해 있으므로 사실상 사인의 재산 '수용'이란 것은 없다고 장담할 수 있는 사람도 없다. 여하튼 수정헌법 제5조는 명시적으로 사유재산에 대해 말하고 있으므로 그러한 것은 헌법의 목적상 필요하다. 문제는 공공의 문제를 이유로 사유재산 사용에 관한 여러 규칙이 만들어지고 있다는 것은 모든 사유재산이 공공의 문제와 일정 부분 연관되어 있음을 의미한다. 그러므로 기준을 파악하는 것, 다시 말해 정부가 당신에게서 무언가를 수용할 때와 오직 예측 가능한 방식으로 규제하는 때를 판별하기는 어렵다.

법은 어디에나 있기 마련이므로 공공재산과 사유재산, 혹은 국가의 행위와 비행위 사이에 어떤 명확하고 원칙적인 구분이 있을 수 없다는 현실주의자들의 주장은 학생들이 대학이라는 환경 안에 있다는 앞선 예시의 개념과 다소 유사하다. 즉 당사자들에게 계약의 자유를 보장해줘야 하므로 법이 최저임금을 정할 수 없다고 주장하는 것은 학생들의 자율에 맡겨야 하므로 로스쿨이 무선 인터넷 연결을 차단해선 안 된다고 말하는 것과 같다. 로스쿨은 강의실에 무선 인터넷을 '연결'하고 나머지 다른 설비들도 마련했다. 어쨌든 학생들은 '자율적으로 하게끔' 방치되어 있지 않다. 그리고 노동자와 고용주 역시 눈에 보이지는 않지만 그들을 둘러싼 법적 구조에 의지해 갖가지 상황을 조정해나가고 있기 때문에 최저임금에 관한 법령들 없이 자율적으로 하게끔 방치되어 있지 않다. 따라서 현실주의자들의 주장은 국가 행위(및 비행위) 개념이 절망적인 갖가지 기준 문제를 제시한다는 것이다. 국가가 언제 행위를 하고 있으며 언제 그렇지 않은지에 대해서는 합리적인 설명이 불가능하다. 국가는 '늘' 행위를 하고 있다. 우리는 그저 국가가 해야 할 일이나 하지 말아야 할 일에 대해서만 직접적으로 논하면 된다. 사람들에게 방치될 권리가 있다는 식의 허구적 개념들을 거론하지 말아야 한다.

아마 당신은 이러한 주장들에 문제의 소지가 있음을 감지했을 것이다. 압수 및 수색에 관한 법을 둘러싸고 이러한 주장들이 어떠한 결과를 산출하는지 자세히 들여다보면 그 문제가 좀더 구체적으로(그리고 당신의 성향에 따라서는 더 명확한 고민거리로) 드러날 것이다. 통상 경찰이 사업장을 수색하려면 영장이 필요하지만, 뉴욕시 대 버거New York v. Burger[78] 사건에서 연방대법원은 경찰이 '행정상' 폐기물처리장을 수색하여 밀수품을 발견함에 따라 그 소유주를 체포했다면 그러한 요건이 적용되지 않는다고 판단했다. 어째서일까? 폐기물처리장은 개인의 자산이 아니란 말인가? '그렇다'와 '아니다' 모두 답이 될 수 있다. 연방대법원은 폐기물처리장이 엄격한 규제의 대상으로서 그 운영을 허가받는 자는 자신의 사업장이 영장 없이 수색받을 수 있다는 점을 이해하고 있어야 한다고 판단했다. 이 분야에 관한 규칙들은 일견 간단한 기준 문제를 제시하는 것처럼 보인다. 경찰이 개인의 사생활에 대한 합리적 기대를 침해할 때는 '수색'으로 간주되므로 영장이 필요하다. 그러나 이 규칙을 이해하기 위해서는 먼저 그 기준을 어디에 둬야 할지, 즉 사생활에 대한 합리적 기대가 무엇인지를 고민해야 한다. 이는 불가능한 문제는 아니지만 어렵다. 다만 폐기물처리장이 엄격한 규제의 대상이고 피고가 정부의 허가를 받아 그 운영권을 획득한 것이므로 경찰은 언제나 폐기물처리장을 수색할 수 있다고 연방대법원이 선언할 때, 그 기준은 간단한 문제에서 절망적인 문제로 바뀔 수 있다. 정부의 규제 및 허가 대상은 폐기물처리장뿐만 아니라 셀 수 없이 많다. 따라서 그중에는 밀수품 은신처로 사용될 만한 곳이 많을 것이다. 그런데 왜 그 추론을 차량 수색으로 확장하지 않는 것인가? 내친김에 주택으로까지 확장할 수는 없는가?[79] 차량과 주택 또한 (보통법에 의해 그리고 법령과 조례에 의해 어느 정도는) 엄격한 규제를 받는다. 따지고 보면 우리가 사생활을 보장받을 수 있는 것은 법이 그것을 보호해주기 때문인지도 모른다. 하지만 정부가 우리에게 사생활을 '부여해주고' 있다 하더라도, 정부가 적절하다고 판단하면 우리 사생활에서 일부를 빼앗아도 되는 것인가? 법 체계는 (보통법, 법령 혹은 헌법을 통해) 우리에게 사생활을 부여해주고 있는 것인가, 아니면 그러한 법적 도구들이 어떤 식으로든 실재하는 사생활에 관한 권리를 그저 보호해주는 것일 뿐인가? 후자라면, 그 권리는 어디서 생겨났으며 또 그 권리의 범위는 누가 결정하는가?

우리가 직면한 이러한 문제는 반복해서 일어난다. 문제는 다양한 이유로 모두가 상식에 따른 공과 사, 그리고 행위와 비행위라는 표면적 개념의 전통적 구분을 좋아한다는 것이다. 사실 그러한 구분이 환상에 불과하다거나 면밀한 분석에 의해 무너진다 하더라도 정부가 향할 수 있는 곳과 향할 수 없는 곳을 구별하는 방법으로는 유용했다. 그러나 현실주의자들의 주장은 그러한 구분들을 약화시켜 누구든 그러한 구분을 근거로 (적어도 단순한 형태로는) 주장하기 어렵게 만들어버렸다. 전통적 구분은 여전히 기준의 가장 훌륭한 연원이라 말할 수 있는데, 이는 전통적 구분이 어떤 자연적 의미에서 '실제적인' 사생활과 비행위의 영역을 구별해주기 때문이 아닌 다른 이유들에서다. 아마 헌법의 일부 내용에 대한 가장 좋은 해석은 보통법을 기준의 연원으로 취급하는 것일 수도 있다.[80] 혹은 보통법을 기준으로 삼는 것이 편리할 수 있다. 보통법으로 우리가 원하는 종류의 자유를 부여한다거나 우리가 법원에 맡기고자 하는 종류의 결정만을 법원의 권한으로 제한하는 등의 방식으로 말이다. 그러나 기준을 현실의 더 깊은 반영이 아니라 편리함의 문제로 간주하게 되면, 어떤 기준들은 보통법의 방식과 약간 다르게 설정하는 것이 훨씬 '더' 편리할 수 있다는 주장에 의해 기준을 약화시키기가 더 쉬워진다. 그렇지만 우리가 어떤 명확하고 일반적인 기준을 참조하는 방식이 아닌 사례별로 이 쟁점을 논의하기 시작한다면, 거기서 나온 결과들은 예측 불가능하고 혼란스러우며 통제하기 어려운 것일 수 있다.

이러한 논의는 각 사례를 해결하는 것뿐만 아니라 앞서 언급했듯이 해결하는 주체가 '누구인가'와도 밀접한 관계가 있다. 보통법을 토대로 국가의 행위와 비행위 사이에 선을 긋고 유지하는 것은 비록 일관성에 문제가 있다 해도 법원이 할 수 있는 일로 생각되고 있다. 그러나 사람들이 누려야 할 경제적 자유의 크기 등의 어렵고 실질적인 문제에 답하는 일은 일반적으로 법원이 할 수 있다고 생각되지 않는다. 따라서 대개 법원으로서는 고려하기 어려운 문제들(편의, 필요의 변화, '우는 아이 젖 준다'는 식 등의 고려 사항에 따라 공개적으로 타협하기 어려운 문제들)은 정치적 과정을 거쳐 해결된다. 한편 법원이 비밀성을 유지하는 기준 문제들은 뜨거운 논쟁거리가 되며 종종 만족스럽지 못한 결과로 마무리되기도 한다. 이것이 바로 헌법이 어려운 이유 중 하나다. 많은 영역에서 더 이상 누구도 기준이 어디에 있는지 확신할 수 없으니 말이다.

다음으로 헌법 영역 밖에 존재하는 또 다른 유사한 기준 문제를 살펴보자. 수많은 법과 또 그 법의 경제학적 분석은 법적 장치가 사람들의 선호에 영향을 끼치도록 마련되어야 한다는 개념에서 시작된다. 선호는 (법 이전에 혹은 법 밖에 존재하는 것으로서) 사적인 것으로 간주된다. 그러고 나서 법이 등장해 사람들이 체결하는 계약의 이행을 강제하거나 사람들이 원하는 문제 해결을 위해 각종 규제를 마련함으로써 선호가 표출되는 것을 돕는다. 하지만 법은 규칙을 정당화하기 위해 모든 사람이 선호하는 것을 기정사실로 받아들여야 할까? 애초에 정부가 했던 다른 일들이 선호의 원인이라면? 선호로 규칙을 정당화하는 것은 순환 논리가 될 수 있다. 전형적인 예로 차별에 관한 선호 표현을 금지하는 민권법을 들 수 있다. 물론 민권법은 다양한 이유로 정당화될 수 있다. 어쩌면 단지 우리가 그러한 선호를 좋아하지 않는 것일 수도 있다. 그러나 차별적 선호는 종종 정부가 행한 다른 일들에 뿌리를 두고 있는 것으로 여겨져 의심스러우며 일반적인 가치를 인정받기 힘들다. 수 세기에 걸친 불평등한 대우에서 비롯된 흑인과 여성에 대한 인식을 법과 분리하기는 어렵다.[81] 이 내용은 좀더 일반적으로 설명될 수 있다. 사람들의 재산이 법에 의존하고 있는 것과 비슷하게 그들의 선호 역시 법에 의존하고 있다면, 어째서 선호가 법 규칙의 확고한 정당화 근거로 간주되어야 하는지 의문이 생길 것이다. 하지만 그러면 적절한 대안을 찾아야 한다는 문제가 발생한다. 즉 법이 선호 형성에 기여하므로 선호가 법의 존중을 받을 자격이 없다고 한다면, 선호보다 더 나은 정당화 근거(기준)는 무엇이란 말인가? 사람들이 갖고 있는 선호를 따르는 데는 특정한 누군가에게 너무 큰 권한이 주어지지 않는다는 실질적인 이점이 있다. 사람들의 선호에 무게를 두는 데 회의적인 이들은 대개 세상의 질서가 '실제' 어떻게 정해져야 하는지에 대해 그들만의 원대한 계획을 가지고 있으며, 그 원대한 계획자들에게 우리의 의심을 보여주는 일은 타당하며 심지어 시급한 일이기도 하다. 그러므로 이는 기준(여기서는 보통법이라기보다 사적인 선호)이 약한 이론적 계보를 갖고 있을 수는 있으나 실질적으로 중요한 몇 가지 목적을 굉장히 잘 수행하고 있음을 보여주는 또 다른 경우라 할 것이다. 아, 그러나 기준이 편리함의 문제로 받아들여지면 또다시 단편적인 공격들에 취약해질 수밖에 없다(그리고 공격이 계속된다).

기준 문제가 발생하고 있는 사례는 셀 수 없이 많지만 이 장에서는 이것으로 충분해 보인다. 소유 효과에 대해 논의하게 될 다음 장에서 이에 관한 고찰을 다시 이어가도록 하자.

✦ 추가 독서를 위한 제안

이 장에서 제기된 쟁점들에 관한 최신 논의 중 가장 영향력 있는 저술은 Cass R. Sunstein, *Lochner's Legacy*, 87 Colum. L. Rev. 873(1987)이며, 추가로 Cass R. Sunstein, The Partial Constitution(1993)도 읽어보기 바란다. '기준' 개념에 관한 초기의 이론 전개는 Duncan Kennedy, *Cost-Benefit Analysis of Entitlement Programs: A Critique*, 33 Stan. L. Rev. 387(1981), Jeremy Paul, Searching for the Status Quo (book review), 7 Cardozo L. Rev. 743(1986)에서 찾아볼 수 있다. Robert Hale, *Coercion and Distribution in a Supposedly Non-coercive State*, 38 Pol. Sci. Q. 470(1923); Felix Cohen, *Transcendental Nonsense and the Functional Approach*, 35 Colum. L. Rev. 809(1935); and Morris Cohen, *The Basis of Contract*, 46 Harv. L. Rev. 553(1933)에는 공과 사의 구분에 대한 고전적 비판이 담겨 있다. 제시된 문헌과 기타 출처에 관한 논의나 설명 등이 궁금하다면 Joseph W. Singer, *Legal Realism Now*, 76 Cal. L. Rev. 465(1988)가 도움이 될 것이다. Jack Beermann and Joseph W. Singer, *Baseline Questions in Legal Reasoning: The Example of Property in Jobs*, 23 Ga. L. Rev. 911(1989)과 Louis Michael Seidman, *The Problems with Privacy's Problem*, 93 Mich. L. Rev. 1079(1995)에서는 흥미로운 현대적 적용 사례들을 발견할 수 있다.

4부

심리학

22장

지불 의사액과 수용 의사액: 소유 효과 및 관련 개념들

사람은 종종 자신이 가지고 있는 것을 가지고 있지 않은 것보다 더 귀하게 여기는 것 같다. 심지어 그 둘이 같은 것이라 해도 말이다. 이와 관련해, 학생들을 대상으로 진행된 유명한 실험 하나를 소개하고자 한다. 한 교실에 있는 학생들에게 머그컵을 구입할 기회를 주고 머그컵을 얼마에 살 건지 물어봤다. 다른 교실에 있는 학생들에게는 머그컵을 무료로 주고 타인에게 양도한다면 얼마를 받을 것인지 물었다. 두 교실에서 나온 평균 가격이 대체로 동일할 것으로 예상되겠지만 실상은 달랐다. 첫 번째 교실의 학생들보다 두 번째 교실의 학생들, 즉 머그컵을 무료로 받은 학생들이 훨씬 더 높은 가치를 부여했다.[1] 또 다른 연구에서는 피실험자들이 자신이 구매한 살충제에 약간의 안전성이 추가되는 데 약 1달러를 지불할 의향이 있었으나, 같은 양의 안전성을 얼마에 '판매할' 것인지(다시 말해서 살충제에 같은 양만큼 위험성이 증가되는 것을 얼마에 수용할 수 있는지) 물어봤을 때 평균 가격은 3달러 정도였으며, 아예 가격 매기기를 거절한 이도 많았다.[2]

가장 일반적으로는 이러한 불일치를 어떤 것에 대해 지불할 용의가 있는 금액과 수용할 용의가 있는 금액 간의 차이라 일컫는다. 'WTP(Willingness to Pay)'와 'WTA(Willingness to Accept)'로 표현하는 학자들도 있지만(간혹 '제안-요구 문제offer-asking problem'라는 용어가 사용되기도 한다), 필자는 단어 사용을 선호하는 편이라서 약자는 쓰지 않겠다. 이러한 불일치는 법 제도에 영향을 끼친다. 2장에서 살펴봤듯이 법에서 경제학자들이 고려하는 목표 중 하나는 그것을 가장 높이 평가하는 사람에게 권리가 귀속되도록 하는 것이다. 그러나 사람들이 대상에 매기는 가치의 크기를 측정하고자 할 때는 기준 문제가 발생한다. 우리는 무엇을 출발점으로 삼아야 하는가? 권리를 얻기 위해 사람들이 얼마를 제시할까? 이미 권리를 보유하고 있는 이들이 권리 양도에 대한 대가로 얼마를 요구할까? 만약 두 질문에 대한 답이 동일하다면 선택이 중요치 않겠지만 대부분은 그렇지 않다.

가장 먼저 살펴볼 예시는 환경법에 관한 것으로, 경매를 통해 최고가 입찰자에게 오염권을 인정해주자는 제안을 상상해보자. (기업에 오염권을 부여하고 그 권리를 판매 또는 거래할 수 있게 하자는 제안들이 실제로 있으며, 그중 일부는 입법화되기도 했다.[3] 이 예시는 가상으로 그러한 규칙들을 변형해본 것이다.) 이 경매에서 최고가 입찰자는 대량으로 오염 행위를 하고자 하는 기업일 수도 있고, 아니면 맑은 공기를 원하기 때문에 오염 행위를 하지 않을 생각으로 오염권을 구매하려는 사람들일 수도 있다(그러한 사람들이 조직을 구성하기까지 어려움이 있을 수 있다는 사실은 접어두기로 하자). 이는 효율적으로 들린다. 권리는 누구든 그것을 가장 높이 평가하는 자에게 귀속된다. 환경을 오염시키는 기업이 가장 높은 가격을 제시한다면, 확실히 그 기업이 오염 행위로 얻는 이득은 오염 행위를 싫어하는 사람들의 비용보다 더 크므로 더 가치가 있다.

그러나 이는 섣부른 판단이다. 맑은 공기가 앞서 논의한 바와 같은 불일치를 유발한다고 주장하는 연구들이 있다. 사람들이 자기 주머니에서 많은 돈을 꺼내고 싶지 않을 수도 있겠지만, 일단 자신이 소유한 것을 포기할 때 인색해진다는 것이다. 즉 수용 의사액은 지불할 의사가 있을 때의 금액보다 훨씬 더 높다.[4] 그런데 기업의 경우, 어떤 대상에 대해 지불하고자 하는 금액과 받고자 하는 금액 간에 큰 차이를 보이지 않는다면 어떻게 될까? (시장에 대한 당사자의 지식 및 경험이 클수록 그러한 불일치도 줄어든다는 증거가 있다. 오염 허가를 얻으려는 대기업들에도 해당되는 사실일 것이다.)[5] 이때 오염권을 경매에 부치는 건 결과적으로 효율성 면에서 의심스러운 전략이 될 수 있다. 경매에서 (오염 행위를 위해 상당한 금액을 지불할 의사가 있으므로) 최고가를 써내는 기업은 '만약' 오염의 피해자들이 처음부터 오염권을 갖고 있었더라면 그 권리에 매겼을 가치보다 더 낮은 가치로 평가할 수 있다.

물론 문제는 지불 의사액과 수용 의사액 중 어떤 것을 가치 측정의 기준으로 삼아야 하느냐다. 어떤 이들은 해결책이 명확하다고 주장한다. 즉 사람들이 특정 대상의 가치를 어느 정도로 평가하는지 알아보기 위해 지불 의사액과 수용 의사액 중 어떤 것이든 더 높은 값을 사용하면 된다는 것이다.[6] 다른 식의 접근법은 대체로 관리적인 면을 중시한다. 누군가가 권리 포기의 대가로 수용할 만한 금액을 측정하기란 굉장히 어려워서, 그저 권리를 부여해주고 그 사람이 어떻게 행동할지 기다리는 수밖에 없다. 그렇지만 처음에 권리를 부여받아야 할 대상을 알고자 할 때 우리는 순환논리에 빠진다. 하지만 경매는 지불 의사액을 알아내기 위한 훌륭하고도 명확한 방법이다. 이러한 고민은 두 가지 척도 사이에서 선택이 이루어질 때 다른 모든 것을 압도할 수 있다. 어쩌면 우리가 쉽게 알아낼 수 있는 차선의 척도가 정확하게 만들 수 없는 의미 있는 척도보다 더 나을 수도 있다. (다만 경매가 불가능한 상황도 있을 수 있다. 맑은 공기에 대해 지불 의사액 '혹은' 수용 의사액에 관한 주장은 모두 가상적 사례다.)

환경의 질을 포기하는 대가로 얼마를 요구할 것인지 묻는 방식의 또 다른 문제점은 그에 대해 엄청난, 아니 아예 무한대의 값을 부르는 사람이 있을 수 있다는 것이다. 왜냐하면 이런 상황에서 가격을 책정할 때 자신이 보유하고 있는 돈의 액수에 의해 제한받지 않기 때문이다. 경제학적 관점에서, 누군가 어떤 대상에 (특이할 정도로) 엄청난 가치를 부여하는 것이 다른 이에게 그 권리를 내주지 않겠다는 것을 의미하지는 않는다. 실제 시장보다 훨씬 더 높은 가치를 매긴다고 해서 문제될 것은 없다. 문제는 엄청난 값을 부르는 것과 그 값이 실제로 누군가의 유보 가격 reservation price이 될 것임을 증명하는 일은 별개라는 것이다.[7] 어쩌면 그들이 과장하는 것일 수도 있고, 혹은 진심일지라도 틀렸을 수 있다. 진짜 돈이 개입하면 그들이 매긴 값에 대한 환상은 날아갈 것이다.

이제 지불 의사액과 수용 의사액의 불일치가 법 규칙 선택에 어떠한 영향을 끼치는지 간단한 예시를 통해 살펴보자. 8장에서 언급했듯이 미국의 고용주는 양측이 서로 다른 내용으로 계약을 체결한 게 아니라면 어떠한 이유로든 또는 아무 이유 없이도 근로자를 해고할 수 있다. 이를 임의고용 원칙이라 한다. 이는 효율적인가? 달리 말해서 협상이 가능하다면 당사자들이 합의할 수 있는 규칙일까? 글쎄, 이것은 어리석은 질문이다. 고용주와 근로자는 협상할 수 있음에도 통상 임의고용에 대한 추정을 남겨두고 있다. 사실상 그들은 임의고용 원칙을 원하고 있음이 분명하다. 그러나 어쩌면 그렇지 않을지도 모른다. 임의고용이 보통 수정되지 않는 이유 중 하나는 고용주가 처음부터 권한을 갖고 시작하기 때문일 것이다. 근로자가 직업의 안전성을 위해 지불할 용의가 있는 금액은 그다지 많지 않기 때문에 근로자는 고용주로부터 권한을 구입하려 하지 않는다(그리고 고용주는 해고할 권리를 포기하는 대가로 많은 것을 요구할 것이다). 그러나 근로자가 법에 의해 고용 안전성이 보장된다는 추정을 갖고 시작하는 경우에는 고용주가 근로자로부터 권한을 구입하기 어려울 수 있다. 이번에는 고용주의 지불 의사액이 적을 것이고 근로자는 권리 양도의 대가로 많은 걸 요구할 것이기 때문이다.[8] (정말 이런 식으로 진행된다면 코스 정리와 부합하지 않는다는 의문이 들 수 있다. 그렇다, 이 점에 대해서는 이 장의 후반부에서 논의하기로 하자.)

÷

바로 앞에서 논의한 문제는 지불 의사액과 수용 의사액 간 불일치가 어디서 유래하느냐에 따라 다루는 방식이 달라질 수 있다. 원인이 무엇이냐에 따라 법적인 영향 또한 달라질 수 있다. 문제는 불일치의 원천이 명확하지 않은 사례가 자주 발생한다는 것이다. 그 원인은 때로 '부의 효과'와 관련 있다. 권리를 갖고 있는 자(소유권을 부여받은 자)는 사실상 결과적으로 더 부유해질 수 있고, X달러에 소유권을 양도하지 않으려 할 수도 있다. 설사 그 X달러가 자신이 소유권을 갖기 전 그 소유권을 위해 지불할 수 있었던 금액보다 더 큰 액수라 할지라도 말이다. 아마 의료 서비스가 바로 그러한 사례일 것이다. 따라서 이러한 내용은 흔히 의료 서비스의 공급을 시장에 맡기는 것에 대한 반대 주장으로 사용된다.[9] 의료 서비스의 가격은 어떤 사람들에게는 감당할 수 없을 정도로 비싸다. 하지만 그들에게 의료 서비스에 대한 권리가 주어졌다면 동일한 가격에 팔지 않을 것이다. 환경보호 또한 마찬가지일 것이다. 환경보호를 위해 얼마를 지불할 것인지 물어보면 사람들은 자신이 어느 정도까지 지불할 여력이 있는지 고민한다. 이미 환경을 보호받고 있다는 전제 아래, 다시 얼마에 그 보호를 포기하겠느냐고 물어보면 사람들은 앞의 질문과 동일한 방식의 제약에 구속되지 않는다.

　지불 의사액과 수용 의사액 간 불일치에 관한 또 다른 설명으로 널리 알려져 있는 '소유 효과'가 있다. 소유 효과는 부의 효과보다 더 폭넓은 적용 범위를 갖는 개념으로, 일단 어떤 대상(예를 들어 머그컵)을 소유하게 되면(자기 '자산'의 일부가 되면) 그 대상이 더 소중하게 여겨진다는 것이 다. 그렇다면 소유 효과는 어디서 유래하는가? 어떤 때는 후회에 대한 두려움에 기인할 수 있다. 일단 그것을 소유하고 있으면 포기하고 나서 자책하게 될 것을 우려하는 것이다. 물론 그 반대의 상황도 마찬가지 아니냐고 반문할 수 있을 것이다. 기회가 있었을 때 팔지 못한 것 혹은 애초에 사지 못한 것에 대해서도 똑같이 자책하게 될 수 있다. 그러나 후회를 심도 있게 연구해온 심리학자들에 따르면 후회가 반드시 대칭적으로 일어나는 감정은 아닌 것 같다. 비록 행위와 비행위가 논리적으로 구분되는 것 같지는 않지만(예를 들어 주식을 팔기로 결정하는 것 또는 주식을 팔지 않기로 결정하는 것) 사람들은 잘못된 '비'행위보다 잘못된 행위를 더 심하게 후회한다.[10] 물에 빠져 허우적대는 사람에게 밧줄을 던져주는 일처럼 타인을 돕는 간단한 행위를 하지 않은 것에 대해 일반적으로 보통법이 책임을 지우지 않는 데는 어느 정도 이러한 심리가 영향을 끼쳤을 것이다. 합리적이든 그렇지 않든 부작위는 작위만큼 비난받을 행위가 아니다. (이러한 인지 효과는 장기적으로는 흥미로운 방식으로 역전된다. 사람들은 자신의 삶을 되돌아볼 때 했던 행동보다 하지 못한 행동을 더 후회하는 듯하다.)[11] 그리고 기쁨이 예상되는 경우보다 후회가 예상되는 경우가 결정에 더 큰 영향을 끼치곤 한다.[12] 후회를 제쳐놓고 보더라도 사람들은 이득에 대한 즐거움보다 손실에 대한 두려움을 더 크게 받아들이기 때문에 현상 유지에 집착하는 경향이 있다(이를 '손실 회피loss aversion' 현상이라 한다).[13]

변호사가 의뢰인과 상담할 때 후회에 관한 이런 부분을 알고 있으면 상당히 도움이 된다. 즉 경제적 합리성이 어떤 모습이며 종종 실제 사람들의 태도가 보이는 것과 어떻게 다른지를 이해하는 데 유익하다. 예를 들어 방금 설명한 내용은 계약에 처음 제시된 조건(기본적 내용)이 예상보다 더 바뀌기 어렵다는 사실을 주장하기 위해 사용된다. 계약의 당사자들은 계약 조건의 변경이 나쁜 결과로 이어지지 않을까 걱정하기 쉬우며, 그러한 염려는 조건을 변경하지 않는 게 나쁜 결과로 이어질 수 있다는 생각보다 더 두렵게 느껴진다(그리고 조건 변경이 더 나은 결과를 이끌 수도 있다는 사고에 의해 상쇄되지도 않는다).[14]

가치 측정을 위한 올바른 기준을 묻는 앞의 질문으로 돌아가보자. 만약 권리에 대한 지불 의사액과 수용 의사액이 불일치한 이유가 후회에 관한 이론 및 손실 회피로써 설명된다면, 다시 말해서 사람들이 권리를 양도한 뒤 후회할까 하는 두려움 때문에 자기가 소유한 것에 더 높은 값을 요구하는 것이라면 결국 가장 높은 가격을 제시할 사람에게 그 권리를 부여하는 게 최선일 것이다. 그렇게 하면 후회에 대한 두려움이 생기지 않는다. 그런 감정을 느끼는 사람은 애초에 권리를 가질 수 없기 때문이다. 후회 또는 후회에 대한 두려움 등의 감정을 느끼지 않으므로 가치를 잃을 일도 없는 것이다.[15]

그러나 후회에 대한 두려움은 우리가 논의하고 있는 불일치와 (특히) 소유 효과를 설명하기 위한 하나의 방법일 뿐이다. 때로는 사람들이 어떤 것을 소유하고 나서 그 대상에 부여하는 선택 가치option value로 인해, 즉 더 많은 양질의 정보를 확보하여 나중에 양도할지를 결정할 수 있다는 생각으로 인해 소유 효과가 생겨나기도 한다.[16] 어쩌면 소유 효과는 깊은 유전적 뿌리를 갖고 있는지도 모른다. 진화론적으로, 일단 수중에 들어온 것을 포기하지 않으려 했던 이들이 그렇지 않은 이들보다 경쟁에서 더 유리했을 것이다.[17] 혹은 양심과도 관련이 있을 것이다. 사회적 규범 때문에 얼마 안 되는 가격에 환경의 질을 팔기로 하는 데는 죄의 식을 느끼지만, 반대로 환경 보존을 위해 동일한 값을 지불하지 않는 것은 상대적으로 죄의식이 덜하다. 매수를 거절하는 것보다는 매도가 결과에 대해 더 큰 책임감을 느끼게 하는 것이다.[18] 사회적 규범이 문제라면, 그것이 법 체계에서 어떠한 지위를 갖고 있어야 하는지에 대해 논의해야 한다. 그 논의의 결론을 예측하기는 어려우나 어차피 우리에게 가장 중요한 점은 소유 효과에 대한 최선의 대응이 그 원인에 따라 달라질 수 있다는 것이며, 그 원인은 다양하고 어떤 것들은 더 확실히 영향을 끼친다는 것이다.

÷

지불 의사액과 수용 의사액 간의 불일치는 코스 정리에 문제를 일으킬 수도 있다. 8장에서 설명한 바와 같이 코스 정리의 일반적 개념은 거래 비용(협상의 장애)이 방해되지 않는 한 법이 누구에게 권리를 부여하든 결국 같은 사람(가장 높은 값을 지불하려는 사람)이 권리를 손에 넣게 된다는 것이다. 그러나 소유 효과와 부의 효과가 암시하는 바는 다르다.('두 효과'가 거래 비용으로 간주되지 않는 한. 그런데 통상 두 효과는 거래 비용으로 간주되지 않는다). 때로는 권리가 법이 지정해준 그대로 유지되기도 하는데, 이는 단지 보유자가 그 권리를 누구보다 높이 평가하고 있기 때문이다(다만 다른 이가 그 권리를 선물로 받았다면 그가 권리에 대해 더 높은 가치를 매긴 것이다). 8장에서 코스 정리와 부합하기 어려운 한 가지 예를 확인한 바 있다. 근린 방해 사건의 당사자들이 판결 이후 패자가 승자로부터 권리를 사들일 의향이 있는지 협의하지 않았다는 것이다. 그 결과를 둘러싸고 여러 견해가 있지만, 그중 하나는 소유 효과가 '판결'에 적용된다는 견해다. 즉 법정에서 승소하여 무언가를 손에 넣으면 자신이 패소했을 때 그것을 얻기 위해 제시하려던 금액보다 더 높은 액수를 요구할 가능성이 크다는 것이다.[19]

종종 정확한 원리를 이해하기 어려운 경우도 있긴 하지만 이처럼 명백히 코스 정리와 부합하지 않는 결과들은 쉽게 발견할 수 있다. 내가 거주하고 있는 보스턴에서는 보스턴 레드삭스 팀의 인기가 좋아서 그 팀의 경기 입장권을 구하기가 쉽지 않다. 전 시즌의 입장권이 판매 개시 후 며칠 만에 매진되고 만다. 코스 정리에 따르자면, 보스턴 레드삭스의 홈구장인 펜웨이파크 입장권은 가장 높은 가격에 구입하는 팬들로 항상 채워져야 마땅하다. 그들은 매표소 창구에서 표를 구입하거나, 먼저 표를 구입한 누군가로부터 구입하려 할 테니 말이다. 하지만 상황이 꼭 그렇게 돌아가진 않는다. 사람들은 정상적으로 판매되는 표를 사서 경기를 관람하기를 좋아하며 암표상과 거래하려 하지 않기 때문이다. 말하자면 입장권의 값이 100달러(액면가)였을 때나 좋은 것이지 공개 시장에서 500달러에 사야 한다면 매력적이지 않은 것이다.

경제적 관점에서 그것이 얼마나 이상한 상황인지 한번 생각해보자. 당신이 입장권의 가치를 100달러로 평가하고 있는데 공개 시장에서 500달러에 거래될 수 있다면 굳이 경기를 보러 갈까? 그냥 입장권을 팔아넘기지 않을까? 마찬가지로, 당신은 500달러를 들여 입장권을 살 '가치가 없다'고 생각하고 누군가는 500달러에 구입할 의사가 있다면, 당신이 입장권을 팔지 않고 그냥 사용하는 것은 가치 있는 행동일까? (애초에 입장권 구입에 100달러를 지출해야 했으므로 실제로 당신이 거절하는 금액은 400달러이지만, 그 점은 무시하기로 하자.) 유명한 코스의 논문은 그러한 상황들이 경제적으로 동일하다는 입장이다. 즉 당신이 레드삭스의 경기를 보러 간다면, 당신은 그렇게 생각하지 않겠지만 (경기 관람을 위해 그 금액을 포기한 것이므로) 사실상 암표상이 청구한 금액과 비슷한 높은 액수를 지불했다고 볼 수 있다는 것이다. 또한 이는 당신이 매표소에서 입장권을 사지 못했다면 기꺼이 암표상이 부르는 값에 입장권을 살 용의가 있다는 의미이기도 하다. 어쨌든 당신은 그렇게 했을 거란 이야기다.

물론 앞서 설명한 대로(입장권을 구입한 후 되팔거나 혹은 암표상한테서 입장권을 구입하는) 행동하는 사람들도 있긴 하지만 많지는 않다. 우리가 관심을 두려는 부분은 바로 대다수가 그렇게 하지 않는 이유다. 그 이유는 소유 효과와 관련이 있는지도 모른다. 혹은 암표상에 대해 사람들이 갖고 있는 윤리적 혐오감과 관련돼 있을 수도 있다. 법이나 보스턴 레드삭스 등 판매 주체가 액면가를 초과하는 값으로 표를 되팔지 말라고 경고함에 따라 그러한 혐오감은 강화된다. 틀림없이 어떤 이들은 그러한 우려에 의해 영향을 받지만, 언제나 그렇듯 안 그런 이들도 있다. 어떤 사람은 암표상한테 500달러를 주고 표를 구하려 하지 않지만(너무 비싸다고 여긴다), 어떤 사람은 관람을 포기하고 그 가격에 표를 팔고자 한다.

이러한 양상을 설명해주는 중요한 또 다른 방법으로 자기부담비용과 기회비용 간의 차이가 있다. 결정에 대한 자기부담비용은 본인이 실제로 지출해야 하는 비용을 말한다. 기회비용은 자신이 결정을 내림으로써 놓친 가장 좋은 선택지의 가치다. 자원을 사용하는 모든 결정에는 두 가지 유형의 비용이 따르며 이를 인식하는 것은 중요하다(특히 의뢰인이 종종 기회비용을 간과하므로 변호사라면 더욱 그러하다). 따라서 로스쿨에는 생각보다 훨씬 더 비용이 많이 든다. 자기부담비용(수업료, 교재비 등) 이외에도 기회비용이 든다는 것을 기억해야 한다. 로스쿨에 입학하지 않고 취업했더라면 벌 수 있었던 돈 말이다.

경제학자들에게 이 두 가지 비용은 똑같이 중요하지만 보통 사람들에게는 그렇지 않은 것 같다.[20] 야구장 입장권 사례에서 입장권의 자기부담비용은 매표소에서 표 구입에 지출한 금액이다. 그러나 야구 경기 관람의 기회비용에는 암표상이 그 입장권에 대해 기꺼이 지불하고자 하는 금액이 포함된다. 경제학적 관점에서 경기를 관람하는 사람은 모두 그 행위를 위해 암표상의 가격만큼 지출한 것이라고 보는 이유는 그 때문이다. 즉 기회비용으로 지출한 것이다. 그럼에도 그러한 지출을 인식하지 못한다. 이에 관한 사례는 어렵지 않게 찾아볼 수 있다. 리처드 테일러는 다음과 같이 두 가지 개연성 있는 상황을 제시했다.

1950년대 후반, R은 한 병에 5달러가 조금 넘는 좋은 와인을 한 상자 구입했다. 몇 년 뒤 R에게 와인을 팔았던 상인이 한 병당 100달러에 와인을 다시 사겠다고 제안했다. R은 와인 한 병에 35달러 이상을 지불해본 적이 없었지만 거절했다.

H는 자신의 집 잔디를 직접 깎고 있다. 8달러를 주면 이웃집 아이가 대신 잔디를 깎아줄 것이다. H는 20달러를 준다 해도 동일한 크기의 이웃집 잔디를 깎아줄 생각이 없다.[21]

야구장 입장권 사례와 마찬가지로, 위의 두 사례 속 인물들이 기회비용을 자기부담비용과 달리 취급하는 이유에 대해 다양한 원인을 추측해 볼 수 있다. 소유 효과 때문일 수도 있고, 아니면 암표 거래나 잔디 깎기에 대한 사회 규범이 원인일 수도 있다.[22] 특히 암표 거래는 법에 저촉된다는 사회 규범이 작용할 수 있다. 걸려 있는 금액이 꽤 크거나 관계 당사자가 기업이라면 그러한 불일치가 해소 가능하다고 생각할 수도 있을 것이다. 그런데 그렇지 않을 수도 있다. 이러한 유형은 인내심을 가지고 연구할 가치가 있다. 변호사는 의뢰인의 득과 실을 따지기 위해 많은 시간을 할애하는 존재인 만큼 좋은 변호사는 가치심리학의 열렬한 연구자이기도 하다.

이제 다시 법과 코스 정리에 관한 논의로 돌아가보자. 사람들이 기회비용과 자기부담비용을 달리 취급하는 이유가 무엇이든 간에 그 불일치가 코스의 일부 주장과 부합하지 않는다는 점에 주의해야 한다. 만약 내가 버리는 오염물로 인해 타인의 영역을 오염시킨다면 타인에 대한 피해를 인지하지 못한 채 그에게 비용을 떠넘기는 것처럼 보일 것이다. 그러나 코스가 주장하는 바에 따르면, 거래비용이 낮다면 오염 행위 중단을 조건으로 이웃이 제안한 대가를 내가 거절한 것이므로 나는 그 오염 행위의 비용을 인지하고 있다. 이에 대해 오염 행위를 하기 위해 스스로 비용을 지불하는 것이라 할 수 있을까? 아마 그렇지 않을 것이다. 부분적으로는 어떤 행위를 하도록 또는 하지 않도록 서로에게 돈을 주는 것을 주저하게 만드는 규범이나 사고방식, 현실적 어려움 때문이다. 그러나 기회비용과 자기부담비용에 대한 사람들의 감정이 동일하지 않기 때문에 다르다고 볼 수도 있다. 그러한 감정이 일종의 거래 비용이나 시장의 실패로 간주되어야 하는 것은 아닌지 논쟁을 벌일 수도 있다. 만약 그렇다고 생각된다면 결국 코스가 옳았다고 봐야 할 것이다(그의 예측은 전부 거래 비용이 0이라는 것을 전제로 하고 있음을 기억하라). 그러나 질문에 대한 답이 무엇이든, (현실적으로 협상이 쉬워 보일 때조차) 임의적 지불이 법 규정과 상관없이 동일한 결과를 가져올 거라는 생각에는 신중할 필요가 있다. 때로는 권리가 고정적이기도 하다.

✦ 추가 독서를 위한 제안

Russell Korobkin, *The Endowment Effect and Legal Analysis*, 97 Nw. U. L. Rev. 1227(2003); Elizabeth Hoffman and Matthew Spitzer, *Willingness to Pay vs. Willingness to Accept: Legal and Economic Implications*, 71 Wash. U. L.Q. 59(1993); Herbert Hovenkamp, *Legal Policy and the Endowment Effect*, 20 J. Legal Stud. 225(1991); Duncan Kennedy, *Cost-Benefit Analysis of Entitlement Programs: A Critique*, 33 Stan. L. Rev. 387(1981); Mark Kelman, *Consumption Theory, Production Theory, and Ideology in the Coase Theorem*, 52 S. Cal. L. Rev. 669(1979); Daniel Kahneman, Jack L. Knetsch, and Richard H. Thaler, *The Endowment Effect, Loss Aversion, and Status Quo Bias*, 5 J. Econ. Persp. 193(1991); Richard H. Thaler, Quasi Rational Economics(1991).

23장
사후확증 편향

사람들은 어떤 일이 발생했을 때 그 일이 일어날 가능성이 높았으며 쉽게 예견할 수 있다고 생각하는 경향이 있다. 이를 '사후확증 편향'이라 한다. 이를 증명하기 위해 진행된 유명한 연구가 있다. 연구자들은 피험자들에게 19세기에 영국과 네팔 구르카족 사이에 벌어졌던 전투에 대해 알려주었다.[23] 피험자들에게 전투의 정황을 설명해주고 나서 다양한 결과가 나타날 가능성, 즉 영국의 승리, 구르카의 승리, 일종의 교착 상태에 이를 확률을 추정해보라고 했다. 이번에는 다른 피험자 집단에게도 동일한 정보를 제공하면서 '실제' 결과를 알려준 다음 마찬가지로 각각의 가능한 결과에 대해 사전 확률을 추정해달라고 요청했다. 결과적으로 전투의 결말을 알고 있는 피험자들이 몰랐던 피험자들보다 실제 결과의 발생 확률을 더 높게 평가한 것으로 확인됐다. 즉 전투에서 영국이 승리했다는 사실을 알고 있는 이들은 영국이 승리할 가능성이 컸다고 생각하는 경향을 보였다. 어떤 일이 일어날 확률은 그 일이 실제 일어났는지 여부와 상관없이 동일해야 하지만, 인간은 상황을 분리해서 생각하는 데 어려움을 겪는다. 덜 알려진 역사적 사건에 대해 판단할 때만 그러한 것은 아니며, 모든 종류의 판단에서 이러한 편향이 문제를 일으킬 수 있다는 게 널리 증명됐다. 정확한 원인에 대해서는 논쟁의 여지가 있으나 '잠행성 결정론creeping determinism'도 그 원인에 포함될 수 있을 것이다. 일단 결과를 알고 나면 그 결과에 기여한 모든 이유에 생각이 집중되어 다른 결과와 관련된 요인들을 경시하고 결과를 설명해줄 만한 이야기를 찾는다. 그렇게 되면 그 결과가 필연적인 것처럼 여겨진다.[24]

실제 삶에서도 어떤 판단을 할 때 사후확증 편향은 흔히 일어난다. 의료 행위와 관련된 예를 하나 살펴보자. 연구자가 여러 명의 의사에게 환자에 대한 정보를 제공하고 그 환자에게 내려질 만한 다섯 가지 진단을 알려주었다. 그런 다음 의사들에게 예상되는 진단 다섯 가지를 정확도의 순서로 나열해달라고 요청했다. 다만 의사들 중 절반에게는 어떤 진단이 옳은 것으로 판명되었는지를 미리 알려준 뒤 사전적 입장에서(즉 어떤 진단이 옳은 것으로 판명되었는지 모른다는 가정 아래) 순위를 매기라고 지시했다. 사후확증 편향이 의사들의 판단에 끼치는 영향력은 강력했다. 올바른 진단 결과를 알고 있는 의사들은 처음부터 그 진단의 확률이 가장 높았다고 대답한 반면, 그 사실을 모르는 의사들 가운데 올바른 진단을 첫 번째로 꼽은 사람은 30퍼센트에 불과했다.[25]

법에서 사후확증 편향은 중요하다. 법 체제는 사람들의 판단을 살피거나 그 판단을 내리는 데 예견 가능성이 있었는지를 면밀히 살피는 데 많은 시간을 할애하기 때문이다. 특히 사고 사건에서 그러하다. 통상 원고는 피고에 대해 합리적인 사람이라면 조심했어야 할 행동을 하지 않았다는 주장을 펼친다. 그러나 합리적인 사람이 조심히 행동해야 하는 것은 사고의 발생 가능성이 얼마나 높은지, 더 정확히는 그 합리적인 사람이 사고 발생 가능성을 얼마나 높게 생각했는지에 달려 있다. 문제는 배심원단이 사고가 '발생했다'는 것을 아는 상태에서 판단을 내리도록 요청받는다는 것이다. 사고 발생 가능성이 희박해서 조심할 의무가 없다는 결론이 마땅함에도 사후확증 편향은 그러한 생각을 방해할 것이다.

이 문제는 불법행위법을 경제학적 관점에서 고려할 때 (이 책의 전반부에서 설명한 바와 같이) 특히 심각하다. 경제학적 관점에서는 예방할 가치가 있는 사고도 있지만 그렇지 않은 사고도 있다. 그 이유는 사고를 예방하는 비용이 사고가 일어나도록 내버려두는 비용보다 더 크기 때문이다. 이러한 견해를 반영하여 현실에서 사용할 수 있는 것이 바로 4장에서 설명한 핸드 공식인데, 'B'(피고가 취하지 않은 예방 조치의 부담 또는 비용)를 사고의 예상 비용(확률에 비용을 곱한 것)과 비교하는 것이다. 물론 누구나 정확한 수치로 계산하기는 어렵지만, 핸드의 사고법은 사고 사건을 대하는 법원이 고려해야 할 방법에 관한 일반론으로서 여전히 지지받고 있다. 다만 사후확증 편향으로 인해 법원은 조직적으로 'P'(사고가 일어날 가능성)를 과장할 것이다. 왜냐하면 법원은 심리 중인 사건에서 사고가 이미 발생했다는 것을 알고 있는 상태에서 질문하기 때문이다. 따라서 피고가 패할 경우가 많으며, 때로는 법 제도에 과실이 있을 때에만 책임을 묻도록 정하고 있음에도 불구하고 자신이 야기한 피해에 대해 일종의 엄격 책임을 지게 될 수도 있다.[26] 엄격 책임의 정도에 대해 확정된 기준은 없으나, 실제로 배심원단과 판사가 사고에 대한 비난 가능성을 따질 때 상당한 정도의 사후확증 편향을 보인다는 사실이 몇몇 실험을 통해 증명되고 있다.[27]

여기 또 하나의 법적 예시가 있다. 앞의 의학 연구와 다소 유사하지만, 그것이 어떻게 법정 문제로 넘어갈 수 있는지를 보여준다. 로스쿨 1학년 학생이라면 누구나 불법행위법 강의에서 접하는 '태라소프Tarasoff' 판결에서, 정신과 의사는 자신의 환자가 타인에게 폭력성을 드러낼 위험이 있다고 생각될 때 반드시 그 합리적 근거를 가지고 피해자에게 경고를 해줘야 한다. 만약 경고를 하지 않아 피해자가 공격을 당하면 정신과 의사에게 책임이 돌아갈 수도 있다.[28] 태라소프 판결 이후의 소송들은 피고인 정신과 의사가 공격 사고의 발생 가능성을 높게 봤는가에 대한 판단을 배심원에게 맡기고 있지만 배심원은 공격이 실제 일어났다는 사실을 아는 상태에서 사건을 판단한다. 모의 배심원들을 대상으로 이러한 상황을 가정한 대조 연구가 이 사실을 뒷받침해준다. 잠재적으로 폭력성을 보일 가능성이 있는 정신과 환자들에 관한 기록을 모든 배심원에게 제공하되 일부 배심원에게는 어떤 환자들이 실제로 폭력성을 드러냈는지를 알려주고 예상하도록 했을 때, 앞의 의학 연구의 사례와 유사한 결과가 나타났다. 즉 실제로 폭력성을 드러낸 환자에 대해 알고 있는 피험자들이 폭력적 결과가 발생하기 전에 예견 가능했다고 대답한 비율이 높았다.[29] 핵심은 명확하다. 그리고 이제 충분히 이해할 수 있을 것이다. 일단 결과를 알면, 사건이 일어나기 전에 그 발생 가능성이 얼마나 높은지 혹은 예견 가능한지 정확히 판단하기 어렵다는 것이다.

사후확증 편향은 나쁜 결과로 판명된 결정에 대해 비난하는 경향을 일컫는 '결과 편향'에 의해 악화된다. 앞의 연구와 관련된 또 다른 연구에서는 피험자들에게 정신과 의사가 경찰을 부르거나 기타 조치를 취함으로써 폭력적 환자를 충분히 저지했다고 생각하는지, 아니면 더 많은 조치를 취했어야 한다고 생각하는지 알아보는 실험을 했다. 그러자 환자가 폭력 행위를 저지른 결과를 이미 알고 있는 피험자들은 의사의 행동을 비난할 가능성이 큰 것으로 드러났다. 또한 피해가 심각할수록 (결과를 알기 전에는 옳다고 봤던 결정이라 해도) 미리 막지 못한 결정을 비난하고자 하는 욕구가 더 높은 것으로 나타났다.[30]

사후확증 편향과 결과 편향에 대한 우려를 덜어줄 만한 여러 근거를 생각해볼 수는 있으나, 우리가 위안을 얻기 위해 자연스레 떠올리는 이유들은 큰 도움이 되지 못한다. 예를 들어 판사는 편향이 배심원단에게 지나친 영향을 끼치고 있는지 감독할 수는 있겠지만 판사가 문제를 방지할 근거가 불분명할 때 논란을 낳을 수 있다.[31] 그리고 사람들에게 편향에 대해 경고하는 게 효과가 있는지도 분명치 않다. 대다수의 연구는 효과가 없다는 입장이었지만,[32] 모의 배심원들을 대상으로 진행된 어떤 연구에서는 '월요일 아침의 쿼터백Monday-morning quarterback[미식축구 경기가 보통 일요일에 열리므로 다음 날 아침 경기에 대해 마치 전문가처럼 자기 생각을 표출하는 사람을 가리키는 말]'[33]이 되지 않도록 주의하라는 경고에 배심원들이 반응을 보이기도 했다. 또 다른 연구에서는 어떤 결정의 결과가 안 좋았다는 사실을 이미 알고 있는 피험자들에게 그 결정이 가져올 수 있었던 더 나은 결과들에 대해 생각해보고 그 결과의 발생 가능성을 추정해달라고 명확히 요청했더니 유익한 결과가 나오기도 했다. 우리가 이미 알고 있듯, 그러한 추정치는 틀렸을 수도 있지만 그럼에도 피험자들이 공정하게 산출하려 노력했기에 처음 결정이 좀더 호의적으로 평가되었다.[34] 이것은 나쁜 결과를 초래한 결정을 방어해야 하는 수사적 과제가 요구될 때 참조할 사항이다. 그 결정으로 인해 일어날 수 있는 더 나은 결과들을 상상해보는 시간을 가짐으로써 그 가능성을 추정토록 하는 방식은 사람들의 사고를 좀더 관대하게 하는 것으로 보인다.

편향에 대한 또 다른 자연스러운 대응은 애초에 법원의 판단에 맡기지 않고 결정이 내려진 당시에 타당하게 여겨졌는지를 확인하는 객관적 방법을 찾는 것이다. 때로는 관행의 증거가 그 방법이 될 수 있다. 피고가 취한 행동이 같은 상황에서 대부분의 사람이 했을 법한 것이라면, 나중에 피고의 행동이 잘못된 것처럼 보일지라도 당시로서는 충분히 그럴 수 있었다고 간주하는 게 합리적일 것이다. 그러나 통상 법원은 관행에 따른 행위를 훌륭한 방어로 인정하지 않는다. 법원은 관행적 예방 조치가 사고 발생 가능성에 관한 확실한 증거라기보다는 오히려 해당 업계 전체가 책무를 회피하여 각 구성원이 다른 구성원의 과실로 인해 이익을 얻는 사례일 수 있다고 우려한다.[35] 만약 모든 피고가 기업이고 모든 피해자가 기업과 계약을 체결한 고객이라면 문제가 되지 않을 것이다. 왜냐하면 이때는 고객이 비용을 지불하여 기업이 추가적인 예방 조치를 취하도록 할 것이고, 그렇게 취해진 예방 조치에는 결국 모두가 당시에 적절하다고 생각한 점이 실제로 반영되었다고 기대해볼 수 있기 때문이다.[36] 그러나 다수의 사고 사건은 그렇지 않다. 다만 법원은 의료 과실 영역에서는 관행을 인정한다. 의료 과실 사건에서는 업계에서 관행적으로 이루어지고 있는 행위를 모두 이행했다고 주장하는 피고의 주장이 완벽한 방어가 된다.(이는 통상 법정 과실 영역에서도 마찬가지다.) 그러한 규칙이 적용되는 커다란 이유는 배심원들이 독자적으로 의학적 결정을 평가하기에는 너무 복잡하다는 것이다. 배심원들이 '훌륭한 의사라면 어떻게 했을까'에 대해 독자적으로 판단할 필요가 없는 신뢰할 만한 기준, 즉 의료 관행이 필요하다는 것이다. 또한 의료 표준을 설정하기 위해 관행을 활용하는 것은 사후확증 편향을 억제하는 데도 얼마간 기여한다는 사실을 기억해둘 필요가 있다. 의사가 관행에 따라 행동했다면 그의 승리다. 배심원들이 사고 발생 가능성에 관한 질문을 요구받지 않으므로 편향이 작용할 여지가 그리 크지 않다.[37] 하지만 의료 사건의 또 다른 영역, 예컨대 인과관계에 관한 결정이나 그 밖에 법이 예견 가능성 문제에 관심을 두고 있는 영역에서는 여전히 편향이 문제가 될 수 있다.

　법이 사후확증 편향에 어떻게 대처할 수 있는지에 관해서는 이외에도 다양한 제안이 있었다. 어떤 이들은 책임 문제와 원고의 손해 문제를 각각 따로 심리함으로써 불법행위 사건의 재판이 좀더 일상적으로 이원화되어야 한다고(이미 그렇게 진행되고 있다) 주장한다. 손해에 관한 심리 과정에서는 배심원이 사고가 예견 가능했으며 과실에 따른 결과라고 생각하기 쉽기 때문이다.[38] 좀더 색다른 제안으로는, 피고가 '실제' 어떤 선택을 했는지 배심원에게 알리지 않은 상태에서 피고가 할 수 있었던 선택에 대해 가늠해보도록 요구해야 한다는 주장도 있다.[39] 또한 사전적 관점을 취하는 법적 기구, 즉 안전에 관하여 어떤 결정이 최선인지를 사전에 말해주는 (그래서 나중에 있을 소송을 미연에 방지하는) 규제 기관을 우선시하고, 법원의 역할(그리고 법원이 자연스레 취하고 있는 사후적 관점)을 전면적으로 축소해야 한다는 주장도 있다.[40] 이 영역에서 법은 비교적 신중한 모습을 보이는데, 이는 이기적 편향을 방지하기 위한 노력으로 간주될 수 있다. 예를 들어 제품이 사고를 유발한 뒤 피고가 이를 개선한 경우, 그 개선은 애초에 제품에 문제가 있었음을 나타내는 증거로 사용될 수 없다는 증거 규칙이 있다.[41]

사후확증 편향 문제는 불법행위법에서 가장 심각하겠지만 그 밖의 영역에서도 찾아볼 수 있다. 뻔하다고 생각되는 발명으로는 특허를 획득할 수 없다. 하지만 발명이 이루어진 뒤에 사후확증 편향으로 인해 누구나 할 수 있었던 발명처럼 생각될 수 있다. 이는 특히 발명과 '해당 분야에서 통상의 기술을 갖고 있는 자person having ordinary skill in the art, PHOSITA'에게는 심각한 문제다. 그 발명이 뻔한 것인지에 대한 법원의 판단 사이에 시간차가 있기 때문으로, 발명된 지 20년이나 지나서 법원의 결정이 내려진다면 그때는 기술 발전이 이루어져서 해당 발명이 그리 어렵지 않은 것처럼 생각될 수 있다.[42] 따라서 법원은 성급하게 뚜렷한 판단을 내리지 않는다. 돌이켜봤을 때 그 발명이 뻔해 보일지라도 그로 인한 상업적 성공 여부 또는 오랫동안 해결이 필요한 난제였는가 등의 이른바 '이차적 고려 사항'이라 할 수 있는 보조 질문을 적용해 판결하고 있다. 그리고 새로운 발명을 예견하는 '선행 기술'이란 증거를 내세워 특

허에 이의를 제기하는 자에게 엄격한 요건을 부과하고 있다.[43]

　마지막으로, 일방 당사자가 상대방에게 연방민사소송규칙 제11조나 그와 유사한 주 규정에 따른 제재가 부과되어야 한다고 주장하는 경우처럼 민사 소송의 영역에서도 좋은 예시를 찾아볼 수 있다. 6장에서 봤듯 해당 규정은 법원에 확고한 사실적 또는 법적 근거가 부족한 서류를 제출한 변호인에게 제재를 가한다. 사후판단의 위험은 변호인이 제기한 신청이 기각될 때 일어난다. 법원이 신청을 기각하고 나면 사후확증 편향 탓에 애초에 그렇게 될 가능성이 실제보다 더 높았던 것처럼 보일 수 있다. 그리고 그 가능성이 '지나치게' 높아 보인다면 어차피 실패할 것이 '뻔한' 신청으로 모두의 시간을 낭비시킨 이유로 변호인은 제재를 받는다. 그러나 1993년에 제11조가 개정됨으로써 이러한 문제가 해결되었다. 현재는 제11조에 따른 제재가 청구되면, 문제의 서류를 제출한 자에게 그것을 철회하거나 수정할 수 있도록 21일의 시간(소위 회피 조항)이 주어진다. 이는 실질적으로 통상 제11조에 근거한 청구는 판사가 문제된 신청의 본안에 대한 결정을 내리기 '전에' 제기되어야 한다는 것을 뜻한다. 그러므로 변호인의 신청이 타당한 근거를 갖춘 것인지에 대한 판단이 그 신청의 기각 여부가 이미 정해진 결정에 의해 영향받을 일은 없다.[44] 회피 기간 추가의 주된 이유가 이 때문은 아니었으나 다행스러운 부차적 효과임에는 틀림없다.

✦ 추가 독서를 위한 제안

Baruch Fischhoff, *Hindsight* [not=] *Foresight: The Effect of Outcome Knowledge on Judgment under Uncertainty*, 1 J. Experimental Psychol. 288(1975); Jeffrey J. Rachlinski, *A Positive Psychological Theory of Judging in Hindsight*, 65 U. Chi. L. Rev. 571(1998); Kim A. Kamin and Jeffrey J. Rachlinski, Ex Post [not=] Ex Ante: *Determining Liability in Hindsight*, 19 Law & Hum. Behav. 89(1995); Chris Guthrie, Jeffrey J. Rachlinski, and Andrew J. Wistrich, *Inside the Judicial Mind*, 86 Cornell L. Rev. 777, 799~805(2001); Reid Hastie and W. Kip Viscusi, *What Juries Can't Do Well: The Jury's Performance as a Risk Manager*, 40 Ariz. L. Rev. 901(1998); Richard Lempert, *Juries, Hindsight, and Punitive Damage Awards: Failures of a Social Science Case for Change*, 48 DePaul L. Rev. 867(1999); Philip G. Peters Jr., *Hindsight Bias and Tort Liability: Avoiding Premature Conclusions*, 31 Ariz. St. L.J. 1277(1999).

24장
틀 짜기(프레임) 효과

때로는 틀을 구성하는 방식에 따라서, 즉 대안을 설명하는 방식이나 순서를 정하는 방식에 따라 결정이 달라지기도 한다. 가장 알기 쉬운 예로 '타협 효과compromise effects'를 들 수 있는데, 이는 사람들이 중간 선택지(설사 그것이 다른 선택지들 사이에 자의적으로 끼워넣은 것일지라도)에 매력을 느끼는 것을 가리킨다. 이에 관한 전형적인 실험으로, 피험자들에게 카메라 카탈로그를 나눠준 뒤 그중 하나를 선택하게 하는 것이 있다. 두 가지 선택지(중급 모델과 저급 모델)가 주어졌을 때 피험자들은 비슷한 비율로 나뉘었으나, 세 번째 선택지(고급 모델)가 주어졌을 때는 상당히 다른 경향이 나타났다. 물론 일부 피험자는 고급 모델을 선호하기도 했지만, 결과는 흥미롭게도 하급 모델을 포기하는 자들이 많았던 것이다. 즉 중급 모델과 저급 모델 사이에서 선택하는 피험자의 72퍼센트가 중급 모델을 선택했다. 좀더 좋은 새로운 선택지를 추가한 것이 선택을 아래에서 중간으로 이끈 것이다.[45] 유사한 것으로, 선택지가 단독으로 주어졌을 때보다 열등한 또 다른 선택지와 대비될 때 더 매력적으로 느껴지는 '대비 효과contrast effects'가 있다. 이에 관한 유명한 실험에서 피험자들에게 고급 펜과 6달러 중 하나를 선택하게 했을 때는 대체로 돈을 선택했지만, 세 번째 선택지(저급 펜)가 추가되었을 때는 훨씬 더 많은 이가 돈 대신 고급 펜을 선택했다. 같은 종류의 열등한 제품이 옆에 놓이자 확실히 고급 펜이 더 인상적으로 보인 것이다.[46]

이러한 점을 이해하는 것은 광고회사의 경영진이나 소비자에게 가치가 있으며, 변호사에게도 마찬가지다. 같은 맥락의 질문들이 소송 해결을 위한 협상에 어떤 영향을 끼치는지 보여주는 몇몇 연구가 있었고, 그중 어느 실험에서는 피험자들에게 근린 방해에 관한 모의 사건을 제시했다. 우선 각자 원고가 되어 집 근처에서 소음 공해를 일으키는 나이트클럽을 상대로 소송을 거는 상황을 가정하도록 한 뒤, 나이트클럽 측이 제안한 합의 조건 중 하나를 선택하게 했다. 처음에 협상 테이블에 놓인 제안은 두 가지였다. (가) 나이트클럽의 소음을 줄인다. (나) 원고에게 현금 및 특급 호텔 주말 숙박권으로 보상한다. 여기서 피험자들은 엇비슷하게 나뉘었다. 또 다른 피험자 집단에게는 '더 적은 액수의 현금 및 다른 나이트클럽에서 사용 가능한 상품권'이라는 세 번째 제안을 추가로 제시했다. 이 제안은 현금 및 호텔 숙박이라는 (나) 제안과 유사하지만 확실히 열등한, 그러나 나이트클럽의 소음을 줄이겠다는 (가) 제안에 비해서는 전혀 열등하지 않게끔 설계된 것이다. 이제 당신도 결과를 예상할 수 있을 것이다. (나)를 선택한 사람의 수는 47퍼센트에서 74퍼센트로 상승했다. 앞서 살펴본 고급 펜의 사례와 마찬가지로 좀더 열등한 선택지가 놓임으로써 현금 및 호텔 숙박이란 제안이 더 돋보인 것이다.[47]

이런 일은 형사 사건에서 판사가 배심원에게 고려해야 할 다양한 선택지를 제공할 때도 일어날 수 있다. 이번에 소개할 훌륭한 연구에서는 구성이 약간 다르다. 쇼핑몰에서 경비원과 실랑이를 벌이던 한 남자가 총으로 경비원을 살해한 모의 사건이 주어지고, 피험자들은 배심원이 되어 피고에게 어떤 죄목이 적합한지 선택하도록 했다. 배심원들에게는 세부적으로 차이가 있는 세 가지 선택지가 주어졌다. 첫 번째 집단에는 뒤로 갈수록 형벌이 더 엄중해지는 비고의적 과실치사, 고의적 과실치사, 살인을 제시했다. 두 번째 집단에는 고의적 과실치사, 살인, '특수한 상황에서의' 살인이라는 선택지가 주어졌다. 마찬가지로 뒤로 갈수록 더 엄중한 죄목이며, 첫 번째 집단의 선택지들보다 더 무거운 형벌이다. 그 결과 피고에게 살인죄가 적합하다는 선택이 첫 번째 집단보다 두 번째 집단에서 훨씬 더 높게 나타났다. 두 번째 배심원 집단에서는 살인이 '중간' 선택지로, 이것이 고의적 과실치사로 갈 표를 끌어들인 것이다. 첫 번째 집단에서는 고의적 과실치사가 중간 선택지였으므로 더 쉽게 지지를 얻었다.[48]

어떤 면에서 이러한 결과는 일반적으로 형사 사건에서 변호인이 잘 알고 있는 현상으로서, 종종 배심원들이 절충적인 평결에 이끌린다는 사실을 확인해주는 데 불과하다. 그러나 각 실험의 연구자들도 지적했듯이 한편으로는 죄목에 더 많은 선택지가 추가될 때 예상할 수 없거나 왜곡된 결론이 도출될 가능성이 있다. 예를 들어 입법부가 특정 범죄에 대해 사형을 허용하기로 결정한다면, 사형감이 아닌 살인죄에 유죄가 선고될 가능성이 증가할 수 있다. 그 전에는 사형이 가장 극단적인 선택지였던 일부 사건에서 그것이 절충적 입장으로 여겨질 테니 말이다.[49] 이러한 가능성은 모든 유형의 결정에서 스스로를 '중도파'로 여기는 이들에게 교훈이 될 수 있다. 선택의 순간 온건한 선택지가 눈에 들어오면 종종 편안함을 느끼겠지만, 대체로 그것은 주변에 위치한 다른 선택지의 (자의적이고 쉽게 조작될 수 있는) 가공물일 때가 많다.

÷

지금부터는 좀더 미묘한 틀 짜기 효과에 대해 살펴보도록 하자. 위험 및 확실성에 대한 선호는 연관된 결과가 좋으냐 나쁘냐에 따라 달라지는 경향이 있다. 앞서 이야기한 바 있지만, 대체로 사람들은 손실을 회피하려 한다는 점을 알아둬야 한다. 즉 돈을 잃었을 때의 불쾌함이 유사한 액수의 돈을 획득했을 때의 기쁨에 비해 훨씬 더 크다.[50] (따라서 협상에서 상대방이 양보한 것보다 자신이 양보한 것을 더 인상적으로 느끼기 쉽다.)[51] 다음으로 중요한 점은 사람들은 여러 좋은 결과를 고려할 때 더 나은 결과를 위해 위험을 감수하기보다는 확실한 것을 선택하기 쉽다는 것이다. 반면 나쁜 결과를 고려할 때는 확실한 것을 선택하기보다 더 안 좋은 결과를 무릅쓰고 모험을 선택하는 경향이 있다. 이와 관련된 아주 간단한 실험 사례가 있다. 피험자들에게 240달러를 받을 수 있는 확실한 가능성과 1000달러를 획득할 수 있는 25퍼센트의 가능성 중에서 선택하게 한 결과, 84퍼센트가 확실한 쪽을 선택했다. 그러나 750달러를 잃을 확실한 가능성과 1000달러를 잃을 수 있는 75퍼센트의 가능성(무손실의 가능성은 25퍼센트) 중에서 선택하도록 했을 때는 87퍼센트가 모험을 택했다.[52] 두 상황 모두 경제적 관점에서 볼 때는 두 가지 선택지가 동일하지만(첫 번째 상황에서는 모험이 조금 더 나은 선택이다), 사람들은 이익에 관한 문제를 다룰 때 손실을 회피하려는 경우보다 훨씬 더 '위험 회피적'이라는 사실을 알 수 있다. 다만 흥미로운 점은, 결과의 가능성이 희박하면 선호가 달라진다는 것이다. 대부분 1000달러의 벌금을 낼 수 있는 5퍼센트의 가능성에 모험을 하기보다는 5달러를 지불하려고 할 것이다. 하지만 1000달러의 상금을 획득할 수 있는 5퍼센트의 가능성을 위해서는 기꺼이 약속된 5달러를 포기하려 할 것이다.[53]

이러한 결과들은 인간이 이익과 손실에 어떻게 다르게 반응하는지를 연구하는 심리학 분야의 '전망 이론prospect theory'에서 얻어진 것이다. 이 이론이 법과 무슨 관련이 있을까? 합의 교섭에 대해 다시 논의해보자. 우리는 이미 선택지의 배열 방식에 의해 당사자의 판단이 영향을 받기도 하지만, 또한 당사자가 결과를 이익으로써 경험하는지 손실로써 경험하는지에 의해서도 영향을 받을 수 있음을 살펴봤다. 전망 이론은 법정 밖에서 합의하는 게 피고보다는 원고에게 더 매력적인 방식임을 시사한다. 원고에게 소송은 더 나은 결과를 얻을 수도 있고 그렇지 못할 수도 있는 모험이지만 합의는 확실한 이익이다. 그러나 피고에게 합의란 특정 손실의 수락을 의미한다.[54] 합의 교섭의 행동에 관한 여러 연구 결과가 이러한 추정과 일치한다. 그 가운데 저작권 분쟁 중인 사건을 선택해 피험자들에게 원고 및 피고 역할을 부여하여 합의할 것인지 재판할 것인지 선택하도록 하는 실험이 있었다. 이때 두 선택지는 경제적으로 동일하게끔 액수를 조율했다. 즉 합의하면 20만 달러가 지불되지만, 재판으로 간다면 원고가 40만 달러를 획득할 확률이 50퍼센트이고 소득 없이 끝날 확률이 50퍼센트다. 원고 역할의 피험자들은 거의 재판보다 합의를 더 매력적으로 여겼다. 반면 피고 역할의 피험자들은 거의 재판을 더 매력적으로 여겼다.[55] 다시 말해서 피고는 자신의 손실을 위해 위험을 감수하는 데 큰 관심을 보인 반면 원고는 자신의 이익을 위해 위험을 감수하는 데 별 관심을 보이지 않았다. 이러한 결과는 몇몇 사건에서 왜 합의 교섭이 이루어지기 어렵거나 불가능한지를 설명해준다.

　이 분야의 저명한 법학자 제프리 라클린스키는 앞서 설명한 결과에 근거해 미국인들이 변호사의 보수에 관한 영국식 규칙(양측이 각자 자신의 비용을 부담하는 것이 아닌 패자가 승자의 변호사 보수를 지불하는 규칙)을 채택하기를 주저한다고 주장한다. 미국에서는 각자 자신의 비용을 부담하는 방식이 일반적이다. 전망 이론에 따르면 영국식 규칙은 패소했을 때의 부담을 증가시키고 재판을 선택했을 때의 위험성을 높이기 때문에 사건의 합의를 더 어렵게 만든다. 결국 영국식 규칙 때문에 피고에게는 재판이 더 매력적으로 느껴지게 마련이다. 피고는 자신이 직면한 손실이 크면 클수록(상대방에게 판결에 따른 위자료뿐만 아니라 소송비용까지 지불해야 하는 경우) 확실한 (나쁜) 것을 받아들이는 것보다는 위험을 감수하고 싶어진다. 반면 원고 입장에서 재판으로 가는 것은 위험성이 커지므로 확실한 것인 합의가 더 매력적으로 여겨진다. 증가된 위험에 대해 원고와 피고가 서로 다른 반응을 보이므로 법정 밖에서의 합의는 성사되기 어려워지고 소송으로 향할 가능성이 커진다. 이는 모두에게 낭비다. 이러한 주장은 (결론을 낼 수 있을 만큼 자료가 충분하지 않기 때문에) 틀린 것일 수도 있으며,[56] 설사 옳다고 해도 '패소자 부담' 규칙을 여전히 매력적으로 만드는 다른 요인들이 존재한다. 그러나 그것은 확실히 흥미로운 주장이다.

여태껏 우리는 누가 이익이고 누가 손해인지 명백하다는 것을 전제로 합의에 대해 이야기했다. 그러나 때로는 결과가 이익으로 간주되거나 '혹은' 손실로 간주될 수 있다. 즉 비교를 위해 어떤 판단 기준을 선택하느냐에 따라 달라진다. 그 선택이 중요한 이유는 때로 결과를 설명하는 방식만으로도 그 결과를 매력적으로 보이게 하는 데 커다란 영향을 끼칠 수 있기 때문이다. 변호사가 중대한 차이를 만들어낼 수 있는 영역이 바로 여기다. 변호사는 피고가 '손실의 틀'에서 벗어나 합의 제안을 더 매력적으로 느끼도록 도움으로써 중요한 변화를 이끌 수 있다. 전망 이론에 따르면, 피고가 합의를 손실로 간주할 때 위험을 감수하려는 인지적 성향을 느낀다.[57] 그러나 사건에서 합의로 지불해야 하는 금액과 피고가 원하는 최상의 결과가 아닌 최악의 시나리오를 비교해보거나 재판으로 가는 경우의 모든 비용을 고려했을 때 결과적으로는 합의가 이익일 수 있다. 합의가 항상 좋은 것이며 반드시 권장되어야 한다고 주장하는 게 아니다. 다만 의뢰인이 자연스럽게 찾아갈 수 없는 방식, 가령 이익이 손실처럼 보이게 하거나 손실이 이익처럼 보이게 하여 관련된 모험에 대해 다양한 태도를 유발하는 방식으로 합의(혹은 무엇이든)에 임하도록 하는 변호사의 역할을 깨닫는 것이 핵심이다. 어떻게 해야 의뢰인의 진정한 이익에 맞는 역할을 할 수 있는가는 일반적으로 답하기 어려운 심오한 질문이다. 우선 무엇이 이익인가에 관한 폭넓은 인식이 요구되며, 또 이익이 모두에게 동일하지도 않을 것이다. 때로는 의뢰인 스스로 어떠한 역할의 틀에서 사고하고 있는지 인지하도록 돕고 대안을 제시하는 것 또한 훌륭한 변호사의 소임이다.

사실심 판사도 당사자들이 각각 자신의 입장을 달리 바라보도록 도움을 줄 수 있지만, 그렇지 않을 수도 있다. 한 연구에서 사실심 판사들을 초청해 모의재판의 당사자들에게 권고를 해달라고 주문했더니 앞의 설명과 동일한 경향을 나타냈다. 즉 피고가 합의 제안을 내도록 권고하기보다는 원고가 합의 제안을 수락하도록 권고하는 경향이 강했다.[58] 이 이야기의 교훈은 손실 및 이익에 대한 반응이 사회 깊숙이 자리하고 있음을 말해준다. 심지어 아무런 관계가 없는 제3자 관찰자의 판단에도 영향을 끼칠 수 있다. 그러한 충동을 수없이 경험함으로써 때로는 그것들을 덜 강력하게 만들 수 있으며, 이는 이 장에서 논의하는 효과에도 포함되는 이야기다. 그러나 그것들이 꼭 나약하거나 교육받지 못한 자들의 정신적 습관인 것은 아니다.

이처럼 하나의 사건을 이익 혹은 손실이란 틀에 끼워넣는 작업은 합의 교섭을 넘어 다른 영역에서도 응용될 수 있다. 그리고 이러한 틀 짜기가 단순히 용어의 차원인 경우도 있다. 같은 말이지만 '신용카드 사용 시 불이익'보다 '현금 할인'이 고객에게 더 매력적이다. 법적인 예로는 '무엇을 한 것에 대한 세금 면제'와 '그것을 하지 않은 것에 대한 불이익'을 들 수 있는데, 두 표현은 같은 내용이지만 납세자로부터 이끌어내는 반응은 사뭇 다를 수 있다.[59] 혹은 폐암 수술의 위험성과 이로움을 기술하기 위한 두 가지 방식을 생각해보자. 폐암 수술을 받은 환자 100명 중 (가) "90명이 수술 후 회복 기간을 거쳐 살아남았으며 5년 후 생존자는 34명이다"와 (나) "10명이 수술 후 회복 기간에 사망했으며 5년 후 사망자는 66명이다"라고 기술했을 때, (가)와 (나)는 실질적으로 동일한 내용이지만 (가) 설명을 들은 환자들이 훨씬 더 수술을 쉽게 결심하게 된다.[60]

이 의학적 예시는 의사가 환자에게 수술의 위험성을 제대로 알리지 않았다는 이유로 소송을 당할 때 법적인 의미를 갖는다. 해당 사건에서 중요한 질문은 '환자가 수술의 위험성에 대해 충분한 설명을 듣고 나서 수술을 선택한 것인가'이다. 그 대답이 '그렇다'라면, 부족한 설명 때문에 달라진 것이 없으므로 환자가 소송을 걸 이유는 없다. 그러나 이 가정에 대한 대답은 결정적으로 위험이 어떤 식으로 제시되느냐 혹은 어떤 틀로 구성되느냐에 달려 있다. 앞서 살펴본 바와 같이 손실의 관점에서 위험에 대한 설명을 들은 환자들은 이익의 관점에서 설명을 들었을 때와 다른 반응을 보이곤 한다. 안타깝게도 수술이 끝난 후 의사가 위험에 대해 어떻게 설명했는지 알 방법은 없다. 이런 까닭에 법은 '만약 환자가 제대로 설명을 들었다면 어떻게 했을까?'라는 질문을 할 필요가 없다고 주장하는 학자들도 있다. 왜냐하면 (아직까지는 성공하지 못했지만) 정보가 어떠한 틀에 짜여 주어졌는지에 대해 우리가 알아낼 수 있는 것보다 모르는 게 더 많은 상태에서는 해당 질문에 답할 수 없기 때문이다. 대신 더 많은 정보가 주어질 경우 환자의 결정에 영향을 끼칠지 여부와 관계없이 그러한 사건에서 환자는 손해배상을 받아야 한다고 주장한다. 다시 말해서 '정보에 기반한 동의informed consent'에 대한 권리가 침해되었다는 사실만으로 손해배상을 받아야 한다는 것이다.[61]

+ 추가 독서를 위한 제안

Daniel Kahneman and Amos Tversky, *Choices, Values and Frames*, 39 Am. Psychol. 341(1984); Mark Kelman, Yuval Rottenstreich, and Amos Tversky, *Context-Dependence in Legal Decision-Making*, 25 J. Legal Stud. 287(1996); Jeffrey J. Rachlinski, Gains, *Losses and the Psychology of Litigation*, 70 S. Cal. L. Rev. 113(1996); Chris Guthrie, *Framing Frivolous Litigation: A Psychological Theory*, 67 U. Chi. L. Rev. 163(2000); Chris Guthrie, *Prospect Theory, Risk Preference, and the Law*, 97 Nw. U. L. Rev. 1115(2003).

25장
닻 내림 효과

사람들은 어떤 판단의 기준(해답에 관한 외부의 제안)을 갖고 그 것이 옳게 여겨질 때까지 조정하는 방식을 선호하며, 준비되지 않은 상 태에서 판단하는 건 좋아하지 않는다. 이는 의도적 전략이라기보다 극복 하기 어려운 심리적 유혹이라 할 수 있다. 실제 결과는 어떠한가. 어떤 판 단을 가능케 하는 최초의 제안은 (설사 자의적이거나 빈약한 것일지라도) '실제' 판단에 커다란 영향을 끼칠 수 있다. 이는 최초의 판단 기준이 뒤 따르는 생각들을 위한 닻으로 기능한다는 '닻 내림anchoring' 효과에 관 한 연구로써 밝혀진 사실이다. 한 실험에서 피험자 절반에게는 매년 교 통사고로 5만 명이 목숨을 잃는다고 말해주고, 나머지 절반에게는 매년 1000명이 감전으로 사망한다고 말해주었다. 그런 다음 모든 피험자에게 기타 다양한 사유로 인한 연간 사망자 수를 추정해보라고 했다. 그랬더 니 교통사고로부터 생각을 시작한 피험자들이 감전으로부터 생각을 시 작한 피험자들보다 더 높은 추정치를 내놓는 경향을 보였다. 이로써 연 간 교통사고 사망자 수 5만 명이 다른 추측을 위한 일종의 기준으로 사 용되었음을 확인할 수 있었다.[62]

심지어 피험자들에게 아무것도 말해주지 않고 단지 특정 방향으로 사고하게끔 이끄는 질문들에 답하도록 할 때도 동일한 효과를 목격할 수 있다. 두 피험자 집단에게 미국과 옛 소련 간 핵전쟁 발발 가능성을 추정해보라고 했다. 첫 번째 집단에는 그 확률이 1퍼센트 이상일지를 묻고 두 번째 집단에는 90퍼센트 이상일지를 물은 다음, 모두에게 자신의 실제 추정치를 알려달라고 했다. 첫 번째 집단의 평균은 약 25퍼센트였고, 두 번째 집단의 평균은 약 10퍼센트였다.[63] 그런가 하면 처음 제시된 수치가 명백히 자의적일 때도 이 효과는 유효하다는 연구 결과도 있다. 피험자들에게 국제연합에 가입한 아프리카 국가의 비율을 추정하도록 하면서 그 비율이 회전판을 돌려 무작위로 나온 숫자보다 높은지 낮은지를 피험자들에게 말해주었다. 정답이 10퍼센트보다 높다고 들은 피험자들이 내놓은 추정치의 평균은 약 25퍼센트였으며, 65퍼센트보다 낮다고 들은 피험자들이 내놓은 추정치의 평균은 약 45퍼센트였다. 피험자들에게 교재 전문 서점에서 파는 모든 교재의 평균 가격을 추정토록 하는 실험도 마찬가지였다. 먼저 평균 가격이 '7137달러 30센트보다 비싼지 아닌지' 질문하자 피험자들은 그보다 높은 가격으로 추정했다. 제시된 금액은 터무니없이 비싼 가격이었지만 추정 금액의 크기를 증가시킨 것이다.

질문에 대해 확고한 자기 의견이 있을 때는 닻의 중요성이 약하다. 그러나 법의 세계는 그러한 확고한 의견이 작용되기 어려운 영역이고, 그렇기 때문에 닻 내림 효과가 극대화될 수 있는 상황이 부지기수로 발생한다. 가장 단적인 예로 정신적 손해 혹은 사회적 손실(비경제적 손해)에 대한 손해배상을 들 수 있다. 31장에서 자세히 다루겠지만 그런 유형의 손해는 계산하기가 쉽지 않다. 상황에 적용될 수치를 찾아볼 시장이 없기 때문이다. 따라서 배심원들은 옳다고 생각되는 어떤 수치를 선택해야 하며, 안내가 없는 상황에서는 자연히 닻에 의존할 수밖에 없다. 변호사는 기꺼이 금액을 제안할 것이다. 이미 밝혀진 간단한 진실은, 배심원에게 큰 금액을 제시하면 큰 금액(요청한 만큼은 아니나 더 적은 금액을 제시했을 때보다는 많이)이 산출된다는 것이다.[64] 이러한 사실을 분명히 보여주는 연구가 있다. 가장 생생한 연구는 교통사고로 2명의 아동을 사망에 이르게 한 피고가 재판을 받는 상황을 그대로 재현한 것이다. 첫 번째 배심원단에게는 원고 측 변호인이 손해배상금으로 200만 달러를 청구하는 것을 보여주었고, 두 번째 배심원단에게는 변호인이 2000만 달러를 청구하는 것을 보여주었다. 첫 번째 배심원단은 평균 약 100만 달러의 배상금 판정을 내린 반면 두 번째 배심원단은 평균 약 900만 달러의 배상금을 판정했다.[65]

종국에는 변호사에 대한 신뢰가 사라지기 때문에 청구액의 증대가 득보다 실이 되는 지점에 이를 수도 있지만, 아주 극단적인 청구조차 배심원들이 스스로 결정하게 하는 경우보다 높은 금액으로 책정되는 것 같다. 때로는 높은 금액을 청구한 자에 대해 안 좋은 인상을 심어줬음에도 불구하고 강력한 효과를 발휘한다.[66] 이와 관련된 다른 연구에서는 두 모의 배심원 집단에 원고가 피임약 복용으로 암에 걸렸다는 이야기를 들려주었다. 첫 번째 배심원단에게 원고가 배상금으로 10억 달러를 청구했다는 사실을 알렸을 때 원고에 대한 반감이 형성됐음에도 불구하고 원고가 500만 달러를 청구했다고 들은 다른 배심원단보다 월등히 큰 배상금 판정을 내렸다.[67] 물론 이것은 둘 사이에서 벌어질 수 있는 게임이다. 피고 측 변호인이 낮은 액수의 배상금을 제안하는 형식으로 역방향의 닻을 제시할 수 있다. 역방향의 닻이 전문가의 증언으로 뒷받침될 때는 배심원단이 양측 제안의 중간쯤으로 결정을 내리는 경향이 있다.[68] 피고의 제안보다 원고의 요청이 좀더 강력한 닻으로 작용한다는 사실을 암시하는 몇몇 증거가 있긴 하지만, 피고 측 변호사가 배심원에게 대안이

될 구체적 수치를 제시하지 않는다면 낭패를 보게 된다는 점은 자명하다.[69]

닻 내림 효과는 합의 교섭에서 당사자가 거절당할 게 분명하지만 닻으로 기능할 만한 수치를 제시할 때도 목격된다. 그리고 여기서 닻 내림은 자신의 주장에 높은 가치를 부여하고 상대의 주장에 낮은 가치를 부여한다는 것을 암시하며, 양방향으로 작용할 수 있다는 점에 주의해야 한다. 따라서 첫 합의 제안은 나중에 제안한 합의를 성사시키는 데 영향을 끼치는 닻이 될 수 있다. 즉 최초 제안으로 1만 달러를 제시하는 것보다 2000달러를 제시하는 게 나중에 1만2000달러를 제시했을 때 상대가 더 매력적으로 느낄 수 있다.[70] 낮은 금액의 제안이 닻(낮은 추정치)을 형성하여 그보다 높은 금액의 제안에 만족을 느끼게 하는 것이다. 이를 심리학에서는 '면전에서 문 닫기door in the face' 기법이라 한다. 최초의 터무니없는 제안이 거절당하더라도(말 그대로 제안자가 면전에서 문 닫힘을 당하는 것) 곧바로 이어질 덜 극단적인 제안을 상대가 받아들이기 쉽게 만드는 것이다.[71]

어쩌면 이러한 실험은 단순히 피험자들의 요령 부족을 드러낼 뿐이라고 생각할 수도 있겠으나 판사들을 대상으로 진행한 실험에서도 유사한 효과가 드러났다. 어떤 연구에서는 판사들에게 상해 사건에서 원고에게 얼마의 배상금을 인정해줄 것인지를 물었다. 이에 앞서 일부 판사들에게는 소송에서 다툴 금액이 7만 5001달러에 달하지 않는다는 사실을 이유로 소송 각하(즉 주적상위 관할diversity jurisdiction에 따라 연방법원에서 사건을 다룰 수 없다는 판정)를 신청한 가상의 사건에 대해 판결해줄 것을 요청했다. 원고가 두 다리를 잃었기 때문에 그러한 신청은 매우 경솔해 보였고, 따라서 98퍼센트의 판사들이 신청을 받아들이지 않은 것은 전혀 놀랍지 않았다. 하지만 그 신청을 경험한 판사들은 그렇지 않은 판사들보다 원고에게 평균적으로 30퍼센트 적은 배상금을 (가상으로) 인정해주는 부자연스러운 결과를 낳았다.[72] 이 연구의 저자들은 이 결과가 변호사가 경솔한 신청을 제기해야 한다는 것을 암시하는 건 결코 아니라고 밝혔다. 왜냐하면 변호사가 그러한 행동을 하면 제재를 받을 수도 있고, 실제 소송에서 배상 판결은 각하 신청에 대한 결정이 있고 난 뒤에 이루어지는 것이기 때문이다. 바라건대 그 시간차가 닻 내림 효과를 감소시킬 수 있을 것이다.

닻 내림 효과는 배상액을 높이거나 낮추기 위한 제안의 용도를 넘어서는 것으로 보인다. 예컨대 한 유형의 계산에 사용된 닻이 다른 유형의 계산을 형성하는 데 영향을 끼칠 수도 있다. 사회적 손실 혹은 협력 관계상의 손실(피고의 과실로 원고의 배우자가 사망한 경우와 같이 피해자를 잃은 것으로 인한 정신적 손실)에 대한 손해배상 문제를 다시 고려해보자. 우선 두 가지 사례를 비교해보면, 첫 번째 사례에서는 배심원단이 남편의 사회적 손실에 대해 홀로 남겨진 아내에게 500만 달러를 인정했고, 두 번째 사례에서는 아내에게 40만 달러 미만의 금액을 인정했다. 이러한 큰 차이를 어떻게 설명할 수 있을까? 어떤 사람의 반려 관계 가치가 다른 사람의 그것보다 10배나 클 수 있다는 말인가? 그렇지는 않을 것이다. 이 또한 닻 내림 효과의 한 예일지 모른다. 첫 번째 사례는 항공 사고로 석유회사의 임원이 사망한 사건이었고,[73] 두 번째 사례는 의료 사고로 목수가 사망한 사건이었다.[74] 석유회사 임원의 아내는 남편의 막대한 임금 손실에 대한 보상으로 900만 달러를 인정받았다. 목수는 대체로 실직 상태였으므로 그의 아내가 상실 수익에 대한 보상으로 받은 금액은 40만 달러 미만이었다. 원칙적으로 상실 수익에 대한 손해배상은 배심원이 사회적 손실에 대해 판단하는 배상액의 크기와는 관련이 없어야 한다. 둘은 형식적으로도 별개이며 개념적으로도 구분되어야 한다. 오히려 남편이 돈을 버는 데 더 많은 시간을 소비했을수록 가정에는 비금전적 방식으로 덜 기여했다고 추정할 수 있다. 그 부분은 사회적 손실에 대한 배상액 산정에 반영되어야 한다.

위 사례에서는 반려 관계의 상실에 대해 금전적 가치를 부여하는 작업에서 배심원단이 갈피를 잡지 못한 게 명백해 보인다. 결국 어떤 준거의 틀(닻)을 찾아 헤매다가 남편의 임금에 매달린 것이다. 즉 사건의 어떤 부분에서 사용된 수치가 다른 부분에 대한 사고에 영향을 끼쳤다. 배심원들이 징벌적 손해배상액을 산정할 때도 동일한 조치를 취한다는 인상적인 증거가 있다. 원칙적으로 원고가 청구하는 전보塡補배상과 징벌적 손해배상은 별개여야 한다. 전보배상은 불법행위가 있기 전에 원고가 누리던 위치를 회복시켜주는 것을 목표로 하기 때문에 피고의 행위가 얼마나 악한가 하는 점은 전보배상액 산정과 관계가 없다. 반면 징벌적 손해배상은 피고를 처벌하는 것이 목적이기 때문에 통상 원고의 전보배상액의 규모와 무관하다. 그러나 해당 연구는 배심원들이 '징벌적' 배상액을 산정할 때 그들이 정한 '보상적' 배상액 규모로부터 영향을 받고 있음을 보여준다.[75] 심지어 몇몇 실험에서는 거액의 배상액 청구가 피고의 책임을 묻는 배심원들에게 영향을 끼칠 수 있다는 결과가 확인되었다. 이는 또 다른 불안을 암시한다.[76]

우리는 닻이 자의적일지라도 닻 내림 효과가 발생할 수 있음을 확인했다. 이것을 확대 해석하자면, 지금 4부에서 논의한 대부분의 행동양식과 마찬가지로 닻 내림 효과는 쉽게 피할 수 있는 게 아니다. 판사들을 대상으로 진행된 또 다른 훌륭한 연구를 소개한다.[77] 연구자는 모의 민사소송을 판사들에게 제시하고 원고에 대한 손해배상 판결을 요청했다. 그에 앞서 판사들을 두 집단으로 나눈 뒤 판사실에서 원고가 제기한 합의 요구 내용을 알려주었다. 첫 번째 집단의 판사들에게는 원고가 낮은 액수

(17만5000달러)를 요구했다고 말해줬으며, 두 번째 집단의 판사들에게는 높은 액수(1000만 달러)였다고 말해주었다. 그 결과 두 번째 집단의 판사들이 원고에게 인정해준 배상액은 첫 번째 집단의 판사들이 인정해준 액수의 2배에 달했다. 여기까지는 별로 놀라운 사실이 아니다. 합의금의 규모는 원고가 자신의 피해를 얼마나 심각하게 여기는지에 대한 유용한 신호가 될 수 있으므로(모든 닻이 비합리적인 것은 아니다) 이의를 제기하지 않을 수도 있다. 다만 이 연구에서 놀라운 점은 판사들에게 원고가 제시한 액수에 영향을 받지 말고 배상액을 결정해달라고 요구했다는 사실이다. 즉 판사들은 연방증거규칙에 의거해 합의 제안을 고려해선 안 된다는 내용을 고지받았다.[78] 배심원이 이미 들은 증언을 무시하라고 지시받는다는 것을 알고 나서 생각해보면 그러한 결과는 그리 유쾌한 것이 아니다.

닻 내림 효과에 관한 이러한 발견들은 자연스레 법 제도의 건설적 대응에 관한 아이디어로 이어졌다. 어떤 이들은 손해배상 판정, 특히 징벌적 손해배상 판정에서 배심원의 역할을 줄이거나 배제시켜야 한다고 주장했다. 물론 판사들도 동일한 편향성을 보이긴 하나 적어도 그들의 저항력은 배심원들보다 강할 것이라는 게 그 이유다.[79] 그 밖에 배심원에게 손해배상 판정을 위한 지침(허용 범위 표)이나 유사 소송의 원고들이 받은 배상 정보를 제공하자는 의견도 있었다. 이는 변호사들이 공급하는 닻을 덜 자의적이고 덜 전략적인 정보로 대체하고자 하는 주장이다. 이러한 닻 내림에 관한 작업은 예상치 못한 효과를 일으키기도 한다. 예컨대 손해배상액의 상한을 설정하는 개혁은 그 자체로 배상액을 끌어올리는 닻으로 기능할 수 있다. 실증적 연구에 따르면 배상금 산정에 확신이 없는 배심원들은 자연스레 그 상한을 답으로 삼기도 한다(다만 실제 효과는 상한의 크기에 따라 달라질 수 있다).[80] 마찬가지로 원고도 배상액을 어느 정도 기대할 수 있을지 판단하는 데 상한액을 닻으로 활용할 수 있다. 그렇게 되면 합의가 이루어지기 어렵다.[81] 동일한 추론에 따라 다른 학자들은 보험계약상의 책임한도로 인해 고객에게 제기된 소송을 해결하는 과정에서 무심코 손해사정사가 합의 규모를 키울 수도 있다고 주장한다. 닻을 파악하고 보험상 책임한도에 따라 합의를 제안하기 쉽다는 것이다.[82]

지금까지는 금액을 산정하는 판단에 끼치는 닻 내림 효과에 대해서만 이야기했으나, 닻 내림 효과는 다른 식으로도 나타날 수 있다. 예를 들어 쌍방이 계약서를 작성할 때도 닻 내림 효과가 나타날 수 있다고 한다.[83] 계약 조건이 '표준'에 해당된다면 당사자들은 그 내용을 어떤 식으로든 변경할 수 있다. 그러나 그 표준은 합리성에 대한 각 당사자의 인식에 영향을 끼치는 닻으로 기능하기 때문에 표준이 있을 때와 없을 때의 계약 협상 결과는 상당한 차이가 있다. 이것은 모든 종류의 문서 작성에 해당된다. 의제, 지침, 규약, 사법부의 의견 등 모든 문서의 초안 작성에 대한 통제는 최종 문서에 지대한 영향을 미친다. 이후의 작성자들이 그 초안을 판단의 기준으로 간주하기 때문이다. 그들은 문서 내용을 조정할 때 많은 시간을 할애하지 않게 될 것이며, 조정되는 부분이 크더라도 여전히 닻의 영향을 받을 가능성이 높다.

마지막으로, 미국에서 법이 만들어지는 두 가지 방식을 살펴보자. 우선 법원에 의해 법안이 만들어지는 경우로, 법원은 사건 하나하나를 판결함으로써 각각의 상황에 따라 적용되는 규칙을 마련한다. 이를 보통법이라 한다. 물론 입법부가 법안을 통과시켜 법을 제정하는 경우도 있다. 이는 어떤 문제가 발생했을 때 그 사안이 어떻게 다루어져야 하는지를 미리 규정하는 규칙이다. 두 번째 범주에는 정부 기관 혹은 단체에 의한 결정도 포함시킬 수 있다. 그것은 다툼이 일어난 이후에 마련되는 구체적 사건에 관한 결정이 아니라 사전에 마련되는 일반적 선언이다. 두 가지 법 제정 방식 중 어떤 게 더 나을까? 당연히 각각의 이점을 지니고 있으며, 어떤 문제가 관련되었느냐에 따라 다를 수밖에 없다. 그러나 지금 논의 중인 내용, 나아가 4부 전체와 관련했을 때 어떤 법 제정 방식이 판단을 왜곡시킬 수 있는 닻 내림이나 틀 짜기 효과, 그리고 기타 인지적 습성에 더 취약한가 하는 질문을 던질 수 있다.

프레드 샤워가 법원에 의한 입법을 비판하는 이유가 바로 이 때문이다.[84] 미국법은 보통법을 찬미하는 경향이 있는데, 이는 법원의 각 판결이 풍부한 사실적 맥락에서 내려지도록 보통법이 요구하고 있기 때문이다. 판사가 상황을 세세히 살핀 후 판결을 내리므로 관련 사안에 대해 익숙해지곤 하는데, 이는 입법부가 추상적 측면에서 문제를 논의할 때 얻을 수 없는 부분이다. 따라서 홈스는 "보통법의 장점은 먼저 사건에 대한 판결을 내리고 난 뒤에 원칙을 정하는 것이다"라고 주장한다.[85] 그러나 구체적 사건의 사실들에 가까이 다가감으로써 판사가 인지 왜곡의 희생양이 될 가능성도 존재한다. 문제는 법원이 당면한 사건을 판결할 때 다른 사건(동일한 일반적 문제와 관련되어 있긴 하나 사실관계가 다른 사건)에도 영향을 끼치게 될 규칙을 만든다는 것으로, 바로 여기에 위험이 도사리고 있다. 해당 사건의 사실이 전형적이지 않을 수 있음에도 판사가 너무 가까이 들여다봄으로써 일종의 닻으로 취급할 수 있다. 그리하여 당면한 사건에서 두드러지는 어떤 특징이 더 큰 판단을 위한 출발점이 되어 일반적인 문제와 관련된 확률의 추정에 과도하게 영향을 끼칠 수 있다. 틀 짜기 효과, 가용성 휴리스틱 등 다른 인지적 특성들도 유사한 방식으로 사법적 입법에 영향을 줄 수 있다. 예를 들어 판사는 당면한 사건의 사실이 전체 상황의 사실을 얼마나 잘 대표하는지 과대평가하는 과오를 범할 수 있다.

이러한 주장에는 대부분 그럴듯한 반론이 존재한다. 중대 재해에 대응하기 위한 법률이 서둘러 통과되는 경우처럼 입법 또한 인지 왜곡의 대상이 될 수 있다. 그리고 법원에서 내리는 결정은 입법부에서 내리는 결정보다 규모가 작기 때문에 한 명의 판사가 저지른 인지적 결함은 이후 다른 판사들이 일반규칙을 향해 노력하는 과정에서 수정이 가능하다. 반면 입법부에서 일단 법안이 작성되면 과대평가 등의 오류를 수정할 조정 기회가 거의 없다.[86] 어떤 절충점을 찾기에는 너무 복잡해서 지금 이 자리에서 결론을 내기도 어렵다. 그저 이런 내용, 즉 법원에 의한 입법 및 입법부에 의한 입법 간 선택의 인지적 측면을 살펴보는 게 중요하다. 이 주제에 관한 더 상세한 논의를 비롯해 여기서 소개한 몇몇 경향이 영향을 끼쳤을 것으로 보이는 사법적 결정에 관한 사례가 궁금하다면 아래에 소개된 샤워 교수의 논문 그리고 그 대응으로 작성된 논문들을 찾아보기를 권한다.

✦ 추가 독서를 위한 제안

Amos Tversky and Daniel Kahneman, *Judgment under Uncertainty: Heuristics and Biases*, 185 Sci. 1124(1974); Cass R. Sunstein et al., Punitive Damages: How Jurors Decide(2002); Neil Vidmar, *Experimental Simulations and Tort Reform: Avoidance, Error, and Overreaching in Sunstein et al.'s* Punitive Damages, 53 Emory L.J. 1359(2004); Andrew J. Wistrich, Chris Guthrie, and Jeffrey J. Rachlinski, *Can Judges Ignore Inadmissible Information? The Difficulty of Deliberately Disregarding*, 153 U. Pa. L. Rev. 1251(2005); Mollie W. Marti and Roselle L. Wissler, *Be Careful What You Ask For: The Effect of Anchors on Personal Injury Damages Awards*, 6 J. Experimental Psychol. 91(2000); Frederick Schauer, *Do Cases Make Bad Law?* 73 U. Chi. L. Rev. 883(2006); Emily Sherwin, *Judges as Rulemakers*, 73 U. Chi. L. Rev. 919(2006); Jeffrey J. Rachlinski, *Bottom-Up versus Top-Down Lawmaking*, 73 U. Chi. L. Rev. 933(2006).

26장
자기고양적 편향
(귀인 오류를 중심으로)

우리는 어떤 것이 사실인 게 자신에게 유리하다면 그것을 믿을 가능성이 크다. 이는 우리의 일상생활에서 흔히 발견되는 자기고양적 편향self-serving bias에 대한 간략한 설명이다. 습관적으로 인간은 성공을 자신의 공으로 여기고 실패를 남의 탓으로 돌린다. 대개의 운전자는 자신의 운전 실력을 평균 이상이라고 생각하며, 많은 사람은 자신의 사교력이 평균 이하라고 생각하지 않는다.[87] 우리는 뭐든 스스로에게 이로운 것을 타당하거나 옳다고 믿을 때가 많다. 하지만 유감스럽게도 '자기고양적 편향'은 대부분 전혀 이롭지 않다(다만 이 장의 후반부에서 예외 가능한 몇몇 사례를 살펴볼 것이다). 자신이 믿고 있는 것이 사실이라면 이롭겠지만, 그렇지 않다면 자신이 '믿고 있는' 것은 이로운 게 아니다. 모든 자기고양적 편향 사례가 그런 것은 아니지만, 어떤 경우는 '낙관적 편향optimism bias'이란 용어가 더 나을지도 모른다.

특히 변호사는 의뢰인이 이러한 편향을 피할 수 있도록 도와야 하는 입장이기 때문에 그 편향에 대해 잘 이해해야 한다. 사람들은 소송당할 가능성이라든가 법을 위반했을 때 적발될 가능성, 사고당할 가능성 등

많은 상황에서 지나치게 낙관적인 경향을 보인다. 그리고 그것은 보험 가입의 규모와 예방 조치의 정도에 영향을 끼친다.[88] 이 때문에 훌륭한 변호사의 조언이 필요하게 마련이며, 나아가 안전에 대한 위험 관리를 시장의 자율에 맡기기보다는 규제가 필요하다는 주장의 일반적 근거가 된다. 왜냐하면 시장에서 결정을 내리는 이들이 지나친 낙관주의에 빠지면 위험을 정확히 인지하기 어려워지기 때문이다.[89] 오류는 양방향으로 작용할 수 있다. 때로 사람들은 상어에게 공격당할 가능성처럼 희박한, 즉 두드러지거나 상상할 수 있는 먼 거리의 위험에 대해 과장하는 실수를 범하곤 한다. 그러한 유형의 오류는 또 다른 주제이긴 하지만[90] 우리가 지금 살펴보려는 문제, 즉 지나친 낙관주의에 관한 해결책을 도출해볼 수 있다. 이 편향은 매우 끈질기다. 단순히 사람들에게 그것에 대해 경고해주거나 확률에 관한 더 나은 정보를 제공해주는 것만으로는 도움이 되지 않는 것 같다.[91] 그러나 사람들에게 예견 가능한 나쁜 결과를 상상하기 쉽게 설명해줌으로써 낙관적 편향에 대응할 수 있다는 주장이 제기되어왔다. 사람들은 쉽게 상상할 수 있는 일의 발생 가능성을 더 높게 평가하는 경향이 있기 때문이다.[92] 이처럼 낙관적 편향을 상쇄하기 위한 방법으로서 (14장에서 논한 가용성 폭포와 밀접히 관련된) '가용성 휴리스틱'이란 편향의 원인을 전략적으로 이용할 수 있다. 하나의 인지적 결함을 해결하기 위해 또 다른 인지적 결함을 이용한다는 점에서 특별한 묘미를 느낄 수 있다.

한편 변호사들에게도 우려스러운 자기고양적 편향이 발견된다. 가상의 소송을 설정하고 법학과 및 경영학과 학생들에게 원고와 피고의 역할을 부여한 실험 연구에서 이 점을 구체적으로 살펴볼 수 있다.[93] 우선 원고 역할을 맡은 피험자들은 피고 역할을 수행한 이들보다 자신의 주장을 더 가치 있게 여겼다. 이는 매우 일반적인 현상으로, 누구나 자신의 사정이 남의 사정보다 중요하다는 생각에서 벗어나기는 어렵다. 협상가에게 가장 중요한 임무 중 하나가 바로 이러한 성향을 극복하는 것이다. 동일한 연구의 일환으로, 일부 피험자들에게 자기주장의 이점을 과장하고자 하는 유혹에 대해 주의를 줌으로써 '편향 회피'를 주문한 결과 이들은 다른 피험자들에 비해 약한 편향을 드러냈다. 결론적으로 이 연구의 저자들은 자연적 편향을 극복하기 위한 방법으로, 변호사가 자기 사건의 결함에 대한 문서를 작성하도록 강제할 것을 제안했다. 변호인에게 자기 사건의 결함에 대한 진술을 법원에 제출하도록 하는 데는 현실적인 저항이 따를 것이며 그 밖의 여러 이유로 법적 요건으로 전환되기는 쉽지 않지만, 개인적으로 확실히 수용할 만한 훌륭한 조언이라고 생각한다.

법 체제 내부에서는 자기고양적 편향에 대해 불이익을 주는 방식을 사용한다. 대표적인 예로 연방민사소송규칙 제68조가 있다.[94] 당신이 어느 소송의 원고라고 가정해보자. 피고가 특정 금액을 제시하며 합의를 제안했으나 당신은 이를 거절했다. 그런 뒤 재판을 진행하면 당신은 합의했을 때보다 적은 금액을 받게 된다. 당연히 합의를 거절한 자신이 어리석게 느껴질 것이다. 하지만 거기서 끝이 아니다. 당신이 재판에서 이겼더라도 제68조에 의해 합의 제안 이후에 발생된 피고의 소송비용을 물어줘야 한다. 해당 규정은 자기고양적 편향으로 인해 (혹은 단순한 판단 실수로) 지나치게 왜곡된 예상을 한 원고에게 불이익을 주는 것이다.

위와 같은 규칙에 흥미로운 변형을 시도해볼 수 있다. 각 당사자는 사건이 재판으로 넘겨졌을 때 그 결과를 예측하여 보증해놓고, 실제 결과와 더 많은 차이로 추정한 측이 상대방의 변호사 비용을 물어주는 방식이다.[95] 혹은 피고의 비용을 부담케 하는 선에서 그치지 않고 오류에 대해 더 큰 불이익을 부여할 수도 있다. 법은 어째서 이와 같은 적극적 조치들을 취하지 않는 것일까? 첫째, 편향에 굴복한 당사자에게 더 큰 제재를 가한다고 해서 편향의 정도가 약해진다고 볼 수 없다는 것이다. 자기 고양적 편향은 그것의 실재를 부정한다는 점에서 그 자체로 은밀한 것이며,[96] 애초에 자신이 자기고양적 편향에 굴복하고 있다고 생각하지 않는 이에게 편향의 영향을 받지 말라고 설득하기도 어렵다. 둘째, 당사자와 그 변호사가 예측하는 시스템에 대해 완벽하게 신뢰하지 않는다는 것이다. 모든 법적 결과가 반드시 옳다고 한다면, 결과를 정확히 예측하지 못한 것은 명백한 실수로 간주될 것이다. 그러나 법적 사건의 결과에는 어느 정도 변수가 존재하기 때문에 틀린 것으로 판정된 예측이라 해도 가장 가능성 높은 결과에 대한 타당한 추측이었을 수 있다. 그리고 마지막으로, 당사자가 소송으로 얻을 수 있는 결과보다 더 나은 합의 제안을 거절한 이유들에 대해 자기고양적 편향인지 아닌지 구별하기 어려울 때가 많다. 원고가 X의 합의 제안을 거절하고 재판을 선택하는 이유가 금전적 회복보다 법정 승리에 있다면 그는 자신의 결정을 성공으로 여길 수 있다. 사실상 제68조는 비금전적 가치를 인정받기 위해 소송을 청구하는 소송 당사자들에게는 불리하다.[97]

제68조는 사건의 한 당사자에게 상대방의 비용이나 변호사 보수를 부담시키는 '비용 부담의 전환'을 위한 일반적인 장치로 간주될 수 있다. 24장에서 패자에게 승자의 변호사 보수를 부담시키는 영국식 규칙과 각 당사자에게 스스로 부담하게 하는 미국식 규칙에 대해 살펴봤다. 그런데 자기고양적 편향으로 인해 사람들의 행동이 방해를 받고 있다고 가정했을 때, 이들 규칙 및 그 효과에 대한 당신의 견해에 어떠한 변화가 일어날까? (다시 말하지만) 영국식 규칙은 사건의 합의를 더 어렵게 만들 수 있다. 각 당사자는 자신의 승리 가능성을 과대평가할 것이다. 영국식 규칙은 승리했을 때 받는 보상을 매력적으로 만들기 때문에 사건을 바라보는 각 당사자의 시각 차이를 더 크게 벌려놓을 수 있으며, 따라서 타협

에 이르기 어려워진다.

÷

법 체제 내에서 편향 퇴치를 위해 가장 흔하게 사용되는 전략은 편향의 영향을 받은 것으로 보이는 결정에 불이익을 주는 것이 아니라, 편향을 유발하는 상황을 막는 것이다. 이는 이해상충을 금하는 것으로, 편향에 사로잡힌 이들에게 유혹을 떨쳐내라고 촉구하는 방식이 아니다. 그러므로 법 체제에서는 당사자가 자기 근거를 가지고 판사처럼 행동하도록 내버려두는 것을 매우 싫어한다. 정부의 각 기관은 서로를 감시해야 하고, 판사가 어떤 사건과 이해관계가 있다면 스스로 기피해야 하며, 범죄 혐의자에 대해 기소 여부와 방식을 결정하는 검사는 해당 범죄의 피해자가 아니어야 한다. 그런 형식적 분리가 불가능한 경우에는 (의뢰인 자신이 변호사일지라도) 변호사를 고용하도록 압력을 가하거나 기타 여러 방식으로 당사자가 스스로 결정을 내리는 상황을 제어하고자 한다. ("자신을 변호하는 변호사는 의뢰인에게 바보 같은 존재다"라는 옛 격언도 있지 않은가.)

또 다른 예를 살펴보자. 통상 보험회사는 보험 가입자와 계약할 때 상해를 보상받기 위한 손해배상 소송의 통제권을 자사에 넘겨줄 것을 요구한다.[98] 그 이유 중 하나는, 피보험자의 행위에 대한 판단이 보험회사 측에 반영되지 않으므로 보험회사가 자기고양적 편향에 빠질 확률이 적다는 것이다. 편향을 제거할 수 있는 또 다른 도구는 이해관계가 없는 당사자에게 권리를 매각하는 양도인데, 놀랍게도 그러한 양도는 드물게 허용된다. 양도는 보통 계약에서는 가능하지만 불법행위 사건에서는 그렇지 않다. 텍사스주는 불법행위에 대한 손해배상 청구권의 매매를 허용하는 몇 안 되는 지역이지만, 그렇다고 해도 양도는 거의 이뤄지지 않는다.[99] 그 실질적인 이유는 소송을 성공적으로 추진하려면 목격자로서 원고의 협조가 필요한데 원고가 권리를 매도한다면 소송에 협조해야 할 이유가 없기 때문이다(대리의 문제점, 9장 참조). 게다가 많은 이가 자신의 분쟁을 소송으로 다투기를 '원한다'. 그들은 보상만을 요구하는 게 아니라 정당성을 입증하는 의식에 참여하고 싶은 것이다. 그러한 욕구를 돈으로 보상해줄 수 있는 양수인은 없다.

주제의 변형이긴 하나 불법행위 관련 청구권 양도의 필요성에 의문을 갖게 하는 이유로 '성공보수'를 들 수 있다.[100] 9장에서도 살펴봤듯이, 원고 측 변호사는 최종 승소액의 일정 비율(가령 3분의 1 정도)을 받는 대가로 사건을 수임하는데, 이러한 성공보수는 변호사가 사건의 승소에 부적절한 관심을 갖게 만들므로 자기고양적 편향의 견지에서는 좋지 못할 수 있다. 큰 승리를 예상하는 그는 시간당 보수를 받는 변호사라면 하지 않았을 방식으로 자기 이익에 몰두하기 때문이다. 그러나 변호사가 자기고양적 편향을 제대로 제어할 수 있는 존재라고 전제한다면, 성공보수는 의뢰인의 자기고양적 편향에 대한 유용한 해결책이 될 수도 있다. 즉 객관적인 판단력을 지닌 전문가를 청구권의 공동 소유자이자 청구권의 전망을 이해하기에 완전한 파트너가 되도록 하기 때문이다.

이제 우리가 고려해야 할 또 다른 법적 측면은 자기고양적 편향의 위험이 가장 높은 청구 유형에 관한 것이다. 사람들이 자기고양적 편향을 유발할 가능성이 '큰' 법 규칙 마련에 착수한다고 가정해보자. 어떻게 진행하는 것이 최선일까? 아마 확인하기 쉬운 사실관계를 확정하기보다는 주관적 판단을 요하는 법적 기준[101]과 양측의 행위에 대한 가치판단을 요하는 기준이 가장 중요한 요소일 것이다. 고용 차별 소송을 예로 들어보자. 전형적인 고용 차별 사건에서 피고가 소송을 당하는 이유는 법령 및 규범에서 비판받을 만한 사유로 결정을 내리기 때문이다. 특히 인종

차별이 의심되는 사건이라면 가해자의 명예는 크게 저하될 것이다. 한편 해고된 직원들은 업무 능력과 상관없는 이유로 불행을 당했으니 자신들의 청구가 정당하다고 믿고 '싶을' 것이다. 그러한 사건에서 판결은 일반적으로 고용주의 동기가 중요한데, 대개는 동기가 설명되어 있는 '결정적 증거'로서의 문서가 존재하지 않기 때문에 종종 객관적 해결은 불가능하다. 결국 어느 쪽 주장을 믿을 것인가, 그리고 원고의 업무에 대한 평가를 어떻게 해석할 것인가, 피고의 발언으로부터 어떠한 추론을 이끌어낼 것인가가 문제다. 그런 내용이 전달하는 메시지는 각 당사자가 지닌 희망적 사고의 압력을 견뎌낼 수 있을 만큼 강력하지 않을 가능성이 크다. 물론 최종적으로 그 판단은 당사자의 몫이 아니라 피고의 동기가 무엇인지 밝혀야 할 사실심 판사의 몫일 것이다. 그러나 이러한 청구를 둘러싸고 타협하는 단계에서 각 당사자는 법원의 생각과 자신의 의견을 구분하는데 어려움을 겪을 수 있다.

편향의 위험 없이 법의 목표를 진전시킬 방법은 없을까? 방금 전 언급한 고전적 전략의 예를 들면, 원고와 법원 사이에 독립적 판단을 위한 장치를 두는 방법이 있다. 미국에서 차별을 이유로 고용주에게 소송을 하려는 고소인은 연방기관인 동등고용기회위원회Equal Employment Opportunity Commission, EEOC에 먼저 사건을 신고해야 한다. EEOC는 원고가 소송하지 못하도록 막을 권한은 없지만 그 진행을 지연시킴으로써 행정공무원이 '조정'을 시도할 수 있다. 여기서 조정이란, 당사자 일방 혹은 쌍방에게 그들의 입장이 생각하는 것만큼 유리하지 않다는 사실을 알리고 타협하거나 승복하도록 설득하는 것이다. 예를 들어 근로자가 노조활동을 이유로 해고되었다고 주장한다면, 즉 고용 관계 소송의 또 다른 영역인 공정근로기준법Fair Labor Standards Act에서는 그러한 접근 방식을 엄격히 다룬다. 여기서 근로자에게 주어진 유일한 권리는 전국노동관계위원회에 호소하는 것뿐이며, 직접 소송할 권리는 주어지지 않는다. 이러한 방침을 적용하는 이유는 다양하지만, 본인이 부당한 이유로 해고되었다는 자기고양적 인식이 고용주의 법적 부담으로 넘겨질 사안인가에 관한 결정권을 근로자로부터 독립적인 판단 기구에게 맡기겠다는 목적이 크다.

÷

자기고양적 편향은 심리학자들이 '기본적 귀인 오류fundamental attribution error'라 부르는 더 큰 문제와 연결해서 생각할 수 있다. 우리는 사고, 성취, 결정 등을 발생케 하는 데 어떤 역할을 한 사람에 대해 그의 내적 자질(덕, 능력 혹은 그것의 결여 등)과 상황을 비난하거나 칭찬할 수 있다. 귀인 오류란 개인적 자질의 중요성을 과장하고 상황의 중요성을 과소평가하는 것을 말한다.[102] 이러한 유형의 오류는 매우 흔하다. 이와 관련된 유명한 연구가 있다. 두 명의 발표자 중 한 사람에게는 피델 카스트로를 칭찬하게 했고 다른 한 사람에게는 비난하게 한 뒤, 피험자들에게 두 발표자가 피델 카스트로에 대해 어떤 태도를 갖고 있는지 평가해달라고 요구한 실험이다. 이때 발표자들의 역할은 동전 던지기로 결정했음을 피험자들에게 알려주었음에도 불구하고 피험자들은 카스트로를 칭찬한 발표자가 카스트로를 더 좋아한다고 생각하는 경향을 나타냈다.[103] 피험자들은 발표자의 발언이 그의 상황뿐만 아니라 그를 반영한다는 인상에서 벗어나지 못했다.

귀인 오류는 법 체제에서 여러 문제의 원인으로 인식되어왔다. 사고가 발생했을 때 많은 사람은 법적으로 아무도 잘못을 저지르지 않았을 수 있다는 사실을 인정하기 힘들어한다. 나쁜 결과가 단지 상황의 결과일 수는 없으며 '누군가'는 비난받아야 마땅한 것이다. 이는 사고 사건의 피고인에게 안 좋은 소식이다.[104] 귀인 오류는 경찰의 적극적 함정수사에 걸려들었음을 주장하는 형사 사건의 피고인에게도 좋은 소식이 아니다. 배심원은 피고인의 도덕적 결함의 역할을 과대평가하고 정부 측이 제공한 유혹의 중요성을 과소평가하기 쉽다.[105] 또한 귀인 오류로 인해 배심원이 강간 혹은 기타 범죄에서 불행한 일을 당한 피해자를 과도하게 비난하게 된다는 주장도 제기되어왔다.[106] 실제로 그러한 주장을 전제로 정부는 살인죄의 피고인을 사형에 처하려는 사건에 대해 양형 단계 전반을 숙고하기도 한다. 우선 검사는 피고가 본인의 인간적 특성에 기인해 범죄를 저질렀음을 배심원단에게 납득시키려 노력한다. 피고 측 변호인은 범죄가 상황(성장 배경, 피해자의 도발 등)의 결과였다며 배심원단을 설득하려 한다. 물론 귀인 오류의 위험은 검사에게 득이 된다.[107] 또한 앞 장에서 논의한 법원에 의한 입법과 입법부에 의한 입법 간 선택에도 어느 정도 영향을 줄 수 있다. 재판에서는 피고인 개인과 그의 책임에 초점이 맞춰지기 마련이므로 법원은 귀인 오류를 범하기가 더 쉽다고 알려져 있다. 반면 입법부는 사람들의 행동에 영향을 끼치고 법을 변화시킬 수 있는 경제적 사회적 요인을 더 광범위하게 들여다본다.[108]

자기고양적 편향은 귀인 오류와 흥미로운 방식으로 얽혀 있지만 그러한 관계를 명확히 규명하기는 어려울 수 있다. 인간은 타인의 상황보다 자신의 상황을 더 날카롭게 인식하고 느끼기 때문에 일반적으로 자기 자신에 대해서는 전형적인 귀인 오류를 범할 가능성이 적다.[109] 무서운 개가 다가와 당신이 크게 놀랐다고 치자. 당신은 그 개가 몸집이 얼마나 크고 무섭게 생겼는지 강조할 것이다. 옆에서 그 광경을 목격한 사람도 그 개를 당신과 똑같이 인식했을 가능성이 높지만 오히려 당신이 개를 무서워한다고 결론 지을 가능성이 크다. 이때 목격자는 사건을 '상황적'으로 봤다기보다는 '성향적'으로 해석한 것이다. 누군가 당신에게 배우자와 결혼한 이유를 물었을 때 당신은 자신의 취향에 대해 말하기보다는 배우자의 다양한 매력에 대해 이야기할 것이다. 그러나 당신의 친구인 조지가 그의 아내 마사와 결혼한 이유에 대해 묻는다면 아마 당신의 설명은 달라질 것이다. 마사의 면모에 대해서도 이야기하겠지만 조지의 취향이나 특징, 이상형에 대해 이야기할 가능성이 크다. 또는 단순히 당신이 화를 낸 순간에 대해 생각해보자. 이 모든 경우에서 당신은 자신의 행동을 주로 외부 자극에 대한 반응으로 생각하는 반면 타인의 행동은 그의 특징에서 비롯된다고 해석하기 쉽다.

그러나 이 모든 경우에서 우리는 자기고양적 편향이 사람들을 선택적으로 사고하도록, 즉 좋은 결과는 스스로의 자질 덕분이라 여기고 나쁜 결과는 상황을 탓하고 싶게 만들 거라 예상할 것이다. 그러한 양상을 보여주는 증거가 있다.[110] 시험 성적이 안 좋은 학생은 그 결과에 이르게 된 여러 변명을 장황하게 늘어놓을 가능성이 크고, 성적이 좋은 학생은 단지 자신의 실력이 반영된 것이라 생각하기 마련이다.[111] 이와 비슷한 예는 얼마든지 발견할 수 있다. 스포츠 경기장에 가서 팬들이 자기가 응원하는 팀과 라이벌 팀의 경기 성적을 어떻게 설명하는지 들어보라. 아니면 변호사가 승소했을 때와 패소했을 때 어떤 식으로 설명하는지 들어보라. 그러나 이 쟁점에 관한 증거가 항상 일관된 것은 아니다. 이러한 인지적 힘은 다른 방향으로 작용할 수도 있으며, 언제나 그 결과가 예측 가능한 것도 아니다. 훌륭한 품성을 갖춘 정치 지도자들은 종종 자신의 결정이 상황에 의해 이루어진 것 같다고 말하곤 한다.[112]

÷

　자기고양적 편향에 관하여 흥미로운 질문은 '그것이 반드시 나쁜 것인가' 하는 것이다. 그에 관한 판단은 쉽지 않다. 왜냐하면 자기고양적 편향은 사실 잘 구분하기 어려운 좀더 양성적인 인지적 경향, 이를테면 일반적인 이기심, 그리고 행위자가 자기 자신이라는 사실, 자신의 취향, 자기 경험적 인식에 대해 누구보다 잘 알고 있다는 인식이 동시에 작용하기 때문이다. 누군가 커피를 엎질렀는데 커피 제조업체로부터 거액의 손해배상금을 타낼 수 있다는 이야기를 하면 사람들은 대체로 터무니없는 말로 여긴다. 하지만 자신이 직접 커피를 엎질러 화상을 입으면 커피 제조업체의 책임 및 그에 따른 보상에 대해 완전히 다른 생각을 하게 될 수 있다. 그러나 이러한 변화만으로 후자의 경우 행위자가 안 좋은 의미의 자기고양적 편향에 빠져 있다고 추론하기는 어렵다. 행위자(그리고 모든 사람)는 자신의 안녕과 행복이 관련돼 있지 않다면 잘못 판단할 수 있다('남의 말을 하기는 쉽다'). 그 판단에 직접적 이해관계가 걸려 있지 않기 때문이다. 커피의 비용만 크게 느껴지고 상해의 경험이 없다면 피해자 측에 '불리한' 편견을 가질 수도 있다.

　가끔은 자기고양적 편향이 행위자에게 득이 되기도 한다.[113] 언덕을 넘어 돌격하는 군인이나 예식장의 단상을 향해 걸어가는 신랑 신부는 앞날의 성공을 과장된 시각으로 바라봄으로써 힘을 얻을 수 있다. 술기운을 빌려 힘을 얻기도 하는 것과 유사한 식으로 말이다. (사실 자기고양적 편향 없이 어떻게 그런 행동을 할 수 있겠는가?) 자기고양적 편향이 힘이 되는 이유는 그것이 비관주의처럼 다른 방향으로 진행되는 왜곡을 상쇄하기 때문일 수도 있고, 아니면 단순히 위험에 대한 정확한 시각은 성공 확률을 높이는 데 필요한 자신감이나 확신을 무너뜨리기 쉽기 때문일 수도 있다. (자기고양적 편향의 부족은 우울증과 연관이 있다고 여겨진다.)[114] 우리는 현실성을 따져 그 비용과 편익이 유리하지 않다고 생각되는 일에는 거의 투자를 하지 않는다. 그렇지만 비용과 편익은 우리가 유리하게 생각하면 더 유리해지는 묘한 자기실현적 특성을 지니고 있기도 하다. 그러나 이 원칙의 한계에 유의하도록 하자. 자기고양적 편향은 실행의 시점에서는 유익할 수 있으나 그 이전 단계, 즉 행동을 시작하기로 결심하는 시발점에서는 그렇지 않을 수도 있다. 입대 혹은 결혼을 결정하는 순간에 우리가 원하는 것은 결과에 대한 명확한 전망이다. 그러나 앞으로 나아가려는 결정이 내려진 이후에야 비로소 우리는 비현실적인 낙관적 전망에 기대어 힘을 얻을 수가 있다. 다만 그 순간에 편향의 수치는 최적의 선을 지켜야 한다. 절망적인 임무 또는 불행한 결혼에 대해 지나친 편향은 성급함이나 과잉 행동으로 이어진다.

지금까지의 내용은 편향을 범하는 사람의 시각에서 살펴본 사실들이다. 그러나 편향의 영향으로 발생한 행동은 타인에게도 비용이나 편익을 발생시킬 수 있다. 군인이 되려는 사람이 입대를 결심하면서 자신의 미래를 확대해석하는 것은 본인에게는 불행일지 모르나 사회적으로는 행운일 것이다. 우리에게는 군인이 필요하다. 그래서 군인의 경험을 미화하고 순화하는 신화(이야기, 영화, 홍보 등)에 투자하는 것이다. 다시 말해 우리는 자기고양적 편향을 강화시켜 결과적으로 (반드시 행위자에게 유리한 행위가 아닐지라도) 전체에게 이득이 되는 행위를 장려하고자 영광의 기회를 과장하고 불행의 가능성을 경시하는 편향을 키운다. 국가가 지원하는 복권을 홍보하거나, 어렵게 자수성가한 기업가와 같은 인물들의 성취를 기념하는 것도 그와 같은 시각으로 바라볼 수 있다.

이러한 내용들을 분쟁에 적용한다면, 분쟁의 종류에 따라 변화하는 개인적 사회적 고려 사항을 절충해야 하기 때문에 문제가 복잡해진다.

때로는 분쟁 당사자가 근거 없이 당연시하거나 낙관주의로 일관할 때 더 나은 결과를 기대할 수도 있다. 그러한 특성은 의뢰인과 변호인을 협상에서 더 설득력 있고 두려운 상대로 만들 수 있기 때문이다.[115] 즉 상대방에게 두려움을 안김으로써 해당 사건을 작게 느끼도록 만드는 데 효과적일 수 있다. 상대방은 경쟁자의 의도에 굴복할 수밖에 없으므로 경쟁자는 자신에게 유리한 합의안을 이끌어낼 수 있다. 특히 그러한 특성은 끝까지 싸움을 멈추지 않을 거라는 인상을 상대에게 안겨줌으로써 타협에 진지한 태도를 유도하기도 한다.[116] 이와 같은 가능성들로 인해 당사자는 편향을 제거해주는 알약이 있다 해도 상대방이 같이 복용하지 않는 한 결코 그 약을 취하지 않을 것이다. 모두 과도한 확신을 가지고 자기가 옳다고 주장하는 갈등 상황에서 나 홀로 사안을 '객관적으로' 바라보는 행위는 전략적으로 불리할 수 있기 때문이다. '이해'라는 것이 "가장 선한 이들은 신념을 상실케 하는 반면 가장 악한 이들은 격렬한 열정에 사로잡히게 하는" 사건을 만들어낸다면 분명 그것은 약점이 될 수 있다.[117] 이러한 약점을 좀더 세속적으로 표현하자면, 편향에 치우치지 않는 사람들은 편향에 사로잡힌 이들보다 더 쉽게, 그것도 더 적은 금액에 합의에 이른다는 것이다. 그러한 경우 스스로 편향에 빠지지 않는 것은 죄수의 딜레마에서 협력하는 것과 유사하다는 점에서 양측 모두에게 편향의 제거를 (그것이 가능하다면) 요구해야 한다는 주장에 힘이 실린다.[118]

그럼 이제 외부 비용 및 외부 편익에 대해 논의해보자. 자기고양적 편향의 한 효과는 결말에 대한 정확한 예측에 의해 굴복하는 편이 합리적임에도 불구하고 당사자를 항복하지 않게 만드는 것이다. 결과적으로 그것이 '당사자에게 이로운 것인가'와는 별개로 소송이 당사자 이외의 사람들에게 편익을 창출한다면 장점이 될 수 있다. 공법 소송이 바로 그러한 경우다. 공법 소송의 주된 수혜자는 대체로 사건의 당사자가 아니다. 환경법의 집행을 위한 소송이나 다수의 권리(종교적 표현 및 발언의 권리, 압수수색으로부터의 자유 등)를 저해하는 법령의 폐지를 위한 소송을 떠올려보자. 이들 소송의 결과는 법을 명확하게 만들어 타인에게 이득을 준다. 아니면 제조물 책임 분야와 같이 소송이 특히 중요한 규제적 기능을 수행하는 사법 영역을 떠올려보자. 냉정하게 바라볼 때, 여러 불리한 장애에도 불구하고 소송을 진행하는 원고는 세상에 귀중한 선례를 만들어줄 가능성이 크다는 점에서 공익을 실천한다고 볼 수 있다. 어쩌면 그의 열정은 방어자 측이 소송에 막대한 비용을 지출해 불리한 선례의 등장을 막으려는 시도를 상쇄하는 데 유용하게 쓰일 수 있다.[119] 한편 승소 가능성에 대해 과장된 전망을 갖고 있는 '피고'는 사회적으로 바람직하지 않은 소송을 끝까지 붙잡은 채 합의를 거절할 수 있다. 이는 장래에 그러한 소송이 덜 일어나게 하는 데 기여하므로 좋은 일이다. 다만 그 유익한 효과가 어느 정도인지는 순전히 추측에 맡겨야 한다.

✦ 추가 독서를 위한 제안

Linda Babcock, George Loewenstein, and Samuel Issacharoff, *Creating Convergence: Debiasing Biased Litigants*, 22 Law & Soc. Inquiry 913(1997); Linda Babcock and George Loewenstein, *Explaining Bargaining Impasse: The Role of Self-Serving Biases*, 11 J. Econ. Persp. 109(1997); Ward Farnsworth, *The Legal Regulation of Self-Serving Bias*, 37 U.C. Davis L. Rev. 567(2003); Ola Svenson, *Are We All Less Risky and More Skillful Than Our Fellow Drivers?* 47 Acta Psychologica 143(1981); Jon Elster, Sour Grapes(1983); Lee Ross and Richard E. Nisbett, The Person and the Situation(1991); See Edward E. Jones and Richard E. Nisbett, *The Actor and the Observer: Divergent Perceptions of the Causes of Behavior, in* Attribution: Perceiving the Causes of Behavior 79 (Edward E. Jones et al. eds., 1971); Christine Jolls and Cass R. Sunstein, *Debiasing through Law*, 35 J. Legal Stud. 199(2006).

5부

증명 문제

27장
추정

일반적으로 법원은 참이나 거짓을 선언하지 않는다. 그것은 굉장히 어려운 일이다. 통상 법원은 '개연성'을 추정하고자 할 뿐이다. 더 정확하게는, 주장이 진실이라는 증거가 결정(형사 유죄판결, 민사 소송에서의 평결, 법령 또는 규칙의 폐지에 관한 의견, 사실심 판결을 뒤집는 항소심 판결 등)을 정당화할 수 있는 기준을 충분히 충족하는지를 판단한다.

이러한 사고방식은 O. J. 심슨 사건을 처리한 방식을 설명하는 데 도움이 된다. 심슨은 자신의 전처와 그녀의 친구를 살해한 혐의로 기소되었으나 무죄 판결을 받았다. 이후 희생자의 유가족이 심슨을 상대로 손해배상 소송을 제기해 승소했다. 어떻게 된 일일까? 심슨에게 무죄를 선고한 1심 법원의 판결과 유죄를 인정한 2심 법원의 판결은 서로 모순된 것 아닌가? 그럴 리가 있겠는가. 그렇지는 않다. 왜냐하면 실제로 두 법원이 선고한 내용은 다르기 때문이다. 심슨은 형사 재판에서 '무죄 판결'을 받은 게 아니다. 해당 소송의 승리는 심슨에게 불리한 증거가 형사 재판에서 사용되고 있는 증명의 수준(합리적 의심의 여지가 없는 증명)을 충족시키지 못했다는 선언일 뿐이었다. 또한 민사 재판에서도 '유죄 판결'을 받은 게 아니다. 법원이 심슨에게 불리한 증거가 미국의 민사 재판에서 채택하고 있는 어떤 낮은 수준의 기준(증거 우위에 의한 증명)을 넘어서지 못했다고 결론지었을 뿐이다.[1] 증명의 서로 다른 두 가지 기준에 대해서는 다음 장에서 더 자세히 다뤄보겠지만, 이미 당신은 그 내용을 이해할 수 있을 것이다. 법적 판단으로 심슨이 살인을 저질렀을 확률을 가령 70퍼센트 정도라고 봤다면 두 재판의 결과는 옳은 것이었다. 해당 증거는 심슨의 재산을 빼앗는 판결을 뒷받침하기에는 충분했으나 그에게서 자유를 빼앗는 판결을 뒷받침하기에는 부족했다. 종합해보면 두 재판은 이 장 첫머리에서 밝힌 주장과 일맥상통한다. 법원은 피고가 살인을 저질렀는지 그렇지 않았는지를 판단하지 않는다. 법원의 임무는 확실함을 선언하는 것이 아니라, 사건의 증거가 기준을 넘어서는지 그렇지 않은지를 판단하는 것이다. 때로 증거가 어떤 기준을 넘어서기는 해도 다른 어떤 기준을 넘지 못하기도 한다.

이러한 원칙은 법원이 임무를 수행하는 일반적인 방식에 대해 많은 것을 설명해준다. 법원은 추정을 한다. 입증 책임을 할당하고, 의사결정자가 언제 다른 의사결정자의 의견을 인정해야 하는지 알려주는 원칙을 발전시키며, 기준을 정해 증거와 주장이 그에 충족하는지를 평가한다. 법원은 기본 규칙을 설정한 뒤 그 규칙에서 벗어난 행위의 이유가 추정 근거를 무시하기에 충분한 것인지 비교 판단한다. 이러한 접근 방식에 담긴 의미는 대부분의 사건에서 굳이 법원이 사안의 진상을 규명하고 올바른 답을 발견해낼 필요가 없다는 것이다. 곧잘 그렇듯이 증거가 약하거나 질문에 대한 올바른 답을 찾아내기가 어렵다면, 기본 규칙(추정)이 적용되어 어쨌든 현실적인 답변을 내놓는다.

우리는 증명의 기준이 어떻게 이 모든 것의 본보기가 될 수 있는지 살펴봤다. 마찬가지로 입증 '책임'도 그러한 기능을 제공한다. 둘의 차이는 무엇일까? 증명의 기준은 당사자가 이기기 위해 제시해야 하는 증거의 질, 즉 설득력을 얼마나 지니는가에 관한 규칙이다. 입증 책임은 소송에서 종종 같은 방식으로 정의되기도 하지만, 또한 질문에 대한 증거가 전혀 없거나 답을 찾기 어려울 때 어느 쪽이 패소할지를 나타내는 화살표로 간주될 수 있다. 이 화살표 방향은 재판 과정에서 얼마든지 바뀔 수 있다. 따라서 계약이나 손해배상 청구 소송 같은 민사 소송에서 입증 책임은 원고로부터 시작된다. 원고가 아무런 증거도 제시하지 못하거나 제시한 증거가 확실한 결론에 이르지 못한다면 원고의 패소로 돌아간다. 입증되지 않는 한 피고에게 책임이 없다고 추정되는 것이다. 그렇다면 원고의 증거가 유효하나 소송 제기가 너무 늦었다고 피고가 주장할 때(이를테면 3년의 소멸시효가 경과된 사례)를 가정해보자. 피고의 주장은 '적극적 항변'이라 불리며, 이에 대한 입증 책임은 피고에게 있다. 피고가 달리 증명하지 않는 한(쉬울 수도 있고 어려울 수도 있다) 소 제기는 시의적절하게 이루어진 것으로 추정된다. 이러한 규칙들은 이해하기 어렵지 않지만 어떤 기능을 하는지에 대해선 주목해볼 필요가 있다. 일단 이들 규칙은 법원이 사건마다 실제로 어떤 일이 일어났는지 파악해야 하는 수고를 덜어준다. 소 제기에 관한 주장을 제대로 입증하지 못하면 패자는 이미 정해진 것이다. 법원은 소 제기가 제때 이루어졌는지 판단할 필요 없이 피고가 그에 관한 증거를 제출하지 않았음을 밝히고, 피고에게 불리한 추정을 바탕으로 재판을 진행시킬 수 있다. (소 제기가 제때 이루어졌는지에 대한 입증 책임을 원고에게 지울 수도 있지만 그것은 소모적이다. 대부분 아무 문제가 없는 사안에 대한 증거를 원고에게 강요하는 일이 될 테니 말이다.)[2]

입증 책임을 부여하는 규칙은 먼저 청구할 가치가 있는 내용이 있는지를 확인한 다음 이를 뒷받침할 증거를 찾아내는 데 드는 각 당사자의 비용을 기초로 결정되곤 한다. 그 일을 더 용이하게 할 수 있는 당사자가 제대로 수행하지 않으면 자동으로 패소한다.[3] 따라서 고용에 관한 인종차별 사건의 원고는 자신이 소수 인종에 속하며 지원 일자리에 충분한 자격을 갖추고 있다는 것, 그리고 그 일자리가 다른 백인에게 돌아갔음을 제시할 수 있다면 최초 '증거 제출 책임'에서 벗어날 수 있다. 원고에게 많은 입증을 요구하지 않고 가벼운 부담을 설정하는 데 그치는 이유는 원고가 그 이상의 입증을 하기에 유리한 위치에 있지 않기 때문이다. 고용 판단에 관한 대부분의 증거는 고용주에게 있을 테니 말이다. 따라서 원고는 작은 증거를 제시함으로써 입증 부담을 피고에게 넘길 수 있다. 이제 고용주는 원고를 고용하지 않은 판단에 적법한 사유가 있었음을 보여주어야 하며, 그러지 못하면 패소한다. 통상 그 사유를 찾는 일도 그다지 어렵지는 않다(따라서 사유를 제출하지 못하면 고용주가 패소한다). 그렇게 되면 해당 사유가 거짓임을 밝혀야 하는 책임이 다시 원고에게 돌아간다. 이에 대한 입증은 쉽지 않겠지만, 이처럼 번갈아 입증을 주고받는 과정에서 고용주는 양측이 생산적으로 논쟁할 수 있는 설명을 제출하지 않을 수 없게 된다. 입증 책임에 관한 이러한 접근법은 특정 사건에서 고안된 맥도널 더글러스 공식McDonnell Douglas rule이라 불리는데, 차별 관련 사건의 특정 방식이다.[4] 그러나 이 공식은 최초의 증거 제출 책임과 최후의 설득 책임을 조절함으로써 당사자가 각기 증거 제시에 유리한 위치에 있을 때 재판에 기여할 수 있음을 보여준다. 다음 장에서 살펴보겠지만, 때로는 정책적 이유로 어느 한쪽에 부담이 몰리기도 하고 커지거나 작아지곤 한다.

1심에서 패소한 당사자가 항소를 결심할 때는 대략 이전과 유사한 논리를 펼친다. 그렇다면 항소 법원은 1심에서 판사의 실수가 있었는지 여부를 어떻게 판가름해야 하는가? 물론 입증 책임은 항소를 제기한 당사자에게 있다. 그가 항소 이유를 대지 못한다면 1심에 문제가 없다고 추정돼 1심 판결이 유지된다. 흥미로운 문제는 '항소인이 어떤 수준의 입증 기준을 충족시켜야 하는가'이다. (이를 항소에서 사용되는 용어로 다시 표현하자면, 항소 법원은 1심 판사의 실수를 주장하는 청구의 판단 잣대로 어떤 '심사 기준'을 사용할 것인가?) 항소심 판사가 단순히 1심 판사의 행위에 대해서만 옳고 그름을 살피는 건 아니다. 2심 판사는 앞서 설명한 것과 동일한 전략을 구사하여, 즉 기준을 세워놓고 1심 판사가 틀렸다는 주장이 그 기준을 넘어서기에 충분한지를 판단한다. 해당 기준의 높이는 1심 판사가 저질렀다고 주장되는 실수가 어떤 유형의 것이냐에 달려 있다.

자, 당신의 재판이 배심원 없이 한 명의 판사에 의해 이루어졌다고 가정해보자(법원은 당사자 중 한쪽이라도 요청하면 배심원을 둔다). 판사는 당신의 서커스 코끼리들 중 한 마리가 원고를 밟았다고 판단하여 당신에게 손해배상금을 지불하라는 명령을 내린다.[5] 당신은 그 코끼리가 자신의 코끼리가 아니었다는 이유로 항소한다. 하지만 (정말 당신의 코끼리가 '아니었다' 해도) 당신은 패소할 것이다. 항소심 판사는 해당 코끼리가 당신의 소유였는지 아닌지에 대해선 다시 묻지 않을 것이다. 단지 코끼리가 당신의 소유였다는 강력한 추정 아래 당신이 내세운 증거가 그 추정을 무너뜨리기에 충분한지를 판단할 것이다. 그렇게 추정하는 배경에는 사실심 판사가 내린 사실관계에 관한 결정은 명백한 오류가 발견될 때에만 번복될 수 있다는 규칙 때문이다. 이는 사실심 판사가 증인의 말을 들을 수 있고 증거를 더 자세히 들여다볼 수 있으므로 항소심 판사에 비해 판결에 유리한 입장이라는 점을 고려한 것으로, 법적 판단의 주체가 또 다른 주체의 판단을 존중하는 전형적 근거다. 이 규칙은 시간 절약에도 크게 기여한다. 증거가 굉장히 복잡하거나 상충되거나 불분명해 코끼리 소유자를 특정할 수 없다면 항소심 판사는 깔끔하고 명료하게 당신이 코끼리의 소유자였다고 선언할 수 있는 위치에 있다.

그럼 지금부터는 항소심에서 코끼리가 당신의 소유였음을 인정하는 대신 다른 주장을 펼친다고 가정해보자. 당신은 코끼리가 입힌 피해에 대한 책임을 자동으로 코끼리 소유자에게 귀속시켜야 한다는 사실심 판사의 견해에 이의를 제기해, 소유자의 부주의가 있었는지 여부를 따져야 한다고 주장한다. 이때 항소심 재판부는 사실심 판사의 견해에 무게를 두지 않을 것이다. 아예 '새로운' 판단이 이루어져야 하므로 당신의 주장이 상대방보다 조금이라도 유력해 보인다면 당신이 승소한다. 앞의 사례와 비교해볼 때 그 이유는 명백하다. 사실심 판사는 이 사안에 대한 판단에 비교우위를 갖고 있지 않다. 해당 사안은 목격자 진술 청취가 아니라 증거 서류를 읽고 고민하여 답할 수 있는 '법'의 문제이며, 그것은 사실심 판사와 마찬가지로 항소심 판사도 할 수 있는 일이다.

그러나 여전히 의문은 남는다. 판결이 재차 이루어지는 이유는 무엇인가? 사실심 판사와 항소심 판사 중 누구도 사안 판단에서 비교우위를 갖고 있지 않음에도 항소심 판사가 더 나은 답변을 내놓을 거라고 생각할 어떠한 근거라도 있는 걸까? 그렇지 않다. 오히려 중요한 건 항소심 재판부가 사실심 판사의 업무를 감독한다는 사실이다. 항소심 판사를 두는 주된 목적은 유사한 사건들이 재판에 따라 다르게 판결되지 않도록 모든 사실심 판사가 동일한 법 규칙을 적용하고 있는지를 확인하기 위함이다. 이러한 통일성을 확보하는 유일한 방법은 동물 소유자를 규율하는 일반 규칙 등의 법적 쟁점들을 처음부터 다시 판단하는 것이다. 만약 항소심 재판부가 법적 쟁점에 대한 사실심 판사의 판단을 존중한다면, 결과적으로 두 재판부가 서로 다른 법 규칙을 적용하더라도 두 판단이 모두 확정될 수 있다.[6] 순수한 사실관계가 쟁점(코끼리가 '당신의 소유'인지 여부)일 때는 이러한 문제가 없다. 왜냐하면 심급을 달리하는 여러 법정에서 그토록 구체적인 질문들이 재차 제기될 리는 없기 때문이다.

법원이 내리는 수많은 결정 중에는 순수한 사실관계에 관한 문제 혹은 순수한 법률 문제라 할 수 없는 것이 많다. 예를 들어 판사가 사건을 집단 소송으로 진행되어야 할 사안으로 판단하는 경우, 불성실한 주장을 펼친 변호인에 대해 벌금형을 내리겠다고 선언하는 경우, 피고가 원고에게 입힌 피해가 '회복 불가능'한 수준으로 판단되어 가처분 명령을 내리는 경우처럼 어중간한 상황들이다. 이처럼 판사는 재판 속 다양한 상황에 법적 기준을 적용하고 있는데, 결과적으로는 법과 사실이 혼재된 문제로 인식되고 있다. 항소심에서 이러한 유형의 문제들을 판단하기 위한 단일한 심사 기준은 존재하지 않으며, 개별 내용에 따라 판단해야 한다. 앞서 설명한 코끼리 사건에서는 항소 법원이 검토하는 내용이 '명백한 오류'에 관한 것이든 '재량권 남용'에 관한 것이든 그 결과는 존중될 것이다. 사실 이들 용어는 전형적으로 동일한 내용에 해당된다. 판결은 일단 옳은 것으로 추정되며, 잘못된 판결을 이유로 항소를 제기하는 자가 그 사실을 입증해야 할 책임을 진다. 항소 법원이 확신할 수 없다면 원판결은 유지된다. 항소 법원의 심사 기준에 의해 항소 제기자의 성공 가능성이 좌우되곤 하기 때문에 훌륭한 항소 변호사와 판사들은 신중을 기해 사건을 검토한다.

항소심 판사는 단순히 사실심 판사의 업무를 심사하는 데 그치지 않는다. 그리고 심사하는 모든 작업에는 존중의 여부와 범위에 관한 규칙들이 존재한다. 즉 항소를 제기한 자가 다소 무거운 입증 책임을 감당하는 못하는 한 그 판단을 존중해야 하는가 등이다. 하지만 존중 혹은 비존중의 이유는 달라질 수 있다. 만약 당신이 코끼리의 소유자였다는 판단의 주체가 판사가 아니라 배심원이라면 항소심에서 존중의 정도는 훨씬 높으며, 사실상 절대적이다. 수정헌법 제7조는 연방 상소심에서 배심원이 확정한 사실관계를 재판단하는 것을 금하고 있다.7 (이를 회피할 방법이 없는 건 아니다. 예를 들어 당신은 코끼리가 당신의 소유라는 증거가 너무 미약해서 애초에 배심원에게 제시되지 말았어야 했다는 주장을 펼칠 수 있다. 하지만 배심원들이 깊은 인상을 받을 만한 어떤 증거가 있었고, 당신은 배심원들이 잘못 판단했다는 입장이라고 가정하자.) 이제는 앞선 의사결정자가 지닌 비교우위 외에 존중의 이유가 있다. 어쨌든 그것은 이미 사실심 판사에 대한 존중의 이유였고, 우리는 지금 훨씬 '더 대단한' 존중에 대해 이야기하고 있지 않은가. 이번에는 정치적 이유가 추가된다. 헌법 제정자들은 배심원을 정부의 통치에 대한 정치적 제동장치로 간주했기 때문에 배심원이 확정한 사실관계를 공직자(판사)가 무효로 만들기 어려워야 한다.[8]

연방법원이 주법원의 결정을 심사하기도 한다. 예를 들어 주 정부의 수감자가 인신보호 영장을 신청할 때, 다시 말해서 주 정부가 헌법을 위반해 죄인을 구금하고 있다고 연방 판사가 선언할 때다. 그것이 당신의 사건이라 가정해보자. 주법원은 당신에게 적절한 법정 변호인이 있다고 판단했지만 당신은 이에 동의하지 않는다. 당신의 인신보호 영장 신청을 허용하는 연방법에는 당신의 변호인이 적절한지 여부를 연방 판사가 확인하는 내용이 없기 때문에 당신은 내내 힘든 싸움을 하게 될 것이다. 이번에도 역시 당신의 주장을 뒷받침하는 증거가 일련의 장애물을 극복할 수 있을 만큼 충분히 강력한지 확인하는 다툼으로 이 문제를 재구성해볼 수 있다. 이제 주법원이 확정한 사실관계가 연방법원에 의해 옳은 것으로 인정되는 부분은 충분히 이해될 것이다. 사실 이것은 법률 문제에 대한 존중을 요구하는 것으로도 해석된다. 결국 수감자는 주법원의 헌법 해석이 (연방법원이라면 달리 판단했을 것이라는 면에서) 틀렸을 뿐만 아니라 부당하다는 것을 입증해야 한다.[9] 제7조의 경우와 마찬가지로 이 또한 정치적인 이유에 기인한다고 이해할 수 있으나, 여기서의 정치는 다른 의미다. 1996년에 제정된 인신보호법의 제정자들은 연방법원이 주의 형법 행정에 지나치게 간섭하는 것을 원하지 않았다. 그리하여 주 판사에게 비교우위가 있지 않고 어느 정도 통일성이 필요한 문제에 대해서조차 연방 판사는 판단을 자제해야 한다고 규정했다. 의회가 그렇게 한 이유는 예양禮讓, 즉 한 주권의 또 다른 주권에 대한 상호 존중(앞의 사례에서는 연방 정부의 주에 대한 상호 존중) 때문이다. 또 다른 설명으로는 인신보호 영장 청구 건에서 연방 판사가 주 정부에 헌법의 자유주의적 해석(법 제정자들이 선호하지 않는 해석)을 강요하기에는 이르다는 인식이 존재했다는 것이다. 법 제정자들은 그러한 경향을 억제하고 실질적으로 더 나은 결과를 도출해내기 위해 절차적 방법을 사용했다. 바로 영장 발부를 위한 기준을 높인 것이다. 어쨌건 핵심은 우리에게 익숙한 것이다. 연방 판사는 주법원의 결정을 심사할 때 절대적 판단을 내리지 않는다. 그저 오류 가능성이 의회가 설정한 기준을 넘어서는지만 판단할 뿐이다. 사안에 따라 (아마 자주) 오류 여부를 확신하기 어렵기도 한데, 보기에는 어려운 사건 같지만 사실상 그렇지 않다. 수감자의 패배다.

법원이 다른 법원의 행위만 심사하는 것은 아니다. 정부 기관의 행위도 법원의 심사 대상이다. 환경보호청이 청정대기법(의회가 제정한 법률)에 따라 당신 공장의 굴뚝 높이를 1마일 이상으로 규제한다고 가정해보자. 당신은 이 문제를 법정에서 다투려 한다. 앞서 살펴본 내용을 근거로 당신은 법원이 직접 청정대기법의 의미를 판단해주리라 기대할 것이다. 청정대기법의 의미는 법의 문제이므로 그것을 파악하기에 판사만큼 적절한 사람은 없기 때문이다. 그러나 상황은 당신의 생각대로 돌아가지 않을 수도 있다. 그 법이 모호한 것으로 판단된다면 불합리하지 않은 한 법원은 통상 정부 기관의 법 해석을 존중한다. 이를 연방대법원 판결에서 유래한 '셰브론Chevron' 존중주의라고 한다.[10] 그 판결을 살펴본 학생들은 그러한 존중이 적절하다고 생각되는 이유에 대해 다양한 의견을 제시한다. 어떤 학생은 의회가 해당 규정의 의미가 정부 기관에 의해 결정되길 희망한다는 의사를 법 규정의 모호성을 표명하는 것이라고 주장한다. 혹은 정부 기관은 관련 분야에 대한 이해가 깊은 까닭에 관련 법의 이해에서도 가장 유리한 위치에 있다는 의견도 있다(사실관계 문제 판단에서 사실심 재판이 가장 유리한 위치인 것과 유사하다).[11] 어쨌든 우리가 논의해온 여러 부담 및 기준들과 셰브론 존중주의가 어떤 식으로 유사한지 깊이 들여다볼 필요가 있다. 셰브론 존중주의가 적용된다는 것은 법원이 법 규정의 의미를 확인하는 까다로운 작업을 수행할 필요가 없음을 의미한다. 법원은 단지 어려운 문제임을 밝히고 기본 규칙에 따를 수 있다. 즉 정부 기관의 승리다. (법령 해석 외에) 정부 기관의 직접 판단이 법정에서 다뤄지는 경우에도 결과는 유사하다. 정부 기관의 판단이 '자의적이고 일관되지 않았다는 것'에 대한 입증 책임은 원고에게 있으며, 이 사례 역시 존중의 심사가 이루어지는 경우에 해당된다.

물론 법원의 심사대에 오르는 대상으로 의회를 포함해 입법기관의 결정도 빼놓을 수는 없다. 사람들은 법률의 무효를 다투기 위해 소송을 제기하기도 하고, 어떤 법에 따라 기소되었을 때 그 법률의 무효를 주장하기도 한다. 어쨌든 다 법률이 헌법에 위배된다는 주장이다. 그럴 때 법원은 해당 법률이 헌법상의 규칙에 저촉되는지를 살펴봄으로써 문제를 해결할 수 있다고 생각할지 모르겠으나, 그런 식으로 해결되는 일은 드물다. 헌법은 규칙처럼 보이는 것으로 가득하지만, 법원은 그중 많은 것을 우리가 논의한 것과 같은 방식의 심사(즉 일단 추정한 다음 법원이 설정한 기준에 충족하는지를 측정)를 요구하는 기준으로 전환시키곤 했다. 예컨대 인종에 따른 차별을 규정한 법, 내용을 이유로 표현의 자유를 침해하는 법, 연방대법원이 '기본권'이라 선언한 권리의 행사를 어렵게 만든 법은 단순하게 폐지되지 않는다. 그러한 법은 법원이 '엄격 심사strict scrutiny'

라 칭하는 심사를 받으며, 이는 일반적으로 법이 '중대한 공익을 위한 목적으로만 좁게 조율되었는지' 여부를 판단하는 과정으로 정의되고 있다. 즉 법원에 의해 그러한 심사를 거쳐야 한다. (그 후 법원이 법률을 폐지한다.) 내용에 대해 중립적인 방식으로 표현의 자유를 제한하는 법이나 성별에 따른 차별을 규정하고 있는 법은 '중간 심사intermediate scrutiny'를 거친다. 둘 다 해당 법이 '중요한 정부 목적에 실질적으로 연관되어 있음'을 정부가 입증해야 한다. 이러한 조잡한 공식들은 단순히 법의 평등 보호 및 표현의 자유를 말하는 헌법과 거리가 멀어 보이기도 하지만, 법원은 법이 헌법 규정에 저촉되는지를 직접적으로 묻는 방식을 선호하지 않으며 입증의 책임 및 기준을 만드는 심사로써 헌법의 명령을 재확인하는 편을 선호한다.[12]

지금까지 법적 추정이 허용되는 다양한 이유에 대해 살펴봤다. 때로 법원은 인신보호법이나 헌법의 일부 조항처럼 다른 출처에서 비롯된 명령과 같이 정치적이라 할 수 있는 이유로 추정을 하기도 한다. 한 의사결정자가 다른 의사결정자보다 답을 제시하기에 더 유리한 위치에 있다고 여겨지는 경우와 마찬가지로, 추정은 실질적으로 인식론이나 경제학에 관한 문제일 때가 있다. 이유가 무엇이든 의사결정을 위한 이런 일반적 전략은 불확실성이란 위협(정보 획득이 불가할 수 있다는 염려 혹은 복잡한 주장들이 상충되는 가운데 해결이 어려울 수 있다는 염려)에 대처하는 데도 도움이 된다.[13] 그러한 위협은 결코 드물지 않다. 일반적으로 법, 특히 법정은 불확실성으로 가득하다. 피고인이 범죄를 저질렀는지 혹은 코끼리의 소유자가 누구였는지 확신할 수 없는 경우가 생길 수 있다. 실제로 원고가 회복할 수 없는 손해를 입었는지, 수감자의 주 법정 변호인이 적절하다고 판결한 사실심 판사의 판단이 맞았는지에 대해서도 확신할 수 없는 경우가 있을 것이다. 또한 법의 의미가 무엇인지, 법이 득보다 실이 많은 건 아닌지 해결하기 어려운 경우도 있을 수 있다. 오히려 답을 알아내기 어려운 게 정상인지도 모른다. 그러므로 추정은 매우 유용하며, 추정을 이해하는 것은 굉장히 중요하다.

✦ 추가 독서를 위한 제안

Gary Lawson, *Legal Indeterminacy: Its Cause and Cure*, 19 Harv. J.L. & Pub. Pol'y(1996); Bruce L. Hay and Kathryn E. Spier, *Burdens of Proof in Civil Litigation: An Economic Analysis*, 26 J. Legal Stud. 413(1997); Randy E. Barnett, The Structure of Liberty ch. 10(1998); Richard H. Gaskins, Burdens of Proof in Legal and Philosophical Discourse(1992).

28장
입증 기준

어떤 의사결정자든 전적으로 옳다는 확신 아래 결정을 내리는 일은 드물다. 이는 법정에서도 예외가 아니다. 그러나 결정하는 데 요구되는 확신은 과연 '어느 정도'인가? 법원이 다양한 '가정'을 고려하여 내리는 결정에서 이러한 문제에 대한 검토가 이루어지고 있음을 알 수 있다. 한 선원이 배에서 추락하는 사고가 발생했는데 잠시 후 이동하는 오징어 떼에 휩쓸려 사망하고 말았다. 곧바로 밧줄이 던져졌다면 목숨을 구할 수 있었겠지만 선장은 실수로 구명 장비를 갖춰놓지 않았다. 이런 유형의 사건에 관한 소송에서 사망한 선원의 유족이 구조 장비를 갖추지 않은 사실만 가지고 선장에게 책임이 있다고 주장하기에는 충분치 않다. 밧줄이 있었다면 선원이 살아남을 수 있었음을 추가로 입증해야 한다. 오징어 떼의 속도가 너무 빨랐다면 결과는 마찬가지였을 수도 있기 때문이다. 일반적인 소송에서는 배심원단을 구성하여 판단을 맡기지만, 이 사례에서는 배심원단이 절대적으로 확신하지 못할 수 있다. 밧줄이 선원을 살렸을 수도 있지만 그렇지 않을 수도 있기 때문이다. 배심원단이 선장에게 불리한 판단을 내리기 위해서는 어느 정도의 확신이 필요할까?

배심원에게 수치를 추정하게 한 다음 그에 상응하는 금액을 선장이 원고에게 배상토록 하는 게 자연스러운 해결책으로 보인다. 그렇다면 선원의 사망으로 그 유족이 잃은 미래 수입이 10만 달러라고 가정해보자. 밧줄을 써서 선원을 살릴 수 있는 확률을 배심원단이 30퍼센트로 간주한다면 선장은 그 금액의 30퍼센트인 3만 달러를 유족에게 배상해야 하고, 그 확률이 80퍼센트라면 선장이 배상할 액수는 8만 달러가 될 것이다. 이처럼 손해배상액은 정당성에 대한 확신과 더불어 증가한다.

그러나 보통 그런 식으로 해결되지 않는다. 배심원은 문제에 대한 긍정 또는 부정의 답변을 요구받는다. 즉 밧줄이 선원을 구할 수 있었다는 사실을 원고가 우세한 증거로 입증했는지에 대한 답변을 요구받는다. 대다수의 법정은 이에 대해 밧줄이 중요했을 확률이 50퍼센트 이상인지 묻는 것과 같다고 간주한다. 그렇지 않다면(배심원의 생각에 밧줄이 중요했을 확률이 가령 30퍼센트 정도였다면), 원고가 입증에 필요한 수준을 충족시키지 못한 것으로, 선장은 배상책임을 지지 않는다. 반면 선원이 구조됐을 확률이 60퍼센트라면 선장은 전적인 책임을 지고 10만 달러 전액을 배상해야 한다. 선장이 전액을 지불하든 한 푼도 지불하지 않든, 밧줄이 도움이 됐을까 하는 질문에 대한 답변은 양극단 사이 어딘가(어쩌면 중간쯤)에 위치할 수밖에 없다.

이러한 불일치의 원인은 무엇인가? 법은 어째서 보통 수준의 확신을 어떻게든 양자택일의 결과로 전환시키는 것인가? 아마 현실적 이유가 가장 클 것이다. 소송 당사자는 좀더 정확한 추정을 위해 요구되는 수준의 지식을 의사결정자(판사 또는 배심원)에게 제공하기 어려울 수 있다. 결국 사실관계를 판단하는 자는 변변찮은 기초 정보를 토대로 추측할 수밖에 없는 상황에 놓인다. 밧줄이 오징어 떼로부터 선원을 구할 수 있었던 확률이 70퍼센트라는 것은 명백한 수치처럼 보이지만 결국은 짐작이다. '더 확률이 높은 쪽'이라는 기준을 정해놓고 사건을 이쪽 아니면 저쪽으로 분류하는 방식이 판사나 배심원에게는 수월할 것이다. 이때 배심원은 양측의 이야기를 듣고 타당성을 비교하기만 하면 된다. 밧줄이 중요했을 확률이 20퍼센트인지 30퍼센트인지, 아니면 45퍼센트인지에 대한 불확실성은 어차피 미해결 상태로 남는다. 60퍼센트와 80퍼센트 간의 차이 역시 마찬가지다. 법의 영역에서 자주 등장하는 일반적인 개념이 있는데, 때로는 법원이 비교적 잘 답변할 수 있는 나쁜 질문이 답하기 어려운 좋은 질문보다 낫다는 것이다.

  50퍼센트라는 수치가 매력적일 수 있는 또 다른 이유는 배심원이 사건을 잘못 판단할 가능성과 관계있다. 입증 기준의 목적 중 하나는 배심원이 착오하게 될 위험을 당사자들에게 분산시키는 것이다. 다시 배에서 추락한 선원의 사례로 돌아가자. 원고에게 낮은 입증 기준(충족시키기 수월한 기준)을 요구하는 것은 선장에게 책임을 지우는 착오를 감수할 의사가 있다는 것이다. 반면 높은 기준을 요구하는 것은 선장에게 책임을 묻지 않는 착오를 감수하겠다는 의미다. 민사 소송(한 시민이 사고나 계약, 기타 유사한 청구를 원인으로 다른 시민에게 소송을 제기하는 사건)에서는 주로 중간에 기준을 두는데, 이는 어느 쪽에 대한 잘못된 판단이든 똑같이 부담스럽다는 걸 의미한다. 이는 잘못이 아닐까 생각될 수 있다. 만약 내가 당신을 고소했다면, 잘못된 판단으로 당신을 풀어주는 것보다 당신에게 책임을 지우는 게 더 나쁘지 않을까? 그렇지 않을 수도 있다. 사고나 계약 위반은 비용을 유발하며, 이런 경우 소송의 핵심은 그 비용을 누가 부담해야 할지를 알아내는 것이다. 소송이 잘못 진행되는 경우는 두 가지다. 하나는 실제로는 내가 비용을 부담해야 하는데 당신이 비용을 부담하게 되는 것이고, 다른 하나는 당신 또는 다른 누군가가 비용을 부담해야 하는데 내가 비용을 떠안게 되는 것이다. 어느 쪽이든 판단 착오의 크기와 성격은 동일하다. 즉 더 잘못한 사람이 비용을 지불한다는 것이다. 확신의 기준을 중간에 위치시키는 것은 경제학적 관점에서 볼 때 어느 쪽에 대한 착오든 다른 쪽보다 더 낫다고 말할 수 없으므로 착오의 위험을 공평하게 분산시키는 것이다. (누군가의 범죄를 고발하는 경우에는 그 기준을 더 높게 설정한다. 그 내용은 이 장의 후반부에서 다룰 것이다.)

50퍼센트 규칙의 배경에는 소송을 원하는 사람이 얼마나 많은가 하는 점이 고려된다. 배심원단의 확신에 비례하여 손해배상액이 정해졌다고 가정해보자. 배심원단이 밧줄로 선원이 목숨을 구했을 확률을 10퍼센트로 봤고, 원고는 선장으로부터 피해 금액의 10퍼센트를 받게 되었다. 그리고 자신의 사건이 이 사건과 매우 유사하다고 생각하는 또 다른 원고들이 소송을 제기할 수 있다. 사실 타인의 과실이 5퍼센트, 아니 1퍼센트일지라도 자신에게 중요한 가능성을 입증할 수 있다면 피고로부터 그 확률만큼 손해배상금을 받아낼 수 있을 테니 원고는 소송을 밀어붙일 것이다. 아직까지 그러한 소송이 많지는 않다. 그보다 더 냉정한 규칙(50퍼센트 기준)은 보통 소송의 불씨를 조기에 꺼버린다. 적어도 모든 사람이 밧줄이 중요하지 않았을 수도 있다고 동의한다면 원고에게 기회가 없으므로 소송을 제기하지 않는다. 물론 밧줄이 중요했을 수도 있고 따라서 선장이 전혀 배상하지 않는 결과가 불공평하게 여겨질 수도 있지만 우리는 균형을 유지하게 된다. 때로는 배에서 추락한 선원이 꽤 오랫동안, 그러니까 밧줄을 던졌다면 선원이 구조됐을 확률이 60퍼센트나 70퍼센트라고 생각하게 할 만큼 긴 시간 동안 물 위에서 허우적댔을 수도 있다. 이럴 때는 (밧줄이 중요하지 않았을 수 있다 해도) 선장이 전액을 배상하게 된다.

주의할 점은 입증 기준에 대한 선택이 향후 제기될 소송의 수에 영향을 끼친다는 것, 나아가 잠재적 피고들에게 유인을 제공하는 과정에서 부작용을 낳을 수 있다는 것이다. 증거 우위에 의한 입증 요건이 충분히 소송을 하게 하는지 여부는 애초에 소송을 제기하는 목적에 달려 있다. 누군가는 사람들에게 두려움을 심어줌으로써 올바르게 행동하도록 압박하는 것이 소송의 유일한 장점이라고 말한다. (이는 1장에서 소개한 사전적 관점을 강력히 지지하는 견해다.) 이러한 관점에서는 심사에서 50퍼센트를 넘길 수 있는 원고가 승소했을 때 이후로 많은 소송이 잇따를 것이다. 그러한 승리는 바다로 나가는 선장에게 충분한 걱정거리를 안겨줄 것이다. 그러나 소송이란 제도의 목적이 다른 것(가령 선원의 유족이 보상을 받게 하는 것)이라면, 50퍼센트 규칙은 불완전할 뿐만 아니라 가혹하게 여겨질 수 있다. 누군가는 과연 소송이 보상을 받기에 좋은 수단인가 하고 의문을 품을 수도 있다. 배상금의 상당 부분은 변호사의 몫이기 때문에 소송은 결국 굉장히 값비싼 보험 전략이다.

이와 같은 증거 기준의 우월성에 대한 옹호는 불안정하며, 때도 지지받을 수 없을 것이다. 이번에는 선원이 배에서 추락하는 것을 본 사람이 아무도 없다고 가정해보자. 늦은 밤에야 선원이 사라졌음을 알게 되었고, 선장은 대여섯 시간 전에 선원이 사라진 것으로 결론을 내린다. 그렇다면 선원은 현재 멕시코만 내의 어느 지점에서 동쪽으로 100마일쯤 떨어진 곳에서 추락했을 것이다.[14] 선장은 선원을 찾기 위해 배를 되돌리지 않고 도착 예정지인 코퍼스 크리스티를 향해 나아가기로 결정한다. 여기서 첫 번째 의문은 '선장의 행동이 잘못된 것인가'이다. 어쩌면 배를 돌리지 않은 행위는 앞 사례에서 배에 밧줄을 비치해두지 않은 행위와 같은 것이며, 그렇다면 선장이 선원에 대한 의무를 위반했다고 볼 수 있다. 그렇다고 가정해도 여전히 다른 의문이 남는다. '선장이 배를 되돌렸더라면 결과가 달라졌을까?' 대여섯 시간이 지난 뒤에 선원을 발견할 확률은

50퍼센트 미만이라는 게 합리적인 추론일 것이다. 그렇다면 이 규칙이 요구하는 결론은 이미 살펴봤듯이 '책임 없음'이다. 선장은 배상하지 않아도 된다.

과연 그럴까? 구조용 밧줄을 비치하지 않아서 고소당한 선장의 사례를 다시 떠올려보자. 우리는 선원이 익사한 몇몇 사건에서 밧줄이 있었다면 결과가 달라졌으리라는 사실을 입증하기 어렵다는 점에서 선장이 승소할 수 있음을 알고 있다. 그러나 사전에, 즉 출항에 앞서 배에 구명장비를 갖출지 결정을 내릴 당시에 선장은 그와 같은 방식으로 운 좋은 결과를 얻으리라 예상할 수 없다. 그때의 그는 누군가 배에서 추락해 한동안 바다 위에 떠 있게 된다면 밧줄이 매우 중요하다는 점을 염두에 두었어야 한다. 따라서 선장이 승소해선 안 되는 몇몇 소송에서 이길 순 있을지라도 그에게는 법적 압박이 따른다. 하지만 6시간 전에 바다에 추락한 선원을 찾기 위해 배를 돌리지 않은 선장에 관한 사례는 다르다. 우선 그렇게 오랫동안 물에 빠져 있었다면 수색으로 그를 구조할 가능성은 없을 것이다. 그런 경우 수색은 승산이 없다. 이는 선장이 선원을 찾기 위해 배를 돌리지 않은 행위에 대해 책임을 지지 않는 것을 의미한다. 배심원은 선장의 부작위로 인해 결과가 달라졌다는 것을 증거 우위로써 선언할 수 없을 테고, 선장도 이 사실을 잘 알고 있을 것이다.

동일한 내용을 다른 시각에서 바라보는 방법도 있다. 같은 사건에서 수색이 이루어졌다면 다섯 번 중 한 번쯤은 선원이 발견될 수도 있다. 그러나 수색을 하지 않는다면 아예 수색으로 선원을 구했을지 여부를 알아낼 길이 없다. 알고 있는 것은 오직 확률(매번 20퍼센트)뿐이며, 비록 사건이 수색이 무의미한 두 번째 경우에 해당된다 해도 우리는 모든 사건을 '더 높은 확률'의 규칙에 따라 처리할 것이다. 선장이 아무리 여러 번 잘못을 저지른다 해도 원고는 결코 그 기준을 충족시킬 수 없을 것이다.

이는 입증 기준이 초래한 결함이다. 때로는 선장의 과실이 문제이지만, 우리가 할 수 있는 말은 아마 그 과실이 중요하지 않았을 거라는 추정이다. 법은 '되풀이되는 실책recurring misses'이라 불리기도 하는 이러한 결함에 민감하기 때문에 종종 증거 기준을 완화함으로써 그에 대응할 것이다.[15] 따라서 선원이 6시간 동안 물 위에 떠 있었던 사례에서 수색이 헛수고였을 거라는 항변에도 불구하고 법원은 선장(혹은 선장의 고용주)에게 책임을 물었다.[16] 이 이야기의 교훈은 대다수의 선장에게 충분히 주의를 기울이도록 하는 관점에서는 피고의 과실을 확률로써 결정하는 것이 용인될 수 있다는 것이다. 그러나 그 규칙이 모든 선장을 풀어주는 결과를 낳는다면, 올바른 압박을 가하기 위해 입증 기준은 수정되어야 한다.

이 교훈이 잘못된 행동을 하는 선장에 대해서만 적용된다면 규칙은 오직 제한된 이익만 지니겠으나, 그 밖의 영역에서도 얼마든지 적용 가능한 것으로 알려져 있다. 의사가 환자의 엑스레이 사진을 잘못 판독하여 환자 몸에 있는 암세포를 확인하지 못했다고 가정해보자. 엑스레이 사진을 정확히 판독했다면 결과가 달라졌을 거라 말할 수 있을까? 어떤 암은 그렇다고 볼 수 없는데, 일찍 발견했을 때 환자의 생존 가능성을 20~30퍼센트 증가시킬 뿐이다. 이 경우의 환자는 바다에 떨어져 한동안 떠 있는 선원과 같다. 올바른 진단이 환자 대다수에게는 다른 결과를 가져오지 않지만 몇몇 환자에게는 다른 결과를 가져올 것이다. 우리는 그것이 어떤 경우였는지 결코 알아낼 수 없을 것이다. 다시 말하지만 다수의 법원은 종종 '기회 상실의 회복', 즉 의사가 앗아간 생존 가능성에 비례한 회복을 명함으로써 원고에게 사실관계에 대한 통상의 입증 기준을 면제해준다.[17] 이에 따라 환자의 생존 가능성 3분의 1을 잃게 한 의사는 환자가 입은 손해의 3분의 1을 배상하도록 할 수 있다. (의사의 부주의 탓에 환자가 생존 가능성의 절반 이상을 잃었다면 통상 의사가 환자의 손해 '전부'

를 배상하는데, 일부 법원은 이런 비대칭을 꺼려한다. 환자의 기회 중 일부를 빼앗은 과실로 의사가 손해의 일부를 배상하도록 한다면, 의사가 환자의 기회 대부분을 빼앗은 경우에도 손해의 대부분만 배상해야 하는 것 아닌가?)[18]

앞의 사례들은 부상이나 사망을 초래했을 수도 있고 그렇지 않았을 수도 있는 부주의에 관한 것이다. 그러나 거의 모든 유형의 민사 소송에서는 증거 우위가 입증 기준이다. '피고가 주의를 더 기울였더라면 어떤 일이 일어났을까'뿐만 아니라 소송 안에서 발생하는 모든 질문에 대해 그러하다. 그 밖의 영역에서도 법원은 새로운 문제에 대처하기 위해 규칙을 수정하곤 한다. 그러므로 당신이 내 영역에 무단침입한 경우 아무 흔적을 남기지 않았다 해도 제멋대로 특권을 누린 행위에 대한 시장가치를 내게 지불해야 한다. 통상 더 높은 확률의 기준에 의해 나는 어떤 손해를 입었는지 증명해야 하지만 (흔적을 남기지 않은) 이 사례에서는 증명이 불가능하다. 따라서 법은 그에 관해 추정한 이익을 내게 부여함으로써 당신의 무단침입이 습관화되지 않도록 경고한다.

민사가 아닌 사건을 살펴보자. 살인 사건에서 당신의 변호를 맡은 나는 재판이 진행되는 동안 졸았고, 그로 인해 당신은 유죄 판정을 받았다. 이제 당신은 첫 번째 재판에서 내가 제대로 된 조력을 제공하지 않았다는 사실을 이유로 새로운 재판을 요구하기로 했다. 이때 당신은 내 행동이 통상적인 전문가의 수준에 미치지 못했음을 (증거 우위로써) 입증해야 하고, 그 일은 어렵지 않을 것이다. 그런 다음에는 내가 졸지 않았더라면 재판 결과가 달라졌으리라는 점을 입증해야 한다. 증거가 당신에게 불리하다면 이를 증명하기 어려울 것이다(따라서 법원은 당신에게 입증할 필요가 없다고 말할 것이다). 당신은 더 나은 결과가 있었을 만한 합리적 가능성을 보여주기만 하면 되는데,[19] 어떤 수치가 그 기준에 상응하는지는 아무도 확답할 수 없다. 단지 일반적 규칙이 요구하는 확실성보다는 분명히 낮을 것이다. 여기서는 부정행위자를 벌하기 위해서가 아니라 국가의 능력을 적절히 검토하여 입증에 요구되는 절차 때문에 당신의 권리가 취소되지 않도록 하기 위해 기준이 완화되었다는 것을 확인할 수 있다. 변호사의 부주의로 형편없는 재판을 치른 피고는 넓은 의미에서 배에서 추락한 지 6시간 뒤에 그 사실이 확인된 선원과 같다. 변호사 또는 선장의 과실이 중요하지 않을 수 있다 해도, 이의 제기 당사자에게 일반적인 엄격한 기준을 고수하는 것(피고의 과실에 문제가 있음을 입증케 하는 것)은 이의 제기자가 입증의 장벽에 부딪혀 자주 패소하는 결과를 초래할 것이다.

지금까지는 법이 확신을 위한 보통의 기준을 완화하는 사례를 살펴봤다. 그런데 오히려 법이 기준을 강화할 때도 있다. 『데일리 뷰글』[마블 코믹스 속에 등장하는 가상의 신문]에 시장의 뇌물 수취에 관한 기사가 실렸다면, 시장은 기사 내용이 허위임을 『데일리 뷰글』이 알고 있었거나 진실성 여부에 무신경했다는 점을 입증할 수 있어야 명예훼손으로 소송을 제기할 수 있다. 여기서 중요한 점은, 『데일리 뷰글』이 잘못된 행동을 했을 확률이 높다는 것을 증명하는 정도로는 충분치 않다는 것이다. 시장은 명백하고 설득력 있는 증거로써 자기주장을 입증해야 한다.[20] 이때도 기준에 상응하는 수치가 어느 정도인지에 대해서는 누구도 확언할 수 없지만 일반적 규칙이 요구하는 것보다 확실성이 높아야 함은 분명하다. 이런 식으로 기준을 높이는 이유는 무엇일까? 연방대법원은 피고의 악의적인 의도에 대해 명백하고 설득력 있는 증거를 요구하는 것은 "무지에 가치를 부여하고, 무책임한 발행인에게 사실 조사를 할 필요가 없게 하며, 또한 허위 가능성에 대해서는 알지 못한 채 정직하게 기사를 게재했다고 주장하는 피고의 증언에 의해 사건의 쟁점이 결정되는 것을 허용하는 것"이라고 인정한 바 있다.[21] 여기서 언급된 점들은 통상 법원이 지나치게 강화된 기준을 사용하지 않는 이유들이다. 그러나 이 사건에서는 좀 더 중요한 이점이 존재한다. 이해를 돕기 위해 두 가지 유형의 오류, 즉 긍정 오류와 부정 오류를 구분해보도록 하자. 긍정 오류는 과실 책임의 인정을 의미하며, 부정 오류는 과실 책임의 불인정을 의미한다.(이들 오류는 의학계에서 더 자주 논의되고 있는 '1종 오류' 및 '2종 오류'와 일치한다.) 우리는 앞서 전형적인 민사 소송에서 그 두 가지 오류를 똑같이 나쁜 것으로 간주할 수 있음을 확인했다. 즉 두 오류 다 엉뚱한 사람이 손해배상을 하게 만들 수 있다. 그러나 언론사를 상대로 제기된 명예훼손 소송에서는 공익성이 중대하다. 우리는 그 두 유형의 오류가 지닌 차이에 주의를 기울일 필요가 있다. 특히 긍정 오류의 위협은 언론사의 지나친 자체 검열을 초래할 수 있다는 점에서 더 우려된다. 그러므로 우리는 언론의 보도 행위를 위한 유인을 보호하고자 언론 편에 서기를 선호하며 입증 기준을 높게 설정한다.[22]

÷

형사 사건은 입증 기준이 가장 높다. 여기서 요구되는 것은 합리적 의심의 여지가 없는 증명이다. 그토록 높은 기준이 사용되는 이유는 실수로 누군가를 유죄로 만드는 것이 실수로 그를 풀어주는 것보다 나쁘다는 인식 때문이다. 유명한 법학자 윌리엄 블랙스톤은 그런 인식을 가지고 "무고한 한 사람이 고통받는 것보다 열 명의 범죄인을 놓치는 게 더 낫다"라는 말을 남겼다. 이 발언은 긍정 오류 및 부정 오류를 비교하는 적합한 예라고 할 수 있으나, 그가 언급한 수치가 올바른지에 대해서는 논쟁의 여지가 있다.[23] 그렇지만 높은 입증 기준에는 다른 기능이 포함돼 있다. 바로 피고인을 상대로 검사가 누리는 이점들을 상쇄하는 데 도움이 된다는 것이다. 국가는 감시, 수색 및 소환에 관한 광범위한 권한을 갖고 있으며, 경찰과 교도관, 그리고 풍부한 자원을 손에 쥔 의욕적인 검사들을 거느리고 있다. 이에 비해 피고인은 대개 돈이 없기 때문에 무료로 변호인의 조력을 받을 권리를 비롯해 항소의 권리, 불법적으로 수집된 증거를 배제시킬 권리와 같은 여타의 무기(그 밖에 합리적 의심을 넘어 유죄임이 확실해질 때까지 무죄 추정을 받을 권리)가 보장된다. 그러한 권리들을 하나의 묶음으로 생각해보자. 상대와의 균형을 맞추기 위해 이 묶음에 세세한 조정이 가해질 수 있는데, 지나치게 국가에 유리한 것으로 간주될 때 법원은 피고의 권리를 확대시킨다. 반면 3장에서도 살펴봤듯이 균형이 범죄인 쪽으로 유리하게 치우쳐 있다고 생각되면 입법부는 항소를 줄이거나 형량을 늘리거나 경찰력을 증가시키는 등 국가 쪽의 저울판에 무게를 더하는 조정을 통해 범죄인의 권리를 축소시킨다.[24] 따라서 입증 기준은 불평등에 관한 지속적인 조율이라 볼 수 있다. 이 내용의 핵심은 생각보다 익숙한 것이다. 우리는 이 장의 전반부에서 민사 소송의 입증 기준이 소송의 흐름 및 결과로 인한 유인을 규율하는 시스템의 한 부분을 이루고 있음을 확인했다. 이는 목표가 다를지라도 형사 소송에서도 마찬가지다. 지금 또다시 중요한 건 입증 기준이 소송에서 배심원의 결정을 위한 기준 설정 이상의 역할을 수행하고 있음을 확인하는 것이다. 입증 기준은 부작용을 지닌다.

'합리적 의심'에 관한 가장 흥미로운 질문은 '그 말이 무엇을 의미하는가'이다. 앞에서는 '증거 우위'라든가 '더 높은 확률의 기준' '50퍼센트 이상의 확신' 같은 용어를 자주 사용했는데, 대다수의 법원은 이들 용어를 모두 같은 의미로 본다. 하지만 '합리적 의심'은 바꿔 말하기에 그리 적합한 표현이라 할 순 없다. 혹자는 이 용어에 대해 따로 설명이 필요치 않을 만큼 명확하다고 주장하지만[25] 그건 허세다. 이 용어를 말하거나 들을 때 사람들(판사 및 비전문가)이 제각기 마음속으로 꽤나 다양한 생각을 품고 있음을 보여주는 많은 증거를 무시할 수는 없다. 증거 우위와 합리적 의심 간의 차이를 대수롭잖게 여겼던 위대한 법학자 러니드 핸드는 "합리적인 사람들을 만족시켜야 하는 증거와 합리적인 사람들을 합리적 의심의 여지가 없을 정도로 만족시켜야 하는 증거의 구분을 거부하며, 간혹 비현실적 개선 없이 이들 증거를 별개의 것으로 다루는 게 가능할 수도 있겠지만 일상적으로 사용하기에 결과적으로 그 차이는 미미하다"라고 말한 바 있다.[26] 요즘 사람들에게는 놀라운 발언이 아닐 수 없다. 가령 51퍼센트의 확신과 90퍼센트의 확신 사이에는 엄청난 차이가 있지 않은가? 그러나 핸드 판사의 발언은 결코 가볍게 무시될 수 없다. 사실 두 규칙 간의 차이는 어쩌면 과장된 것인지도 모른다. 배심원이 무언가에 대해 믿을 가능성이 높다는 것은 아마 합리적 의심을 넘어 그것이 진실이라 생각하는 것과 유사할 테다. 즉 법정에서 제시된 어떤 내용에 대해 배심원은 사실이라 생각하거나 사실이 아니라고 생각하는 것이다. 그러나 실증 연구에 따르면 배심원들(혹은 적어도 모의 배심원들)은 낮은 입증 기준 아래서 더 쉽게 유죄 평결을 내린다.[27] 이후 모든 법원은 핸드의 견해를 배척했다(다만 이들 기준 간의 차이에 대해 분명한 입장을 밝히지는 않았다). 연방 판사 171명을 대상으로 합리적 의심의 여지가 없는 증명에 대해 그 확실성을 분수식으로 표현한다면 몇 퍼센트인지 물은 결과, 21명은 100퍼센트, 25명은 80퍼센트 미만, 그리고 나머지는 두 수치 사이에서 다양하게 대답했는데 90퍼센트라 답한 판사가 56명으로 가장 많았다.[28]

합리적 의심에 대해 판사들이 매긴 수치의 범위를 볼 때 '어떠한 수치가 맞는가?'라는 문제를 둘러싸고 공식적 해결이 필요한 것 같기도 하다. 이 질문에 답할 수 있는 사람은 없을 것이다. 몇 해 전 네바다주의한 판사는 배심원에게 합리적 의심은 0에서 10까지의 "척도에서 7.5 정도에 해당"된다고 말했다. 곧바로 피고에 대한 유죄 판정이 뒤집혔다. 수치가 잘못되었기도 했지만 수치로 말하는 것 자체가 잘못됐다고 판단되었기 때문이다.[29] 배심원에게 "유죄 인정을 위해 100야드까지 갈 필요는 없습니다. 50야드 선만 넘으면 그 중간 어디여도 좋습니다. 어디까지인지는 배심원의 판단에 달려 있습니다"라고 말한 코네티컷주 판사의 발언도 더 나을 게 없었고, 해당 발언 뒤 역시 빠르게 유죄 판정이 뒤집혔다.[30] 합리적 의심을 넘어선 확신은 "범죄의 심각성에 따라 달라지지만 0.9 정도"[31]를 의미한다고 의견서를 통해 밝힌 항소심 판사들도 있으나 법원이 그러한 진술을 배심원에게 허용한 사례는 알려져 있지 않다. 우리가 유죄 판결의 배후에 바라는 것은 배심원들이 지닌 확신이지 유죄 가능성이 높은 수치의 기준을 넘었다는 믿음이 아니다.

이는 수치로 생각해볼 가능성을 너무 일찍 포기하는 것이 아닐까? 이미 우리는 배심원에게 여러 가능성을 추정토록 요청하고 있다. 특히 민사 소송에서 그러하다. 배심원은 피고의 잘못된 행동이 피해를 야기했을 가능성을 판단하거나 혹은 원고의 손해배상액을 계산해야 하며, 여기에는 미래 임금이나 기대 수명에 대한 추정이 포함된다. 이 모두는 확률의 문제다. 그 밖의 영역에서 사람들은 공식적으로든 비공식적으로든 투자에 관한 의사결정을 해야 할 때 늘 수치상의 도박을 한다. 문제는 피고의 유죄 가능성에 대해 배심원이 도박하는 것은 매력적이지 않다는 것이다. 더욱이 배심원이 위험 부담을 거의 혹은 전혀 느끼지 못한다는 것은 큰 문제다. 그들은 정부의 끔찍한 강제력이 다른 누군가에게 행사되어야 하는지를 결정하는 존재다. 유무죄를 놓고 도박한다는 생각에서 벗어날 수는 있겠지만 수치 외에 이 쟁점을 표현하는 다른 방법을 생각해내기란 쉽지 않다. 예를 들어 빈도를 따지는 방식, 즉 유죄 가능성 80퍼센트라는 것은 동일한 사실이 100번 되풀이될 때 그중 80번은 피고가 유죄라는 식으로 생각하고 싶지는 않을 것이다. 형사 사건의 실제 사실은 한 번 이상 되풀이되지 않는 것이 일반적이며, 배심원에게 사실을 100회나 상상토록 요구하는 것은 많은 오류를 불러일으킨다. 23장에서 다루었던 사후확증 편향도 그중 하나다. 결과 및 특정 피고인이 제시된 상태이므로 배심원들은 사건을 다루는 과정에서 피고가 유죄인 경우를 실제보다 더 많이 상상하게 될 수 있다. 물론 이러한 실행 전체가 가정이기 때문에 단언하기는 어렵다. 실제로, 과학적 증거에 의거하지 않는 대부분의 경우 수치는 그저 감정을 나타내는 은유이기 쉽다. 보통 어떤 것에 대해 90퍼센트 확신한다고 말하는 것은 실제 확률의 추정이라기보다는 확실성에 대한 심리적 감각을 나타내는 것이다.

합리적 의심의 진정한 의미는 접어두고, 배심원이 수치로 사고하는 것이 피고에게 어떠한 영향을 끼치는지 살펴볼 필요가 있다. 의심에 수치를 대입하는 것은 더 많은 유죄 평결을 초래한다고 생각될 수 있다. 승인된 수치가 100퍼센트 미만이라면, 이는 배심원이 엉뚱한 사람을 유죄로 판단할 수 있는 명백하고 분명한 위험(가령 열 명 남짓의 배심원이 유사한 판단을 내릴 때 한 명은 실수할 수 있다는 믿음)에도 불구하고 배심원단에게 유죄 평결을 내리라고 말하는 것이다. 그렇기에 배심원단은 더 쉽게 유죄를 선택할 수 있다. 그러나 수치가 어떻게 사용되느냐에 따라 결과는 달라진다. 이 문제에 관한 연구를 위해 모의 배심원단을 선정해 형사 사건을 판단하는 실험이 있다. 배심원 모두에게 피고가 합리적 의심을 넘어 유죄인지 여부를 판단해달라고 하면서, 그중 일부에게는 피고의 유죄 가능성을 수치로 나타내도록 했다. 추가 요구를 받은 배심원들은 다른 배심원들에 비해 쉽게 유죄 판단을 내리지 못했다. 구체적인 숫자를 선택해야 하는 상황 때문에 합리적 의심이 없다고 말하는 데 신중해졌음이 분명했다.[32] 의사결정에 대해 정확히 알고 있는 학생이라면 이러한 결과가 무엇을 말하는지 알 것이다. 수치화하는 행위는 심리적 영향을 끼치며, 그것이 늘 예측 가능한 것은 아니다. 수치에 관한 모든 발언에는 위험 및 불확실성이 수반되는 것으로 인식하기 때문에 우리는 배심원에게 절대로 수치를 제시하지 않으며 그들의 견해를 수치화하도록 요구하지 않는다.

수치가 빠지면 합리적 의심의 의미를 명확히 밝히는 일은 사실심 판사의 몫이 된다. 법원 역시 이 부분에 신중을 기하는 편이다. 아예 시도조차 하지 않는 법원이 있는가 하면, 세세한 부분까지 신경 쓰는 법원도 있다. 여러 사례를 통해 배심원들에게 합리적 의심은 "피고의 유죄에 대한 변치 않는 혹은 뿌리 깊은 믿음"을 가져야 함을 의미한다고 고지하는 것은 불법이지만 "유죄에 대한 변치 않는 확신"이 있어야 한다고 말하는 것은 괜찮다는 걸 배울 수 있다. 차이점은 배심원에게는 단순히 믿음이 아닌 확신을 가져야 한다는 것이다.[33] 그러니까 배심원에게 합리적 의심이 "실재하는 상당한 의심"을 의미한다고 말할 수는 없지만 피고의 유죄에 대해 "견고한 확신"이어야 한다고 말할 수 있다는 것이다.[34] 판사는 배심원이 품고 있는 의심이 합리적인 사람이 자신에게 중요한 일에 대한 행동을 주저하게 하는 것이라면 유죄 평결을 내릴 수 없다고 배심원에게 고지할 수는 있으나 그 중요한 문제가 어떠한 것인지 구체적으로 명시해서는 안 된다.[35] 판사가 배심원에게 고지하기를, 이전에 그들이 집을 구입하거나 심장 수술을 받기로 마음먹었을 때와 같은 정도의 확신을 갖고 있는 경우에만 피고가 그의 아내를 살해했다고 선언할 수 있다고 말했다고 하자. 이후 피고는 패소했으나 항소심 판사는 사실심 판사가 배심원에게 고지할 때 익숙한 결정에 비유함으로써 배심원의 임무를 경시했다는 이유로 판결을 뒤집는다. 구체적 비유에 관한 이 같은 염려는 이해하기 쉽다. 누군가가 사형 혹은 자유형에 해당되는 범죄를 저질렀는지 여부를 결정하는 것과 같은 상황이 일상생활에는 존재하지 않기 때문이다. 어쩌면 우리는 집을 구입할 때 피고에게 부과해야 하는 것보다 더 많은 위험을 감수하는지도 모른다. 그러나 이상하게도 사람들은 부동산 매매를 결정하는 근거가 되기에도 부족한 증거와 단시간의 고민 아래 (지금도 여전히) 사형에 처해졌다. 배후가 미심적은 단 한 명의 목격자만 있는 유죄 판결들도 있다. 합리적 의심이란 기준이 비유에 의해 희석되어선 안 된다고 항의하는 판사들이 그러한 유죄 판결을 선언하고 있다.

이쯤에서 당신은 한 가지 동향을 감지할 수 있을 것이다. 합리적 의심은 정량적이지 않고 정성적이므로 거기에 수치를 매길 수 없으며, 일상생활의 다른 결정들에 비유하는 것은 사안을 경시화하고, 합리적 의심을 달리 표현하는 것이 가능해진다면 큰 위험에 처하게 된다는 사실이다. 법정에서 사용되는 용어가 많으면 많을수록 상황이 뒤집히는 실수의 가능성도 커진다. 요컨대 법은 가장 중요한 심사에 대한 명확성을 거의 병적으로 혐오하는 듯하다. 어째서 우리는 법의 용어가 모든 사람에게 동일한 의미를 지니도록 더 많은 노력을 기울이지 않는가? 그 이유 중 하나는 심사가 늘 동일한 의미를 갖게 되기를 바라지 않기 때문이다. 부정확성에는 나름의 이점이 있다. 변호사는 계약, 법령, 사법적 의견과 관련해 그러한 점을 가장 먼저 터득한다. 즉 모호함은 나쁜 일뿐만 아니라 좋은 일도 일어날 가능성을 남긴다. 좋은 일의 예를 들자면, 부정확성으로 인해 나중에 최초 작성자가 미처 몰랐던 문제들(사실, 세부 사항, 상황의 변화 등으로, 이러한 개념에 대해 자세한 것은 17장을 참조하길 바란다)에 대해 더 세심한 누군가가 규칙을 미세하게 조정할 수 있다. 합리적 의심의 원칙은 전략적 불확실성의 또 다른 사례일 수 있다. 그 기준의 이면에는 배심원이 가벼운 절도 사건보다 살인 사건에 대해 더 나은 증명을 요구한다고 생각할 만한 이유가 존재한다(앞서 우리는 법원이 '범죄의 심각성에 따른 조정'에 대해 넌지시 언급했음을 봤다).[36] 중범죄 사건에서는 실수의 대가가 훨씬 더 크기 때문에 유죄 판단의 기준을 높이기 위해 이렇듯 미묘하면서도 비공식적인 방식을 채택하는 게 편리할 수 있다. 아무래도 사건의 모든 사실관계를 살펴볼 수 있는 배심원이 입법기관보다 더 정확한 판단을 수행할 수 있을 것이다.

물론 설득력이 약한 비공식적 조정을 택하거나 그 기준의 의미를 자의적으로 해석하는 배심원도 있다고 상상해볼 수 있다. 그것은 안 좋은 결과이긴 하나, 어떤 기준을 따르더라도 그 정도는 불가피할 수 있다. 그리고 그러한 경우 기준의 부정확한 표현이 어느 정도 상쇄되는 이점도 있다. 바로 평등대우에 관한 귀중한 인상을 남긴다는 점이다. 합리적 의심 기준은 매년 수천 건에 달하는 형사 유죄 판결의 기초가 된다. 앞서 언급했듯 그중 일부는 아주 평범한 증거를 토대로, 또 나머지는 훨씬 더 단단한 증거를 토대로 진행된다. 하지만 그 결과가 대중에게 공개될 때는 모든 형사 사건이 동일한 방식으로 처리되는 것처럼 보인다. 모든 사건에서 법 체계가 합리적 의심을 넘어서는 유죄임을 선언하기 때문이다. 그 기준의 모호성은 또 다른 방식으로 정의의 메커니즘에 대한 신뢰를 강화한다. 그것은 바로 말의 내용과 그 말이 뒷받침하는 판단을 이해하는 방식의 차이를 얼버무리는 것이다. 모든 사람은 합리적 의심을 넘어서는 유죄라는 의미에 대해 각자 나름의 견해가 있으며, 타인이 그 기준을 적용하는 것을 볼 때 모두가 자신과 같은 견해를 갖고 있다고 상상한다. 좀 더 명확한 정의는 모든 사건에서 증거와 그 증거가 충족시켜야 할 (논란의 여지가 있는) 기준 간의 일치 정도를 숨김없이 드러냈을 때 분쟁을 일으킬 수 있으며, 이는 논란을 야기할 것이다.[37] 따라서 여기서 확인되는 불명확성의 또 다른 이점은 모호한 기준이 고도의 추상적 개념에 대한 합의를 뒷받침해줄 수 있다는 사실이다. 이는 덜 긍정적인 시각으로 간주될 수도 있겠으나(법 체계상의 속임수로서) 좀더 관대한 시선으로 보자면 참여자들(혹은 적어도 대다수 참여자)에게 도움이 되는 약간의 자발적인 모호함 또는 무의식이다. 규모와 상관없이 모든 공동체(가정, 단체, 국가 등)에는 일반론의 수준에서만 모두가 동의하는 이상이 존재한다. 세부적인 내용에 대해서는 각자 다른 의견을 가질 수 있음을 알고 있지만 너무 상세히 알려고 하지는 않는다. 그러한 상호 관용 덕분에 현실에서 다양한 성취가 가능한 것이다.

÷

이제 문제의 다른 측면을 살펴보도록 하자. 앞서 우리는 판사가 배심원에게 합리적 의심을 분수식으로 사고하도록 지시하지 않아도 다수의 배심원이 그 용어를 수치에 결부시키려 한다는 것을 확인했다. 보통 그들이 부여하는 수치는 90퍼센트 정도로, 굉장히 강력한 것 같다. 그러나 다시 생각해보면 유죄 선고에 오류가 있을 확률이 놀라운 수준(정확히는 10퍼센트)임을 암시하는 것이기도 하다. 그렇지만 모든 사건이 기소되는 것은 아니라는 점에서 이 수치는 오해의 소지가 있을 것이다. 어떤 사건은 기각되기도 하고 어떤 사건은 형량 거래로 해결되기도 한다. 검사가 재판으로 끌고 갈 수 있는 사건은 극히 일부이며, 높은 입증 기준이 요구된다면 검사가 실제 유죄 가능성이 큰 사건만을 선택하려 할 수 있기 때문에 형사 소송의 실제 오류 비율은 매우 낮다.[38] 결과적으로 잘못된 유죄 판결의 비율은 알 수 없지만, 여기서의 요점은 이 책의 첫 장으로 돌아가 규칙이 얼마나 잘 작동하는가에 관한 사고에 신중을 기해야 한다는 것이다. 규칙이 법정으로 넘겨진 사건뿐만 아니라 법정으로 가져갈 사건을 선택하는 데 어떠한 영향을 끼치는가도 중요하다.

배심원의 오류 확률에 관한 결론을 내리기 전에 짚고 넘어갈 문제가 있다. 이제껏 우리는 사건 판단이 마치 한 사람의 몫인 양 논의해왔지만, 실제로는 통상 12명(때로는 6명)으로 구성된 한 집단의 몫이며 대부분의 주에서 유죄 판결은 만장일치를 요구한다. 집단의 의사결정은 또 다른 범주의 제2의 증명 기준을 필요로 한다. 즉 배심원은 개별적으로도 확신을 가져야 하지만, 집단 역시 확신을 가져야 하는 것이다. 배심원 한 명이 품고 있는 합리적 의심이 유죄 평결의 성립을 방해하는 것처럼 전체로서 집단 내에 존재하는 반대 의견도 마찬가지다. 우리는 배심원단을 마치 하나의 마음, 즉 합리적 의심을 넘어 유죄를 판단해야 하는 다수의 뇌를 지닌 존재로 생각해볼 수 있다. 한 명의 생각과 실제 그가 지닌 의심의 정도는 잘 드러나지 않지만 다수의 뇌로 구성된 존재는 구성원들의 투표를 통해 스스로의 확신 혹은 그 결핍을 공개적으로 세상에 드러낸다.

이는 형사 소송에서 합리적 의심의 기준이 헌법에 의해 요구되지만 만장일치의 배심원단은 그렇지 않다는 연방대법원의 판결에 다소 모순되는 내용이다.[39] 그래도 어쨌든 대다수의 주가 만장일치를 지지하고 있으므로 우리는 그것을 규범으로 간주하여, 합리적 의심의 기준이 90퍼센트의 확신을 말한다면 10건 중 1건은 오판을 암시한다는 우려를 어떻게 해소할지 고민해볼 수 있다. 12명이 각자 어떤 내용이 사실일 확률을 90퍼센트라고 생각한다면, 실제 그것이 사실일 확률은 90퍼센트 '이상'일 것이다. 콩도르세의 배심원 정리에 관한 개념을 대략 적용하면 그렇다 (15장 참조). 이 정리에 따르면, 일정한 조건에서 집단 내 각 투표자가 문제를 올바르게 판단할 확률이 잘못 판단할 확률보다 클 때 투표자가 많을수록 그 집단의 다수결 투표가 옳을 확률도 커진다. 현대의 배심원단 방식은 이 정리의 형식적 요건을 충족시키지 못한다. 왜냐하면 이 정리에서 언급한 투표자들은 서로 영향을 끼치지 않으며, 우리에게 적합하지 않을 수도 있는 다양한 방법에 의해 '계몽되는' 존재를 상정하고 있기 때문이다.[40] 그러나 투표자를 늘림으로써 옳은 판결의 확률을 높일 수 있다는 점은 그럴듯하고 흥미로운 생각이며, 부분적으로는 들어맞지 않는다 해도 이 정리의 개념을 형사 소송의 배심원단에게 연결시키는 건 가능할 것이다. 유죄 판단의 정확도를 높인다는 측면에서 한 명의 배심원에게 판단을 맡기는 것보다는 당연히 12명의 배심원이 피고의 유죄에 대해 확신을 가질 때까지 기다리는 편이 낫다.[41] 여기서 흥미로운 의문이 생길 수 있다. 피고의 유죄 가능성이 가령 90퍼센트라는 데 12명이 동의한다면, 이는 무엇을 의미하는가? 그들의 합의는 피고의 유죄 가능성이 90퍼센트 '이상'임을 의미하는 것일까, 아니면 단순히 피고의 유죄 가능성에 대한 선언이 정확할 확률이 높다는 의미일까? 이 의문에 대한 해답은 아직 해결되지 않은 상태다.

÷

이제 마지막 난제가 남아 있다. 코카인을 구하려다 체포된 피고가 있다고 가정해보자. 이 피고는 한 거래상에게 총 한 자루와 코카인 소량을 맞바꾸자고 제안했다. 거래상은 그 제안을 받아들인 다음 자신이 잠복 중인 FBI 요원임을 밝히고 피고를 구금했다. 지금 피고는 마약 밀매 범죄와 관련해 "총기를 사용한" 자에게 수년의 징역형을 부과하는 법률에 따라 기소된 상태다. 이때 흥미로운 질문이 제기된다. 총과 마약의 교환을 시도한 경우 총을 '사용'한 것인가, 아니면 이 법률에서 말하는 '사용'은 그것을 무기로 사용한 경우만을 의미하는가? 어느 쪽으로든 주장이 가능하다. 분명치는 않으나 판사는 법률이 이 사건에 적용되는 것으로 간주한다고 가정하자. 그렇다면 판사는 어느 정도의 확신을 가져야 하는가? 우리는 형사 사건에서 법이 오류의 모든 위험을 정부에 맡기고 있음을 알고 있다. 그러므로 죄 없는 이에게 죄를 씌운다는 건 용납될 수 없다. 이는 정부가 합리적 의심의 여지가 없도록 유죄임을 증명하지 못하면 패소한다는 것을 의미한다. 이 사례 또한 마찬가지라고 본다. 해당 법률에서 말하는 '사용'의 의미가 총기의 행사뿐만 아니라 거래도 포함된다고 판사가 합리적 의심을 넘어 확신할 때에만 피고에게 가혹한 형벌이 부과될 수 있다. 다만 판사는 법 해석을 말하기에 앞서 합리적 의심을 넘어 확신할 필요가 없다. 실제로 판사들은 법을 해석할 때 어떤 입증 기준을 사용하고 있음을 인정하지 않으며, 그저 자신이 생각하는 법의 의미를 선언하고 사건을 마무리한다. 몇 가지 적용 가능한 법 해석 중에서 가장 적합한 해석이 옳을 확률이 고작 40퍼센트라면, 그 결과가 피고에게 아무리 가혹하다 해도 판사들은 그 해석을 채택한다.[42]

얼핏 보면 배심원이 피고에게 불리하게 판단할 때는 법 체제가 피고를 보호하려 하면서 판사가 법을 피고에게 불리하게 판단할 때는 그토록 무관심하다는 게 의아하게 느껴진다. 법 결정을 위한 입증 기준이 그토록 약한 이유를 이해하려면, 그렇게 하지 않을 경우 세상이 어떻게 돌아갈지를 생각해보라(이 방법은 종종 생소한 규칙을 이해하기 위한 건전한 전략이기도 하다). 이 책의 앞부분에 제시한 예시를 다시 보자. 오후 내내 물소를 추적한 나는 마침내 지친 물소 가까이에 접근한다. 그 순간 갑자기 당신이 바위 뒤에서 튀어나와 물소에게 치명적 일격을 가한다. 나는 물소가 내 것이라 주장하지만, 당신 역시 물소가 자신의 것이라 주장한다. 내가 물소를 가지고 달아나자 당신이 쫓아와 물소를 낚아챈다. 안타깝게도 미국의 관할권에서 이 같은 상황을 규율하는 규칙은 합리적 의심의 여지가 없을 만큼 명확하게 기술되어 있지 않다. 그러므로 (현재 우리의 가정에 따라) 법은 아무 말도 하지 않는다는 결론에 이르게 된다. 내 책임이 합리적 의심을 넘어설 만큼 명확하지 않기 때문에 나는 절도죄로 기소될 수 없다. (나는 모든 사실을 진술하지만 법은 충분히 명확하지 않다.) 그러나 이것은 당신에게도 좋은 소식이다. 당신이 나에게서 물소를 빼앗은 행위 역시 절도죄로 성립되지 않기 때문이다. 단지 당신이 사용한 강제력, 즉 내가 당신의 물소를 훔쳐가는 것을 막는 데 필요한 정도의 강제력을 넘어선다면 그 자체로는 불법이 될 수 있다. 다시 말하지만, 이러한 문제에 대해 법원이 법을 집행하기에는 너무 불명확하다. 우리의 싸움은 지저분하게 전개될 것이다.

법은 대체로 누가 물소를 가져가야 할지를 말해주는 규칙 등으로 이루어져 있다. 즉 법은 분쟁을 해결하고, 문제에 대한 답을 주며, 우리 권리가 어디서 시작되고 끝나는지 말해준다. 그러나 해결안과 답변은 종종 제대로 기술되어 있지 않거나 통찰력이 미흡하다. 따라서 합리적 의심이 해소되지 못하거나 증거 우위에 의해 명확한 의미 혹은 사실을 밝힐 수 없는 것으로 판명되곤 한다. 그렇다고 그러한 법들이 중요치 않다고 결론 내린다면 많은 행위가 법의 영역 밖에서 자력구제로써 해결될 수밖에 없을 것이다. 자력구제도 물론 세상을 움직이는 하나의 방법이긴 하나, 역사적으로 무정부 상태가 인기를 얻지 못한 이유를 설명해주는 결과들과 같이 추악해질 수 있다.[43]

법에 관한 주장은 입증 기준의 적용 대상이 아니라고 말하는 건 지나치다 할 것이다. 때로 법원은 이른바 명료한 진술의 원칙을 설정하는데, 이는 법령이 명료하게 밝히고 있지 않는 한 법령이 어떤 결과(소급 적용, 주 권한의 선점, 어려운 헌법적 문제 야기 등)를 초래하는 것으로 해석되지 않아야 한다는 것이다.[44] 이 원칙은 다양한 목적을 지닌다. 그러한 원칙이 가장 필요한 곳을 찾아내 명확히 심의하도록 입법자를 압박하기도 하며, 또 절대적으로 필요한 경우가 아닌 한 법원이 곤란한 문제를 다루지 않도록 하는 방법을 제공하기도 한다. 중요한 것은 어쨌든 그러한 원칙들이 판사로 하여금 법의 의미를 깊이 생각하고 그 해석이 옳을 가능성에 대해 대략적이나마 밝히게 한다는 것이다. 이는 곧 법원이 (필요하다면) 사실 문제뿐만 아니라 법률 문제에도 입증 기준을 적용하는 방법을 알고 있음을 보여주는 것이다. 현재 법적 판단에 관한 판사의 확신은 거의 드러나지 않는다. 전형적으로 판사들은 스스로 최선이라 생각하는 해석을 선택한 다음 강력하지만 모호한 방식으로 확신을 드러낼 뿐이다. 누군가는 그러한 부분에 판사들이 더 신중해야 한다고 주장할 수 있다. 미심쩍은 법률 적용으로 인해 피고가 감옥에 가게 되는 점에 문제의식을 느끼지 않겠는가?

마침 이 마지막 우려와 관련된 명료한 진술의 원칙이 있다. 그것은 바로 판사에 의해 형성된 관용의 원칙으로, 형법상의 모호함은 형사 피고인에게 유리하게 의결되어야 한다는 것이다. 이 원칙은 범죄 혐의의 사실적 측면에 대해 높은 입증 기준이 적용되도록 하는 우려와 비슷한 인식에서 비롯된 것이다. 반드시 그래야 하는 게 아니라면 법원은 사람들을 감옥에 보내지 않는 것(혹은 좀더 심한 형벌)이 최선이다. 이것이 총기를 마약과 거래하려다 감옥에 가게 될까 걱정하는 이에게 (마침내) 답이 될 수 있을지도 모른다. 당신이 총을 '사용'한 것인가 하는 문제는 두 가지 해석이 가능하므로 관용의 원칙에 의해 당신은 의심스러울 경우의 이득을 누려야 한다. 혹은 그렇게 생각될 수 있다. 그러나 실제로 연방대법원 판사들은 총기 거래 사건에 대해 장시간 논쟁했음에도 불구하고 합의에 이르지 못했으며, 이후 해당 법률이 다수결에 의해 피고에게 적용된다고 선언했다.[45] 대법원 판사들은 그 법률이 모호하다고 보지 않았기 때문에 관용의 원칙이 개입할 여지는 없었다. 피고는 30년의 징역형을 선고받았다. 그 사건이 그렇게 종결된 이유는 결과적으로 관용의 원칙이 명확한 입증 기준이 아니기 때문이다. 그것은 다양한 용어로 (때로는 강하게, 때로는 약하게) 거듭돼온 경험칙으로서, 사실상 일반적으로 판사가 자유로이 그것을 인용하거나 무시할 수 있다.[46] 앞서 우리는 부정확성이 나름의 이점을 지니고 있음을 확인했지만, 그것은 결점도 지니고 있다.

+ 추가 독서를 위한 제안

Joseph H. King Jr., *Causation, Valuation, and Chance in Personal Injury Torts Involving Preexisting Conditions and Future Consequences*, 90 Yale L.J. 1353(1981); C. M. A. McCauliff, *Burdens of Proof: Degrees of Belief, Quanta of Evidence, or Constitutional Guarantees?* 35 Vand. L. Rev. 1293(1982); Saul Levmore, *Probabilistic Recoveries, Restitution, and Recurring Wrongs*, 19 J. Legal Stud. 691(1990); Daniel Farber, *Recurring Misses*, 19 J. Legal Stud. 727(1990); Gary Lawson, *Proving the Law*, 86 Nw. U. L. Rev. 859(1992).

29장
곱의 법칙

동전을 두 번 던져 두 번 다 앞면이 나올 확률은 얼마나 될까? 또한 그 확률이 얼마인지 당신은 어떻게 알 수 있을까? 정답은 25퍼센트다. 우리가 그 답을 알 수 있는 이유는 한 개의 동전을 던져 앞면이 나올 확률이 50퍼센트(또는 0.5)이기 때문이다. 두 번의 던지기가 모두 앞면이 나올 확률을 구하기 위해서는 한 번 던졌을 때의 확률을 곱하면 된다. 즉 0.5에 0.5를 곱하면 0.25(25퍼센트)가 되며, 이 수치가 바로 앞면이 연속하여 두 번 나올 확률이다. 이것이 '곱의 법칙'으로, 복수의 가능성이 전부 특정 방향으로 향할 확률을 알아내기 위해 각각의 확률을 모두 곱한 값에서 답을 찾는 방법이다. 이 장에서 이해해야 할 수학은 이것이 전부다. 대단한 건 아니지만 중요하다. 때로 법 체제는 이것을 기억해내는데 놀랄 만큼 어려움을 겪는다.

이전 장에서는 다양한 입증 기준에 대해 이야기했다. 주로 합리적 의심의 여지가 없는 증명과 증거 우위에 의한 증명을 살펴봤는데, 특히 후자의 규칙은 원고의 주장이 옳을 확률이 50퍼센트 이상임을 의미하는 것이다. 그러나 이러한 해석은 한 사건에 쟁점이 하나뿐인 상황을 전제로 하기 때문에 너무 단순하다. 우리가 숙고한 다수의 사례에서 한 가지 쟁점은 인과관계, 즉 피고의 잘못(배에 밧줄을 갖추지 않은 행위 또는 실종된 선원을 찾기 위해 배를 돌리지 않은 행위) 때문에 결과가 달라졌느냐 하는 것이다. 그러나 대다수의 사건에서 원고가 입증해야 할 점이 한 가지만 있는 경우는 드물다. '청구항 구성 요소'[특허를 청구할 때 청구 범위 안에서 보호받고자 하는 사항들]라는 목록이 있는데, 대체로 둘 이상의 항목을 둘러싸고 분쟁이 벌어진다. 다시 앞 장에 등장한 건망증이 있는 선장의 사례로 돌아가보자. 선장의 선원 중 한 명이 익사했고, 이 사실을 다투는 실제 소송에서 원고가 입증해야 할 쟁점은 두 가지일 것이다. 첫 번째 쟁점은 우리가 논의한, 배에 밧줄이 구비돼 있었다면 결과가 달랐으리라는 사안이다. 나머지 하나는 밧줄이 구비하지 않은 것이 과실이라는 점으로, 이는 다른 사안이다.

자, 이제 문제가 생겼다. 배심원은 각 쟁점에 대해 원고가 옳았을 확률을 60퍼센트로 생각한다고 가정해보자. 이는 원고의 승리를 의미하는 것처럼 들린다(하지만 그건 아닐 것이다). 원고가 두 쟁점에서 모두 옳을 확률은 얼마나 될까? 곱의 법칙을 적용해보면 36퍼센트(0.6×0.6=0.36)에 불과하다는 것을 알 수 있다. 따라서 원고의 소송 결과가 좋지 않을 확률은 64퍼센트인 것으로 보인다. 그럼에도 불구하고 원고는 승리할 것이다. 일반적으로 배심원은 사건의 '각' 구성 요소가 증거 우위에 의해 증명된다면 원고에게 유리한 판단을 내리도록 고지받기 때문이다. 입증 기준을 충족시킨 구성 요소들이 결합한 확률이 각 구성 요소의 단독 확률보다 훨씬 낮을 수 있다는 내용은 배심원에게 제공되지 않는다. 그러므로 증거 우위에 의해 원고가 승리해야 한다고는 말하지만, 실제로는 확실성이 그보다 훨씬 덜한 상태로 승리가 확정될 수도 있다.

이 문제(종종 '연언連言 역설conjunction paradox'로 알려져 있다)에 관해 완전혀 만족스러운 답변을 제시한 사람은 없지만, 그것의 정당화를 돕는 다양한 의견이 있다. 배심원에게 각 구성 요소 자체에 신경을 기울이도록 지시하는 이유는 어쩌면 한 구성 요소의 강함이 다른 구성 요소의 약함을 보완하는 것을 막기 위해서일 것이다. 배심원이 배에 밧줄을 구비하지 않은 행위가 불법일 확률을 95퍼센트라 보고 밧줄 때문에 결과가 바뀌었을 확률이 10퍼센트라면, 앞의 확률 때문에 원고에게 유리한 판결이 내려져야 한다고 생각해선 안 된다. 95퍼센트가 10퍼센트를 보완하기 위해 사용될 수 없으며, 전형적인 지시('각' 구성 요소는 증거 우위에 의해 증명되어야 한다)는 배심원단이 그러한 오류를 범하지 않도록 막아주는 것이다.[47] 혹은 배심원단이 최소 6명으로 구성되고 통상 피고에게 책임을 지우기 전에 전원 합의를 도출해야 한다는 사실이 우리가 평결에서 낮은 수준의 전체 확신을 요구하는 것을 상쇄시킬 수도 있다.[48] 이는 앞 장에서 다뤘던 콩도르세 배심원 정리의 문구 그대로는 아닐지라도, 그 정신 또는 단순히 (좀더 온건하게는) 압도적 다수에 의해 도출된 결론의 중요성에 호소하는 견해다. 6명 모두가 청구의 각 구성 요소가 사실일 확률이 50퍼센트 이상이라는 데 동의한다면 그 전원 합의의 사실로 인해 실제 청구 전체가 사실일 확률이 50퍼센트보다 훨씬 더 높아질 수도 있다. 이러한 견해가 곱의 법칙으로 인해 결정이 생각보다 '덜' 인상적으로 보이는 사실을 다소 상쇄시킬 수 있을 것이다. 그러나 다시 말하지만 여기서는 배심원 정리에 필요한 조건이 충족되지 않기 때문에 이러한 주장에는 당연히 반대 의견이 따른다.[49]

안심할 수 있는 또 다른 이유는 간혹 배심원이 원고와 피고, 쌍방의 이야기를 비교할 수도 있다는 것이다. 리처드 포즈너는 다음과 같은 가상의 사건을 예로 들고 있다.

원고의 청구 구성 요소는 다음의 두 가지다. 하나, 어떤 사람이 원고를 폭행했다. 둘, 그 사람은 피고의 직원이다. 두 구성 요소는 상호 독립적이다. 배심원단은 첫 번째 구성 요소가 사실일 확률을 0.6으로, 그리고 두 번째 구성 요소의 확률을 0.7로 보고 있다. 두 요소의 결합 확률은 0.42다. 이 사건에는 여전히 다음과 같은 의문이 남아 있다. 무슨 일이 있었던 것인가? 원고의 주장은 날조된 것인가? 그가 입은 부상은 다른 누군가에 의한 것은 아닌가? 가해자가 원고의 직원이 아니라면 그의 신분은 무엇인가? 이러한 의문들을 숙고한 끝에 배심원단은 비록 의심스러운 점이 있긴 하나 원고 측 설명이 피고 측 설명보다 개연성 있으므로 원고의 승리로 결론 내릴 수 있다.[50]

배심원단이 원고의 청구 구성 요소가 기준을 충족할 확률을 42퍼센트로 봤음에도 원고가 승리할 수 있다는 사실은 역설적으로 여겨질 수 있다. 그러나 포즈너가 지적한 것처럼 그러한 역설에 직면했을 때 배심원들은 초기 확률 추정치를 재고해 결국 원고에게 유리한 60퍼센트 이상으로 만들 수 있다. 그리고 결과 조정을 위한 그런 식의 수정은 문제되지 않을 것이다.[51] 그러나 모든 사례에 이러한 추론이 가능한 것은 아니다. 양 당사자의 설명 외에 개연성 있는 다른 이야기들이 있을 수도 있다. 그러나 앞서 이야기한 사례라면(두 가지 이야기 중 하나를 선택하는 경우로 압축시킨다면) 법이 곱의 법칙을 따르지 않는다고 해서 그다지 문제될 일은 없다.

또한 어떤 사건에서는 철저하게 곱의 법칙을 따르면 승소하기 어려울 수 있다. 지금까지 두 가지 쟁점을 갖춘 사건에 대해 논의를 이어왔다면, 이제 세 번째와 네 번째 쟁점을 추가해보자. 소멸시효 때문에 선원의 유족은 선원의 사망 후 2년 안에 소송을 제기해야 하는데 기한을 일주일 넘겨 소송을 제기했다. 이에 대해 유족은 피고(선장)와 합의를 시도하느라 미뤄졌으며 기한이 경과된 부분에 대해 선장이 이의를 제기하지 않겠다고 약속했다고 주장한다. 그러나 선장은 그 약속을 어기고 소송 기각을 위해 노력 중이다. 이 이야기가 사실일 때 법이 뒤늦은 소 제기를 허용할 것이라 가정해보자(그러나 선장은 자신은 그런 약속을 한 바 없으며 어찌됐든 유족이 그런 약속에 의지한 것은 불합리하다고 주장한다). 법원이 배심원단에게 전달할 수 있는 네 가지 쟁점은 다음과 같다. 첫 번째는 배에 밧줄을 구비해뒀어야 했는가, 두 번째는 밧줄이 선원의 목숨을 구했을 것인가, 세 번째는 선장이 원고에게 뒤늦은 소 제기를 용인하겠다고 약속했는가, 네 번째는 그러한 약속이 있었다면 원고가 선장의 약속에 의지한 것은 합리적이었는가. 배심원단은 증거 우위에 따라 네 가지 쟁점 각각에서 원고에게 유리한 판단이 선다면 선장에게 책임을 물을 수 있다고 고지받을 것이다. 그런데 곱의 법칙을 최대한 따른다면, 각각의 쟁점에서 원고의 주장이 옳을 확률이 80퍼센트임을 증명한다 해도 충분치 않다. 그것은 여전히 원고의 주장 전체가 옳을 확률이 41퍼센트임을 의미하지만 그것만으로는 충분하지 않다. 그러나 각 쟁점에 대해 80퍼센트 이상의 확실성을 요구하는 것은 원고가 형법상 합리적 의심의 기준을 충족시킬 수 있게 해주는 것이다.

그렇다면 형사 소송에 곱의 법칙이 적용된다면 어떨까? 가령 합리적 의심의 기준이 95퍼센트의 확실성을 의미한다고 보면, 분쟁 중에 있는 두 가지 혹은 세 가지 쟁점(예를 들어 피고의 신분, 피고의 행위에 형법 규정이 요구하는 고의가 있는지 여부, 그리고 피고의 행위가 유도된 것이었는지 여부) 각각에 대해 배심원이 95퍼센트 확신한다고 해도 충분하지 않을 것이다. 배심원단이 각 쟁점에 대해 98퍼센트의 확신을 가질 수 있다 해도 곱의 법칙을 적용하면 여전히 총체적으로 95퍼센트의 확신에 미치지 못할 수 있다. 실제 배심원들이 이러한 방식으로 사고하는 것은 아니므로 이와 같은 예시는 작위적이긴 하다. 우리는 법 체제가 합리적 의심을 수치로 환산하지 않는다는 것을 확인했다. 그러나 곱의 법칙이 적용된다면, 복수의 청구 구성 요소가 존재하는 경우 일부 소송에서(심지어 매우 강력한 증거가 있는 경우조차) 합리적 의심의 여지가 없는 증명이 굉장히 어려워질 수 있다. 따라서 곱의 법칙에 대한 법의 무관심은 수학적 일관성을 지니지 못한 접근 방식이 우리가 원하는 만큼의 유죄 및 책임 판결을 이끌어낼 수 있다는 일종의 실용적 판단이 반영된 것인지도 모른다. 혹은 그저 무지나 태만의 결과일 수도 있다. 대다수의 판사 및 변호사는 이 같은 고민에 많은 시간을 할애하지 않는다.

÷

곱의 법칙을 무시하는 것이 '그다지' 나쁘지 않을 수도 있다는 주장의 또 다른 근거는 바로 이 법칙의 적용이 까다로울 수 있다는 점이다(그리하여 입증 기준 그 이상의 영향을 끼칠 수 있다). 관련된 전형적인 사례로 1960년대 후반 캘리포니아주에서 발생한 '국민 대 콜린스 사건People v. Collins'[52]을 들 수 있다. 골목길에서 강도가 한 여성을 밀치고 그녀의 지갑을 낚아챈 뒤 도주했다. 현장에서 그 모습을 본 목격자는 강도가 금발에 말총머리를 한 백인 여성이었으며 턱수염을 기른 흑인 남성과 함께 노란색 차량을 타고 달아났다고 진술했다. 당일 경찰은 목격자 진술을 토대로 (턱수염을 기른 흑인 남성과 함께 노란색 차량을 타고 달아난 금발 말총머리의) 여성을 체포했다. 검사는 수학 교수를 법정에 불러 곱의 법칙이 재판에 끼치는 영향에 관하여 증언을 요청했고 목격자 진술에 나타난 각각의 특징에 대해 다음과 같은 가상의 확률을 제시했다.

어떤 차량이 노란색일 확률은 1/10이다.

어떤 남성이 콧수염을 기르고 있을 확률은 1/4이다.

어떤 여성이 말총머리를 하고 있을 확률은 1/10이다.

어떤 여성이 금발일 확률은 1/3이다.

흑인 남성이 수염을 기르고 있을 확률은 1/10이다.

어떤 차량 안에 인종이 서로 다른 연인이 타고 있을 확률은 1/100이다.

검사와 교수는 배심원에게 이들 특징이 모두 함께 나타날 확률은 1/10×1/4×1/10⋯ 방식으로 각 확률을 전부 곱하여 추정할 수 있다고 설명했다. 그 결과 어떤 연인에게서 이들 특징이 모두 관찰될 확률은 1200만분의 1이었고, 따라서 피고가 무죄일 확률은 1200만분의 1이었다. 배심원단은 유죄 평결을 내렸다.

캘리포니아주 대법원은 이 결과를 통계적 주장의 남용으로 판단하여 판결 결과를 번복했다. 검사가 산출한 추정치는 사실적 기반이 아닌, 추측에 불과한 것이었다. 그러나 해당 주장에는 더욱더 흥미로운 결함들이 내포되어 있었다. 첫 번째 결함(가장 중대한 결함은 아니다)은 곱의 법칙이 서로 관련이 없는 확률들에만 적용된다는 점이다. 만약 어떤 남성이 콧수염을 기르고 있을 확률이 4분의 1이고 턱수염을 기르고 있을 확률은 10분의 1이라 할 때, 이것이 남성이 콧수염과 턱수염을 '같이' 기르고 있을 확률이 40분의 1(4×10)임을 의미하지는 않는다. 왜냐하면 턱수염을 기른 사람들 중 다수가 콧수염도 기르고 있기 때문이다. 콧수염이든 턱수염이든 둘 중 하나를 기르고 있는 사람은 다른 하나도 같이 기르고 있을 확률이 높다.

여기서도 이러한 내용은 용의자를 특정하기 위해 여러 요인의 중요성을 파악하려 할 때 중요하다. 그러나 이는 또한 민사 소송의 배심원 평결에서 곱의 법칙이 무시된다는 이전의 우려를 한층 완화해주는 사실일 수도 있다. 원고의 소송에서 여러 요인은 (턱수염과 콧수염처럼) 상호 의존적인 경우가 많을 것이다. 예를 들어 배에 밧줄이 구비돼 있어야 했다는 판단과 그 밧줄이 바다에 빠진 선원의 목숨을 구했을 것이라는 판단은 별개의 쟁점으로 생각되지만 관련이 전혀 없다고 할 수는 없다. 배에 밧줄이 구비돼 있어야 했다고 확신하는 데는 여러 이유가 있겠지만 그중에는 그만큼 밧줄의 중요성이 크다는 것도 포함되기 때문이다. 혹은 동일한 사실(이를테면 증인석에 앉은 선장의 태도 및 신뢰성)이 두 쟁점에 대한 배심원의 판단에 영향을 끼치는 경우에 중첩되는 부분이 생기기도 한다. 즉 하나의 쟁점에서 선장의 패배 가능성이 크다면 두 쟁점 모두에서 선장이 질 확률도 크다는 것이다. 그러므로 원고의 소송에 두 가지 청구 구성 요소가 존재하고 각각 70퍼센트의 확률로 진실이 입증된 경우, 두 요건의 진정한 결합 확률은 각자의 확률을 곱하여 나온 49퍼센트보다 클 수 있다. 앞의 설명과 같이 두 요건이 상호 의존적이라면 결과적으로 둘의 결합 확률은 50퍼센트보다 클 것이다. 적어도 일부 소송에서는 이러한 내용이 곱의 법칙에 의하면 책임을 물을 수 없는 사람에게 배심원이 유죄 평결을 내릴 수 있다는 우려를 어느 정도 완화시켜줄 수 있다.

이제 다시 말총머리를 한 금발의 강도 사례를 떠올려보자. 검사의 주장에서 가장 큰 문제는 방금 논의한 내용이 아니라 주장이 비논리적이란 점이다. 제시된 용의자 식별 요인들(피고의 머리카락 색깔, 차량 색상 등)이 만약 다른 범죄 용의자와 일치한다면 유력한 증거로 작용할 수 있다(이와 관련된 예시는 다음 장에서 다룰 예정이다). 그러나 식별 요인과 일치한다는 점이 소송에서 유일한 증거라면 그 반대가 된다. '콜린스 사건'에서 보인 곱의 법칙 남용은 일반적으로 검사의 오류로 알려져 있다. 검사는 임의의 인물이 일련의 특징과 일치할 확률이 희박함(가령 1퍼센트)을 지적하면서 피고에게서 그러한 특징이 발견된다는 이유로 피고의 유죄 확률이 99퍼센트에 달한다고 추정했다.[53] 검사의 주장은 그럴듯하게 들리지만 깊이 생각해보면 맞지 않는 이야기다. 그렇다면 그 이유는 무엇일까?

검사의 분석은 잘못된 질문에 답한 것이기 때문에 사건에 맞지 않는다. 형사 소송에서 피고의 유죄 가능성과 임의의 인물의 유죄 가능성을 비교하는 방식은 쟁점이 아니다. 피고의 유죄 가능성을 다른 누군가(누구든)가 범행을 저질렀을 가능성과 비교하는 방식이 쟁점이다. 임의의 인물이 유죄일 확률에 비해 피고의 유죄 확률이 수백 배 크다고 해도 피고가 무죄일 가능성은 여전히 높을 수 있다. 만약 범인의 인상착의 묘사에 포함된 특징의 조합이 10만 명 중 1명에게서 발견되었는데, 해당 지역(주 혹은 자치주)의 인구가 100만 명이라면 10명이 용의선상에 오른다. 따라서 범인의 인상착의와 일치한다는 이유만으로 그 10명 중 한 명을 지목하게 된다면 열에 아홉은 잘못된 사람을 고르는 셈이다. 콜린스 사건에서는 수치가 더 컸지만(1200만분의 1), 그렇다 해도 해당 지역에 범인의 인상착의와 일치하는 또 다른 연인이 존재할 수 있다고 보는 게 합리적이다. (그런데 지역은 어떤 곳인가? 이는 검사의 주장에서 또 다른 문제로 지적할 수 있다. 즉 관련 인구가 동네, 시, 주, 국가 중 어떤 인구를 의미하는 것인지 결정해야 한다.)[54] 곱의 법칙의 올바른 사용은 단순히 수학을 제대로 적용하거나 입력값이 독립적인지 확인하는 문제만을 뜻하지 않는다. 애초에 올바른 질문에 주의를 기울여야 하는 것이다.

÷

31세의 린다는 미혼이며 솔직하고 굉장히 영리하다. 철학을 전공했고,

학창 시절에는 인종 차별과 사회 정의에 관심이 깊었으며, 반핵 시위에 참여하기도 했다.

다음 중 어떤 것의 가능성이 더 높을까?

1. 린다는 은행원이다.
2. 린다는 은행원이자 여성 운동가다.

이것은 아모스 트버스키와 대니얼 카너먼에 의해 유명해진 문제로, 이 질문에 답한 대다수의 사람(87퍼센트)이 2번을 선택했다.[55] 물론 그 답변은 틀린 것이다. 곱의 법칙에 따르면 두 가지 모두가 사실(린다는 은행원 '겸' 여성 운동가다)일 확률은 각각의 확률을 곱하여 얻을 수 있고, 그 결과는 둘 중 어느 하나가 단독으로 사실일 확률보다 항상 낮다. 다시 말해 2는 1의 부분집합이므로 2가 사실일 확률이 더 높을 수는 없다. 이와 반대로 생각하는 것을 '결합 오류'라 한다.

지금까지 곱의 법칙에 관한 내용을 다뤘으니 당신은 이 문제의 함정에 빠지지 않았을 것이다. 하지만 다수의 사람은 함정에 빠지고 만다. 그 원인에 대한 설명은 다양하지만, 어쩌면 1번에 린다는 여성 운동가가 '아니다'라는 진술이 포함된 것으로 추론함으로써 우리가 앞서 설명한 방식처럼 두 이야기를 단순 비교하면 된다고 생각했을 수 있다. 그러나 그러한 우려가 없게끔 변형된 문제에서도 결과는 달라지지 않는 것으로 보인다. 이 연구의 저자들은 린다를 여성 운동가로 묘사함으로써 더 세세한 정보를 제공했을 때 실제로는 확률을 더 낮추는 것임에도 불구하고 상상을 더 수월하게(마음속에 그리고 있는 모델을 더 잘 '대변하도록') 하도록 만들기 때문에 사람들이 가능성을 더 높게 추론하게 되는 것이라 설명한다.

또 다른 학자는, 진짜 문제는 확률에 대해 생각하도록 유도하는 방식이라고 주장하며, 추상적 확률이 아닌 대규모 인구와 관련지어 해결하는 방식을 추천한다.[56] 과연 린다에 관한 묘사 중 어떤 하나가 다른 하나보다 가능성이 크다고 말하는 것은 무슨 의미인가? 다음과 같이 생각해볼 수 있을 것이다. '만약 100명의 린다가 존재한다면 그중 일부가 주어진 특성을 지니고 있고 나머지는 그렇지 않을 것이다.' 이런 식의 사고방식은 때로는 문제를 명확히 이해하는 데 도움이 된다. 린다 실험은 다시 진행되었다. 이번에는 처음부터 묘사에 들어맞는 사람이 100명 있다는 설명을 피험자들에게 알리면서, 그중 몇 명이 은행원이고 또 몇 명이 은행원이자 여성 운동가인지 추측해달라고 요청했다. 그러자 '결합 오류'를 범한 피험자 수치가 22퍼센트로 감소했다.

이처럼 빈도로 사고하는 방식은 수치와 관련된 수많은 문제를 이해하는 데 유용하다. 다른 예들을 보면 알겠지만, 이 방식이 모든 문제를 해결해주지는 않는다. 그 후속 연구에서는 여러 외교 정책 전문가를 상대로 다음 해까지 미국이 구소련과 외교관계를 중단할 가능성이 얼마나 될지 물었다. 또 다른 전문가 집단에는 향후 1년 안에 구소련이 폴란드를 침공해 미국이 외교관계를 중단하게 될 가능성이 얼마나 될지 물었다. 두 번째 집단이 내놓은 확률 추정치는 첫 번째 집단에 비해 상당히 높았다. 역시 결합 오류를 보였다. 즉 곱해져야 하는 요소가 더 많이 포함된 두 번째 시나리오가 발생 확률이 더 낮아야 함에도 불구하고 그것은 더 단순한, 그래서 발생 확률이 더 높은 시나리오보다 더 많이 예측되었다.

이 마지막 연구의 피험자들은 린다 실험의 피험자들과 달리 두 가지 가능성을 비교하도록 요청받지 않았으므로 해당 연구는 빈도로 사고하기에 적합한 사례는 아니라는 점을 유의하자. 그들은 단순히 그들 앞에 제시된 결과의 가능성을 추정하도록 요청받았고, 이후에 그 답변이 다른 집단의 답변과 비교된 것이다. 이는 변호인 및 변호인의 주장을 청취하는 자가 곧잘 직면하는 상황이다. 보통 그들은 두 가지(둘 다 같은 내용이나 그중 하나가 좀더 상세하게 기술된 것)의 가능성을 비교하지 않는다. 그들은 통상 주어진 이야기(불법행위나 범죄가 어떻게 일어났는지 혹은 판결의 결과가 무엇일지)의 진실 가능성에 대해 논쟁한다.

폴란드 침공으로 변형을 준 실험에서 얻는 교훈은 이야기가 구체적이고 자세하게 서술되었을 때 실제로는 개연성이 떨어짐에도 불구하고 그렇지 않았을 때보다 설득력을 지닌다는 것이다. 그렇기 때문에 훌륭한 변호인은 설명이나 예측을 그럴듯하게 전달하고 싶을 때 추상적으로 말하지 않고 자세히 말한다. 변호인은 배심원에게 사건 사고가 어떻게 일어났는지를 암시하고, 판사에게는 어떠한 결정이 좋거나 나쁜 유인 및 결과를 낳을 수 있음을 설득시키려 한다. 구체적인 예시는 관련된 위험을 상상하기 쉽게 만듦으로써 발생 가능성이 높은 것처럼 보이게 하므로 변호인의 주장에 설득력을 더해준다. 청취자들은 물론 수사학 전문가인 변호사가 이 원칙을 이해하는 것이 중요한 이유다.

+추가 독서를 위한 제안

Michael O. Finkelstein and William B. Fairley, *A Bayesian Approach to Identification Evidence*, 83 Harv. L. Rev. 489(1970); Richard A. Posner, *An Economic Approach to the Law of Evidence*, 51 Stan. L. Rev. 1477(1999); Saul Levmore, *Conjunction and Aggregation*, 99 Mich. L. Rev. 723(2001); Ronald J. Allen and Sarah A. Jehl, *Burdens of Persuasion in Civil Cases: Algorithms v. Explanations*, 2003 Mich. St. L. Rev. 893; Amos Tversky and Daniel Kahneman, *Judgments of and by Representativeness*, in Judgment under Uncertainty: Heuristics and Biases 84 (Daniel Kahneman, Paul Slovic, and Amos Tversky eds., 1982); Gerd Gigerenzer, *Why the Distinction between Single-Event Probabilities and Frequencies Is Important for Psychology (and Vice Versa), in* Subjective Probability 129 (George Wright and Peter Ayton eds., 1994).

30장
기저율

앞서 논의한 확률 원칙 가운데 곱의 법칙은 이해하기 쉽지만 종종 잊어버리기도 쉽다. 그와 비슷한 원칙 하나를 더 살펴보기로 하자. 바로 '기저율'이다.

수많은 연구 끝에 평균적으로 비행기 탑승객 100명당 1명이 마약을 소지한다는 사실을 알아낸 경찰은 범죄자 색출을 도와줄 경찰견 멀린을 공항에 배치한다. 마약탐지견인 멀린은 비행기에서 내린 모든 승객의 냄새를 맡다가 마약을 탐지하면 짖는다. 고도로 숙련된 멀린은 마약을 숨긴 사람을 '결코' 놓치는 법이 없다. 이따금 잘못 짖지만 자주 있는 일은 아니며, 마약이 없으면 90퍼센트는 짖지 않는다. 그런 멀린이 비행기에서 내린 스미더스를 향해 짖는다. 스미더스가 마약을 소지하고 있을 확률은 얼마나 될까?

이러한 문제를 제시하는 이유는 잘못 생각하는 사람이 많기 때문이다. 이런 문제는 언제나 다양한 방식으로 접하게 되므로 꼭 알아야 한다. 처음에는 스미더스가 마약을 소지하고 있다고 생각될 것이다. 실수할 확률이 10퍼센트밖에 안 되는 멀린이 짖었다면 스미더스에게 마약이 있을 확률은 90퍼센트가 아닐까? 그렇지 않다. 스미더스에게 마약이 있을 가능성은 약 11분의 1(혹은 9퍼센트)이다. 왜냐하면 멀린이 맞힐 확률뿐만 아니라 애초에 스미더스가 마약을 소지하고 있을 낮은 기저 확률도 계산에 넣어야 하기 때문이다. 다음과 같이 생각해보자. 비행기에서 내리는 승객 100명당 마약 소지자는 단 1명뿐이다. 멀린은 그 한 명에게 반드시 짖는다. 그런데 마약을 소지하고 있지 않은 나머지 99명의 승객에 대해서도 간혹(정확히는 10퍼센트의 확률로) 짖을 것이다. 따라서 스미더스가 100명의 승객 가운데 마약을 소지한 한 명일 수도 있겠지만, 멀린이 실수로 짖는 10명 중 1명에 해당될 가능성은 더 높다. 핵심을 다른 방식으로 표현하자면, 오류율이 10퍼센트라고 했을 때 그것이 무엇의 10퍼센트인지 깊이 생각할 필요가 있다는 것이다. 그것은 멀린이 짖는 10명 중 1명이 무죄임을 의미하는 것 같으나, 사실은 멀린이 죄 없는 사람 10명 중 1명에게 짖는다는 것을 의미한다. 그 둘은 같은 의미가 아니다. 그러므로 멀린이 짖는다는 것의 의미를 파악하기 위해서는 애초에 전체 인원 중 각 개인의 유죄 확률이 얼마나 되는지, 즉 기저율을 알아야 한다.

좀더 직관적으로 이해하기 위해 다음과 같은 가정을 해보자. 월도는 세상에서 희귀 마약을 소지한 단 한 사람이다. 멀린은 월도를 찾아내기 위해 지구상에 존재하는 모든 사람(총 64억1500만 명)의 냄새를 맡기 시작한다. 물론 월도를 발견하면 짖을 테지만 실수로 짖을 확률도 10퍼센트다. 그런 멀린이 당신을 향해 짖는다. 멀린이 월도를 찾아낼 확률은 얼마나 될까? 그다지 높진 않다. 진짜 월도를 찾는 과정에서 멀린은 실수로 약 6억4150만 명에게 짖을 테고 당신이 여기에 속한 것이다. 잠깐! 멀린이 잘못 짖을 확률이 10퍼센트라는 것은 당신이 진짜 월도일 확률이 90퍼센트라는 말 아닐까? 아니다. 이젠 그 이유를 쉽게 이해할 수 있다. 멀린의 오류율은 '거의 모두가 무고한' 사람들 중에서 범인을 찾아낼 때

의 그것으로, 중요한 사실은 그러한 무죄의 기저율이지 멀린의 오류율이
아니다.

앞의 공항 사례는 월도의 사례와 유사하다. 다만 그 배경에 덜 압도적
인 수치(덜 인상적인 기저율이나 사전 확률[추정하고자 하는 확률변수에 대한
관측이나 증거와 별개로 이미 알려져 있는 상태를 반영하는 주변 확률])가 사
용되었을 뿐이다. 이러한 논의를 통해 얻을 수 있는 첫 번째 큰 교훈은
문제의 전면에 드러난 확률만 볼 게 아니라 기저율도 염두에 둬야 한다
는 사실이다. 그러나 우리의 다음 과제는 공항 문제를 비롯해 그와 유사
한 다른 문제들로부터 올바른 해답을 구하는 방법을 이해하는 것이다.
대다수의 독자가 비명을 지르며 책을 덮어버릴지 모르니 골치 아픈 수학
계산은 빼고 최선을 다해 말로 설명해보겠다. 이 내용은 중요하며 별로
어렵지 않다.

기본적으로 우리는 멀린이 옳을 확률을 분수식(가령 11분의 1)으로 나
타내고자 한다. 즉 (100회 중에서) 분자에는 멀린이 짖었을 때 옳은 횟수
를 넣고, 분모에는 멀린이 (실수든 아니든) 짖는 모든 횟수를 넣는다. 이
렇듯 멀린이 짖었을 때 옳은 횟수와 전체 짖는 횟수를 비교하는 방식
이 실제 우리가 알려는 바다. 물론 100회가 아닌 1000회 시도를 사용할
수도 있다. 전체 사고 과정에서 동일한 수를 사용하기만 하면 100이든
1000이든 중요치 않다. 이제 관련 예시를 살펴보자. 그러나 우선 공항
사례에 집중하자면, 분자는 멀린이 100번의 시도에서 마약을 소지한 사
람을 향해 짖을 횟수다. 이것은 알기 쉽다. 우리는 100명 중 1명이 마약
을 소지하고 있으며 멀린이 그를 향해 반드시 짖는다는 것을 알고 있기
때문이다. 따라서 분자에 들어갈 숫자는 1이다. 분모에는 멀린이 100번
냄새를 맡는 동안 실수든 아니든 짖는 횟수가 들어간다. 앞서 살펴본 바
와 같이 멀린은 100번 중 1번은 제대로 짖고 나머지 99번에서 10퍼센트

(반올림해서 10으로 할 수 있다)는 잘못 짖는다. 그러면 멀린이 짖는 횟수는 총 11번이다. 그러므로 멀린의 짖는 행위가 범인의 발견으로 이어질 확률은 약 11분의 1이다.

또 다른 예를 들어보자. 스미더스는 미국에서 취업하기 위해 영주권을 신청하려는데, 그러기 위해선 먼저 에이즈 검사를 받아야 한다. 스미더스의 본국 사람이 에이즈에 걸려 있을 기본적인 확률은 250분의 1이다. 검사를 실시하면 에이즈에 걸린 사람을 전부 찾아내지만 거짓 양성 반응을 나타낼 확률은 4퍼센트다. (이는 예시일 뿐으로, 실제 에이즈 검사는 이보다 뛰어나다.) 스미더스의 검사 결과가 양성으로 나온다. 그렇다면 스미더스가 에이즈 환자일 가능성은 얼마일까? 얼핏 생각하면 가능성이 매우 높아 보인다. 해당 검사가 거짓 양성 반응을 내놓을 확률이 4퍼센트라는 것은 곧 스미더스가 에이즈 환자일 가능성이 96퍼센트라는 의미로 인식되기 때문이다. 물론 그렇지 않다. 이제 당신도 이해할 수 있겠지만, 기저율(즉 스미더스가 에이즈 환자일 기본 확률이 매우 낮다는 것)을 고려해야 한다. 그리고 어떻게 생각해야 할지도 알고 있다. 분수식을 구성해보는 것이다. 멀린이 옳게 짖는 횟수를 넣었던 분자에 에이즈 검사가 정확한 양성 반응을 내놓는 횟수를 넣는다. 250명 중 1명이 에이즈 환자이고 검사는 그들을 전부 찾아내므로 1000분의 4(정수로 표현하기 위해 1000 단위를 사용하자)가 된다. 따라서 분자에 4가 들어간다. 실수든 아니든 멀린이 짖는 전체 횟수를 넣었던 분모에는 에이즈 검사 1000회당 나오는 전체 양성 반응(정확하든 그렇지 않든)의 수가 들어간다. 우선 바로 앞에서 설명한 바와 같이 '정확한' 양성 반응은 4회다. 다음으로 '잘못된' 양성이 나올 확률은 4퍼센트다. 이는 100회당 4회 혹은 1000회당 약 40회다('약'을 넣은 이유는 1000명에서 실제 에이즈에 걸린 4명을 제외하는 게 맞기 때문이다. 그러나 차이는 거의 없다). 따라서 분모는 44(1000회 검사당 정확한 양성 4회 및 거짓 양성 40회)다. 이제 스미더스의 검사 결과가 양성으로 나왔을 때 그가 진짜 에이즈 환자일 확률이 얼마나 되는지 알 수 있다. 정답은 44분의 4(11분의 1 혹은 약 9퍼센트)이다(공항 사례에서 본 수치와 같지만 이는 우연이다).[57]

흥미롭게 느껴진다면 이 장의 부록에서 이와 유사한 문제들을 좀더 찾아보길 바란다. 일어날 법한 몇몇 다양한 사례를 살펴보면 더 잘 이해할 수 있을 것이다. 위에서 '옳게 짖는 횟수는 분자에, 짖는 총 횟수는 분모에' 대입하는 방식은 유용하다. 물론 복잡한 문제를 해결하기에 이것만으로는 충분치 않겠지만, 많은 사람이 혼란스러워하는 문제들을 살펴보는 데는 도움이 된다. 중요한 점은 모든 문제를 백 번 혹은 천 번 이행하는 상황(그중 어떤 결과가 몇 회, 나머지 결과가 몇 회)으로 전환하는 것이다. 분수식이 포함된 문제를 쉽게 이해하는 데 이 기법(빈도로 사고하기)은 정말 유용하다.[58] 다만 확률을 언급한다고 해서 실제 그 일이 얼마나 자주 발생했는지 혹은 발생할 예정인지에 관한 주장이 아닐 수 있다는 점에 주의해야 한다. 원고가 피고의 택시에 치였을 확률이 60퍼센트라고 할 때, 우리는 100건의 사고를 상상하고 피고의 택시가 그중 60건의 사고에 대해 책임이 있다고 받아들일 수 있다. 그러나 실제로는 원고가 당한 사건과 똑같은 다른 사고는 있을 수 없다. 그렇다면 언급된 확률은 그저 그 일의 실제 발생에 대한 주관적 확신의 표현일 뿐이다(그 사건을 두고 내기할 때 언급되는 확률일 것이다). 그렇다 해도 빈도로 사고하는 것은 수치로써 쉽게 이해하기 위한 유용한 도구다.

지금 논의하고 있는 일반적 개념은 1700년대 영국의 수학자 토머스 베이스의 이름을 붙인 베이스 정리Bayesian methods이라 불린다. 베이스는 사전 확률에서 소위 사후 확률을 구하는 방법인 베이스 정리Bayes' theorem를 창안한 인물로, 앞에 제시된 계산법은 본질적으로 베이스가 제안한 바를 단순화한 것이다.

$$\fallingdotseq$$

이제 우리에게는 어떤 것이 진실일 가능성에 관한 사고를 도와줄 유용한 도구가 있다. 그 도구는 법정에서 언제 사용될 수 있는가? 일단 배심원의 증언 청취가 이루어지는 민사 소송을 떠올려보자. 배심원은 원고의 주장이 진실일 가능성이 높은지, 수치로 표현하자면 원고의 주장이 맞을 확률이 50퍼센트 이상인지를 판단해야 한다. 배심원이 청취한 새로운 증언은 50퍼센트 기준을 넘을 수도 있고 넘지 못할 수도 있다. 배심원은 어디서부터 '시작해야' 할까? 원고의 주장이 맞을 기본 확률을 어떻게 가정해야 할까? 새로운 증거를 청취하는 배심원은 마약탐지견이 짖는 소리를 듣는 경찰 또는 에이즈 검사 결과 양성 판정을 받은 이민자와 같다. 기저율이나 사전 확률을 모르면 그들은 판단해야 할 사안의 새로운 정보를 어떻게 이해해야 할지 알 수 없다. 다시 말해 어떤 문제에 관한 새로운 정보(짖는 개, 에이즈 검사, 재판에서의 증언 등)를 들을 때 우리는 아무런 의견이 없는 상태에서 접하는 게 아니다. 새로운 정보가 아무리 미약하다 해도 우리는 그 문제의 답으로 추정하던 부분에 대한 느낌을 수정(베이스의 견해를 따르는 사람들은 '업데이트'라 일컫는다)하게 된다. 그러면 재판에서 증거가 제시될 때 배심원이 사용해야 하는 기저율, 즉 비행기 승객이 마약을 소지하고 있을 확률 100분의 1과 같은 기준은 무엇인가?

이 질문에는 배심원이 50 대 50의 확률(원고가 맞을 확률과 틀릴 확률이 같다)을 염두에 두고 시작해야 한다는 대답이 자연스러워 보인다. 이 방식은 증거 우위의 기준 그리고 50퍼센트 이상의 확신에 해당된다는 일반적인 견해와 일치하는 것처럼 보인다. 그러나 이런 사고는 당혹스러운 문제로 연결될 것이다.[59] 원고에게 조금이라도 유리한 증거가 있어서 51퍼센트 기준을 충족한다면 승소한다는 의미가 되기 때문이다. 복면 쓴 누군가가 원고를 공격했다고 가정해보자. 원고가 아는 유일한 정보는 범인의 머리색이 갈색이라는 것이다. 그 지역 주민 가운데 갈색 머리는 60퍼센트다. 원고는 그들 중 임의의 한 명을 골라 손해배상 청구소송을 제기한다. 이 사건을 심사하는 배심원들이 피고가 범인일 확률을 50퍼센트라고 여긴다면 원고는 피고가 갈색 머리라는 점만 지적하면 된다. 왜냐하면 그것의 확률이 피고가 실제 범인일 확률 50퍼센트보다 좀 '더' 높기 때문이다. 이건 말도 안 되는 소리다. 원고는 갈색 머리의 사람을 무작위로 골라 소송을 걸었으므로 피고는 아마 범인이 아닐 것이다. 이 장의 부록에 이 문제를 분석해놓은 설명이 있지만, 그런 기이한 결과의 근본적인 원인은 원고가 100회 공격을 당한다면 그중 50회는 피고가 범인이라는 가정에서 (우리의 일반적인 사고방식대로) '시작'된 것으로, 그렇게 사고할 근거는 전혀 없었다.

형사적 측면에서도 유사한 예시를 들 수 있다. 초기에 피고의 유죄 가능성을 50퍼센트로 보는 추정은 문제가 없는 것 같다. 어차피 '합리적 의심'의 기준 아래 검사가 유죄 평결을 받아내기 위해서는 그보다 훨씬 더 높은 수치를 입증해야 하기 때문이다. 그러나 무죄 추정을 받아야 하는 피고에게 그러한 상황은 매우 불리한 것이다. 배심원이 피고의 유죄 가능성과 무죄 가능성을 똑같은 비율로 추정해선 안 되고, 피고가 유죄가 '아니라는' 가정에서 출발해야 한다는 말이다. 그렇다면 그 추정의 강도는 어느 정도여야 하는가? 지금 우리가 알고 있는 것은 무죄 추정의 원칙이나 입증 책임의 주체에 관한 기술이 기저율(유죄 혹은 무죄의 기본 확률로, 이는 사건의 증거에 따라 수정될 수 있다)의 선택으로 간주될 수 있다는 것이다. 배심원에게 피고의 유죄 가능성이 길거리에서 무작위로 고른 사람의 유죄 가능성과 같다는 추정 아래 판단하라고 지시해야 할까? 그래야 한다는 주장도 제기되었다.[60] 그렇다면 그 추정의 강도는 길거리에 '있는' 사람들의 수에 따라 달라져야 하는가? 뉴욕에 사는 피고보다 소도시에 사는 피고의 유죄 가능성이 더 크다고 말할 수 있는가? 그 누구도 그렇다고 말할 수 없을 것이다.[61]

이러한 의문들에 대한 답은 아직 확정되지 않았다. 앞서 확인한바, 배심원들은 입증 기준을 수치와 관련된 검사로 전환하도록 지시받지 않는 것과 같은 이유로 우리가 논의하고 있는 확률적 방식으로 사고하도록 지시받지 않는다. 판사들도 이런 식으로 이야기하지는 않는다. 누구나 그렇듯 배심원은 피고의 책임 가능성(민사 소송에서) 혹은 유죄 가능성(형사 소송에서)에 대해 선입견을 갖고 출발하지만, 입증 책임의 주체와 증거가 충족해야 할 기준에 관한 내용만이 배심원에게 지시될 뿐이다. 세세한 것은 상상에 맡겨져 있다.

÷

입증 책임의 정량화에 관한 논의는 이로써 충분한 것 같다. 이제 원고가 입증 책임을 충족시키기 위해 기저율(통계적 일반화)을 '유일한' 증거로 사용하려 한다면 어떤 일이 벌어질지 생각해보자. 이에 관한 전형적인 사례로 버스에 치인 원고가 등장한다. 원고는 사고 당시 의식을 잃은 터라 해당 버스에 대해 아무 정보도 갖고 있지 않다. 이 사건에서 알려진 정보는 그 지역 버스의 80퍼센트가 피고의 소유라는 사실뿐이다. 원고는 이 증거만으로 승소할 수 있을까? 피고가 사고 버스의 소유자일 가능성이 높아 보이며, 이는 민사 소송에서 중요한 문제다. 그렇지만 다른 증거 없이 원고가 해당 소송에서 이길 수 있다고 생각하는 사람은 없다.62 사람들이 직관적으로 그렇게 생각하는 이유를 설명하기 위해 여러 주장이 거론되고 있다. 앞서 살펴본 것처럼 이런 소송의 진짜 문제는 원고가 옳다는 것을 배심원이 얼마나 확신하는가이다. 원고의 증거가 단지 통계뿐이라면 그 수치가 아무리 강력하다 해도 배심원은 강한 확신을 가질 수 없을 것이다. 배심원은 원고가 내세우는 증거가 '어째서' 그것뿐인지 합리적 의심을 품을 수 있다. '다른 증거가 이 소송에 도움이 되지 않는 걸까?' '원고가 비용을 아끼느라 철저히 조사하지 않은 걸까?' 이는 또 유인에 관한 주장으로 전환될 수 있다. 즉 통계적 진술의 힘에만 의지해 소송이 이뤄지는 것을 막으면 원고가 그보다 나은 증거를 찾기 위해 노력할 수밖에 없다는 것이다. 이것이 우리가 바라는 방향이다. 그것이 불가능할 때도 있지만, 정말 불가능한 것인지 원고가 회피하고 있는지를 구분하기는 어렵다(따라서 후자라고 추정한다). 이러한 내용 외에도 통계적 증거만으로 원고가 승소할 수 있게 한다면 피고가 80퍼센트에 대해서만 책임 있는 다른 사건 모두 패소하는 결과가 발생할 수 있다. 이는 받아들이기 어려운 일이며, 피고는 물론 그 지역의 다른 버스 회사에도 (결코 책임질 일이 없다는) 잘못된 유인을 제공하는 것이다.

또 다른 가능성으로는, 유죄 혹은 책임은 단순한 개연성에 관한 진술이 아니라 개별화된 불법의 발견에서 비롯되어야 한다는 원칙에 위반되기 때문에 법이 통계적 사실에 기반한 책임을 옹호하지 않을 것이라 생각할 수 있다. 그러나 해당 원칙은 유연한 것으로 알려져 있다. 1970년대에 수많은 여성에게서 종양이 발생했는데, 그들의 어머니가 임신 기간에 DES[디에틸스틸베스트롤, 1960년대에 유산 방지를 위한 여성 호르몬 의약품으로 개발되었으나 내분비계 장애를 유발]라는 약을 복용한 것이 원인이었다. 불행히도 이 병에 걸린 여성들은 그들의 어머니가 오래전에 복용한 약을 판매한 제약회사를 알아낼 수 없었음에도 불구하고 다수의 법정에서 승소했다. 그렇게 되지 않았다면 28장에서 살펴본 유형의 오류가 되풀이되었을 것이다. 흥미로운 점은 법원이 권리 회복을 이끌어낸 방식이었다. 법원은 원고가 제약회사의 DES 시장 점유율에 부합하여 그 약을 판매한 각각의 제약회사로부터 손해배상금을 수취하도록 판결했다.[63] 이 사건은 버스 사건과 전혀 다르다. DES의 각 제약회사가 상당수의 원고에게 상해를 입혔다는 사실이 명백하기 때문이다. 즉 이 사건에서의 기저율은 주관적 확신에 관한 진술이 아니라 빈도에 관한 실제적 진술이다. 여기서 핵심은 스퀴브사가 전체 DES의 30퍼센트를 시장에 공급했다면, 스퀴브사가 원고에게 상해를 유발했음을 30퍼센트 확신하는 게 아니라 '전체' 원고 상해의 30퍼센트를 유발했음을 100퍼센트 확신하는 것이다. 기업에 이런 방식으로 책임을 묻는 편(흔한 일은 아니다)이 버스 사건의 사례보다 공정과 효율의 일반 개념에 가해지는 손상이 덜하다.

DES 사례는 예외다. 통상 기저율만으로는 소송에서 이기기 어렵다. 그러면 대체 기저율은 소송에서 언제 허용되어야 하는가? 베이스의 추론이 도움이 될 만한 사례 하나를 살펴보자. 한 여성이 칼에 찔려 사망했는데, 흉기인 칼에서 손바닥 지문의 일부가 발견된다. 일치하는 지문을 갖고 있는 사람은 1000명 중 1명이다. 스미더스가 그중 한 명이라면 그가 범인이 아닐 확률이 1000분의 1이라고 단언할 수 있는가? 아니다. 틀렸다. 29장에서 살펴본 것처럼 그것은 검사의 오류에 해당된다. 하지만 이 논의는 소송에서 다른 증거가 없다는 가정을 상정한 것으로, 만약 스미더스에게 불리한 다른 증거가 '있다'면 손바닥 지문을 어떻게 이해해야 하는가? 베이스 정리가 이 질문에 대한 정확한 (그러나 반드시 바람직하다고는 할 수 없는) 사고법을 제시해준다.[64] 손바닥 지문의 일치를 (탐지견이 짖는 것과 마찬가지로) 피고가 유죄일 특정 확률이 기본인 상태에서 새로 등장한 하나의 증거로 취급하라. (손바닥 지문을 기저율을 형성하는 증거로, 그리고 다른 증거를 확률의 업데이트를 요하는 새로운 정보로 다룰 수도 있다. 어떤 정보를 '기본'으로 삼을지에 관한 결정은 임의적 사안이다.) 손바닥 지문 사건에서 기저율은 배심원이 손바닥 지문에 대해 듣기 '전에' 접한 다른 증거로부터 얻은 스미더스의 유죄 가능성의 확신일 뿐이다. 어쩌면 배심원은 이미 스미더스가 피해자에게 원한을 갖고 있었다는 이야기를 들었을 수도 있고, 그로 인해 스미더스의 유죄 확률을 25퍼센트로 간주하고 있을 수도 있다. 혹은 1퍼센트에 불과하다고 생각하는지도 모른다. 전체 인구에서 1000명 중 1명에게서 손바닥 지문의 일치가 나타난다고 다시 가정했을 때, 손바닥 지문은 어떤 효과를 일으키겠는가?

다시 한번 수학은 부록으로 넘기고(문제 2), 여기서는 결과만 살펴보자. 배심원이 손바닥 지문에 대해 듣기 전에 피고의 유죄 가능성을 25퍼센트로 생각했다면, 손바닥에 대해 청취한 후의 확신(혹은 엄밀한 수학적 관점에서 피고가 유죄일 사후 확률)은 99퍼센트가 되어야 한다. 배심원이 스미더스가 범인일 가능성이 1퍼센트에 불과하다는 생각에서 출발했다고 가정하는 편이 더 흥미로울 것이다. 손바닥 지문 일치에 관한 증거가 추가되고 나서 그 1퍼센트가 90퍼센트가 되는 것이다. (손바닥 지문이 스미더스의 것이 맞지만 함정에 빠진 경우 등 복잡한 상황들은 무시한다. 그러한 요소들은 결과에 큰 관계없이 설명될 수 있다.) 이는 곱의 법칙에 관한 장에서 알게 된 내용과 모순되는 것으로 보일 수 있다. 범인이 피고와 똑같이 흔치 않은 특성을 지녔다는 것만으로 성급하게 결론내리면 안 된다는 것이 핵심 아니었던가? 맞다. 그러나 이 사례는 피고를 범죄에 연결시키는 또 다른 증거가 있는 경우 (그것이 사소할지라도) 추리가 얼마나 빠르게 변화할 수 있는지를 보여준다.

방금 설명한 내용은 이해하기 쉬운 편이 아니며, 그러한 증거가 일반적 배심원의 확신에 끼치는 실제 효과와 일치하지 않을 수도 있다. 왜냐하면 실제 배심원들은 토머스 베이스가 새로운 증거를 바탕으로 그들이 사전에 갖고 있던 유죄에 대한 확신을 어떻게 업데이트하는지 알지 못하며 방금 설명된 방식으로 사고하도록 지시받지도 않기 때문이다. 흥미로운 질문은 '왜 그런가'이다. 아마 배심원들이 잘못 판단할 가능성 때문일 것이다. 특히 스미더스가 함정에 빠졌다거나 하는 등의 생략된 복잡한 내용이 추가될 때 더 그러하다. 배심원에게 수치로 사고하도록 요청한다면 피고인이나 소송 혹은 유죄 및 책임의 의미에 관한 우리의 가치는 손상될 것이다. 우리는 통계상 어떤 계층에 속해 있다는 이유로 누군가를 유죄로 판단하는 것을 회피하길 원한다.

그러나 마지막 의문이 남아 있다. 그것은 수학이 소송에서 중요한 역할을 할 때도 있다는 것이다. 정확히 언제 그리고 왜인지 설명하기는 어렵지만 간혹 법원은 통계적 일반화를 증거로 허용하기도 하고 그러지 않기도 한다. 한 여성이 지나가는 트럭에서 떨어진 얼음에 상해를 입은 사건이 있었다. 트럭의 옆면에 '허츠Hertz' 로고가 있었으므로 여성은 허츠를 상대로 소송을 걸었다. 법원은 해당 로고가 붙은 트럭의 90퍼센트를 허츠가 소유하고 있다는 사실을 증거로 받아들여 사고 트럭을 허츠 소유로 추정했다.[65] 아동이 학대당한 또 다른 사건에서는 그 아동의 아버지가 기소됐고, 의사는 배심원에게 "아동 성 학대의 80~85퍼센트가 아동과 가까운 친척에 의해 저질러진다"고 증언했다. 이에 대한 이의가 제기되자 법원은 "개별 사건에서 유죄에 관한 판단에 도달하는 데 통계적 정보가 사실 판단자trier of fact에게 얼마나 도움이 될지 알기 어렵다"고 표명했다.[66] 두 번째 사건이 형사 사건이었다는 것은(혹은 그것만으로는) 핵심이 될 수 없다. 왜냐하면 종종 검사가 통계적 기저율을 내세우는 게 허용되기 때문이다. 예를 들어 피해자가 범인에 대해 인종 말고는 아무것도 아는 것이 없었던 성폭력 사건에서 배심원단은 이때 검출된 DNA가 흑인 4200억 명 중 1명만 일치된다(그리고 DNA가 피고와 일치했다)는 증언만을 토대로 피고에게 유죄 평결을 내린 적이 있다.[67]

법원은 대체 어떤 기준으로 소송에서 통계적 일반화를 허용하거나 허용하지 않는 것일까? 규칙은 없으나 몇몇 주목할 만한 경향이 있다는 게 최선의 답변이다.[68] 사건이 명확히 정의된 통계적 구조를 갖는 경우(일부 고용차별 사건이 해당된다) 또는 사건의 발생이 우연이었다는 상대방의 주장을 반박하고자 하는 경우(부정행위로 기소된 두 명의 시험 응시자가 유사한 답안이 우연이었다고 주장하는 경우)처럼 원고가 이런 식의 일반화 '말고는' 다른 증거를 대기 어려운 상황(DES 사건을 떠올려보라. 제약회사에 시장 점유율 이론에 따라 책임을 묻지 않았다면 제약회사는 대부분 아무 책임도 지지 않았을 것이다)에서는 통계적 증거가 허용될 가능성이 매우 높다.

그러나 일반적으로 좀더 주목해야 할 것은 정량화에 대해 법이 보여주는 깊은 양면성이다. 어떤 의미에서 모든 지식은 확률에 기반한다고 말할 수 있다. 그러나 법원은 관습적으로 확률의 명시적 사용을 기피하면서도 돌발적으로 어떤 기준이나 결정의 근거를 밝히지 않은 채 모호한 상태로 그 사용을 허용하고 있다. 아마 수치가 법적 판단에서 너무 중요한 역할을 하게끔 내버려두는 것보다는 덜 해롭다는 시각에서 자의적인 태도를 고수하는 듯하다. 다른 곳에서 논의한 바와 마찬가지로, 우리는 이러한 현상에 대해 좀더 일반적 의문으로 취급할 수 있을 것이다. 즉 법에서 엄격한 정량화를 요구할 때는 언제이고 기피할 때는 언제이며, 그 이유는 무엇인가?

부록 |
더 흥미로운 기저율 이야기

1. 갈색 머리의 피고. 이 장의 본문에서 우리는 범인이 갈색 머리인(그리고 해당 지역 인구의 60퍼센트가 갈색 머리인) 사건을 살펴봤다. 원고는 갈색 머리인 어떤 사람을 임의로 선택해 소송을 제기했다. 이 말도 안 되는 사건의 핵심은 피고가 범인일 확률을 50 대 50으로 추정한 상태로 시작할 때 어떤 일이 일어나는지(또 원고가 어떻게 승소하는지) 확인하는 것이다. 우리의 목표는 분수식을 만드는 것이다. 원고가 갈색 머리의 사람을 100번 봤을 때 피고가 범인일 경우는 몇 번인지 살펴 그 숫자를 분자에 넣는다. 사전 확률을 2분의 1로 가정하는 경우는 피고가 공격자일 가능성이 절반(50퍼센트)임을 의미하므로, 원고는 갈색 머리인 사람을 모두 제대로 본 것이다. 따라서 분자에 들어갈 수는 50이다. 분모에는 원고가 갈색 머리의 사람을 봤을 때 피고가 '아닐' 횟수(즉 마약이 없을 때 개가 짖는 경우)를 50에 더한 숫자가 들어간다. 여기서는 공격자가 피고가 아닌 50회에 60퍼센트(갈색 머리의 수)를 곱하여 알아낸다. 그것은 30이다. 그러므로 최종 분수는 8분의 5이며, 이는 임의로 선정된 갈색 머리의 피고가 공격자일 확률이 63퍼센트임을 의미한다. 물론 이것은 잘못된 답

이다. 알다시피 부정확한 기저율 50퍼센트가 일련의 사고를 오답으로 이 끌고 말았다.

2. 손바닥 지문. 본문에서 배심원이 피고의 유죄 가능성을 1퍼센트로 보고 시작했다가 이후 피고의 손바닥 지문이 살해 흉기에서 발견된 지문 과 일치한다는 새 증거가 등장한 사건을 살펴봤다. (임의의 상황에서 그러 한 일치가 나타날 확률은 1000분의 1이었다.) 그렇다면 피고가 범죄를 저질 렀을 확률은 어떻게 수정되었을까? 분자 자리에는 개가 옳게 짖는 회수 가 들어간다 했고, 여기서는 손바닥 지문의 일치가 옳은 횟수가 들어간 다. 이번에는 1만 번 반복 실행이 이루어진다고 가정해보자. 우리는 스미 더스가 유죄일 확률을 1퍼센트로 보고 시작했다. 그것은 이와 같은 사건 100건에서 스미더스가 범행을 저질렀음을 의미하며, 우리는 100건 전부 에서 그의 손바닥 지문이 흉기의 지문과 일치할 것이라 가정해볼 수 있 다. 따라서 손바닥 지문의 일치로 스미더스가 살해범으로 옳게 확인되는 횟수는 (1만 번 중) 100번이다. 이제 분모에는 지문이 일치하는 전체 횟 수(맞든 틀리든)가 들어간다. 그 수는 우리가 방금 확인한 100회에 덧붙 여 1만 번 중 손바닥 지문은 일치하지만 스미더스가 범인이 '아닌' 경우 의 수를 더한 것이다. 이제 그 수를 알아내보자. 그런 경우는 매우 드문 일이지만 1000명 중 1명에서 일치가 나타나므로 우리는 1만 회의 시도 중 약 10회의 잘못된 일치가 나타날 거라 예상할 수 있다. 자, 그럼 이제 분모에 들어갈 수를 알 수 있다. 옳은 일치 100회에 잘못된 일치 10회를 더한 수치다. 그 결과 분수는 110분의 100이다. 나눗셈을 해보면 스미더 스가 범행을 저질렀을 확률은 약 90퍼센트가 나온다.

3. O. J. 심슨 사건. O. J. 심슨이 전처 살해 혐의로 재판받을 당시 검

사는 심슨이 결혼생활 중 전처에게 폭력을 휘둘렀던 사실을 증거로 제출하려 했다. 이에 대해 심슨의 변호인 중 한 명인 앨런 더쇼비츠가 아내를 때린 남편들 중 극히 일부만("2500명 중 1명도 되지 않는 것이 확실하다") 이 아내를 살해했다고 주장했다. 가정폭력 사건 300만 건당 살인 사건은 (반올림해서) 약 1500건에 불과하다는 것이다. 이러한 통계가 얼마나 관련 있는 걸까? 큰 관련은 없다. 이 장의 다른 사례들과 마찬가지로 우리는 구조화를 통해 문제를 뚜렷이 살필 수 있다. 심슨이 아내를 폭행한 행위는 마약 냄새를 맡은 탐지견이 짖는 경우에 속한다. 그 행위는 어떤 기저 사실(심슨이 자기 아내를 살해한 사실 혹은 승객이 실제 마약을 소지하고 있다는 사실)을 암시하는 것이다. 확률을 구하기 위해 분수를 만들어보자. 분자에는 본질적 사실(아내 폭행 사실)이 존재하고 그 사실이 유죄를 옳게 암시하는 경우의 수가 들어간다. 이번에는 전체 횟수를 10만 번으로 가정하자. 우리가 고려하는 전체 인구는 폭행당한 여성으로 구성되는데, 그 수를 10만 명이라 하자. (그중 남편에 의해 살해당하는 여성은 2500명 중 1명이라 하자. 이는 1만 명 중에 4명, 10만 명 중에 40명과 같다.) 따라서 분자에 들어갈 수는 40이다. 분모에는 폭행당한 여성이 남편이든 아니든 '누군가'에 의해 살해당하는 경우의 수가 들어간다. 물론 남편이 아내를 살해하는 횟수인 40이 기본이며, 여기에 타인에 의해 살해되는 횟수를 더한다. 그 수는 약 0.05퍼센트(10만 명당 5명)로 매우 적다. 그러므로 40에 5를 더한다. 우리가 구한 분수는 45분의 40(혹은 약 89퍼센트)이다. 적어도 이는 이 사건에 나온 수치를 차용하여 구한 것으로, 폭행당한 아내가 살해당했을 때 남편이 범인일 대략적인 확률이다. 이 수치의 정확도를 보증할 순 없지만, 아무리 더 그럴듯하게 조정한다 해도 심슨이 아내를 폭행했다는 증거가 더쇼비츠의 주장보다 더 중요하다는 것은 여전히 명백하다.[69]

초기의 주장은 어째서 오해를 불러일으켰을까? 바로 잘못된 질문 때문이다. 중요한 것은 폭행당한 여성이 자신의 남편에 의해 살해당하는 비율이 아니다. 그 수치가 폭행당한 여성이 남편이든 아니든 다른 누군가에 의해 살해당하는 비율과 어떻게 비교되는가가 쟁점이다. 우리가 마약탐지견이 마약을 발견했을 때 짖는 횟수와 전체 짖는 횟수를 비교하는 방식에 의문을 가졌던 것처럼 말이다. 멀린이 짖는 행위는 오류율이 높고 대다수의 비행기 승객이 마약을 소지하고 있지 않기 때문에 인상적인 증거가 아니었다. 하지만 심슨의 학대는 심슨의 변호인이 주장했던 것보다 더 인상적인 증거였다. '폭행당했던 여성이 살해된 경우'에 그녀의 남편이 유죄일 확률이 상당히 높기 때문이다(임의의 비행기 승객이 마약을 소지하고 있을 확률보다 훨씬 더 높다). 달리 말해서 무죄의 기본 비율이 다르다. 개가 무고한 승객에게 짖는 비율은 개가 마약을 발견해서 짖는 비율에 비해 높다. 그러나 폭행당한 아내가 남편이 아닌 사람에 의해 살해당하는 비율은 남편이 유죄인 비율에 비하면 낮다.

4. 택시 문제. 여기 또 하나의 고전적인 문제가 있다. 이번엔 다른 사례들에 비해 약간 더 복잡하다.[70] 스미더스가 택시에 치였다. 사고 택시는 그린캡 회사 아니면 블루캡 회사 소속이며, 그 지역에서 운행 중인 택시의 85퍼센트가 녹색이다. 하지만 스미더스는 자신을 친 택시가 파란색이었다고 80퍼센트 확신하고 있다. (혹은 그가 "80퍼센트 확신한다"고 말한 게 아니라 그의 판단이 옳을 가능성이 80퍼센트로 보인다고 가정하자.) 다른 증거는 없다고 가정할 때 스미더스가 파란색 택시에 치였을 가능성은 얼마나 될까? 일단 분수식으로 만들어야 한다. 분자에 들어가는 수는 개가 옳게 짖는 횟수였으니, 여기서는 (가상의 사고 100회 중에서) 스미더스가 파란색 택시라고 말한 게 옳은 경우의 수다. 이번에는 계산하는 데 시간이

좀더 걸린다. 마약탐지견은 마약이 있는 경우를 절대 놓치지 않았고 에이즈 검사 또한 에이즈 환자를 절대 놓치지 않았지만 스미더스는 그렇지 않다. 사고 택시가 실제 파란색이었다 해도 스미더스는 전체의 80퍼센트만 제대로 볼 수 있다. 그러나 포기할 필요는 없다. 우리가 알고자 하는 것은 여전히 같다. 즉 100회의 사고에서 스미더스가 본 파란색 택시가 맞는 경우의 수가 필요하다. 빈도로 생각하라. 가상의 사고 100회에서 (전체 택시의 85퍼센트가 녹색이므로) 파란색 택시는 15대일 것이다. 스미더스는 그중 80퍼센트를 정확히 맞힌다. 15의 80퍼센트는 12다. 이 수치가 우리가 찾는 분자다. 분모에는 스미더스가 파란색으로 보는 '전체' 경우의 수가 들어간다. 우리가 방금 구한 12에 스미더스가 파란색이라고 증언했으나 잘못 봤을 경우의 수를 더하면 된다. 스미더스가 잘못 볼 경우의 수는 몇인가? 자, 우리가 가정한 100회 사고에서 85대는 녹색 택시일 테고, 스미더스는 그중 20퍼센트(스미더스의 오류율)는 잘못 본 것이다. 85의 20퍼센트는 17이다. 그러므로 이제 분수가 완성되었다.

$$\frac{12 \text{ (100회 중 스미더스가 파란색 택시라고 증언하여 그것이 맞을 경우의 수)}}{29 \text{ (맞든 틀리든 스미더스가 파란색 택시라고 증언하는 경우의 수 – 12 + 17)}}$$

이 문제는 거짓 양성뿐만 아니라 거짓 음성에 대해서도 신경 써야 했기 때문에 다른 경우들에 비해 더 어렵다. 우리는 택시가 파란색인 경우의 수에 스미더스가 정확히 봤을 확률을 곱해야 했고, 또 택시가 녹색인 경우의 수에 스미더스가 잘못 봤을 확률을 곱해야 했다. 100회 중 스미더스가 파란색 택시였다고 증언하는 총수는 두 수(12와 17)를 합한 수다. 이 사례에서 우리에게 필요한 숫자는 그 두 수뿐이다. 앞의 수가 분자가 되고 둘의 합이 분모가 된다. (우리가 구한 분수 29분의 12는 물론 확률로 나타낼 수 있다. 즉 사고 택시가 파란색일 확률은 41퍼센트다.)

＋추가 독서를 위한 제안

Michael O. Finkelstein and William B. Fairley, *A Bayesian Approach to Identification Evidence*, 83 Harv. L. Rev. 489(1970); Laurence H. Tribe, *Trial by Mathematics: Precision and Ritual in the Legal Process*, 84 Harv. L. Rev. 1329(1971); Richard A. Posner, *An Economic Approach to the Law of Evidence*, 51 Stan. L. Rev. 1477(1999); Gerd Gigerenzer and Ulrich Hoffrage, *How to Improve Bayesian Reasoning without Instruction: Frequency Formats*, 102 Psychol. Rev. 684(1995); Richard D. Friedman, *A Presumption of Innocence, Not Even Odds*, 52 Stan. L. Rev. 873(2000); Jonathan J. Koehler, *When Do Courts Think Base Rate Statistics Are Relevant?* 42 Jurimetrics J. 373(2002); Peter Tillers and Eric D. Green eds., Probability and Inference in the Law of Evidence: The Uses and Limits of Bayesianism(1988).

31장
가치와 시장

5부의 각 장에서 우리는 입증 책임 및 입증 기준에 대한 논의로 출발해 여러 증거에 대해 사고하는 과정에서 발생하는 문제들을 다루었다. 이제 사건의 마지막 단계인 손해배상액 산정에 관한 고찰로 마무리를 지어보자. 이 주제로 다룰 흥미로운 문제들은 이 책의 다른 부분에서 논의한 주제들과 연관되어 있기 때문에 마지막으로 살펴보는 게 유용하다.

법은 무엇이 가치 있는가에 상당한 비중을 두고 있다. 민사상 불법행위(예를 들어 과실 행위나 계약 위반, 경찰관의 구타 등)가 발생했을 때는 그 행위자에게 자신의 행위로 인해 손해 입은 사람에게 배상토록 명하는 것이 법의 통상적 대응이다. 그러한 배상금을 손해배상액이라 한다. 문제는 손해배상액의 규모를 산정하는 방법으로, 이는 피고가 파괴한 권리를 살펴 그 가치를 평가하는 일이라 할 수 있다. 이러한 문제는 그 밖의 다른 영역, 즉 정부 기관이 항공기 운항이나 건설 현장 운영, 발전소 운용 등 일정 활동의 수행 방식에 영향을 끼치게 될 규제의 채택 여부를 결정할 때도 발생한다. 규제는 재산상의 피해를 예방하고 생명을 구하거나 상해를 방지하는 등 해당 활동을 더 안전하게 만들 수 있다. 그러나 많은 비용이 뒤따르므로 과연 들어가는 비용만큼 규제가 가치 있는지도 살펴야 한다. 여기서 또다시 가치에 관한 의문이 제기된다. 재산, 생명, 신체를 구하는 일은 과연 어떤 가치를 지니는가?

이런 질문에 대한 법의 대답은 또 다른 흥미로운 이야기와 결부되어 있는데, 그것은 바로 가치 측정이 가능한 시장의 역할이다. 때로 법은 시장을 열심히 추구하기도 하고 또 어떤 때는 거부한다. 간단한 예를 들어 보자. 나는 당신의 자동차를 수리가 불가능할 정도로 심하게 망가뜨렸다. 나는 당신에게 어떻게 책임을 져야 할까? 당신은 새 차로 변상하라고 주장할 수 있겠지만, 그건 안 된다. 내가 부순 차는 새 차가 아니라 '중고'차(적어도 당신이 사용하고 있던 자동차)이기 때문이다. 따라서 내가 당신에게 갚아야 하는 것은 다른 중고차 아니면 당신이 중고차를 살 수 있을 정도의 돈이다. 나는 내가 파괴한 차량이 얼마에 팔릴 수 있었는지 중고차 시장에 문의한 다음 그 액수를 당신에게 지불하면 된다. 당신은 그 돈으로 당신이 소유했던 차량과 동일한 가치의 대체 차량 혹은 다른 모델을 구입할 수 있다. 다시 말해서 내가 당신에게 책임져야 할 것은 내가 파괴한 물건의 시장 가치다. 그러한 물건이 거래되는 훌륭한 시장이 존재하므로 파괴된 물건의 대체 비용이라 할 수 있다.

자, 그럼 이제 당신은 행복하다(정말 행복한가?). 만약 당신이 자신의 차를 애지중지하여 시장 가치보다 높은 가치를 부여하고 있었다면 행복하지 않을 수도 있겠다. 당신이 자신의 차량에 부여했던 잉여 가치(당신이 차량에 부여한 주관적 가치)는 차량이 파괴되면 아무런 보상 없이 상실되고 만다. 일반적으로 법은 그러한 가치를 당신에게 보상해주려 하지 않을 것이다. 그 이유를 행정 비용에 관한 논의인 6장에서 이미 살펴봤다. 시장 가치 외에 당신이 실제로 대상에 부여하고 있는 가치를 추정하기란 어려울 뿐만 아니라 오류도 많고 사건의 해결을 곤란하게 만들기 때문이다. 결국 손해배상액의 척도로서 시장 가치를 고수한다는 것은 (가능한 한 금전적 해결로) 원고를 불법행위가 있기 전의 상태로 되돌려놓는 것을 목표로 하고 있음에도 불구하고 거의 모든 사건에서 승소한 원고가 마땅히 받아야 할 금액보다 더 적은 액수를 배상받도록 한다.

요컨대 시장의 측정이 아주 정확하지 않을 수 있다는 말이다. 실제로 간혹 시장의 측정은 굉장히 부정확하기도 하다. 그렇지만 일반적으로 시장은 가치 측정을 위한 다른 어떤 방법보다 비용이 적게 들고 수월한 방법으로 간주된다. 골치 아픈 경우는 시장이 없거나 법원이 시장을 신뢰하지 못하는 때다. 한 여성이 오래된 가정용 비디오테이프를 잔뜩 싸들고 카메라 매장을 찾아와 그 안에 담긴 필름 영상들을 디지털 영상으로 바꿔달라며 돈을 지불한다. 비디오테이프 안에는 결혼식, 휴가, 어린이 야구 경기 등의 영상들이 녹화되어 있다. 여성은 점원에게 "여기에 제 인생이 담겨 있어요"라고 말하며 분실되지 않도록 당부한다. 그런데 매장 점원이 비디오테이프를 잃어버렸다. 이제 어떻게 해야 하는가? 카메라 매장 측은 새 비디오테이프를 주겠다고 제안한다. 물론 새 비디오테이프 안에는 원래 비디오테이프에 담겨 있던 영상이 없다. 그렇다면 잃어버린 영상들의 시장 가치는 얼마나 되는가? 아무 가치가 없다. 타인의 가정을 찍은 영상을 관람하기 위해 돈을 낼 사람은 없기 때문이다. 그리고 앞서 살펴보았듯이 일반적으로 법은 개인이 소유물에 부여한 주관적 잉여 가치에 대한 보상을 거절한다. 항상 그런 건 아니고, 일반적으로 그러하다. 이 사건의 소송을 맡은 법원은 원고가 영상에 부여하는 가치의 극히 일부에 불과한 시장 가치만을 카메라 전문점이 보상하고 책임에서 벗어나게 해선 안 된다고 판단했다.[71] 그리하여 배심원단에게 영상 소유주의 가치가 반영된 보상액을 산정토록 지시했다. 타인이 해당 영상에 대해 원고에게 지불할 용의가 있는 금액이 아니라 원고가 영상을 팔 용의가 있는 금액을 판단하라는 것으로, 이 역시 시장의 방식과 유사한 해결처럼 여겨질 수 있다. 그러나 법원은 배심원단에게 정서적 가치에 대한 보상이 되어선 안 된다고 경고하면서 "정서적sentimental"이란 용어를 "정당화될 수 없을 정도로 감정적인" 혹은 "부자연스럽거나 지나치게 감정적인"으로 정의했다. 원고는 7500달러를 배상받았다.

카메라 매장이 배상할 금액에 대해서는 두 가지 사고방식이 가능하다. 하나는 고객이 영상을 포기해야 할 정도로 완전히 파손된 대가로 천문학적인 액수를 제시할 수 있다. 다른 하나는 영상이 파손될 약간의 위험부담을 사전에 고객에게 요구함으로써 지불하는 방식이다. 점원이 고객에게 "제가 주의는 하겠지만 1000번 중에 한 번은 테이프를 분실할 수 있어요. 고객께서 추가로 10달러를 지불해주신다면 특수보호 차량으로 수송하여 잃어버리지 않게 할 것을 약속하겠습니다"라고 말한다고 상상해보라. 고객은 뭐라고 대답했을까? 그냥 운에 맡기겠다고 할 수도 있지만, 우리는 고객이 10달러를 지불했다고 가정하자. 그렇다면 우리는 고객이 영상에 부여하는 가치를 또 다른 방식으로 생각해볼 수 있다. 그 10달러를 일종의 보험료로 간주한다면, 영상의 소유주가 보험이란 목적을 위해 영상에 부여한 가치를 역으로 추론해볼 수 있다. 10달러나 100달러 정도의 피해에 불과한 불행의 발생 확률이 1000분의 1일때 (적어도 당신이 경제적으로 합리적이라면) 만약의 경우에 대비해 보험료 10달러를 지출하진 않을 것이다. 그럴 만한 가치가 없다. 장기적으로 보면 불행한 일이 발생할 때 당신이 받을 금액보다 보험료로 더 많은 액수를 지출하는 셈이 된다. 1000일 동안 하루에 10달러씩을 지불한다고 상상해보라. 그러나 불행한 일이 벌어졌을 때는 100달러를 받는다. 이는 나쁜 거래다. 하지만 불상사로 인한 손실이 100만 달러라고 하면, 1000분의 1의 확률을 피하기 위해 10달러를 지불하는 것은 좋은 거래다. 자, 이제 우리 사건으로 돌아와보자. 만약 영상이 손실될 1000분의 1의 확률을 받아들여 최대로 지불할 용의가 있는 액수가 10달러라면, 이는 곧 당신이 영상에 1만 달러의 가치를 부여한다는 의미가 된다.

이러한 추론 방식이 사용되는 또 다른 사례를 통해 그 유용성에 대해 짚고 넘어가보자. 결과적으로 보험이란 목적을 위해 영상 소유주가 부여한 가치에 초점을 맞추는 것은 자의적인 것처럼 보일 수 있다. 어째서 고객이 영상을 잃어버린 그 당시에 얼마를 대가로 요구할 것인가로 묻지 않는 것인가? 한 가지 이유로 영상 소유주가 얼마를 보상받아야 할지 판단할 때 우리는 카메라 매장의 위법성에 대해서도 금액을 매긴다는 점을 들 수 있다. (이는 이 책 초반부의 장들에서 발견한 요소의 단순 적용에 해당된다.) 카메라 매장은 앞으로 얼마나 주의를 기울여야 할지, 매장의 서비스 가격을 얼마로 책정해야 할지(혹은 해당 서비스를 제공할지 여부)를 결정할 때 이 금액을 고려할 것이다. 고객의 영상을 분실했을 때 (고객이 영상을 파는 조건으로 요구했을 만한 가격인) 10만 달러를 물어줘야 한다면 카메라 매장은 간혹 일어나는 불상사에 대한 비용을 충당하기 위해 고객에게 비싼 가격을 요구해야 할 것이다. 문제는 실제로 모든 사람이 영상이 분실될 경우 엄청난 액수의 손해배상금을 받을 권리를 위해 사전에 비싼 금액을 지불하려 할 것인가이다. 많은 사람이 그러기를 원했다면 그 조건을 제안하는 것이 누군가에게 유리할 것이므로, 아마 아닐 것이다.

사고에도 동일한 논리가 적용될 수 있다. 매일 교통사고로 사람들이 목숨을 잃는 일이 벌어지는데, 피해자가 자신의 죽음을 대가로 요구했을 금액 이상을 가해자가 물어줘야 한다면, 피해자뿐만 아니라 자동차보험에 가입한 모든 사람에게 매우 큰 금액의 보험료가 청구될 것이다. 우리 모두가 지금보다 열 배 더 많은 보험료를 '낼 수 있다면' 사고 피해자에게 열 배 더 보상해줄 수 있다. 그 결과 차량을 유지하는 비용 부담이 높아짐에 따라 도로에는 운행 차량이 줄어들 것이다. 그것이 모두가 바라는 세상인가? 그렇지 않다면, 사고 후에 엄청난 보상금을 주는 것은 상식적이지 않다. 이러한 약속의 비용을 감안할 때 그런 보상은 피해자가 예상한 것보다 더 큰 보상이다.

지금까지 소유주 측의 영상의 가치를 파악하기 위한 두 가지 방법을 비교해봤다. 소유주가 영상을 팔 용의가 있는 금액으로 따지는 방법, 그리고 소유주가 분실 가능성에 대비해 어느 정도의 보험료를 지불할 가치가 있다고 생각하는지로 따지는 방법이었다. 보험에 관한 사고의 또 다른 이점은 과장될 가능성이 적다는 것이다. 당신이 영상 파손의 대가로 얼마를 요구했을 것인가는 추측의 문제다. 일반적으로 사후에 당신이 얼마를 부르든 그것이 허위임을 입증할 방법은 없으므로 거액을 청구하지 않을 이유가 없다. 그러나 보험을 들고 싶은 대상의 가치로 묻는다면, 당신의 답변에 따라 대상이 파손되었을 때 받게 될 액수와 그때까지 내야 할 보험료의 규모가 결정될 것이다. 양방향에서 작용하는 압력이 당신의 추정치를 조율하는 데 도움이 된다. 물론 영상 분실 사건은 이를 실험해보기에 너무 늦었다. 보험 계약으로 사고하는 것은 유용한 사고실험이 될 수 있으나 손해가 발생하고 난 후에는 이 역시 추측에 불과하다.

그런데 정말 그럴까? 영상 분실 사건에서는 뜻밖에도 당사자 간에 일종의 계약이 있었다. 그것은 고객의 영수증 뒷면에 기재된 내용으로, 매장의 책임은 영상의 대체 비용으로 한정된다는 내용이다. 그럼에도 불구하고 법원은 그 계약 조건이 부당하다고 밝히고 계약 이행을 받아들이지 않았다. 이 판결은 이상하게 여겨진다. 여기서는 인위적으로 시장을 만들거나 가상의 협상을 상상할 필요가 없었다. 시장이 '실재'했고, 또 당사자

간 계약이 존재했다. 계약을 별도 사안으로 본 법원은 이제 영상의 가치를 입증해야 하는 입장이 되었다. 법원이 당사자들에게 강제한 타협안은 그들 스스로 체결한 거래보다 더 나을 수 있고, 사전에 지불하는 가격을 (이제는 필연적으로) 더 높이고, 당사자 사이에 영상이 분실될 경우 위약금으로 7500달러를 보상한다는 협의가 있었다면 합의되었을 내용에 좀 더 가까워질 것이다. 혹은 아닐 수도 있다. (많은 법원은 영수증의 계약 조건에 따르도록 내버려두었을 것이다.) 이 판결로 알 수 있는 일반적으로 흥미로운 경향은 법원이 시장에 대해 느끼는 양가감정이다. 법원은 때로는 시장을 추종하지만, 또 때로는 손쉽게 이용할 수 있는 시장에 의지하기를 회피하기도 한다.

÷

앞서 잠깐 언급한 교통사고에서도 알 수 있지만, 우리가 방금 논의한 이런 유형의 문제들(열심히 시장을 발견하려 하면서도 때로는 시장을 회피하는)은 재산상의 손해가 아닌 신체 및 생명에 대한 손해가 발생했을 때 되풀이되고 있다. 부주의 탓에 사람이 목숨을 잃었다면, 부당한 사망에 관한 법률에 따라 사망자의 유족은 책임 있는 자로부터 손해배상을 받도록 규정하고 있다. 무엇을 보상받아야 하는가? 우선은 상실된 부양으로, 이는 통상 피해자가 살았다면 그가 벌었을 수입에서 가족이 아닌 자신에게 사용했을 액수를 제한 나머지 금액으로 정해진다. 25장에서 살펴본 바와 같이 목수보다 석유회사 임원이 생명을 잃었을 때 배상액이 훨씬 더 크다. 석유회사 임원의 아내가 900만 달러를 받는다면 목수의 아내는 아마 그 금액의 5퍼센트 정도를 받을 수 있을 것이다.[72] 그렇다면 피해자가 급여를 받지 않는 가정주부일 때는 어떻게 되는가? 이때도 법원은 어떤 척도가 될 만한 시장을 찾으려고 시도한다. 요리사, 가사도우미, 보육교사 등의 시급을 확인하여 가정주부가 각 업무에 소비한 시간을 곱함으로써 가사노동의 시장 가치를 증거로 채택할 테고, 유족은 그 총액을 받을 것이다.[73] 가정주부의 헌신이 이런 방식으로 측정된다는 가정이 모욕적으로 생각될 수 있겠지만, 주로 이러한 증거를 제시하는 쪽은 다름 아닌 '원고' 측 변호사다. 이는 배심원에게 손해배상액 산정에 관한 확고한 근거를 보여주기 위함이다.

이론상 또 다른 가능성도 존재한다. 로스쿨을 졸업한 한 여성이 있다. 이 여성은 대도시에 위치한 로펌에 취직해 10만 달러의 연봉을 받는다. 3년 뒤 여성은 아이 양육을 위해 직장을 그만두었고, 몇 년 뒤 난폭운행 중인 버스에 치여 사망하고 만다. 이 사건에 대해 사망자의 유족이 받아야 할 손해배상액 산정은 최소 연간 10만 달러부터 시작해야 한다고 주장하는 경제학자도 있다. 사망자는 가정을 위해 수입을 포기한 것이므로 가사노동에 해당되는 금전적 비용과 상관없이 그녀의 노동은 10만 달러 이상의 가치를 지닌다는 게 유족의 입장이다. 즉 가정생활을 위한 가사노동의 가치가 10만 달러가 안 되었다면 아마 여성은 계속 직장을 다녔을 거라는 논리다. 결국 이러한 손해배상액 산정은 사망자가 제공한 서비스의 기회비용을 들여다보는 것이라 할 수 있다. 물론 실제로는 좀더 복잡하다. 아내가 직장에 다님으로써 생겨난 빈자리를 메우기 위해 가사 도움에 지출하게 되는 비용은 공제할 필요가 있다. 그러나 그것은 세부적인 내용이다. 사망자의 기회비용을 기준으로 사용한 몇몇 사례를 볼 때 생각보다 훨씬 더 많은 손해배상액이 산정된다. 이 또한 경우만 다를 뿐 시장의 척도다.

불법행위의 손해배상액 산정을 위해 이러한 접근 방식을 받아들이는 법원은 없다. 여기에는 어떤 어려움이라도 있는 걸까? 물론 행정적으로 질문에 명확하게 답하기 어려운 문제도 있을 것이다. 그리고 사망자가 가정에 머무름으로써 얻은 이익과 그로 인해 사망자의 가족이 얻은 이익을 구분하는 문제도 있다. 실제로 '기회비용' 접근 방식이 매력적으로 느껴진다면 이 책 전반부에 소개한 변형 사례를 떠올려보라. 석유회사 임원이 화가나 성직자 등 수입이 적은 분야에 종사하기 위해 직장을 그만두었는데 얼마 후 버스에 치여 사망했다고 가정해보자. 그의 아내는 상실된 부양에 대한 손해배상액으로 사망자가 석유회사의 임원직을 유지했을 때의 임금을 기준으로 배상받아야 하는가? 이 사례와 로펌을 그만둔 가정주부의 사례 사이에는 어떤 차이가 있는가? (4장 후반부에 소개된 이 사례와 유사한 논의를 답변에 대한 제안으로 참조하길 바란다.)

마지막으로 소개하고 싶은 흥미로운 아이디어가 있다. 그것은 바로 사람들이 좀더 주의를 기울이면 스스로 손해배상액을 산정하는 방법을 발견할 수 있다는 것이다.[74] 다소 이상하게 들리겠지만, 앞서 카메라 매장의 고객이 영상이 사라질 경우에 대비해 보험을 들 수도 있다고 한 논의를 떠올려보자. 사실상 보험 가입자들은 스스로 손해배상액을 (사전에) 산정하고 있는 것이다. 산정에는 과장이 없도록 하는 압력을 구조화하는 것이 핵심으로, 앞서 살펴봤듯이 보험은 고객이 내야 할 보험료는 물론 나쁜 일이 생겼을 때 받을 액수까지 고객이 결정하도록 함으로써 그러한 기능을 수행하고 있다. 여기에 그 논리를 받아들여 불법행위 사건의 손해배상액 산정을 사망자의 유족이 보유한 사망자의 생명보험금 액수와 결부시킬 수 있다. 유족에게 그러한 보험이 없거나 매우 적은 액수라면 유족은 법에 따른 손해배상액을 받을 수 있다. 그러나 생명보험에 지출한 액수가 컸다면, 그 보험은 유족이 사망자의 경제적 중요성에 대해 어떤 생각을 갖고 있었는지에 대한 확고한 증거가 될 수 있다.

이 방식도 받아들여지고 있지는 않다. 그러나 일단 자기 평가에 대해 사고하기 시작하면 (실제 적용될 가능성은 훨씬 더 낮을 테지만) 훨씬 더 흥미롭고 기발한 가능성을 생각해낼 수 있을 것이다. 사고 피해자가 상해를 입긴 했으나 생명을 잃긴 않았다면 생명보험은 손해배상액 산정에 아무런 도움도 되지 않는다. 반면 피해자가 장애나 기타 상해에 대비해 가입한 보험을 살펴보면 그 보험 혜택이 유책 당사자가 현재 지급해야 할 액수임을 이해할 수 있다. 혹은 법의 다른 영역에 이 논리를 적용해, 세금을 적절히 부과하기 위해 주택의 가치를 결정하는 문제에 대해 고려해볼 수 있을 것이다. 일반적으로는 시에서 고용한 감정평가사가 주택을 찾아가 그 가치를 평가하는데, 여기에 자기 평가에 관한 기술을 어떻게 적용할 수 있을까? 주택 보유자가 가입한 화재보험의 규모를 살펴보는 방법은 기발한 아이디어가 아니다(어째서일까?). 여기서 의미하는 기발한 아이디어는 주택 보유자로 하여금 자기 주택의 가치를 공개적으로 선언하도록 (그리하여 누군가가 그 가격에 주택을 살 수 있다는 것을 규칙으로 삼도록) 만든다는 것이다. 주택 보유자는 세금을 낮추기 위해 낮은 가격으로 정하고 싶기도 하겠지만 너무 낮게 책정하면 그 주택을 원하는 누군가 또는 그를 쫓아내려 하는 누군가가 불쑥 나타나 집을 팔아야 할지도 모른다. 재미있지 않은가! ('매각 경마'라고 불리는 순종 말 경마에서 바로 이 같은 방식이 적용된다. 가령 2만 달러 부문에서 당신의 말이 비슷한 가치의 다른 말들과 경주를 벌인다고 해보자. 당신은 자신의 말이 경주에서 이길 확률을 높이기 위해 좀더 저렴한 말들 사이에 끼워 달리게 하고 싶겠지만 아마 그러지 않을 것이다. 왜냐하면 그 부문에서 정의하는 가격에 당신의 말이 팔릴 수 있기 때문이다.) 어쩌다보니 이 장의 주제에서 한참 멀어져버렸는데, 이쯤에서 그만두는 것이 좋겠다. 독자들에게는 참고문헌에 소개된 솔 레브모어의 저서를 통해 이 매력적인 아이디어에 대한 탐구를 이어갈 것을 추천한다.[75]

누군가 정신적 고통에 대한 보상을 바란다면 어떻게 해야 하는가? 배우자에 대한 감정이나 영상 같은 것은 시장에서 사고팔 수 있는 물건이 아니다. 적어도 직접적으로는 말이다. (안정제 값을 보상받을 수도 있겠지만, 여기서는 안정제가 피해자에게 도움이 될 수 없다는 전제하에서 이야기하자.) 이때도 종종 변호사들은 배심원의 직관에 기준으로 작용할 수 있는 시장 또는 그와 유사한 대체물을 찾으려 한다(하지만 이번에는 그것이 허용되지 않는다). 어느 사건에서 원고 포트의 변호인은 배심원들에게 다음과 같은 일자리 제의를 상상해보라는 대범한 시도를 했다.

> 만약 이 제의를 받아들인다면 당신의 여생 동안 이 일에서 벗어날 수 없습니다. 일주일에 7일 동안 휴일도 없이 밤낮으로 근무해야 합니다. 또 기억해야 할 사항은 급여가 하루에 3달러에 불과하다는 사실입니다. 자, 이 일은 바로 포트 씨와 같은 장애를 겪는 일입니다.[76]

이 주장은 부적절하다는 판단을 받았다. 어째서인가? 이 시도는 원고가 느끼는 고통의 가치를 이해시키기 위한 독창적이고도 합리적인 방법으로 여겨질 수 있지만, 법원은 배심원이 중립성을 포기하고 원고에게 동조하도록 유도한다는 이유로 이와 같은 모든 시도(일반적으로 '황금률' 주장이라 한다)를 받아들이지 않는다.[77] 받아들여지지 않는 또 다른 이유를 설명하기 위해서는 다시 영상 분실 사례로 돌아가야 한다. 원고에게 손해를 감수하는 대가로 그가(혹은 배심원단이든 누구든) 요구하는 액수를 모두 보상받게 해준다면 가해 부분에 막대한 대가를 부과하는 것이다. 누구도 손해를 바라지 않기 때문에 이는 언뜻 좋은 일처럼 들릴 수 있다. 그러나 다시 말하건대, 막대한 손해배상액은 그와 관련된 활동(자동차 운행, 수술 행위, 하키 경기 등)을 훨씬 더 비싸게 만들 수 있다는 점을 기억해야 한다. 사실상 이러한 소송은 법원이 가상의 보험계약을 만들어 원고에게 보험금을 지급하는 것이다. 보험금이 너무 적으면 해당 활동의 비용이 참여자에게 절실히 느껴지지 않을 것이다. 반면 보험금이 너무 크면, 즉 원고가 사전에 보험에 들 가치가 있다고 생각한 금액보다 크다면 그 활동은 사람들이 실제 바라는 것보다 더 비싸질 것이다. 모든 종류의 상황에서 어떤 수치 및 조건이 보험에 포함될 수 있을지 따져봄으로써 유용하고 흥미로운 결과를 도출해낼 수 있다.[78] 하지만 법원은 정신적 고통에 대한 손해배상액을 결정할 때 명확한 분석 기법의 형식을 기피한다. 따라서 배심원들은 다시 자의적 판단에 휘둘리는 익숙한 입장에 처할 수밖에 없고, 그 결과 비슷한 상해에 대해 인정되는 배상액의 편차가 크게 나타날 수 있다.[79] 다만 재판 후 신청을 판단하는 단계에서 판사가 동종 사건과 배상액을 비슷하게 유지시키기 위해 조율하는 게 유일한 노력이다.

원고가 바이올린 연주 능력을 상실했다면 삶의 '즐거움'의 가치는 어떻게 평가되어야 하는가? 이때도 기준으로 사용될 수 있는 명확한 시장의 척도는 존재하지 않는다. 어떤 척도를 발견하기 위해 줄곧 많은 노력이 시도되었으나 대체로 법원은 이를 거절해왔다. 그러한 시도 가운데 가장 유명한 것이 '지불 의사액' 연구다. 이 연구는 사망과 관련된 작은 위험을 감소시키기 위해 사람들이 얼마를 지출할 용의가 있는지 살펴봄으로써 사람들이 자신의 생명을 얼마나 소중하게 여기는지 알아보려는 노력에서 출발했다.[80] 예를 들어 자동차의 에어백이 300달러이고 에어백 1만 개가 구매될 때마다 한 사람의 생명을 구할 수 있다고 해보자. 사실상 그것은 그 한 생명을 살리기 위해 (1만 명의 소비자에 의해) 300만 달러가 지출됨을 의미한다. 달리 말해서 각각의 구매자는 자신의 생명을 구할 수 있는 1만 분의 1의 가능성을 획득하기 위해 기꺼이 300달러를 지출할 용의가 있다는 것이고, 이는 각 구매자가 자기 생명의 가치를 300만 달러로 여긴다는 것을 의미한다. (만약 에어백 가격이 1000달러라고 했을 때 사람들이 에어백을 구매하지 않는다면, 생명의 가치는 1000만 달러 미만이라는 경제학적 추론이 가능하다. 사람들은 1만분의 1의 사망 가능성을 회피하기 위해 1000달러를 지출하기보다 그 가능성을 받아들일 것이다.)

이와 비슷한 연구로, 다양한 유형의 노동자가 위험한 작업을 수행하는 대가로 얼마의 추가 임금을 요구하는지 조사한 사례가 있다. 고층 건물의 꼭대기 층에서 일하는 창문 닦는 노동자는 저층에서 일하는 노동자에 비해 사망 가능성이 1만분의 1 정도 높다고 가정해보자. 그 결과 저층에 배정된 노동자는 꼭대기 층 노동자의 임금보다 300달러 적은 것을 감수한다. 이 역시 노동자들이 자신의 생명에 300만 달러의 가치를 부여하고 있음을 암시한다. 이는 카메라 매장에서 영상이 분실되지 않도록 보장하는 데 고객이 얼마를 지불할 용의가 있는지 따져본 것과 유사하다. 이 모든 연구의 결과를 결합하여 사람들이 생각하는 생명의 가치에 대한 평균적 감각을 구하려는 노력들이 이어져왔다.[81] 조사 결과는 꽤 폭넓은 수치를 드러낼 수 있으나, 최근에는 700만 달러 범위에서 평균값이 산출된 바 있다.[82] 이 수치는 시간과 장소에 따라 쉽게 변할 수 있으며, 연구 대상의 자산 정도에 따라서도 영향을 받을 수 있다. 1990년대 후반 미국에서는 보통 200만~300만 달러 범위에서 그 수치를 얻을 수 있었다.[83] 이 책을 쓰고 있는 현재, 인도네시아에서 같은 방식으로 측정된 생명의 가치는 약 100만 달러로 예상되고 있다.[84]

물론 사람들이 모든 위험의 증가를 동일한 방식으로 평가하지는 않는다. 사소한 위험에 대해서는 아예 지출할 생각이 없을 수도 있고, 또 큰 위험에 대비하는 데 막대한 지출이 든다면 포기할 수도 있다.[85] 사람들이 10만분의 1의 사망 위험을 피하기 위해 60달러 이상은 지출하려 하지 않는다고 해서 그것이 당장의 죽음을 회피하기 위해 600만 달러 이상을 지출할 용의가 없음을 의미하는 건 아니다. 좀더 공식적으로 말하자면, 위험 회피를 위한 사람들의 지불 의사액은 선형적이지 않다. 하지만 위에서 언급된 연구들이 토대로 삼고 있는 위험의 유형은 사고 사건에서 피고에 의해 유발되는 위험 유형과 규모 면에서 유사한 경향을 나타내고 있다. 놀라운 일은 아니다. 이 모든 과정의 중요한 목표가 손해배상액이 사전에 주의할 수 있도록 피고에게 올바른 유인을 제공하는 것임을 기억하라. 너무 많아서도 안 되고 너무 적어서도 안 되는 것이다.

그러나 우리가 인간의 생명에 가치를 매기는 흡족해할 방법을 찾는다 해도 그것이 연구의 끝을 의미하는 것은 아니다. 왜냐하면 목표는 누군가가 삶에서 잃어버린 '즐거움'에 얼마만큼의 가치를 부여할 수 있는지 알아내는 것이기 때문이다. 일부 경제학자는 '익명의' 생애를 일반적 가치의 출발점으로 삼아, 그의 예상 생애소득을 공제하는 방식을 제안하기도 한다. 그리고 나서 남은 가치가 (그 사람의 예상 경제적 소득과는 별개로) 그의 삶에서 얻을 것으로 기대됐던 즐거움의 가치를 반영하고 있어야 한다는 논리다. 원고가 20퍼센트에 달하는 삶의 즐거움을 상실했다고 (통상 전문가의 증언에 의해) 주장한다면 그 원고에게 삶의 즐거움에 할당된 가치로 인정된 금액의 20퍼센트를 회수할 권리가 있는 것이다.[86]

이러한 노력들은 삶에서 상실된 즐거움의 가치를 시장과 결부시키려는 꽤 야심 찬 시도지만 법원은 이를 거부하고 있다. 법원은 이러한 연구에 대해 괴이하게 여기거나 위험한 일을 '즐기는' 것으로 생각하거나, 관련된 위험과는 다른 이유로 그러한 작업을 받아들인다고(그리고 나서 보수를 요구한다고) 구체적으로 추론하기도 한다.[87] 또한 법원은 배심원들에게 이러한 연구를 적용하도록 지시하더라도 제대로 수행되기 어려울 것으로 예상한다. 결과적으로 상실된 삶의 즐거움은 정신적 고통이나 정서적 스트레스와 마찬가지로 어떤 특별한 기준 없이 배심원에 의해 측정되고 있는 형편이다.

÷

방금 설명한 이상하게 들리는 연구들이 법원에는 매력적이지 않을지 몰라도 정부 기관으로 가면 이야기가 또 달라진다. 미국 연방항공청, 원자력규제위원회를 비롯한 여러 정부 기관은 각각 감독하는 산업에서 어떠한 예방 조치가 필요한지를 결정해야 한다. 이 장의 서두에서 살펴봤듯이 예방 조치가 요구되면 큰 비용이 들기 때문에 기관은 해당 예방 조치가 생명을 구할 만한 충분한 비용 가치가 있는지를 판단해야 한다. 그러한 목적에 사용될 수치를 산출하기 위해 기관들은 앞서 설명한 유형의 연구 데이터를 기반으로 조사하여 연구와 동일한 범위의 수치를 얻어내곤 한다(최근 환경보호청이 약 600만 달러라는 수치를 사용한 바 있다).[88] 이러한 전반적 접근 방식에 대한 대안으로 '조건부 가치평가contingent valuation'라는 것이 있다. 즉 어떤 결과를 회피하기 위해 얼마를 지불할 수 있는지 설문조사를 수행하는 것이다(예를 들어 흰머리독수리의 멸종을 막기 위해 평균적인 미국 가정이 257달러를 지출할 용의가 있다는 연구 결과를 얻어낸 바 있다).[89]

규제 발행 여부를 결정하기 위한 방법으로서 비용편익 분석이 사용되는 것을 강하게 반대하는 이들도 있다. 가령 각 생명의 구조 가치를 600만 달러로 평가해 그 수치를 운전자가 운전 중 휴대폰을 조작한 행위의 가치(모든 사용례를 총합하면 매우 큰 가치일 수도 있다)와 비교함으로써 운전 중 휴대폰 사용을 금지할지 여부를 결정한다는 개념을 선호하지 않는다.[90] 그러한 사고방식을 혐오하는 이들의 과제는 대안을 찾아내는 것이다. 금전적 수치로 환원하는 것 말고 전형적으로 그들은 구해져야 할 생명이 규제로 인한 비용만큼 가치가 있는지에 대한 도덕적 판단을 요구한다. 다수의 경제학자에게 이는 불가피한 절충을 회피하는 것처럼 들린다.[91] 정확한 수치가 아닌 도덕적 인상을 사용했을 때 얻는 결과는, 어떤 규제는 같은 비용으로 다른 규제보다 더 많은 생명을 살릴 수 있다는 것이다. 다시 말해 매년 10명의 생명을 구하는 규제 x의 비용으로 매년 30명의 생명을 구하는 규제 y가 있음을 보여준다는 것이다(현재 가능한 일이다). 충격적이지 않은가? 이는 우리가 나머지 20명을 이유 없이 죽게 만들 수 있다는 것이다(혹은 그렇게 주장되고 있다).

이에 대한 반론으로, 사람들이 지불할 용의가 있는 금액 그리고 생명에 드는 비용을 강조하는 것은 혐오스러운 결과로 이어진다는 주장이 있다. 예를 들어 흡연은 사람들을 일찍 죽게 만들어서 노년에 생명 유지에 들어갈 돈을 절감해주므로 좋은 일일 수도 있다. 혹은 일찍이 로런스 서머스가 주장했듯이 임금이 가장 낮은 국가에 유독성 폐기물을 버리는 것이 합리적이다. 그 국가는 폐기물을 피하기 위한 지불 의사액이 가장 낮을 것이기 때문이다.[92] 그러나 경제학자의 딜레마는 쉽게 회피될 수 없는 것이다. 우리는 구할 가치 있는 생명과 어쩔 수 없이 잃는 생명 사이에 선을 그어야만 한다. 대다수의 사람에게는 이러한 쟁점에 관한 명쾌한 경제학적 접근법이 공허하게 들릴 것이다. 경제학적 접근법의 회피가 자의적 측정을 의미한다 해도 그러한 언어로 생각하고 말하는 것을 선호하지 않기 때문이다. 그러나 비용으로 사고하길 거부하는 방식에는 결국 비용이 들기 때문에 받아들여야 한다. 가치를 측정하고 판단을 표현하기 위해 시장과 수치를 사용하는 것은 어떤 문제를 해결하는 한편 새로운 문제를 유발하곤 한다. 우리는 어떤 문제들을 선호할 때가 있는가 하면, 또 다른 문제들을 선호할 때도 있는 것이다. 진영 간에 존재하는 이러한 논쟁은 굉장히 복잡해 이 책에서 자세히 다룰 수는 없으나 그것이 평가와 증명에 대한 법의 시도를 통해, 그리고 이 책의 많은 논의를 통해 새로운 형태로 되풀이되고 있다는 사실을 알아야 한다(그래서 마지막에 소개하기에 좋은 주제라고 생각했다).

감사의 글

법학에서는 주석(이 책에서는 '미주')을 지나치게 중시하는 관행이 있지만, 나는 정말 많은 주석을 남겨야만 했다. 이 책에서 나는 아무 거리낌 없이 내 견해를 피력했다. 그것이 집필 과정에서 커다란 즐거움 중 하나였다. 그러나 이 책의 본래 의도는 전문가들이 발전시킨 유익한 아이디어들을 모아 일반 대중에게 알려주는 것이다. 나는 적절하다고 생각되는 부분마다 당연히 공로를 인정받아야 할 각 아이디어의 주체를 밝히려고 노력했으며, 여기서도 그들에게 감사를 전하고 싶다. 또한 이 책에 실린 여러 아이디어와 사례의 가장 합당한 출처를 간과한 부분에 대해서는 사과의 말씀을 드린다.

내가 논하고 싶었던 주제들 중 세 가지는 이 책이 추구하는 접근 방식과 다소 유사한 방식으로 이미 훌륭하게 다루어진 사례가 존재했다. 나는 원저자(에릭 포즈너,[1] 솔 레브모어,[2] 유진 볼로흐[3]에게 해당 주제를 다루는 이 책의 각 장에서 공동 저자가 되어달라고 요청했고, 그들은 친절하게도 동의해주었다. 이 책에서 다룬 그 주제들의 서술이 원문의 범위를 다소 넘어서기도 했지만, 어떤 경우에도 그 내용의 본질은 대부분(혹은 그 이상) 나의 공동 저자에게 귀속되는 것임을 밝혀둔다. 그들의 원문을 이 책에서 각색할 수 있도록 허락해준 것에 감사를 전한다. 덕분에 이 책이 더 탄탄해졌다.

특히 이 책을 집필하는 동안 내내 아낌없는 격려와 조언을 보내준 솔 레브모어에게 큰 감사를 표하고 싶다. 작업하면서 레브모어와 나눈 대화는 흥미로운 아이디어들로 가득해 지루할 새가 없었고, 덕분에 많은 부분에서 책의 내용은 훨씬 더 풍부해졌다(미주에 반영하긴 했으나 미처 그러지 못한 것도 있다). 또한 내 원고 혹은 그 일부를 읽고 조언을 해준 잭 비어만, 에릭 비어만, 로버트 본, 로널드 카스, 타마르 프랑켈, 조너선 콜러, 앤드루 쿨, 게리 로슨, 제럴드 레너드, 스티브 마크스, 제프리 라클린스키, 켄 시몬스, 시카고대학출판부의 세 분에게도 감사드린다. 같은 출판부의 존 트리네스키, 레슬리 케로스 역시 다양한 방식으로 이 책의 출간에 기여했다. 앨론 코언, 수전 프라우엔호퍼, 대니얼 놀런드, 세라 매케이브, 웰스 밀러, 닉 세만코, 브라이언 비토, 그레이엄 포스터는 이 책을 쓰는 동안 연구 지원을 해주었다. 여러 분야에서 나와 유익한 대화를 나눠준 브라이언 브룩스, 칼 바이어스, 대니얼 캔토어, 재닛 판즈워스, 워드 판즈워스 시니어, 테드 프랭크, 켈리 클라우스, 애덤 롱, 크리스토퍼 로버츠, 제임스 샌더스, 테드 스킬먼, 잭 테일러에게 감사드린다. 보스턴대 로스쿨 도서관의 친절하고 지칠줄 모르는 직원들 또한 늘 그렇듯 큰 도움을 주었다.

+ 추가 독서를 위한 제안

W. Kip Viscusi, *Pain and Suffering: Damages in Search of a Sounder Rationale*, 1 Mich. L. & Pol'y Rev. 141(1996); Margaret Jane Radin, *Compensation and Commensurability*, 43 Duke L.J. 56(1993); Saul Levmore, *Self-Assessed Valuation Systems for Tort and Other Law*, 68 Va. L. Rev. 771(1982); Eric A. Posner and Cass R. Sunstein, *Dollars and Death*, 72 U. Chi. L. Rev. 537(2005); W. Kip Viscusi and Joseph E. Aldy, *The Value of a Statistical Life: A Critical Review of Market Estimates throughout the World*, 27 J. Risk & Uncertainty 5(2003); Frank Ackerman and Lisa Heinzerling, *Pricing the Priceless: Cost-Benefit Analysis of Environmental Protection*, 150 U. Pa. L. Rev. 1553(2002); Robert W. Hahn, *The Economic Analysis of Regulation: A Response to the Critics*, 71 U. Chi. L. Rev. 1021(2004).

주

머리말

1. 신진들을 위해 집필된 기타 저작물들을 폄하할 뜻은 없다. 로스쿨 진학을 준비하면서 내가 읽었던 책은 에드워드 레비의 『법적 추론 입문Introduction to Legal Reasoning』과 칼 루엘린의 『블랙베리 숲The Bramble Bush』이었다. 두 도서 모두 흥미로운 것은 맞으나(꽤 오래전에 쓰인 저서임에도) 당시 내게 큰 도움이 되진 않았고 이 책과 중첩되는 내용을 담고 있지는 않다. 제이 파인먼의 『미국법에 대해 알아야 할 모든 것Law 101』은 미국 법체계에 대한 개요를 담고 있어 초심자에게 유익할 수도 있으나 사고를 위한 도구들에 대해 가르치고 있지는 않다. 래리 솔럼의 블로그 'Legal Theory Lexicon(http://legaltheorylexicon. blogspot.com/)'은 이 책에서 다루는 일부 개념(그리고 이 책에서 다뤄지지 않는 다양한 개념)에 대한 유익한 논의가 이루어지고 있으나 거기서 다루는 예시의 수나 범위, 그리고 논의의 상세성은 내가 생각하는 수준에 미치지 못한다.

2. Ward Farnsworth, *The Taste for Fairness*, 102 Colum. L. Rev. 1992(2002) 참조.

3. Richard H. Thaler, Quasi Rational Economics(1991) 참조.

1부 유인誘因

1. Boyd v. Racine Currency Exch., 306 N.E.2d 39(Ill. 1974).

2. Frank H. Easterbrook, *The Court and the Economic System*, 98 Harv. L. Rev. 4, 21~29(1984); Laurence H. Tribe, *Constitutional Calculus*: *Equal Justice or Economic Efficiency?* 98 Harv. L. Rev. 592(1985) 참조.

3. 침해 사건에 대해 사전적 관점의 주장에 관하여 더 자세한 논의가 필요하다면 Richard A. Epstein, Principles for a Free Society: Reconciling Individual Liberty with the Common Good 225~229(2002) 참조.

4. Jaffee v. Redmond, 518 U.S. 1(1996).

5. Easterbrook, *supra* note 2, at 21~29 참조.

6. Ghen v. Rich, 8 F. 159(D. Mass. 1881).

7. Steven Shavell and Louis Kaplow, Fairness versus Welfare(2002) 참조.

8. Fed. R. Civ. P. 51 참조.

9. Brauner v. Peterson, 557 P.2d 359 (Wash. 1976) 참조.

10. Guido Calabresi, Ideals, Beliefs, Attitudes, and the Law 1(1985) 참조. 이러한 내용에 대한 유명한 표현을 발견할 수 있다.

11. 이러한 입장의 고전적 설명에 대해 더 자세히 알고 싶다면, Richard A. Posner, A Theory of Negligence, 1 J. Legal Stud. 29(1972) 참조.

12. Edwards v. Lee, 19 S.W.2d 992(Ky. Ct. App. 1929). 더 자세한 논의는 Richard A. Epstein, *Holdouts, Externalities, and the Single Owner: One More Salute to Ronald Coase*, 36 J.L. & Econ. 553(1993) 참조.

13. Richard A. Posner, The Economics of Justice ch. 4(1981) 참조.

14. Jules Coleman, Markets, Morals, and the Law(1988); Jeremy Waldron, *Criticizing the Economic Analysis of Law*, 99 Yale L.J. 1441(1990); Richard S. Markovits, *A Constructive Critique of the Traditional Definition and Use of the Concept of "The Effect of a Choice on Allocative(Efficiency)": Why the Kaldor-Hicks Test, the Coase Theorem, and Virtually All Law-and-Economics Arguments Are Wrong*, 1993 U. Ill. L. Rev. 485 참조.

15. Anthony T. Kronman, *Wealth Maximization as a Normative Principle*, 9 J. Legal Stud. 229(1980); Ronald M. Dworkin, *Is Wealth a Value?* 9 J. Legal Stud. 191(1980); Guido Calabresi, *About Law and Economics: A Letter to Ronald Dworkin*, 8 Hofstra L. Rev. 553(1980) 참조.

16. Cass R. Sunstein, *Legal Interference with Private Preferences*, 53 U. Chi. L. Rev. 1129(1986).

17. Id.; Jon Elster, Sour Grapes: Studies in the Subversion of Rationality 109~140(1983).

18. Robert E. Goodin, Utilitarianism as a Public Philosophy(1995) 참조.

19. Cass R. Sunstein and Richard H. Thaler, *Libertarian Paternalism Is Not an Oxymoron*, 70 U. Chi. L. Rev. 1159(2003); Jeffrey J. Rachlinski, *Cognitive Errors, Individual Differences, and Paternalism*, 73 U. Chi. L. Rev. 207(2006); Jon Hanson and David Yosifon, *The Situation: An Introduction to the Situational Character, Critical Realism, Power Economics, and Deep Capture*, 152 U. Pa. L. Rev. 129(2003) 참조.

20. 이 예시 및 다른 예시들에 관한 자세한 논의는 Frank H. Easterbrook, *The Court and the Economic System*, 98 Harv. L. Rev. 4, 12~14(1984) 참조.

21. 더 자세한 논의는 David Friedman and William Sjostrom, *Hanged for a Sheep—The Economics of Marginal Deterrence*, 22 J. Legal Stud. 345(1993) 참조.

22. 이 쟁점에 관한 흥미로운 실증적 연구는 Thomas B. Marvell and Carlisle E. Moody, *The Lethal Effects of Three-Strikes Laws*, 30 J. Legal Stud. 89(2001) 참조.

23. United States v. Fountain, 768 F.2d 790(7th Cir. 1985)(Posner, J.).

24. City and County of Denver v. Kennedy, 476 P.2d 762(Colo. App. 1970) 참조.

25. 이 예시와 '행위 수준'에 대한 엄격책임의 영향에 관하여 더 자세한 논의는 Richard A. Posner, Economic Analysis of Law 180(6th ed. 2002); Steven M. Shavell, *Strict Liability versus Negligence*, 9 J. Legal Stud. 1(1980); Steven M. Shavell, Economic Analysis of Accident Law(1987) 참조.

26. Miranda v. Arizona, 384 U.S. 436(1966).

27. 이러한 주장들에 관한 자세한 논의는 William Stuntz, *Miranda's Mistake*, 99 Mich. L. Rev. 975(2001) 참조.

28. Kathleen Sullivan, *Against Campaign Finance Reforms*, 1998 Utah L. Rev. 311 참조.

29. Richard G. Lipsey and Kelvin Lancaster, *The General Theory of Second Best*, 24 Rev. Econ. Stud. 11(1956).

30. Thomas S. Ulen, *Courts, Legislatures, and the General Theory of Second Best in Law and Economics*, 73 Chi.-Kent L. Rev. 189(1998)에서 다뤄진 논의를 축약한 것이다.

31. 이 예시는 Richard S. Markovits, *Monopoly and the Allocative Inefficiency of First-Best-Allocatively-Efficient Tort Law in Our Worse-Than-Second-Best World: The Whys and Some Therefores*, 46 Case W. Res. L. Rev. 313, 320 n.7(1996); John J. Donohue III, *Some Thoughts on Law and Economics and the General Theory of Second Best*, 73 Chi.-Kent L. Rev. 257(1998)에서의 논의를 각색한 것이다.

32. Richard S. Markovits, *Second-Best Theory and Law & Economics: An Introduction*, 73 Chi.-Kent L. Rev. 3(1998); Donohue, *supra* note 31; Richard S. Markovits, *Second-Best Theory and the Obligations of Academics: A Reply to Professor Donohue*, 73 Chi.-Kent L. Rev. 267(1998); Herbert Hovenkamp, *Antitrust Policy and the Social Cost of Monopoly*, 78 Iowa L. Rev. 371(1993); Richard S. Markovits, *The Case for "Business as Usual" in Law-and-Economics Land: A Critical Comment*, 78 Iowa L. Rev. 387(1993) 참조.

33. Ulen의 주장, *supra* note 30.

34. Kenneth W. Simons, *The Hand Formula in the Draft Restatement(Third) of Torts: Encompassing Fairness as Well as Efficiency Values*, 54 Vand. L. Rev. 901, 904 n.12(2001); Mark F. Grady, *Discontinuities and Information Burdens*(reviewing William M. Landes and Richard A. Posner, The Economic Structure of Tort Law(1987)), 56 Geo. Wash. L. Rev. 658(1988) 참조.

35. Ward v. Rock against Racism, 491 U.S. 781(1989) 참조.

36. 22 Eng. Rep. 27, 33(Exch. Ch. 1862).

37. United States v. Carroll Towing Co., 159 F.2d 169(2d Cir. 1947) 참조.

38. Stephen G. Gilles, *The Invisible Hand Formula*, 80 Va. L. Rev. 1015(1994).

39. Kershaw v. McKown, 196 Ala. 123(1916) 참조.

40. 124 N.W. 221(Minn. 1910).

41. 자세한 내용은 Eagle Terminal Tankers, Inc. v. Insurance Co. of the U.S.S.R., Ltd., 637 F.2d 890(2d Cir. 1981); Thomas Schoenbaum, Admiralty and Maritime Law(2004) 참조.

42. 이러한 규칙들은 시간이 흐르면서 변해왔다. 자세한 논의는 Saul Levmore, *Rethinking Comparative Law: Variety and Uniformity in Ancient and Modern Tort Law*, 61 Tul. L. Rev. 235(1986) 참조. 레브모어는 해사법 사례 연구에 크게 기여했다.

43. 이 쟁점에 관하여 더 자세한 논의는 Richard A. Epstein, *Holdouts, Externalities, and the Single Owner: One More Salute to Ronald Coase*, 36 J.L. & Econ. 553(1993) 참조.

44. Henry C. Simons, Personal Income Taxation: The Definition of Income as Problem of Fiscal Policy 51~52(1938) 참조.

45. 이 용어는 Guido Calabresi, The Costs of Accidents: A Legal and Economic Analysis(1970)에서 처음 등장했다.

46. 1 Ex. 265(1866); 3 H.L. 330(1868).

47. Stephen G. Gilles, *Negligence, Strict Liability, and the Cheapest Cost-Avoider*, 78 Va. L. Rev. 1291, 1331~1332(1992) 참조.

48. 자세한 논의는 Steven Shavell, Economic Analysis of Accident Law(1987) 참조.

49. id.; William M. Landes and Richard A. Posner, The Economic Structure of Tort Law 58~61(1987) 참조.

50. Guido Calabresi and Jon T. Hirschoff, *Toward a Test for Strict Liability in Torts*, 81 Yale L.J. 1055(1972) 참조.

51. Calabresi, *supra* note 45, at 150~164 참조.

52. Gilles, *supra* note 47, at 1332~1334 참조.

53. Posner, *supra* note 25, at 181~182 참조.

54. Gouled v. Holwitz, 113 A. 323(N.J. 1921); 자세한 논의는 Richard A. Posner and Andrew M. Rosenfield, *Impossibility and Related Doctrines in Contract Law: An Economic Analysis*, 6 J. Legal Stud. 83, 106(1977) 참조.

55. Posner and Rosenfield, *supra* note 54 참조.

56. Transatlantic Fin. Corp. v. United States, 363 F.2d 312(D.C. Cir. 1966).

57. O'Keeffe v. Snyder, 416 A.2d 862(N.J. 1980).

58. Phelps v. McQuade, 115 N.E. 441(N.Y. 1917) 참조.

59. Saul Levmore, *Variety and Uniformity in the Treatment of the Good-Faith Purchaser*, 16 J. Legal Stud. 43(1987) 참조.

60. Pierson v. Post, 3 Cai. 175(N.Y. 1805).

61. 행정비용 및 최초 소유의 규칙에 관해 더 자세한 논의는 Richard A. Epstein, Simple Rules for a Complex World(1995) 참조.

62. Landes and Posner, *supra* note 49, at 126~128; Kenneth S. Abraham, The Forms and Functions of Tort Law 58(2002) 참조.

63. Golden Eagle Distrib. Corp. v. Burroughs Corp., 801 F.2d 1531 (9th Cir. 1986).

64. Golden Eagle Distrib. Corp. v. Burroughs Corp., 809 F.2d 584(9th Cir. 1987) (전원합의체 재심 기각에 대한 반대) 참조.

65. 211 U.S. 149(1908).

66. 이러한 맥락 하에 모틀리 사건에 가해진 격렬한 비판에 대해서는 Donald L. Doernberg, *There's No Reason for It; It's Just Our Policy: Why the Well-Pleaded Complaint Rule Sabotages the Purposes of Federal Question Jurisdiction*, 38 Hastings L.J. 597(1987)

참조.

67. Merrell Dow Pharmaceuticals v. Thompson, 478 U.S. 804(1986) 참조.

68. 이러한 추론이 불법행위법에 어떻게 적용되는지에 대한 설명으로서 가장 유명한 논의는 Calabresi, *supra* note 45 참조.

69. 이 예시는 Posner, *supra* note 25, at 35~36에 소개된 사례를 각색한 것이다.

70. 자세한 논의는 Jonathan R. Macey, *Promoting Public-Regarding Legislation through Statutory Interpretation: An Interest Group Model*, 86 Colum. L. Rev. 223(1986) 참조.

71. Federalist 10(1787) 참조.

72. Jonathan R. Macey, *Transaction Costs and the Normative Elements of the Public Choice Model: An Application to Constitutional Theory*, 74 Va. L. Rev. 471(1988) 참조.

73. W. Mark Crain and Robert D. Tollison, *The Executive Branch in the Interest-Group Theory of Government*, 8 J. Legal Stud. 555, 561(1979); William Landes and Richard Posner, *The Independent Judiciary in an Interest-Group Perspective*, 18 J.L. & Econ. 875, 875~876(1975) 참조.

74. 자세한 논의는 John P. Fry, *The Treasure Below: Jurisdiction over Salving Operations in International Waters*, 88 Colum. L. Rev. 863(1988) 참조.

75. Mark F. Grady and Jay I. Alexander, *Patent Law and Rent Dissipation*, 78 Va. L. Rev. 305(1992) 참조.

76. 자세한 논의는 Stewart E. Sterk, *Information Production and Rent-Seeking in Law School Administration: Rules and Discretion*, 83 B.U. L. Rev. 1141(2003) 참조.

77. Todd J. Zywicki, *The Rise and Fall of Efficiency in the Common Law: A Supply-Side Analysis*, 97 Nw. U. L. Rev. 1551(2003) 참조.

78. 이러한 비판과 관련하여 기타 인용들과 그에 관한 흥미로운 논의는 Frank B. Cross, *The First Thing We Do, Let's Kill All the Economists*, 70 Tex. L. Rev. 645(1992) 참조.

79. Ronald H. Coase, *The Problem of Social Cost*, 3 J.L. & Econ. 1(1960).

80. 대략적으로 이 이야기의 토대가 된 실제 사건에서는 제과점 주인이 패소했다. Sturges v. Bridgman, (1879) 11 Ch.D. 852. 우리는 Sturges 사건에서 당사자들이 그들의 권리에 어떤 실질적 가치를 부여했는지, 또 판결 이후에 당사자 간에 어떤 일이 있었는지 알지 못한다.

81. 이러한 이야기는 20장에서 추가로 논의될 예정이다.

82. George J. Stigler, The Theory of Price 120(4th ed. 1987) 참조.

83. Posner, *supra* note 25, at 250 참조.

84. UCC § 2-305(1) 참조.

85. UCC § 2-201 참조.

86. 이 단락에 소개된 예시의 출처는 Ian Ayres and Robert Gertner, *Filling Gaps in Incomplete Contracts: An Economic Theory of Default Rules*, 99 Yale L.J. 87(1989) 이다. 유사한 논리가 적용된 기타 사례들은 Ian Ayres and Eric Talley, *Solomonic Bargaining: Dividing a Legal Entitlement to Facilitate Coasean Trade*, 104 Yale L.J.

1027(1995) 참조.

87. Eric A. Posner, *There Are No Penalty Default Rules in Contract Law*, 33 Fla. St. U. L. Rev. 563(2006); Ian Ayres, *Yah-huh: There Are and Should Be Penalty Defaults*, 33 Fla. St. U. L. Rev. 589(2006) 참조.

88. Pauline T. Kim, *Norms, Learning, and Law: Exploring the Influences on Workers' Legal Knowledge*, 1999 U. Ill. L. Rev. 447 참조.

89. Cass R. Sunstein, *Human Behavior and the Law of Work*, 87 Va. L. Rev. 205(2001) 참조.

90. Ward Farnsworth, *Do Parties to Nuisance Cases Bargain after Judgment? A Glimpse Inside the Cathedral*, 66 U. Chi. L. Rev. 373(1999) 참조.

91. 자세한 논의는 Ward Farnsworth, *The Economics of Enmity*, 69 U. Chi. L. Rev. 211(2002) 참조.

92. Robert C. Ellickson, *Order without Law: How Neighbors Settle Disputes*(1991).

2부 신뢰, 협력 그리고 복수의 행위자들을 위한 기타 문제들

1. Paul G. Mahoney, *Mandatory Disclosure as a Solution to Agency Problems*, 62 U. Chi. L. Rev. 1047(1995) 참조.

2. Frank H. Easterbrook and Daniel R. Fischel, The Economic Structure of Corporate Law 171~173(1991) 참조.

3. 성공보수로 인해 야기되는 대리 문제에 관한 훌륭한 논의는 Geoffrey P. Miller, *Some Agency Problems in Settlement*, 16 J. Legal Stud. 189(1987) 참조.

4. Larry E. Ribstein, *Ethical Rules, Agency Costs, and Law Firm Culture*, 84 Va. L. Rev. 1707(1998) 참조.

5. 이 이야기는 Thomas Sowell, Knowledge and Decisions(1980)에 잘 정리되어 있다.

6. Steven G. Calabresi, *Political Parties as Mediating Institutions*, 61 U. Chi. L. Rev. 1479(1994) 참조.

7. 여기에 소개된 예시 및 분석은 Saul Levmore, *Commissions and Conflicts in Agency Arrangements: Lawyers, Real Estate Brokers, Underwriters, and Other Agents' Rewards*, 36 J.L. & Econ. 503(1993)에 나온 것들을 각색한 것이다.

8. 이러한 분석 방식에 대해서는 2장에서 논의한 바 있다.

9. 7장을 참조하라, 그리고 이러한 우려를 4장에서 논의되는 해사법상 공동해손 분담금 원칙의 이유와 비교하라.

10. Robert Axelrod, The Evolution of Cooperation(1984).

11. Douglas R. Hofstadter, Metamagical Themas chs. 30~32(1985) 참조.

12. Anthony de Jasay, *Prisoners' Dilemma and the Theory of the State, in* The New Palgrave Dictionary of Economics and the Law 95(1998) 참조.

13. Frank H. Easterbrook, *Discovery as Abuse*, 69 B.U. L. Rev. 635(1989); John K. Setear, *The Barrister and the Bomb: The Dynamics of Cooperation, Nuclear Deterrence,* and *Discovery Abuse*, 69 B.U. L. Rev. 569(1989); Robert G. Bone, The Economics of Civil Procedure 222~224(2003) 참조.

14. 관련 쟁점에 대한 자세한 논의는 Robert C. Ellickson, Order without Law: How Neighbors Settle Disputes 167~183(1991) 참조.

15. Keith N. Hylton, *Efficiency and Labor Law*, 87 Nw. U. L. Rev. 471, 479~480(1993) 참조.

16. 이러한 분석의 출처인 Eric A. Posner, *The Regulation of Groups: The Influence of Legal and Nonlegal Sanctions on Collective Action*, 63 U. Chi. L. Rev. 133(1996)에서 동일한 맥락으로 더 자세한 논의가 이루어진다.

17. 이 용어는 Garrett Hardin, *The Tragedy of the Commons*, 162 Science 1243(1968)에서 유래한다.

18. Harold Demsetz, *Toward a Theory of Property Rights*, 57 Am. Econ. Rev. 347(1967) 참조.

19. 죄수의 딜레마의 해결책으로서 이러한 장치에 대한 논의는 Thomas H. Jackson, *Bankruptcy, Non-bankruptcy Entitlements, and the Creditors' Bargain*, 91 Yale L.J. 857, 860~864(1982); Robert E. Scott, *Through Bankruptcy with the Creditors' Bargain Heuristic*, 53 U. Chi. L. Rev. 690, 694~696(1986) 참조.

20. Randal C. Picker, *Law and Economics: Intellectual Arbitrage*, 27 Loy. L.A. L. Rev. 127(1993) 참조.

21. 자세한 논의는 David D. Friedman, Law's Order 91~92(2000) 참조.

22. Milton Friedman, Capitalism and Freedom(1962); David D. Friedman, The Machinery of Freedom(1973); David D. Friedman, *Problems in the Provision of Public Goods*, 10 Harv. J.L. & Pub. Pol'y 505(1987) 참조.

23. Gerrit de Geest, *The Provision of Public Goods in Apartment Buildings*, 12 Int'l Rev. L. & Econ. 299(1992) 참조.

24. Kenneth W. Dam, *Economic Underpinnings of Patent Law*, 23 J. Legal Stud. 247(1994) 참조.

25. Maureen A. O'Rourke, *Toward a Doctrine of Fair Use in Patent Law*, 100 Colum. L. Rev. 1177, 1184(2000) 참조.

26. Richard A. Posner, *Free Speech in an Economic Perspective*, 20 Suffolk U. L. Rev. 1, 19~20(1986); Daniel A. Farber, *Free Speech without Romance: Public Choice and the First Amendment*, 105 Harv. L. Rev. 554(1991) 참조.

27. Richard A. Posner, Economic Analysis of Law 255(6th ed. 2002) 참조.

28. 이러한 추정치를 비롯해 흥미로운 논의를 Rex E. Lee, The American Courts as Public Goods: Who Should Pay the Costs of Litigation? 34 Cath. U. L. Rev. 267(1985)에서 찾아볼 수 있다; Posner, *supra* note 27, at 530~531 참조.

29. Posner, *supra* note 27.

30. Ellickson, *supra* note 14 참조.

31. 자세한 논의는 Robert D. Cooter, *The Theory of Market Modernization of Law*, 16 Int'l Rev. L. & Econ. 141, 149~161(1996) 참조.

32. Lee Anne Fennell, *Beyond Exit and Voice: User Participation in the Production of Local Public Goods*, 80 Tex. L. Rev. 1(2001) 참조.

33. Edward R. Becker et al., *The Federal Judicial Law Clerk Hiring Problem and the Modest March 1 Solution*, 104 Yale L.J. 207(1994) 참조.

34. 이 단락에서 논의된 해결책을 비롯해 어떻게 인종 분리가 일반적으로 확신 게임으로 간주될 수 있는지에 관한 흥미로운 논의는 Abraham Bell and Gideon Parchomovsky, *The Integration Game*, 100 Colum. L. Rev. 1965(2000) 참조.

35. 12 U.S.C. §§ 2901~2908.

36. Peter P. Swire, *The Persistent Problem of Lending Discrimination: A Law and Economics Analysis*, 73 Tex. L. Rev. 787(1995) 참조; 지역사회 재투자법에 대한 비판은 Jonathan R. Macey and Geoffrey P. Miller, *The Community Reinvestment Act: An Economic Analysis*, 79 Va. L. Rev. 291(1993) 참조.

37. William N. Eskridge, *Channeling: Identity-Based Social Movements and Public Law*, 150 U. Pa. L. Rev. 419(2001); Dennis Chong, Collective Action and the Civil Rights Movement(1991) 참조.

38. William Poundstone, Prisoner's Dilemma 218~221(1992) 참조.

39. Dan M. Kahan, *The Logic of Reciprocity*, 102 Mich. L. Rev. 71(2003) 참조.

40. Blankenship v. General Motors Corp., 406 S.E.2d 781, 783, 784 (W. Va. 1991).

41. Michael I. Krauss, *Product Liability and Game Theory: One More Trip to the Choice-of-Law Well*, 2002 B.Y.U. L. Rev. 759 참조.

42. Robert E. Goodin, Utilitarianism as a Public Philosophy(1995) 참조.

43. Robert Sugden, *Spontaneous Order*, 3 J. Econ. Persp. 85(1989) 참조.

44. The Strategy of Conflict(1960).

45. N.L.R.B. v. General Electric Co., 418 F.2d 736 (2d Cir. 1969)이 인용되어 있는 Douglas G. Baird, Robert H. Gertner, and Randal C. Picker, Game Theory and the Law 43~45 & n.20(1994)에서 더 자세한 논의를 찾아볼 수 있다.

46. 358 U.S. 1(1958).

47. City of Boerne v. Flores, 521 U.S. 507(1997).

48. United States v. Nixon, 418 U.S. 683(1974).

49. Laura Kalman, *Law, Politics, and the New Deal*, 108 Yale L.J. 2165(1999) 참조.

50. Larry D. Kramer, The People Themselves: Popular Constitutionalism and Judicial Review(2005); Mark V. Tushnet, Taking the Constitution Away from the Courts(1999) 참조.

51. Lisa R. Anderson and Charles A. Holt, *Information Cascades in the Laboratory*, 87 Am. Econ. Rev. 847(1997).

52. Sushil Bikhchandani, David Hirshleifer, and Ivo Welch, *Learning from the Behavior*

of Others: Conformity, Fads, and Informational Cascades, 12 J. Econ. Persp. 151(1998) 참조.

53. Id.

54. David Hirshleifer, The Blind Leading the Blind: Social Influence, Fads, and Information Cascades, in The New Economics of Human Behavior (Mariano Tommasi and Kathryn Ierulli eds., 1995) 참조.

55. Elizabeth F. Loftus and Edith Greene, Warning: Even Memory for Faces May Be Contagious, 4 Law & Hum. Behav. 323(1980); C. A. Elizabeth Luus and Gary L. Wells, The Malleability of Eyewitness Confidence: Co-witness and Perseverance Effects, 79 J. Applied Psychol. 714(1994).

56. National Institute of Justice, U.S. Dept. of Justice, Eyewitness Evidence: A Guide for Law Enforcement(1999).

57. Bikhchandani et al., supra note 52 참조.

58. Alex Cukierman, Asymmetric Information and the Electoral Momentum of Public Opinion Polls, 70 Pub. Choice 181(1991) 참조.

59. Eric Talley, Precedential Cascades: An Appraisal, 73 S. Cal. L. Rev. 87(1999) 참조.

60. Timur Kuran and Cass R. Sunstein, Availability Cascades and Risk Regulation, 51 Stan. L. Rev. 683(1999) 참조.

61. 자세한 논의는 Richard A. Posner, Catastrophe: Risk and Response(2005) 참조.

62. Sushil Bikhchandani, David Hirshleifer, and Ivo Welch, A Theory of Fads, Fashion, Custom, and Cultural Change as Informational Cascades, 100 J. Pol. Econ. 992(1992) 참조.

63. Timur Kuran, Private Truths, Public Lies(1995) 참조.

64. 자세한 논의는 Saul Levmore, The Anonymity Tool, 144 U. Pa. L. Rev. 2191(1996) 참조.

65. Lawrence Lessig, The Regulation of Social Meaning, 62 U. Chi. L. Rev. 943(1995) 참조.

66. Dan M. Kahan, Social Influence, Social Meaning, and Deterrence, 83 Va. L. Rev. 349(1997) 참조.

67. Daniel A. Farber and Philip P. Frickey, Law and Public Choice: A Critical Introduction(1991)에 이러한 가능성들이 잘 소개되어 있다.

68. Kenneth Arrow, Social Choice and Individual Values(1951) 참조.

69. 자세한 논의는 Dennis C. Mueller, Public Choice II(1989) 참조.

70. William H. Riker, Liberalism against Populism: A Confrontation between the Theory of Democracy and the Theory of Social Choice(1982) 참조.

71. Gerry Mackie, Democracy Defended(2003) 참조. Riker가 제기한 다수의 실증적 주장에 대해 반박하고 있다.

72. Daniel A. Farber and Philip P. Frickey, The Jurisprudence of Public Choice, 65 Tex. L. Rev. 873, 901~906(1987); Kenneth A. Shepsle and Barry R. Weingast, When Do Rules of Procedure Matter? 46 J. Pol. 206(1984) 참조.

73. Saul Levmore, *Public Choice Defended*, 72 U. Chi. L. Rev. 777(2005) 참조.

74. Kenneth A. Shepsle, *Congress Is a "They," Not an "It": Legislative Intent as Oxymoron*, 12 Int'l Rev. L. & Econ. 239(1992)에서 고전적 논의를 찾아볼 수 있다.

75. Saul Levmore, *Voting Paradoxes and Interest Groups*, 28 J. Legal Stud. 259(1999) 참조.

76. Frank H. Easterbrook, *Ways of Criticizing the Court*, 95 Harv. L. Rev. 802(1982); Lewis A. Kornhauser and Lawrence G. Sager, *Unpacking the Court*, 96 Yale L.J. 82(1986) 참조.

77. National Mut. Ins. Co. of Dist. of Columbia v. Tidewater Transfer Co., 337 U.S. 582(1949).

78. 28 U.S.C. § 1332.

79. 다른 사례들을 찾아보려면, Michael I. Meyerson, *The Irrational Supreme Court*, 84 Neb. L. Rev. 895(2006) 참조.

80. 더 자세한 내용은 John M. Rogers, *"Issue Voting" by Multimember Appellate Courts: A Response to Some Radical Proposals*, 49 Vand. L. Rev. 997(1996); David G. Post and Steven C. Salop, *Issues and Outcomes, Guidance, and Indeterminacy: A Reply to Professor John Rogers and Others*, 49 Vand. L. Rev. 1069(1996) 참조.

81. 여기에 언급된 형사 사건의 예시는 Lewis A. Kornhauser and Lawrence G. Sager, *The One and the Many: Adjudication in Collegial Courts*, 81 Cal. L. Rev. 1(1993)에서 발췌한 것이다.

82. 8 U.S.C. § 1153(b)(5) 참조.

83. 8 U.S.C. § 1186(b) (제1153(b)(5)조에 따라 입국한 기업가의 체류 지위 종료에 관한 규정); 8 U.S.C. § 1184(d) (제1184조에 따라 입국한 외국인이 3개월 이내에 혼인하지 않은 경우 추방을 허용하는 규정) 참조.

84. 8 U.S.C. § 1255(a)(2)(A) 참조.

85. Marc Galanter and Thomas Palay, Tournament of Lawyers: The Transformation of the Big Law Firm(1991) 참조.

3부 법학

1. 384 U.S. 436(1966).

2. New York v. Quarles, 467 U.S. 649(1984) 참조.

3. William Stuntz, *Miranda's Mistake*, 99 Mich. L. Rev. 975(2001) 참조.

4. Duncan Kennedy, *Form and Substance in Private Law Adjudication*, 89 Harv. L. Rev. 1685, 1773~1774(1976).

5. Paul G. Cassell and Richard Fowles, *Handcuffing the Cops? A Thirty-Year Perspective on Miranda's Harmful Effects on Law Enforcement*, 50 Stan. L. Rev. 1055(1998) 참조.

6. Cass R. Sunstein, *Problems with Rules*, 83 Cal. L. Rev. 953, 975~976(1995) 참조.

7. Antonin Scalia, *The Rule of Law as a Law of Rules*, 56 U. Chi. L. Rev. 1175(1989) 참조.

8. Kathleen Sullivan, *The Justice of Rules and of Standards*, 106 Harv. L. Rev. 22, 67(1992) 참조.

9. Sunstein, *supra* note 6; David Schoenbrod, Power without Responsibility 76(1993) 참조.

10. Woodson v. North Carolina, 428 U.S. 280(1976); Sunstein, *supra* note 6 참조.

11. Cass R. Sunstein, *Incompletely Theorized Agreements*, 108 Harv. L. Rev. 1733(1995); Cass R. Sunstein, One Case at a Time: Judicial Minimalism on the Supreme Court(2001) 참조.

12. Richard A. Posner, The Economics of Justice ch. 6(1981) 참조.

13. Louis Kaplow, *Rules versus Standards: An Economic Analysis*, 42 Duke L.J. 557(1992) 참조.

14. Richard A. Posner, Economic Analysis of Law 557(6th ed. 2002) 참조.

15. Isaac Ehrlich and Richard A. Posner, *An Economic Analysis of Legal Rulemaking*, 3 J. Legal Stud. 257(1974) 참조.

16. Kaplow, *supra* note 13 참조.

17. id.; Sunstein, *supra* note 6 참조.

18. Sunstein, *supra* note 6 참조.

19. Oliver Wendell Holmes Jr., The Common Law(1888).

20. Baltimore & Ohio R.R. v. Goodman, 275 U.S. 66(1927).

21. Pokora v. Wabash Ry. Co., 292 U.S. 98(1934).

22. Theisen v. Milwaukee Auto. Mut. Ins. Co., 118 N.W.2d 140(Wis. 1963) 참조.

23. Oona A. Hathaway, *Path Dependence in the Law: The Course and Pattern of Legal Change in a Common Law System*, 86 Iowa L. Rev. 601(2001); Eric Talley, *Precedential Cascades: An Appraisal*, 73 S. Cal. L. Rev. 87(1999) 참조.

24. 이 내용에 관한 흥미로운 일반적 논의는 Richard H. McAdams, *An Attitudinal Theory of Expressive Law*, 79 Or. L. Rev. 339(2000) 참조.

25. 흡연 관련 법 규칙이 흡연을 대하는 태도를 어떻게 변화시키는지에 대해 더 자세한 논의는 Lawrence Lessig, *The Legal Regulation of Social Meaning*, 62 U. Chi. L. Rev. 943(1995) 참조.

26. Charles Krauthammer, *Disarm the Citizenry: But Not Yet*, Wash. Post, Apr. 5, 1996, at A19.

27. David D. Friedman, Law's Order 182~183(2000); T. H. White, The Once and Future King(1958) 참조.

28. Smith v. Maryland, 442 U.S. 735(1979).

29. Eugene Volokh to Stewart Baker, *Civil Liberties in Wartime*, Slate, Sept. 20, 2001, http://slate.msn.com/?id=115633&entry=115888; Dave Kopel, *Don't Press the Panic Button*, Nat'l Rev. Online, Sept. 21, 2001, http://www.nationalreview.com/kopel/

kopel092101.shtml 참조.

30. Eric A. Posner and Adrian Vermeule, *Should Coercive Interrogation Be Legal?* 104 Mich. L. Rev. 671(2006) 참조.

31. Eugene Volokh, *The Mechanisms of the Slippery Slope*, 116 Harv. L. Rev. 1026, 1058~1059(2003) 참조.

32. Wisconsin v. Yoder, 374 U.S. 398(1963); Sherbert v. Verner, 406 U.S. 205(1972) 참조.

33. Hernandez v. Commissioner, 490 U.S. 680(1989); Lyng v. Northwest Indian Cemetery Protective Ass'n, 485 U.S. 439(1988); Thomas v. Review Bd., 450 U.S. 707(1981) 참조.

34. 381 U.S. 479(1965).

35. 410 U.S. 113(1973).

36. 미끄러운 경사길에 관한 연구로서 이 사례들에 대한 더 자세한 논의는 Eugene Volokh, *Same-Sex Marriage and Slippery Slopes*, 33 Hofstra L. Rev. 1155(2005) 참조.

37. 66 Tenn. 9(1872).

38. Stephen E. Weiss, *The Sorites Fallacy: What Difference Does a Peanut Make?* 33 Synthese 253(1976) 참조.

39. 자세한 논의는 Frederick Schauer, *Slippery Slopes*, 99 Harv. L. Rev. 361(1985) 참조.

40. Jeremy Bentham, A Fragment on Government and an Introduction to the Principles of Morals and Legislation 430 (1776).

41. Meir Dan-Cohen, *Decision Rules and Conduct Rules: On Acoustic Separation in Criminal Law*, 97 Harv. L. Rev. 625(1984).

42. Wayne R. LaFave, Substantive Criminal Law § 5.10 (2d ed. 2003).

43. Dan-Cohen, *supra* note 41

44. Dan M. Kahan, *Ignorance of Law Is an Excuse—But Only for the Virtuous*, 96 Mich. L. Rev. 127(1997); Dan-Cohen, *supra* note 41 참조.

45. 이 논의는 Emily L. Sherwin, *Law and Equity in Contract Enforcement*, 50 Md. L. Rev. 253(1991)에서 가져온 것이다.

46. Melvin A. Eisenberg, *The Divergence of Standards of Conduct and Standards of Review in Corporate Law*, 62 Fordham L. Rev. 437(1993) 참조.

47. Id.

48. Patricia A. McCoy, *A Political Economy of the Business Judgment Rule in Banking: Implications for Corporate Law*, 47 Case W. Res. L. Rev. 1(1996) 참조.

49. Cass R. Sunstein, Problems with Rules, 83 Cal. L. Rev. 953(1995) 참조.

50. Dan-Cohen, *supra* note 41 참조.

51. Carol S. Steiker, *Counter-revolution in Constitutional Criminal Procedure? Two Audiences, Two Answers*, 94 Mich. L. Rev. 2466(1996) 참조.

52. 85 Harv. L. Rev. 1089(1972).

53. 3장 참조.

54. 이 견해에 관한 고전적 설명은 Oliver Wendell Holmes Jr., *The Path of the Law*, 10

Harv. L. Rev. 457(1897)에서 찾아볼 수 있다.

55. Guido Calabresi, *Remarks: The Simple Virtues of the Cathedral*, 106 Yale L.J. 2201(1997) 참조.

56. Guido Calabresi and A. Douglas Melamed, *Property Rules, Liability Rules, and Inalienability: One View of the Cathedral*, 85 Harv. L. Rev. 1089, 1124(1972) 참조.

57. Posner, *supra* note 14, at 205~206 참조.

58. Calabresi and Melamed, *supra* note 56, at 1127 참조.

59. Ploof v. Putnam, 81 A. 188(Vt. 1908).

60. London Borough of Southwark v. Williams, [1971] Ch. 734(A.C. 1970).

61. Calabresi and Melamed, *supra* note 56, at 1105 참조.

62. 13장 참조; Posner, *supra* note 14, at 60~61.

63. Ian Ayres and Eric Talley, *Solomonic Bargaining: Dividing a Legal Entitlement to Facilitate Coasean Trade*, 104 Yale L.J. 1027(1995); Louis Kaplow and Steven Shavell, *Do Liability Rules Facilitate Bargaining? A Reply to Ayres and Talley*, 105 Yale L.J. 221(1995) 참조.

64. Ward Farnsworth, *Do Parties to Nuisance Cases Bargain after Judgment? A Glimpse Inside the Cathedral*, 66 U. Chi. L. Rev. 373(1999) 참조.

65. Calabresi and Melamed, *supra* note 56, at 1116 ff 참조.

66. Spur Indus. v. Del E. Webb Dev. Co., 494 P.2d 700(Ariz. 1972).

67. Guido Calabresi, *Neologisms Revisited*, 64 Md. L. Rev. 736(2005) 참조.

68. Joel Dobris, *Boomer Twenty Years Later: An Introduction, with Some Footnotes about "Theory,"* 54 Alb. L. Rev. 171(1990) 참조.

69. A. Douglas Melamed, *Remarks: A Public Law Perspective*, 106 Yale L.J. 2209(1997).

70. James E. Krier and Stewart J. Schwab, *Property Rules and Liability Rules: The Cathedral in Another Light*, 70 N.Y.U. L. Rev. 440(1995).

71. Eugene Kontorovich, *Liability Rules for Constitutional Rights: The Case of Mass Detentions*, 56 Stan. L. Rev. 755(2004) 참조.

72. 334 U.S. 1(1948).

73. Herbert Wechsler, *Toward Neutral Principles of Constitutional Law*, 73 Harv. L. Rev. 1, 29~30(1959) 참조.

74. 198 U.S. 45(1905).

75. Robert Hale, *Rate Making and the Revision of the Property Concept*, 22 Colum. L. Rev. 209(1922) 참조.

76. West Coast Hotel Co. v. Parrish, 300 U.S. 379, 399(1937) 참조. Cass R. Sunstein, *Lochner's Legacy*, 87 Colum. L. Rev. 873(1987)에서 사건에 대한 주된 논의가 일련의 기준 문제로 다뤄지고 있다. 반대 해석을 보려면 David Bernstein, *Lochner's Legacy's Legacy*, 82 Tex. L. Rev. 1(2003) 참조.

77. Lucas v. South Carolina Coastal Council, 505 U.S. 1003(1992) 참조.

78. 482 U.S. 691(1987).

79. 자세한 논의는 Louis Michael Seidman, *The Problems with Privacy's Problem*, 93 Mich. L. Rev. 1079(1995) 참조.

80. Randy E. Barnett, Restoring the Lost Constitution: The Presumption of Liberty(2004); Richard A. Epstein, *Takings, Exclusivity, and Speech: The Legacy of PruneYard v. Robins*, 64 U. Chi. L. Rev. 21(1997) 참조.

81. Cass R. Sunstein, *Legal Interference with Private Preferences*, 53 U. Chi. L. Rev. 1129(1986) 참조.

4부 심리학

1. Daniel Kahneman, Jack L. Knetsch, and Richard H. Thaler, *Experimental Tests of the Endowment Effect and the Coase Theorem*, 98 J. Pol. Econ. 1325(1990).

2. 자세한 논의는 D. A. Redelmeier, P. Rozin, and D. Kahneman, *Understanding Patients' Decisions: Cognitive and Emotional Perspectives*, 270 J. Am. Med. Ass'n 72(1993) 참조.

3. J. H. Dales, *Pollution, Property and Prices*(1968); William J. Baumol, *On the Taxation and the Control of Externalities*, 62 Am. Econ. Rev. 307(1972); Bruce A. Ackerman and Richard B. Stewart, *Reforming Environmental Law*, 37 Stan. L. Rev. 1333(1985); Nathaniel E. Keohane, Richard L. Revesz, and Robert N. Stavins, *The Choice of Regulatory Instruments in Environmental Law*, 22 Harv. Envtl. L. Rev. 313(1998) 참조.

4. David S. Brookshire and Don L. Coursey, *Measuring the Value of a Public Good: An Empirical Comparison of Elicitation Procedures*, 77 Am. Econ. Rev. 554(1987); Don L. Coursey, John L. Hovis, and William D. Schulze, *The Disparity between Willingness to Accept and Willingness to Pay Measures of Value*, 102 Q.J. Econ. 679(1987) 참조.

5. John A. List, *Does Market Experience Eliminate Market Anomalies?* 118 Q.J. Econ. 41(2003) 참조.

6. Herbert Hovenkamp, *Legal Policy and the Endowment Effect*, 20 J. Legal Stud. 225(1991) 참조.

7. Daniel A. Farber, Eco-pragmatism(1999); Christopher H. Schroeder, *Clear Consensus, Ambiguous Commitment*, 98 Mich. L. Rev. 1876(2000).

8. Jack Beermann and Joseph W. Singer, *Baseline Questions in Legal Reasoning: The Example of Property in Jobs*, 23 Ga. L. Rev. 911(1989); Russell Korobkin, *The Endowment Effect and Legal Analysis*, 97 Nw. U. L. Rev. 1227(2003) 참조.

9. David Charny, *Economics of Death*, 107 Harv. L. Rev. 2056, 2067(1994) 참조.

10. Daniel Kahneman and Amos Tversky, *The Simulation Heuristic, in* Judgment under Uncertainty: Heuristics and Biases (Daniel Kahneman ed., 1982) 참조.

11. Thomas Gilovich and Victoria H. Medvec, *The Temporal Pattern to the Experience*

of *Regret*, 67 J. Personality & Soc. Psychol. 357(1994); Chris Guthrie, *Panacea or Pandora's Box? The Costs of Options in Negotiations*, 88 Iowa L. Rev. 601, 647~648(2003).

12. Janet Landman, *Regret and Elation following Action and Inaction: Affective Responses to Positive versus Negative Outcomes*, 13 Personality & Soc. Psychol. Bull. 524(1987) 참조.

13. Amos Tversky and Daniel Kahneman, *Loss Aversion in Riskless Choice: A Reference-Dependent Model*, 107 Q.J. Econ. 1039(1991); Daniel Kahneman, Jack L. Knetsch, and Richard H. Thaler, *The Endowment Effect, Loss Aversion, and Status Quo Bias*, 5 J. Econ. Persp. 193(1991); Jeffrey J. Rachlinski, *The Psychology of Global Climate Change*, 2000 U. Ill. L. Rev. 299 참조.

14. Russell Korobkin, *Inertia and Preference in Contract Negotiation: The Psychological Power of Default Rules and Form Terms*, 51 Vand. L. Rev. 1583(1998) 참조. 이러한 가능성을 비롯해 후회, 그 기원 및 영향에 대한 일반적인 논의를 다루고 있다.

15. Korobkin, *supra* note 8 참조.

16. Massimo Paradiso and Antonella Trisorio, *The Effect of Knowledge on the Disparity between Hypothetical and Real Willingness to Pay*, 33 Applied Econ. 1359(2001) 참조.

17. Owen D. Jones and Timothy H. Goldsmith, *Law and Behavioral Biology*, 105 Colum. L. Rev. 405(2005) 참조.

18. Cass R. Sunstein, *Social Norms and Social Roles*, 96 Colum. L. Rev. 903(1996) 참조.

19. Ward Farnsworth, *Do Parties to Nuisance Cases Bargain after Judgment? A Glimpse Inside the Cathedral*, 66 U. Chi. L. Rev. 373(1999) 참조.

20. Mark Kelman, *Consumption Theory, Production Theory, and Ideology in the Coase Theorem*, 52 S. Cal. L. Rev. 669(1979) 참조.

21. Richard H. Thaler, Quasi Rational Economics 7~8(1991) 참조.

22. Cass R. Sunstein, *Incommensurability and Valuation in Law*, 92 Mich. L. Rev. 779(1994) 참조.

23. Baruch Fischhoff, *Hindsight [not=] Foresight: The Effect of Outcome Knowledge on Judgment under Uncertainty*, 1 J. Experimental Psychol. 288(1975).

24. Id.

25. Neal V. Dawson et al., *Hindsight Bias: An Impediment to Accurate Probability Estimation in Clinicopathologic Conferences*, 8 Med. Decision Making 259(1988).

26. Jeffrey J. Rachlinski, *A Positive Psychological Theory of Judging in Hindsight*, 65 U. Chi. L. Rev. 571(1998) 참조.

27. Kim A. Kamin and Jeffrey J. Rachlinski, *Ex Post [not=] Ex Ante: Determining Liability in Hindsight*, 19 Law & Hum. Behav. 89(1995); Reid Hastie and W. Kip Viscusi, *What Juries Can't Do Well: The Jury's Performance as a Risk Manager*, 40

Ariz. L. Rev. 901(1998) 참조. 비판 및 경고성 제안들을 찾아보려면, Richard Lempert, *Juries, Hindsight, and Punitive Damage Awards: Failures of a Social Science Case for Change*, 48 DePaul L. Rev. 867(1999) 참조.

28. Tarasoff v. Regents of the Univ. of Cal., 551 P.2d 334(Cal. 1976).

29. Susan J. LaBine and Gary LaBine, *Determinations of Negligence and the Hindsight Bias*, 20 Law & Hum. Behav. 501(1996).

30. Id.

31. Chris Guthrie, Jeffrey J. Rachlinski, and Andrew J. Wistrich, *Inside the Judicial Mind*, 86 Cornell L. Rev. 777, 799~805(2001); Hastie and Viscusi, *supra* note 27; Lempert, *supra* note 27 참조.

32. Baruch Fischhoff, *Perceived Informativeness of Facts*, 3 J. Experimental Psychol.: Hum. Perception & Performance 349, 354~356(1977); D. Sharpe and J. G. Adair, *Reversibility of the Hindsight Bias: Manipulation of Experimental Demands*, 56 Organizational Behav. & Hum. Decision Processes 233(1993); Kamin and Rachlinski, *supra* note 27 참조.

33. Merrie Jo Stallard and Debra L. Worthington, *Reducing the Hindsight Bias Utilizing Attorney Closing Arguments*, 22 Law & Hum. Behav. 671(1998).

34. D. Jordan Lowe and Philip M. J. Reckers, *The Effects of Hindsight Bias on Jurors' Evaluations of Auditor Decisions*, 25 Decision Sci. 401(1994).

35. The T.J. Hooper, 60 F.2d 737(2d Cir. 1932) (Hand, J.) 참조.

36. Rodi Yachts, Inc. v. National Marine, Inc., 984 F.2d 880(7th Cir. 1993)(Posner, J.) 참조.

37. Rachlinski, *supra* note 26; Hall v. Hilbun, 466 So. 2d 856(Miss. 1985) 참조; 반대 의견으로는 Philip G. Peters Jr., *Hindsight Bias and Tort Liability: Avoiding Premature Conclusions*, 31 Ariz. St. L.J. 1277(1999) 참조.

38. David B. Wexler and Robert F. Schopp, *How and When to Correct for Juror Hindsight Bias in Mental Health Malpractice Litigation: Some Preliminary Observations*, 7 Behav. Sci. & L. 485(1989); Hal R. Arkes and Cindy A. Schipani, *Medical Malpractice v. The Business Judgment Rule: Differences in Hindsight Bias*, 73 Or. L. Rev. 587(1994) 참조.

39. Christine Jolls, Cass R. Sunstein, and Richard Thaler, *A Behavioral Approach to Law and Economics*, 50 Stan. L. Rev. 1471(1998).

40. Russell B. Korobkin and Thomas S. Ulen, *Law and Behavioral Science: Removing the Rationality Assumption from Law and Economics*, 88 Cal. L. Rev. 1051(2000).

41. Fed. R. Evid. 407; Kimberly Eberwine, *Hindsight Bias and the Subsequent Remedial Measures Rule: Fixing the Feasibility Exception*, 55 Case W. Res. L. Rev. 633(2005) 참조.

42. Dan L. Burk and Mark A. Lemley, *Biotechnology's Uncertainty Principle*, 54 Case W. Res. L. Rev. 691(2004).

43. Rachlinski, *supra* note 26 참조.

44. 이러한 관점에 대한 더 자세한 설명은 Charles Yablon, *Hindsight, Regret, and Safe Harbors in Rule 11 Litigation*, 37 Loy. L.A. L. Rev. 599(2004) 참조.

45. Itamar Simonson and Amos Tversky, *Choice in Context: Tradeoff Contrast and Extremeness Aversion*, 29 J. Marketing Res. 281(1992).

46. Id.

47. Mark Kelman, Yuval Rottenstreich, and Amos Tversky, *Context-Dependence in Legal Decision-Making*, 25 J. Legal Stud. 287(1996).

48. Id.

49. Id.

50. Daniel Kahneman and Amos Tversky, *Prospect Theory: An Analysis of Decision under Risk*, 47 Econometrica 263(1979) 참조.

51. Daniel Kahneman and Amos Tversky, *Conflict Resolution: A Cognitive Perspective, in* Barriers to Conflict Resolution 44(Kenneth Arrow et al. eds., 1995); Chris Guthrie, *Insights from Cognitive Psychology*, 54 J. Legal Ed. 42(2004) 참조.

52. Amos Tversky and Daniel Kahnem 52.an, *Advances in Prospect Theory: Cumulative Representation of Uncertainty*, 5 J. Risk & Uncertainty 297(1992); Chris Guthrie, *Framing Frivolous Litigation: A Psychological Theory*, 67 U. Chi. L. Rev. 163(2000).

53. Amos Tversky and Daniel Kahneman, *Rational Choice and the Framing of Decisions*, 59 J. Bus. S251(1986).

54. Jeffrey J. Rachlinski, *Gains, Losses and the Psychology of Litigation*, 70 S. Cal. L. Rev. 113(1996).

55. Id.

56. Id.

57. Id.; 또한 Russell Korobkin and Chris Guthrie, *Psychology, Economics, and Settlement: A New Look at the Role of the Lawyer*, 76 Tex. L. Rev. 77(1997) 참조.

58. Guthrie, Rachlinski, and Wistrich, *supra* note 31, at 796~797.

59. Thomas C. Schelling, *Economic Reasoning and the Ethics of Policy*, 63 Pub. Int. 37(1981) 참조.

60. B. J. McNeil et al., *On the Elicitation of Preferences for Alternative Therapies*, 306 N. Eng. J. Med. 1259(1982) 참조.

61. Aaron D. Twerski and Neil B. Cohen, *Informed Decision Making and the Law of Torts: The Myth of Justiciable Causation*, 1988 U. Ill. L. Rev. 607 참조.

62. Paul Slovic, Baruch Fischhoff, and Sarah Lichtenstein, *Facts versus Fears: Understanding Perceived Risk, in* Judgment under Uncertainty: Heuristics and Biases (Daniel Kahneman, Paul Slovic, and Amos Tversky eds., 1982).

63. S. Plous, *Thinking the Unthinkable: The Effects of Anchoring on Likelihood Estimates of Nuclear War*, 19 J. Applied Soc. Psychol.(1989).

64. Gretchen B. Chapman and Brian H. Bornstein, *The More You Ask for, the More You Get: Anchoring in Personal Injury Verdicts*, 10 Applied Cognitive Psychol. 519(1996); John Malouff and Nicola S. Schutte, *Shaping Juror Attitudes: Effects of Requesting Different Damage Amounts in Personal Injury Trials*, 129 J. Soc. Psychol. 491(1989).

65. Verlin B. Hinsz and Kristin E. Indahl, *Assimilation to Anchors for Damage Awards in a Mock Civil Trial*, 25 J. Applied. Soc. Psychol. 991(1995).

66. Mollie W. Marti and Roselle L. Wissler, *Be Careful What You Ask For: The Effect of Anchors on Personal Injury Damages Awards*, 6 J. Experimental Psychol. 91(2000).

67. Chapman and Bornstein, *supra* note 64 참조.

68. Id.; Marti and Wissler, *supra* note 66.

69. Edie Greene and Brian H. Bornstein, Determining Damages: The Psychology of Jury Awards 154(2003) 참조.

70. Russell Korobkin and Chris Guthrie, *Opening Offers and Out-of-Court Settlement: A Little Moderation May Not Go a Long Way*, 10 Ohio St. J. Disp. Resol. 1(1994).

71. Robert B. Cialdini et al., *Reciprocal Concessions Procedure for Inducing Compliance: The Door-in-the-Face Technique*, 31 J. Personality & Soc. Psychol. 206(1975) 참조.

72. Guthrie, Rachlinski, and Wistrich, *supra* note 31 참조.

73. Pescatore v. Pan Am. World Airways, 887 F. Supp. 71 (E.D.N.Y. 1995).

74. Landers v. Ghosh, 491 N.E.2d 950(Ill. App. Ct. 1986) (배상금으로 40만 달러가 확정되었다).

75. Cass R. Sunstein et al., Punitive Damages: How Jurors Decide(2002) 참조. 전보배상과 징벌적 손해배상이 합리적 연관성을 지닌다는 주장 및 비판을 찾아보려면 Neil Vidmar, *Experimental Simulations and Tort Reform: Avoidance, Error, and Overreaching in Sunstein et al.'s* Punitive Damages, 53 Emory L.J. 1359(2004) 참조.

76. Chapman and Bornstein, *supra* note 64.

77. Andrew J. Wistrich, Chris Guthrie, and Jeffrey J. Rachlinski, *Can Judges Ignore Inadmissible Information? The Difficulty of Deliberately Disregarding*, 153 U. Pa. L. Rev. 1251(2005) 참조.

78. Fed. R. Evid. 408 참조.

79. Cass R. Sunstein, Daniel Kahneman, and David A. Schkade, *Assessing Punitive Damages (with Notes on Cognition and Valuation in Law)*, 107 Yale L.J. 2017(1998) 참조.

80. Jennifer K. Robbennolt and Christina A. Studebaker, *Anchoring in the Courtroom: The Effects of Caps on Punitive Damages*, 23 Law & Hum. Behav. 353(1999) 참조.

81. Greg Pogarsky and Linda Babcock, *Damage Caps, Motivated Anchoring, and Bargaining Impasse*, 30 J. Legal Stud. 143(2001) 참조.

82. Jeffrey J. Rachlinski, *The Uncertain Psychological Case for Paternalism*, 97 Nw. U. L.

Rev. 1165(2003) 참조.

83. Marcel Kahan and Michael Klausner, *Path Dependence in Corporate Contracting: Increasing Returns, Herd Behavior and Cognitive Biases*, 74 Wash. U. L.Q. 347(1996) 참조.

84. Frederick Schauer, *Do Cases Make Bad Law?* 73 U. Chi. L. Rev. 883(2006).

85. Oliver Wendell Holmes Jr., *Codes, and the Arrangement of the Law*, 5 Am. L. Rev. 1(1870).

86. Jeffrey J. Rachlinski, *Bottom-Up versus Top-Down Lawmaking*, 73 U. Chi. L. Rev. 933, 951~960(2006) 참조.

87. Shelley E. Taylor, Positive Illusions: Creative Self-Deception and the Healthy Mind 10~11(1989); Ola Svenson, *Are We All Less Risky and More Skillful Than Our Fellow Drivers?* 47 Acta Psychologica 143(1981); David G. Myers, Social Psychology 85(1983).

88. 자세한 논의는 Christine Jolls, *Behavioral Economic Analysis of Redistributive Legal Rules*, 51 Vand. L. Rev. 1653(1998) 참조.

89. Christine Jolls and Cass R. Sunstein, *Debiasing through Law*, 35 J. Legal Stud. 199(2006).

90. 14장 참조; Paul Slovic, The Perception of Risk(2000); Cass R. Sunstein, *The Laws of Fear*, 115 Harv. L. Rev. 1119(2002) 참조.

91. Neil D. Weinstein and William M. Klein, *Resistance of Personal Risk Perceptions to Debiasing Interventions, in* Heuristics and Biases: The Psychology of Intuitive Judgment (Thomas Gilovich, Dale Griffin, and Daniel Kahneman eds., 2002).

92. Jolls and Sunstein, *supra* note 89 참조.

93. Linda Babcock, George Loewenstein, and Samuel Issacharoff, *Creating Convergence: Debiasing Biased Litigants*, 22 Law & Soc. Inquiry 913(1997).

94. Fed. R. Civ. P. 68.

95. Michael D. Young, Bottom Line Negotiating, 49 Fed. Law. 20, 20(2002) 참조. 다른 부분에 초점을 두고 있는 논의 및 의견들을 보려면, David A. Anderson, *Improving Settlement Devices: Rule 68 and Beyond*, 23 J. Legal Stud. 225(1994); Geoffrey P. Miller, *An Economic Analysis of Rule 68*, 15 J. Legal Stud. 93(1986) 참조.

96. James Friedrich, *On Seeing Oneself as Less Self-Serving Than Others: The Ultimate Self-Serving Bias?* 23 Teaching Psychol. 107, 107~109(1996) 참조.

97. Frank B. Cross, *In Praise of Irrational Plaintiffs*, 86 Cornell L. Rev. 1(2000) 참조.

98. 그러한 규칙과 그 예외 및 결과에 대한 논의는 Samuel R. Gross and Kent D. Syverud, *Getting to No: A Study of Settlement Negotiations and the Selection of Cases for Trial*, 90 Mich. L. Rev. 319, 361, 371~732(1991) 참조.

99. Samuel R. Gross, *We Could Pass a Law... What Might Happen if Contingent Legal Fees Were Banned*, 47 DePaul L. Rev. 321, 328(1998) 참조.

100. id. at 328~330 참조.

101. Richard J. Reifenberg, *The Self-Serving Bias and the Use of Objective and Subjective Methods for Measuring Success and Failure*, 126 J. Soc. Psychol. 627(1986) 참조.

102. Lee Ross and Richard E. Nisbett, *The Person and the Situation: Perspectives of Social Psychology* 77~89(1991) 참조.

103. E. E. Jones and V. A. Harris, *The Attribution of Attitudes*, 3 J. Experimental Soc. Psychol. 1(1967).

104. Neal R. Feigenson, *The Rhetoric of Torts: How Advocates Help Jurors Think about Causation, Reasonableness, and Responsibility*, 47 Hastings L.J. 61(1995) 참조.

105. Richard H. McAdams, *The Political Economy of Entrapment*, 96 J. Crim. L. & Criminology(1995); Kevin A. Smith, *Psychology, Factfinding, and Entrapment*, 103 Mich. L. Rev. 759(2005) 참조.

106. Eva S. Nilsen, *The Criminal Defense Lawyer's Reliance on Bias and Prejudice*, 8 Geo. J. Legal Ethics 1(1994) 참조.

107. Craig Haney, *Violence and the Capital Jury: Mechanisms of Moral Disengagement and the Impulse to Condemn to Death*, 49 Stan. L. Rev. 1447(1997) 참조.

108. Rachlinski, *supra* note 86, at 948~949 참조.

109. 이 단락에 소개된 예시는 Edward E. Jones and Richard E. Nisbett, *The Actor and the Observer: Divergent Perceptions of the Causes of Behavior, in* Attribution: Perceiving the Causes of Behavior 79(Edward E. Jones et al. eds., 1971)에서 발췌한 것이다. 또한 Shelley E. Taylor and Susan T. Fiske, *Salience, Attention, and Attribution: Top of the Head Phenomena, in* 11 Advances in Experimental Social Psychology 249(Leonard Berkowitz ed., 1978) 참조.

110. D. T. Miller and M. Ross, *Self-Serving Biases in the Attribution of Causality: Fact or Fiction?* 82 Psychol. Bull. 213(1975) 참조.

111. Jones and Nisbett, *supra* note 109 참조.

112. Id.

113. Jon Elster, Sour Grapes 157 ff.(1983); Jolls, *supra* note 88 참조.

114. L. B. Alloy and L. Abramson, *Judgment of Contingency in Depressed and Nondepressed Students: Sadder but Wiser?* 108 J. Experimental Psychol. 441(1979) 참조.

115. James Boyd White, *The Ethics of Argument: Plato's Gorgias and the Modern Lawyer*, 50 U. Chi. L. Rev. 849(1983) 참조.

116. Thomas Schelling, The Strategy of Conflict(1960) 참조.

117. W. B. Yeats, *The Second Coming, in* The Collected Poems of W. B. Yeats (R. Finneran ed., 1964).

118. Jolls and Sunstein, *supra* note 89 참조.

119. Owen Fiss, Against Settlement, 93 Yale L.J. 1073(1984); Cross, *supra* note 97 참조.

5부 증명 문제

1. 대륙법계 국가들에서 사용되는 입증 기준에 대한 흥미로운 비교 논의는 Kevin M. Clermont and Emily Sherwin, *A Comparative View of Standards of Proof*, 50 Am. J. Comp. L. 243(2002); Kevin M. Clermont, *Standards of Proof in Japan and the United States*, 37 Cornell Int'l L.J. 263(2004) 참조.

2. Richard A. Posner, Economic Analysis of Law 618(6th ed. 2002) 참조.

3. Bruce L. Hay and Kathryn E. Spier, *Burdens of Proof in Civil Litigation*: *An Economic Analysi*, 26 J. Legal Stud. 413(1997) 참조.

4. McDonnell Douglas v. Green, 411 U.S. 792(1973) 참조.

5. Behrens v. Bertram Mills Circus,(1957) 2 Q.B. 1에 착안해 개작한 사례.

6. Posner, *supra* note 2, at 600~601 참조.

7. 좀더 복잡한 논의를 원한다면 *Gasperini v. Center for the Humanities*, 518 U.S. 415(1996)에서 다수 의견 및 반대 의견을 참조.

8. Charles W. Wolfram, *The Constitutional History of the Seventh Amendment*, 80 Harv. L. Rev. 289(1966) 참조.

9. Williams v. Taylor, 529 U.S. 420(2000) 참조.

10. Chevron U.S.A. v. Natural Resources Defense Council, 467 U.S. 837(1984).

11. 자세한 논의는 Antonin Scalia, *Judicial Deference to Administrative Interpretations of Law*, 1989 Duke L.J. 511 참조.

12. 관련 논의는 3장 및 17장 참조.

13. Gary Lawson, *Legal Indeterminacy*: *Its Cause and Cure*, 19 Harv. J.L. & Pub. Pol'y(1996) 참조.

14. Gardner v. National Bulk Carriers, 310 F.2d 284(4th Cir. 1962).

15. Daniel Farber, *Recurring Misses*, 19 J. Legal Stud. 727(1990); Saul Levmore, *Probabilistic Recoveries, Restitution, and Recurring Wrongs*, 19 J. Legal Stud. 691(1990) 참조.

16. Gardner v. National Bulk Carriers, *supra* note 14.

17. Herskovits v. Group Health Coop. of Puget Sound, 664 P.2d 474(Wash. 1983); Joseph H. King Jr., *Causation, Valuation, and Chance in Personal Injury Torts Involving Preexisting Conditions and Future Consequences*, 90 Yale L.J. 1353(1981).

18. Fennell v. Southern Md. Hosp. Ctr., 580 A.2d 206(Md. 1990) 참조.

19. Strickland v. Washington, 466 U.S. 668, 694(1984).

20. New York Times v. Sullivan, 376 U.S. 254(1964).

21. St. Amant v. Thompson, 390 U.S. 727, 731~732(1968).

22. 긍정 오류와 부정 오류의 차이에 관한 논의는 Robert G. Bone, The Economics of Civil Procedure 128~132(2003); Posner, *supra* note 2, at 618~620 참조.

23. 4 William Blackstone, Commentaries on the Laws of England 359(Univ. of Chicago Press 2002) (1769); Alexander Volokh, N Guilty Men, 146 U. Pa. L. Rev. 173(1997).

24. Richard A. Posner, *The Cost of Rights: Implications for Central and Eastern Europe—and for the United States*, 32 Tulsa L.J. 1(1996) 참조.

25. Murphy v. Holland, 776 F.2d 470(4th Cir. 1985) 참조.

26. United States v. Feinberg, 140 F.2d 592, 594(2d Cir. 1944).

27. Norbert L. Kerr et al., *Guilt beyond a Reasonable Doubt: Effects of Concept Definition and Assigned Decision Rule on the Judgments of Mock Jurors*, 34 J. Personality & Soc. Psychol. 282~294(1976).

28. C. M. A. McCauliff, *Burdens of Proof: Degrees of Belief, Quanta of Evidence, or Constitutional Guarantees?* 35 Vand. L. Rev. 1293, 1325(1982); United States v. Fatico, 458 F. Supp. 388, 409(E.D.N.Y. 1978)(Weinstein, J.) 참조.

29. McCullough v. State, 657 P.2d 1157, 1157(Nev. 1983).

30. State v. DelVecchio, 464 A.2d 813, 818(Conn. 1983).

31. Branion v. Gramly, 855 F.2d 1256, 1263 n.5(7th Cir. 1988) (Easterbrook, J.).

32. Rita James Simon and Linda Mahan, *Quantifying Burdens of Proof: A View from the Bench, the Jury, and the Classroom*, 5 Law & Soc'y Rev. 319(1971).

33. Proctor v. United States, 685 A.2d 735, 738~739(D.C. 1996).

34. Cage v. Louisiana, 498 U.S. 39, 41(1990)(per curiam).

35. Victor v. Nebraska, 511 U.S. 1(1994) 참조.

36. Elisabeth Stoffelmayr and Shari S. Diamond, *The Conflict between Precision and Flexibility in Explaining "Beyond a Reasonable Doubt,"* 6 Psychol. Pub. Pol'y & L. 769(2000); Norbert L. Kerr, *Severity of Prescribed Penalty and Mock Jurors' Verdicts*, ~36 J. Personality & Soc. Psychol. 1431(1978) 참조.

37. Charles Nesson, *Reasonable Doubt and Permissive Inferences: The Value of Complexity*, 92 Harv. L. Rev. 1187(1979) 참조.

38. Richard A. Posner, *An Economic Approach to the Law of Evidence*, 51 Stan. L. Rev. 1477, 1506(1999) 참조.

39. Apodaca v. Oregon, 406 U.S. 404(1972); Burch v. Louisiana, 441 U.S. 130(1979).

40. Ronald J. Allen and Sarah A. Jehl, *Burdens of Persuasion in Civil Cases: Algorithms v. Explanations*, 2003 Mich. St. L. Rev. 893, 906~915 참조.

41. Saul Levmore, *Conjunction and Aggregation*, 99 Mich. L. Rev. 723(2001) 참조.

42. Gary Lawson, *Proving the Law*, 86 Nw. U. L. Rev. 859(1992) 참조.

43. Larry Alexander, *Proving the Law: Not Proven*, 86 Nw. U. L. Rev. 905(1992) 참조.

44. 자세한 논의는 William N. Eskridge Jr., Dynamic Statutory Interpretation(1994); William N. Eskridge Jr. and Philip N. Frickey, *Quasi-Constitutional Law: Clear Statement Rules as Constitutional Lawmaking*, 45 Vand. L. Rev. 593(1992); Cass R. Sunstein, *Nondelegation Canons*, 67 U. Chi. L. Rev. 315(2000) 참조.

45. Smith v. United States, 508 U.S. 223(1993).

46. Ward Farnsworth, *Signatures of Ideology: The Case of the Supreme Court's Criminal*

Docket, 104 Mich. L. Rev. 67, 97~99(2005) 참조.

47. Posner, *supra* note 38 참조.

48. Levmore, *supra* note 41 참조.

49. Allen and Jehl, *supra* note 40 참조.

50. Posner, *supra* note 38, at 1513 참조.

51. Id.

52. 68 Cal. 2d 319(1968).

53. William C. Thompson and Edward L. Schumann, *Interpretation of Statistical Evidence in Criminal Trials: The Prosecutor's Fallacy and the Defense Attorney's Fallacy*, 11 Law & Hum. Behav. 167(1987) 참조.

54. 콜린스 사건에 관한 훌륭한 논의로는 Michael O. Finkelstein and William B. Fairley, A *Bayesian Approach to Identification Evidence*, 83 Harv. L. Rev. 489(1970); Jonathan J. Koehler, *One in Millions, Billions, and Trillions: Lessons from* People v. Collins(1968) for People v. Simpson(1995), 47 J. Legal Ed. 214(1997) 참조.

55. Amos Tversky and Daniel Kahneman, *Judgments of and by Representativeness, in* Judgment under Uncertainty: Heuristics and Biases 84 (Daniel Kahne man, Paul Slovic, and Amos Tversky eds., 1982) 참조.

56. Gerd Gigerenzer, *Why the Distinction between Single-Event Probabilities and Frequencies Is Important for Psychology (and Vice Versa), in* Subjective Probability 129(George Wright and Peter Ayton eds., 1994) 참조.

57. 이 문제와 몇몇 변형에 대한 논의는 Charles A. Holt and Lisa Anderson, *Classroom Games: Understanding Bayes' Rule*, 10 J. Econ. Persp. 179(1996); Gerd Gigerenzer, *Why Do Frequency Formats Improve Bayesian Reasoning? Cognitive Algorithms Work on Information, Which Needs Representation*, 19 Behav. & Brain Sci. 23(1996) 참조.

58. 좀더 폭넓은 논의를 위해 Gerd Gigerenzer and Ulrich Hoffrage, *How to Improve Bayesian Reasoning without Instruction: Frequency Formats*, 102 Psychol. Rev. 684(1995) 참조.

59. 여기서 사용된 예시는 Richard D. Friedman, *A Presumption of Innocence, Not Even Odds*, 52 Stan. L. Rev. 873(2000)에 나온 것을 각색한 것이다.

60. Id.

61. Stephen E. Fienberg and Michael O. Finkelstein, *Bayesian Statistics and the Law, in* Bayesian Statistics 5(1996) (H. W. Lewis의 논평과 함께) 참조.

62. Smith v. Rapid Transit, Inc., 58 N.E.2d 754(Mass. 1945) 참조. 이 사건을 계기로 수많은 저작물에서 '버스 문제'가 다루어졌다. 이 논의에 큰 도움이 된 자료들로는 Laurence H. Tribe, *Trial by Mathematics: Precision and Ritual in the Legal Process*, 84 Harv. L. Rev. 1329(1971); Posner, *supra* note 38 참조.

63. Sindell v. Abbott Labs., 607 P.2d 924(Cal. 1980) 참조.

64. Finkelstein and Fairley, *supra* note 54; Tribe, *supra* note 62 참조.

65. Kaminsky v. Hertz Corp., 288 N.W.2d 426(Mich. App. 1979).

66. Stephens v. State, 774 P.2d 60(Wyo. 1989).

67. Roberson v. State, 16 S.W.3d 156(Tex. App. 2000).

68. Jonathan J. Koehler, When Do Courts Think Base Rate Statistics Are Relevant? 42 Jurimetrics J. 373, 373~402(2002) 참조. 여기에 언급된 예시들의 출처다.

69. 이 예시와 여기서 사용된 숫자들은 Gerd Gigerenzer, Calculated Risks: How to Know When Numbers Deceive You(2002)에서 발췌 변형된 것이다.

70. Steven C. Salop, *Evaluating Uncertain Evidence with Sir Thomas Bayes: A Note for Teachers*, 1 J. Econ. Persp. 155(1987); Amos Tversky and Daniel Kahneman, *Causal Schemas in Judgments under Uncertainty, in* Progress in Social Psychology 49(M. Fishbein ed., 1980) 참조.

71. Mieske v. Bartell Drug Co., 593 P.2d 1308(Wash. 1979).

72. Pescatore v. Pan Am. World Airways, 887 F. Supp. 71 (E.D.N.Y. 1995) (배상금으로 900만 달러가 확정되었다); Landers v. Ghosh, 491 N.E.2d 950 (Ill. App. Ct. 1986) (배상금으로 40만 달러가 확정되었다).

73. Haddigan v. Harkins, 441 F.2d 84(3d Cir. 1970) 참조.

74. Saul Levmore, *Self-Assessed Valuation Systems for Tort and Other Law*, 68 Va. L. Rev. 771(1982) 참조. 이 단락과 다음 단락의 논의는 여기에 토대를 두고 있다.

75. Id.

76. Faught v. Washam, 329 S.W.2d 588(Mo. 1959).

77. Id.; Red Top Cab Co. v. Capps, 270 S.W.2d 273 (Tex. Civ. App. 1954); Edward J. McCaffery, Daniel J. Kahneman, and Matthew L. Spitzer, *Framing the Jury: Cognitive Perspectives on Pain and Suffering Awards*, 81 Va. L. Rev. 1341(1995).

78. W. Kip Viscusi, *Pain and Suffering: Damages in Search of a Sounder Rationale*, 1 Mich. L. & Pol'y Rev. 141(1996).

79. Olin Corp. v. Smith, 990 S.W.2d 789(Tex. App. 1999) (하지 상실로 인한 고통에 대한 배상금으로 558만 달러가 확정되었다); Williams v. United States, 747 F. Supp. 967(S.D.N.Y. 1990) (하지 상실로 인한 고통에 대한 배상금으로 50만 달러가 확정되었다) 참조.

80. 일반적 논의로는 Thomas C. Schelling, Choice and Consequence 113(1984) 참조.

81. W. Kip Viscusi and Joseph E. Aldy, *The Value of a Statistical Life: A Critical Review of Market Estimates throughout the World*, 27 J. Risk & Uncertainty 5(2003); W. Kip Viscusi, *The Value of Life: Estimates with Risks by Occupation and Industry*, 42 Econ. Inquiry 29(2004) 참조.

82. Viscusi and Aldy, *supra* note 81.

83. Victor E. Schwartz and Cary Silverman, *Hedonic Damages: The Rapidly Bubbling Cauldron*, 69 Brook. L. Rev. 1037(2004) 참조.

84. Richard A. Posner, *Efficient Responses to Catastrophic Risk*, 6 Chi. J. Int'l L. 511, 513

n.8(2006) 참조.

85. Joanne Linnerooth, *The Value of Human Life: A Review of the Models*, 17 Econ. Inquiry 52(1979) 참조.

86. Ted R. Miller, *Willingness to Pay Comes of Age: Will the System Survive?* 83 Nw. U. L. Rev. 876(1989) 참조.

87. Mercado v. Ahmed, 974 F.2d 863(7th Cir. 1992) 참조; 추가적 비판에 대해서는 Andrew J. McClurg, *It's a Wonderful Life: The Case for Hedonic Damages in Wrongful Death Cases*, 66 Notre Dame L. Rev. 57(1990) 참조.

88. 자세한 논의는 Eric A. Posner and Cass R. Sunstein, *Dollars and Death*, 72 U. Chi. L. Rev. 537(2005); John F. Morrall III, *A Review of the Record*, Regulation, Nov./ Dec. 1986, at 25; Lisa A. Heinzerling, *Regulatory Costs of Mythic Proportions*, 107 Yale L.J. 1981(1998) 참조.

89. John B. Loomis and Douglas S. White, *Economic Benefits of Rare and Endangered Species: Summary and Meta-analysis*, 18 Ecological Econ. 197, 199(1996).

90. Frank Ackerman and Lisa Heinzerling, Priceless: On Knowing the Price of Everything and the Value of Nothing(2004) 참조.

91. Robert W. Hahn, *The Economic Analysis of Regulation: A Response to the Critics*, 71 U. Chi. L. Rev. 1021(2004) 참조.

92. Ackerman and Heinzerling, *supra* note 90 참조.

감사의 글

1. Eric A. Posner, *Agency Models in Law and Economics*, in Chicago Lectures in Law and Economics(Eric A. Posner ed., 2000) 참조. 9장은 이를 토대로 집필되었다.

2. Saul Levmore, *Unconditional Relationships*, 76 B.U. L. Rev. 807(1996) 참조. 16장은 이를 토대로 집필되었다.

3. Eugene Volokh, *Mechanisms of the Slippery Slope*, 116 Harv. L. Rev. 1026(2003) 참조. 18장은 이를 토대로 집필되었다.

찾아보기

인명 및 서명

사건명

법은 어떻게 생각하는가

초판인쇄 2025년 3월 5일
초판발행 2025년 3월 12일

지은이 워드 판즈워스
옮긴이 노보경
펴낸이 강성민
편집장 이은혜
기획 노만수
편집 이승은
마케팅 정민호 박치우 한민아 이민경 박진희 황승현 김경언
브랜딩 함유지 함근아 박민재 김희숙 이송이 김하연 박다솔 조다현 배진성 이준희
제작 강신은 김동욱 이순호

펴낸곳 (주)글항아리 | 출판등록 2009년 1월 19일 제406-2009-000002호

주소 경기도 파주시 문발로 214-12, 4층
전자우편 bookpot@hanmail.net
전화번호 031-955-2689(마케팅) 031-941-5161(편집부)

ISBN 979-11-6909-363-7 93360

잘못된 책은 구입하신 서점에서 교환해드립니다.
기타 교환 문의 031-955-2661, 3580

www.geulhangari.com